주역의 정신과 문화

주역의 정신과 문화

이응국 저

문현
MUN HYUN

천지 속에 사람이 있고 사람 마음속에 천지가 있다. 결심하고 산 위에 오르니 그야말로 심안신전心安身全이다. 이 속에 무슨 애오愛惡의 감정이 있으랴마는 문득 세상이 그리워진다.

옛날 공자께서 도를 펼치려 수레 타고 세상을 돌아다니시던 때였다. 나루터가 어디에 있는지를 몰라 헤매고 있는데 멀리서 장저長沮와 걸익桀溺이라는 자가 나란히 밭에서 김을 매고 있었다.

공자가 제자인 자로子路를 시켜 나루터가 어디에 있는지를 물어보게 하셨다. 장저는 "공자라면 나루터 정도는 알 것이라"면서 대답을 회피하였다. 걸익 역시 "도도滔滔히 흘러가는 것이 모두 천하사天下事이니 누가 장차 더불어 세상을 바꿀 수 있으리오? 그대도 사람을 피해 다니는 선비(辟人之士, 즉 공자)를 따르지 말고, 세상을 피해 다니는 선비(辟世之人, 즉 장저와 걸익)를 따르는 것이 어떻겠소?" 하며 상대하려 하지를 않았다. 자로가 와서 고하니, 공자께서 처량히 말씀하시기를 "조수鳥獸와는 같이 살 수 없으니, 내가 사람들과 같이 살지 않고 누구와 함께 하리오? 천하天下에 도가 있다면 내가 함께 바꾸려 하지 않았을 것이다." 하셨다.

장저와 걸익은 은자다. 난세에 처해서 그들이 한 말 또한 일리가 있다. 그러나 세상을 더불어 살면서 어찌 감히 세상을 잊을 수가 있겠는가? 그러하기에 성인聖人의 가르침은 더더욱 의미심장하다.

시대는 사람이 만드는 것이지 천지가 만드는 것이 아니다. 세상은 그 시대를 사는 사람들에 의해 아름다워지기도 하고 추해지기도 한다. 사람들이 아름다우면 그 세상도 아름답고 사람들이 추하면 그 세상도 추하다. 공자는 아름다운 사람들을 군자君子라 불렀고, 그들의 모임을 가회嘉會라 하였다. 그리고 이러한 문명사회가 이루어지길 염원하셨다.

한번 어지러우면 한번은 다스려지는 법(一亂一治), 수많은 역사의 부침浮沈 속에서 세월은 흐르고 흘러 이제는 밝은 세상이 되었다. 그러나 밝은 세상 속에도 음양이 있다. 밝은 대낮일수록 음영陰影은 더 짙게 드리우는 법, 과학은 성盛하지만 철학이 빈곤하고, 물질은 풍요롭되 정신이 빈곤하다. 사람들의 마음은 자신의 주인이 되지 못하고 갈수록 물질의 노예가 되고 있다.

비유하자면, 약한 뿌리에 지엽이 성한 나무와 같다. 뿌리가 약한 나무는 어느 시점이 되어서는 더 이상 성장하지 못한다. 당장 죽지는 않겠지만, 이런 나무는 점차 시들어 죽게 된다. 조그만 재앙에도 견디지를 못한다. 이 같은 진리는 사람이든 사회든 국가든 모두 예외일 수 없다. 정상적인 나무라면 나무의 높이만큼 뿌리도 같은 크기로 성장해야 한다. 뿌리를 북돋우는 속에서 나무가 성장한다는 이치를 알아야 한다.

철학과 과학, 정신과 물질의 부조화 속에서, 필자는 문득 주역을 세상에 알리고 싶었다. 왜냐하면 과학이 지나칠 정도로 치성熾盛하고 물질만능주의가 만연하고 있는 이 시대에 주역이야말로 당당히 상대할 수 있는 학문이라 여겼기 때문이다. 그리고 주역을 통해서 세상을 아름답게 꾸며보고 싶었다. 많고 많은 글들 중에 왜 하필이면 케케묵은 주역이어야 하는지 의아하게 여길지 모르나, 주역은 참으로 근원이 깊은 글이다.

3000년 역사를 흘러왔으니 이 세상 어떤 글이 상대할 수 있으랴! 근원이 짧은 물은 세勢가 약하다. 작은 물줄기는 조그만 구덩이에도 푹 빠져서 흐르지를 못하지만, 근원이 오래되고 깊은 물은 웬만한 장애障礙에도 아랑곳하지 않고 도도히 흐를 수 있다. 옛날 선비들이 『주역』을 읽고 배우기를 좋아한 것이 이 때문이다.

사람이 세상을 살아가다 보면 많은 난관에 부딪히게 된다. 그러나 주역의 도를 실천하고 주역의 철학이 몸에 밴 사람들에게는 그러한 난관이 무슨 장애가 되겠는가. 한 개인뿐만이 아니라 역대의 국가 역시도 치세治世의 수단으로서 항시 주역을 소중하게 여겼다.

　세상은 늘 변하지만, 사람이 살아가는 도리는 변하지 않는 법이다. 안으로는 자신을 수양하고 밖으로는 세상을 경륜經綸할 수 있는 도道로서 주역은 최고의 학문이라 생각된다.

　이 책은, 인터넷신문 '브레이크뉴스'에 〈주역으로 보는 세상〉이란 제명으로 연재한 기사와 몇 군데에 기고한 글들을 주제별로 엮은 것이다. 틈틈이 글을 쓰며 주역 속에 담긴 사상을 지면으로 내놓으려고 하였으나, 일상이 번다하여 한동안 미루기만 하였다. 주역 용어를 설명하는 과정에서 표현의 한계를 느낀 것도 사실이다. 주역 용어의 깊은 의미와 맛을 제대로 전달하기가 쉬운 일은 아니기 때문이다. 그러나 이 글은 세상을 밝히고 바른 삶의 방향을 제시하는 데 일조를 할 수 있으리라는 믿음으로 책으로 엮게 되었다.

　원고를 모으다 보니 대략 60여 편이 되었다. 마침 64괘의 수와 거의 같은 분량이다. 이것도 뜻인가 싶어 몇 가지 원고를 더하여 주역 8괘의 수리에 맞추어 주제별로 8장 64절로 구성하였다. 굳이 유념해야 할 것은 아니지만 어차피 주역의 원리를 통해 세상을 읽으려는 것이 집필 의도였으니, 이 같은 역학적 수리에 근거해서 구성해보는 것도 학역인擧易人의 공부처가 될 수 있으리라.

출판을 준비하는 동안 그림 자료를 보완해주고 편집에 도움을 준 지원智遠 황보순익, 오산悟山 진경태님, 정원艮園 김기옥님에게 감사드린다. 또한 이 책이 나오기까지 물심양면으로 배려해주신 미산嵋山 나승렬님, 매원梅苑 이실자님, 신당信堂 박정희님과 아낌없는 격려를 해주신 홍역학을 사랑하는 동방문화진흥회 회원들께 깊은 감사를 드린다.

홍역일로洪易一路에서 집필하게 된 것을 행운으로 여기며 보다 많은 사람들이 주역과 인연을 맺기를 바라는 마음이다.

호고재好古齋에서 세상을 바라보며
이전利田 이응국 지識

차
례

책을 펴내며 … 5

1장 주역의 원리

무엇을 배울 것인가? ··· 15
덕德과 위位와 때(時)는 출세出世의 요건 ··································· 19
주역周易의 정의 ··· 23
마음이 곧 태극이다 ··· 26
태극의 보존과 장생불사 ·· 30
효爻는 변화의 도 ··· 35
괘卦는 만물의 상 ··· 39
음양陰陽의 이해 ··· 43
변화의 도는 내 마음속에 있다 ··· 47
이간易簡은 득도의 요결 ··· 51
도설만필道說漫筆 ··· 55
문자文字와 주역周易 ··· 60

2장 주역의 역사와 정신

『주역』의 저자, 문왕文王 탄생 ··· 67
유리옥羑里獄에서 『주역』을 저술하다 ·· 71
은나라의 삼인三仁, 미자·비간·기자 ··· 76
무왕의 천하 대업 ··· 81
홍범洪範과 주역의 도道를 전한 주공周公 ····································· 86
성인聖人이 태어나자 기린이 나타나다 ·· 90
기린의 죽음과 공자의 『춘추』 저술 ··· 96
공자, 후천을 생각하며 십익十翼을 달다 ······································ 100
진시황과 분서갱유 ··· 104

3장 어진 자의 덕德과 업業

대과시대大過時代(☷)의 독립불구獨立不懼 ················· 111

윤집궐중允執厥中과 도덕심道德心 ················· 120

하늘의 이利와 사람의 이利 ················· 125

정의正義로운 사회 ················· 128

인자仁者는 인야人也라 ················· 131

선공후사先公後私 ················· 135

유방백세遺芳百世, 유취만년遺臭萬年 ················· 139

위정이덕爲政以德 ················· 144

4장 세시풍속에 깃든 음양원리

양陽이 처음 나오는 날, 동지冬至 ················· 151

한 해를 마치는 날, 제석除夕 ················· 156

음陰이 처음 나오는 날, 단오端午 ················· 160

음양이 만나는 날, 칠석七夕 ················· 171

호국사찰 실상사 ················· 179

풍요로운 계절, 한가위 ················· 183

5장 문명의 발상지 동북 간방

동북 간방의 해 뜨는 나라, 부상국扶桑國 ················· 189

활 잘 쏘는 동이족 ················· 193

결자해지結者解之 ················· 198

동이족 복희씨 ················· 205

복희씨의 수명受命과 치적 ················· 209

태극과 동북 간방 ················· 213

민족경전 천부경天符經 ················· 219

6장 후천개벽을 여는 동북 간방

윷놀이와 후천개벽 ···································· 229

태극과 무궁화 ······································ 237

바둑판에 담긴 비결 ·································· 242

신묘만물神妙萬物의 수 72 ···························· 249

삼복三伏과 삼경三庚 ································· 253

삼복三伏에 후천後天을 대비하다 ···················· 258

경신수야庚申守夜 ··································· 262

강태공의 사작경신四作庚申 ·························· 267

금단金丹의 도道 경금庚金 ··························· 272

허튼 육갑의 일제강점 36년 ························· 276

7장 세상과 문화

미수 허목의 〈척주동해비문〉 ······················· 281

단황과 부여 ·· 291

태극의 꽃을 피울 대전 ······························ 296

술몽쇄언述夢瑣言 ··································· 302

결국 무너진 숭례문 ·································· 306

개천제를 지내며 ···································· 310

주역사상에 기초한 고암의 예술정신 ················· 315

8장 후천과 야산

야산 선생의 생애와 사상 ···························· 335

야산 선생, 문경에서 방아 찧는 행사를… ············· 344

〈법성도〉의 근원, 보문산 석굴암 ···················· 350

부여와 야산의 단황檀皇봉숭 ························· 360

이신전화以薪傳火의 길을 찾아 ······················ 398

1장

주역의 원리

무엇을 배울 것인가?

덕德과 위位와 때時는 출세出世의 요건

주역周易의 정의

마음이 곧 태극이다

태극의 보존과 장생불사

효爻는 변화의 도

괘卦는 만물의 상

음양陰陽의 이해

변화의 도는 내 마음속에 있다

이간易簡은 득도의 요결

도설만필道說漫筆

문자文字와 주역周易

무엇을 배울 것인가?

『주역』에 "배워서 모으고(學以聚之), 물어서 분별한다(問以辨之)."라는 구절이 있다. 학문學問이라는 말이 여기에서 유래했다. 배움(學)이란 나에게 필요한 모든 것을 취하는 것으로, 만 가지를 모아서 하

聖門四科(德行·言語·政事·文學) - 공자성적도

나로 이루는 것을 의미한다. 또한 물음(問)이란 취한 것 중에서 옳고 그름을 묻는 것이니, 하나를 쪼개 만 가지로 분별함을 의미한다. 즉 배운 것 중에 옳고 그름을 분별해서 취사선택 하는 것이 학문이다.

공자는 평생을 배우고 가르친 분이다(學而不厭 誨人不倦). 무엇을 배우셨을까? 하늘을 배우신 것이다. 무엇을 가르치셨을까? 하늘을 가르치신 것이다. 배우고 가르친 것이 하늘인 까닭은 하늘은 그저 창창현현蒼蒼玄玄 한 것이 아니라,

그 속에 세상만사 모든 것이 간직되어 있기 때문이다. 모든 것을 간직한 것이 하늘이기에 하늘에서 땅도 나오고, 하늘에서 사람도 나온 것이다. 옛 선비들이 "도의 근원이 모두 하늘에서 나왔다."고 한 말은 바로 이런 뜻이리라.

하늘은 그저 하나(一)로서 클(大) 뿐이므로 '一 + 大'로 말할 수 있다. 하늘은 삼재三才(天地人)를 모두 갖추었으므로, 하늘과 땅을 뜻하는 '두 이二'자에 '사람 인人'자를 붙여 '二 + 人 = 天'으로 말할 수도 있다. 그러나 말이나 글로써 하늘을 다 형용할 수 없다. 공자도 『주역』에서 하늘을 달리 그리지를 못하고, "크도다(大哉)! 하늘이시여(乾乎)!"라고 하였다. 그저 '크다'는 말로써 하늘을 대신한 것이다.

『중용』 첫 글에 "하늘이 명한 것을 성이라 하고, 성을 따르는 것을 도라 하고, 도를 닦는 것을 교라 한다(天命之謂性 率性之謂道 修道之謂敎)." 하였다. 성인의 가르침을 교(敎)라 보면, 교(敎)는 수도(修道)를 가리키고, 도(道)는 솔성(率性)을 가리키고, 성(性)은 천명(天命)을 가리킨다. 사람의 성품은 하늘에서 나왔고, 천명으로 받은 것이니, 본디 맑고 깨끗한 성품의 이치를 그대로 따르는 것을 도라 하였다. 또한 『중용』에는 "도는 사람에게서 멀리 떨어져 있지 않다(道不遠人)"라는 구절이 있다. 도라는 것은 마음 안에 있는 것이요, 밖에 있지 아니하기 때문이다. 우리가 배우려는 것은 도를 알려는 것이고, 성을 알려는 것이며, 하늘을 알려는 것이다.

'배울 학學'자를 파자破字 하면 '臼 + 爻 + 冖 + 子'이다. '자식이 갓 위에 절구통을 올려놓고 그 속에서 효爻를 찧는 모습'이다. 효爻는 『주역』 상의 용어로 '변화의 도'를 의미한다. 세상만사는 고정되어 있지 않고, 동정動靜으로서 늘 변화한다. 동정으로 변화하는 이치를 주역에서는 음양의 변화로 설명하고 있다. '가르칠 교敎'자도 마찬가지다. 역시 효爻가 들어가 있으니, 배우고 가르치는 일이 모두 변화의 도(즉 爻)를 벗어나지 않는다.

세상사가 모두 변화하지만, 한 가지 유념해야 할 것은 변화의 추기樞機(원동력)는 내 마음 안에서 나오는 것이지, 밖에서 주어지는 것이 아니라는 점이다.

내 마음이 바르면 천지의 마음도 역시 바르게 되고, 내 기운이 순하면 천지의 기운도 역시 순해지는 법이다. 모든 것이 내 탓이요, 남의 탓이 아니라는 것이다. 옛 속담에 "고양이가 쏘는 독에 두부모가 떠오른다."는 말이 있다. 고양이도 기운을 제어할 줄 아는데 어찌 사람이 못하겠는가?

'지성감천至誠感天'이라는 말이 있다. 지성至誠이란 정신을 하나로 모은다는 뜻이다. 정신을 모아야만 바깥 기운을 제어할 수 있다. 정신을 하나로 모으는 속에서 하늘의 명을 알 수 있고, 성의 자연함을 밝힐 수 있다. 도의 당연함을 행할 수 있고, 성인의 말씀을 깨달을 수 있다. 또한 정신을 하나로 모으는 속에서 '흉을 피하고 길로 나아갈 수(避凶趨吉)'가 있다. 이것이 바로 주역의 도다.

「주역 계사전」에서는 역도易道를 "위자사평危者使平 이자사경易者使傾" 여덟 글자로 말하기도 한다. 위태로울까 여기는 자는 긴장하고 정신을 모으므로 몸이 평안하게 되고, 만사를 소홀이 여기는 자는 나태해지고 정신이 흐트러지니 패망의 길로 접어드는 것은 당연한 이치다.

옛 선비들은 '하늘 천天'의 '한 일一'자와 사람의 지극정성을 뜻하는 '정신일도精神一到'의 '한 일一'자를 같은 것으로 보았다. 천도天道와 인사人事가 합일하는 이치, 즉 효爻를 통해서 변화의 원리를 알고 정신합일을 통해서 천도에 부합하는 이치가 주역 속에 있기 때문에 선비들은 밤잠을 설치며 주역을 배웠던 것이다. 우리가 주역을 배우는 것은 공자께서 하늘을 배우신 것과 다르지 않다.

단원 김홍도의 「서당」

덕德과 위位와 때(時)는 출세出世의 요건

"일월日月이 역易이다."라고도 정의하지만, 역을 어찌 한 가지로 단정해서 설명할 수 있으랴! 한나라 때 나온 책으로『역위건착도易緯乾鑿度』가 있다. 이 책에는 "역은 이름은 하나지만, 세 가지 뜻을 담고 있다(一名而含三義)."라 하며, '세 가지 뜻'을 '이易'와 '변역變易'과 '불역不易'으로 설명하고 있다.『역위건착도』에서는 '이易'를 덕德이라 하였다. 안으로 덕을 쌓아

김홍도 그림(국립박물관) - 장원급제

세상을 밝히는 것으로 역의 의미를 삼았으니, 역을 수신의 도로 말한 것이다.

다음으로 '변역變易'을 기氣라 하였다. 천지가 교합해서 오행五行이 차례로 유행하니, 사람 역시 변역의 도로써 항시 '일신日新 우일신又日新'해야 함을 말한 것이다.

또한 '불역不易'은 위位로 설명하고 있다. 세상만사는 항상 변하는 법이지만, 그 속에서도 변치 않는 이치가 있다는 것이다. 하늘은 위에 있고 땅은 아래에

있으며, 아비는 위에 자식은 아래에 있어야 하는 것이 바로 그 불역의 의미이다. 『역위건착도』에서는 역의 의미를, '덕'과 '기' 그리고 '위'의 세 가지 요소로 개략해서 설명하고 있다.

후한 시대 사람 정강성鄭康成도 이에 근거하여, 『역찬易贊』과 『역론易論』이라는 책에서, "역은 이름은 하나지만, 세 뜻을 담고 있다(易一名而含三義)."라 하며, 간이簡易, 변역變易, 불역不易의 이치가 있다 하였다. 이는 『역위건착도』에서 말하는 이易를 간이로 달리 표현하였을 뿐이다.

등용문 잉어별전

사람이 세상에 나아가 도를 행하려면 먼저 덕을 쌓아야 하며, 시변時變을 알아야 한다. 또한 위位가 있어야만 뜻을 펼칠 수 있다. 덕德은 '얻는다(得)'는 뜻을 담고 있다. 하늘에서 유행流行하는 오행의 기를 땅이 받아들이듯이 사람이 도道를 얻는 것을 말한다. 흔히 말하는 "내가 누구 덕을 봤다."는 말이 바로 이런 의미이다.

덕德은 전체 획수가 15이다(德=彳+十+四+一+心). 척彳은 행行의 반자半字로서 15의 마음을 행한다는 것이며, 15는 만물을 생성하는 생수生數(1, 2, 3, 4, 5)의 총 합수를 의미한다. 달도 15일 간격으로 차고 기울며 만물을 생육한다. 만물을 생하는 기초가 덕이라는 것이다. 또한 파자 중의 '넉 사四'자를 세로로 세워보면 '彳 + 直 + 心'이 된다. '직심直心', 즉 '정직한 마음'을 행하는 것이 덕이라는 것이다. 정직이란 '거짓 없는 마음'을 말한다.

'지성至誠이면 감천感天'이란 말이 있듯이, 정성이 지극하면 하늘도 감동하는 법인데, 어찌 사람이 감동하지 않을 것이며, 귀신이 감동하지 않을 것인가? 달리 말해서 덕이 있다면 무슨 일인들 못하겠는가? 만약 덕이 있는 사람이 뜻을 펼치려 한다면 세상사를 대하기가 참으로 쉬울 것이다. 『역위건착도』에서 말하는 이易를 '쉬울 이'로 해석함은 바로 이러한 의미에서이다.

위位는 무슨 뜻인가? 파자해보면 '位 = 人 + 立'이니 입신立身을 말한다. 즉 세상에 나가서 자리를 얻는 것을 의미한다. 그런데 세상에 나가려면 우선 덕을 쌓아야 한다. 덕이 없는 사람이라면 할 수 없지만, 덕이 있는 사람이라면 당연히 세상을 위해 덕을 베풀어야 한다. 덕이 있는 사람이 덕을 베풀어야 하는 것은 의무다. 덕이 있음에도 불구하고 덕을 베풀지 않는다면 그는 세상에 죄를 짓는 것이 된다. 그런데 아무리 덕이 있어도 위가 없으면 덕을 쓸 수가 없다. 아무리 제갈공명 같은 신출귀몰한 사람이라도 위가 없이는 그 재주를 쓸 수가 없다는 것이다. 그러므로 위位에서 수數가 나온다고 말하는 것이다.

『주역』의 「계사전」에서 말하기를, "성인이 큰 보배로 여기는 것이 바로 위(聖人之大宝日位)"라고 했다. '아니 성인이면 되었지, 무슨 위가 필요한가?'라고 반문할지 모르나, 이는 세상의 이치를 모르고 하는 말이다. 위가 있고 없고의 여부는 도를 행할 수 있느냐 없느냐의 관문이 되기 때문이다. 도는 예를 통해서 행하는 법인데 위가 있고 없고에 따라 큰 차이가 난다. 만약 위가 없는 사람이 예를 지키면 자신은 살 수 있을지 모르지만, 남을 살릴 수는 없다. 한 사람이 아비(父)라는 위에서 예를 지킨다면 그 식구들은 살릴 수 있으나, 한 나라의 대통령이라는 위에서 예를 지킨다면 그 나라 전체를 살릴 수 있는 것이다. 위位가 있느냐 없느냐에 따라서 세상에 미치는 영향은 천양지차天壤之差가 된다.

옛날에 공자는 도를 펼치기 위해서 수레를 타고 세상을 돌아다녔다(周遊列國). 이는 위位를 얻기 위해서였다. 소인은 자신을 위해서 위를 얻으려 하겠지만, 공자는 세상을 위해서 위를 얻으려 한 것이다. 만약 공자 같은 성인이 위를 얻었다면, 당시 세상은 달라지지 않았을까?

덕이라는 것은 안에서 갖추어지는 것이고, 위는 밖에서 이루어지는 것이다. 덕은 내 몸 안에서 갖추어지는 것이므로 내가 노력하면 언제든지 얻을 수 있다. 그러나 위는 밖에서 주어지는 것이므로 내가 노력한다고 해서 얻을 수 있는 것이 아니다. 덕은 도를 행할 수 있는 바탕이 되고, 위를 얻을 수 있는 근본이 되므로, 내가 덕을 갖춘 연후에 위를 얻기를 노력해야 하는 것이다.

일정하게 오는 것이 때이니만큼 덕을 갖추고 있으면 때를 만날 수 있다. 그러나 사실 위를 얻기란 쉬운 일이 아니다. 아무리 덕이 있어도 때가 오지 않으면 위를 얻을 수 없고, 때가 와도 덕이 없으면 위를 얻을 수 없다. 따라서 덕德과 위位와 때(時)는 출세의 요건이다.

역의 의미는 참으로 광대廣大하다. 밖으로는 천지를 덮을 수 있으며, 안으로는 마음을 수양할 수 있다. 그러므로 역을 "천지의 도요, 건곤의 덕이요, 만물의 보배다."라고 말하는 것이다.

해탐노화도(蟹貪蘆花圖) - 김홍도 그림(국립박물관)

주역周易의 정의

　『주역』은 복희씨가 괘를 그리고 주나라의 문왕과 그의 아들 주공이 복희씨의 괘에 대하여 설명(괘사와 효사)을 붙였고, 춘추시대의 공자가 보충 설명(十翼)함으로써 완성되었다. 그러나 책이름을 『주역』이라고 표제한 사람이 누구인지는 알려지지 않고 있다.

　주자朱子는 『본의本義』에서 "주周는 시대의 이름(代名)이요, 역易은 책이름(書名)이라" 하고, "그 괘는 본래 복희씨께서 그리신 것으로, 교역交易과 변역變易의 뜻이 있으므로 '역易'이라 하였다. 그 글은 문왕과 주공이 쓴 것이므로 '주周'라 붙인 것이다." 했다.

　이 글로 미루어 볼 때, 『주역』은 주나라 시대에 지어진 책이며, 그 속에 교역과 변역의 뜻이 들어있음을 알 수 있다. 교역은 음양이 서로 사귄다는 뜻이며, 변역은 기가 유행하면서 음이 양으로 변하고, 양이 음으로 변한다는 뜻이다. 사실 『주역』에서 주周자의 의미가 '두루 주周'임을 보면, 주역이란 '하늘의 도가 두루 일주—周하여 사시로 변역하는 것'이라 할 수도 있다.

그러니 주역의 의미를 '주나라의 역'이라고 해석할 수는 있지만, 그 시대에 국한한 의미로만 이해해서는 곤란하다. 역의 정의定義에 대해서는 학자마다 조금씩 다르므로, 한마디로 단정해서 말하기는 어렵다. 그러나 여러 학자들의 주장 속에 공통적으로 담겨 있는 것이 있다. 그것은 바로 변화의 도다. 아마도 역이라는 이름은 복희씨가 괘를 그리면서부터 붙여진 것일 것이다. 복희씨가 괘를 긋기 이전의 역, 즉 '획전지역畫前之易'으로서의 역에 대해 살펴볼 필요가 있다.

역易의 한자를 파자하면, '易=日+月'이다. 글자의 상이 태양의 양정陽精과 달의 음정陰精이 교합해서 천지의 조화가 이루어지고, 만물의 생生·장長·수收·장藏 하는 이치가 반복해서 유전되고 있음을 보여준다. 하늘과 땅이 있어도 해와 달이 없다면 만물은 생장할 수가 없기 때문에, 진실로 해와 달은 만물발생의 근원이 된다. 근원의 의미를 『주역』에서는 태극이라 말하고 있다.

"역 속에 태극이 있다(易有太極)."

태극에서 음양이 생하고, 음양에서 사상이 생하며, 사상에서 팔괘가 생긴다. 팔괘 속에서 길흉이 생기며, 길흉에서 피흉추길避凶趨吉 하려는 변화의 도가 생기는 것이다. 대업大業이 이로부터 나온다. 모두가 음양의 변화에서 나온 것이며, 자연히 생생生生하는 모습임을 표현한 것이다.

공자는 『주역』「계사전」에서 다음과 같이 표현하고 있다.

"역의 글은 멀리해서는 안 되고, 도 됨이 계속 옮겨지기 때문에 변동하여 어느 한 자리에 거처하지 아니하며, 육허(상하사방)에 두루 흘러, 위로 오르고 아래로 내려옴이 항상치 아니하며 강과 유가 서로 바뀌니, 글이나 요약으로 삼을 수 없고, 오직 변해서 나아가는 것이다(易之爲書也 不

可遠 爲道也 屢遷 變動不居 周流六虛 上下无常 剛柔相易 不可爲典要 唯變適)."

　『주역』이 비록 어느 특정한 시대(周代)를 기술하였지만, 시대를 초월하여 회자되고 있는 것은 역도가 스스로 변화하는 이치를 내재하고 있기 때문이다. 따라서 '주역'이라는 글자의 뜻도 '주류육허周流六虛'의 '주周'와 '강유상역剛柔相易'의 '역易'의 의미로 규정하는 것이 어떨까 싶다. '육허를 두루(周) 흘러 강유가 서로 교역(易)하는 이치'로 정리할 수 있다.

　공자 이래 2,500여 년의 세월이 지난 지금 세상은 매일매일 경천동지하며 변화하고 있다. 역도는 때를 쓰는 것(時之用)이며, 때의 뜻(時之義)을 밝힌 것이니, 참으로 때가 중대하다(維時爲大)고 할 수 있다. 이러한 시대에 역도는 특히 중요하다 할 것이니, 『주역』으로 마음을 일신日新하고, 세상의 변화하는 도를 구해보는 것이 어떨까?

태극을 상징하는 쌍어별전

마음이 곧 태극이다

일월문

역易이란 글자를 옛글(篆文)에서 찾아보면, 일日자 아래에 월月자를 썼다. 일월이 교배交配하는 모습이다. 옛 사람들은 만물이 태어나고 죽으며 순환하는 이치를 해와 달이 운행하는 속에서 찾았다. 해가 가면 달이 오고, 달이 지면 해가 다시 뜨는 것이 아무런 의미가 없는 것 같지만, 해와 달이 번갈아 왕래하면서 하루가 생기고, 한해를 이룸으로 인하여 만물이 생겨나고(生), 자라고(長), 거두고(收), 간직하기(藏)를 반복하기 때문에 일월로서 역의 이름을 삼은 것이다.

그렇다면 해와 달 속에는 무슨 이치가 담겨 있을까? 『설문해자』에서 일월에 대한 설명을 살펴보면, "해는 충실하다. 태양의 정이 이지러지지 아니하니 '○'의 상형을 따른다(日實也 太陽之精不虧 從○象形)"라고 하였으며, "달은 허하다. 태음의 정이다(月闕也 太陰之精)."라고 하였다. '실實'은 양기가 충만함을 가리키고, '궐闕'은 양기가 비어 있음을 뜻한다. 달이 햇빛을 받아들이는 것은 비어 있기 때문이다.

이를 좀 더 주역적으로 설명하면 다음과 같다. 해(日)는 태양의 정을 갖고 있으므로 양수인 일─로써 표현하였고, 달(月)은 태음의 정을 갖고 있으므로 음수인 이二로 표현하였다. 해는 '입 구口'자 안에 '한 일─'을 넣은 상형문자로, 태양의 정이 가득 찬 모습을 설명한 것이다. 달은 '아래가 터진 입 구冂'자 안에 '두 이二'를 넣은 상형문자로, 비워져 있는 모습을 설명한 것이다.

비어 있기 때문에 채울 수 있으며, 채워지면 다시 이지러질 수 있는 것이 달이다. 본래가 무광체無光體지만 태양빛을 받아들여 보름달을 이룬다. 달의 이러한 모습으로 인해서 옛날 선비들은 달을 벗 삼아 닮기를 원했고, 달을 통해서 공부하는 이치를 터득했다. 채워지는 달을 보며 마음을 비워 천지의 기를 취했고, 이지러지는 달을 보면서 욕심을 없애 세상의 도를 얻고자 하였다. 주역에서는 이러한 해와 달의 교배하는 모습을 음양의 일로 표현하고 있다.

세상사가 천태만상으로 보이지만, 가만히 들여다보면 결국 음양에 불과하다. 천문, 지리, 인사, 만류萬類는 물론 내 마음속 성명性命의 이치와 변화의 묘한 도道 또한 모두 음양으로 상대하므로, 역에서는 음괘와 양괘로써 총괄하였다.

해와 달이 합하면 밝음(明)이 생하고, 일─과 이二가 합하면 삼三이 생한다. 노자의 『도덕경』에 "도에서 일이 생하니, 일이 이를 생하고, 이가 삼을 생하고, 삼이 만물을 생한다(道生一 一生二 二生三 三生萬物)."는 이치와 같은 뜻이다. 『주역』에서도 "역 속에 태극이 있다(易有太極)." 하니, 태극의 모습을 음양의 둘로 표현하기도 하고, '일이생삼─二生三'이니 '삼태극'으로 표현하기도 한다. 생하게 하는 것이 태극이므로, 만물의 근원이자 만사의 원동력으로서의 태극을 『주역』에서는 문호門戶로 비유하기도 한다. 태극이라는 문이 활짝 열리면 만물은 땅 위로 모습을 드러내고, 이 문이 굳게 닫히면 만물은 땅 속으로 자취를 감춘다.

천지의 조화로 만물이 생장生長하는 모습을 '신神'이라 말하고, 만물의 수장收藏하는 이치를 '귀鬼'라 말한다. 『주역』의 글에 "신이라 하는 것은 만물을 묘하게 일러 말한 것이다(神也者 妙萬物而爲言者也)." 했다. '묘妙하다'고 표현한 것을 보니 아마도 귀신의 모습을 글로써 표현하기 어려웠던 모양이다. 하지만, 신神이란 글자를 자세히 눈여겨보면 생장의 뜻을 지니고 있음을 짐작할 수 있다. 신神은 무无에서 유有로 나오는 만물의 자취, 즉 생장하는 모습을 형용하고 있다.

양의문 - 교태전 앞

파자해 보면, 좌변의 '보일 시示'자는 '二 + 小'의 합성자다. '二'는 옛글자로 '위 상上'자를 뜻하며, '小'는 '석 삼三'자를 세로로 세운 모습이다. 상천上天에서 일월성日月星 삼광三光이 비추는 것을 의미한다. 다음 우변의 신申자는 '갑甲'이 '신申'으로 변한 형상으로 싹을 틔운 모습이다. 밭(田)에 종자를 심으면 뿌리를 내린다. 이것이 갑甲의 모습이다. 밭에 종자를 심어 뿌리를 내렸지만, 그러나 갑은 아직 껍질 안에 있는 모습이다. 이 갑을 쪼개서 좌우로 벌리면 '門'자가 된다. 문을 통해서 씨앗이 발아하는 모습이니, 이를 신申으로 표현한 것이다. 『주역』에서는 이를 '갑탁甲坼'이라 표현한다. 말하자면 갑이 '탁'하고 벌어져서 싹을 틔운다는 뜻이다.

신의 모습은 하루 중에는 아침의 기운이 생하는 때, 한 달 가운데는 달이 초사흗날 모습을 드러내는 때, 일 년으로 말하자면 봄으로 만물이 싹을 틔우는 때에 엿볼 수 있다. 이는 만물의 모습에만 해당되는 것이 아니다. 사람의 정신(神明)이 생하는 것도 신의 조화에서 나오는 것이니, 어찌 자취도 없이 흰옷 입고 홀연히 나타나는 혼령만 신이라 말하겠는가? 이와 같이 신은 태극이라는 문을 통해서 출현하고, 귀는 그 문을 통해서 자취를 감추는 것이다.

위에서 말하는 태극의 이치는 만물은 물론이고 만사에도 적용된다. 『주역』의 글에, "문을 닫는 것을 곤이라 말하고, 문을 여는 것을 건이라 말한다(闔戶謂之坤 闢戶謂之乾)." 하니, 문은 곧 태극을 가리킨다. 태극은 곧 하나를 말하며, 하나는 곧 정신일도精神一到를 의미한다. '문을 닫는다(闔戶)'는 것은 이목구비를 닫는다는 뜻으로, 덕을 쌓는다는 말이다. '문을 연다(闢戶)'는 것은 이목구비를 연다는 뜻으로, 도를 행한다는 말이다.

문이 닫히고 열리면서 덕을 쌓고 도를 행하니, 문을 열고 닫는 것은 누가 하는 것인가? 내 마음이 하는 것이다. 태극에서 만사만물이 나오는 이치와 같이 모든 것은 이 마음에서 비롯하는 것이다. 내 마음 여하에 따라서 진리의 세계가 열리고, 세상사가 펼쳐지는 것이다. '마음이 곧 태극이다(心爲太極)'라는 말은 바로 이러한 의미이다.

마음이 곧 태극-석굴암

태극의 보존과 장생불사

하늘이 세상을 덮고, 땅이 만물을 싣고 있으니, 천지 사이에서 만물이 의존하고 있다. 그래서 옛 사람들은 천지를 집으로 비유해서 우주宇宙라 불렀다.

조선 명종明宗과 인조仁祖 시대의 고승인 진묵대사震黙大師(1562~1633)는 천지를 집으로 비유해서 다음과 같은 시 한 수를 남겼다.

비로자나불

天衾地席山爲枕　하늘을 이불 삼고 땅을 자리 삼고 산을 베개 삼으며
月燭雲屛海作樽　달을 촛불로 구름을 병풍으로 바다를 술동이로 담았노라
大醉居然仍起舞　거연히 크게 취해서 일어나 춤을 추니
却嫌長袖掛崑崙　문득 긴 소매가 곤륜산에 걸릴까 저어하노라

천지를 집으로 삼고 작시作詩한 바, 천지
도 오히려 작게 여기고 있으니, 대사의 포
부가 얼마나 장쾌한가? 마음에 한 점 걸림
이 없는 대사의 경지를 잘 대변해 주고 있
는 시다.

봉서사 진묵전-진묵대사와 어머니 영정

옛날 공자께서도 "태산에 올라 천하를
작게 여겼다(登太山而小天下)."고 하니, 이 역
시 같은 맥락이다. 높은 경지에 오른 사람만이 할 수 있는 표현이다.

천지는 시공을 담고서 하는 말이다. 우주도 시간과 공
간을 포함해서 하는 말이니, 천지사방天地四方의 공간을 우
宇라 말하고, 왕고래금往古來今의 시간을 주宙라 정의하고
있다. 이태백의 〈춘야연도리원서春夜宴桃李園序〉에 "천지는
만물의 여관(天地者萬物之逆旅)"이라 함도 이를 두고 한 말이
다.

반가사유상

그러나 "넓디넓은 저 하늘이 네 마음속에 있다."는 말처
럼 이 마음속의 종자는, 저 하늘이 만물을 생하는 마음과
똑같은 것이다. 이 종자는 나만 간직한 것이 아니고, 생명이 있는 만물이라면
모두가 간직하고 있다. 『주역』의 "물마다 무망을 부여했다(物與无妄)."는 말이
바로 이 뜻이며, "달빛이 천강에 가득하다(月印千江)."는 말 또한 바로 이러한 의
미이다. 『중용』 첫머리에서의 "천명이 곧 성이며, 성을 따르는 것이 곧 도"라
는 말도 또한 그러하다. 즉 천명이 사람의 마음속에 깃들어 있음과 마음의 도
리를 다하는 것이 곧 천명을 회복하는 길이 된다는 것이다. 마음 안의 소우주
와 천지자연의 대우주를 하나로 본 것이다.

불가의 『법성게法性偈』에 "한 티끌 속에 시방十方을 머금었고, 일체의 티끌
속도 이와 같다."고 했다. "무량한 원겁遠劫이 즉 일념一念이며, 일념이 즉 무량
겁이다." 함도 같은 뜻을 표현한 것이다. 하나 속에 전체가 들어 있고, 전체

속에 하나가 들어있다는 이 이치는 태극의 원리에 꼭 부합하는 말이다.

천지가 만물을 생하고자 하는 마음을 인仁이라 한다. 인은 곧 씨앗을 의미한다. 만물은 천지의 마음(仁)을 부여받고 태어나니, '품성稟性'이나 '품기稟氣'라는 말들이 이를 두고 한 말이다. 콩을 심으면 닮은 새끼 콩이 그대로 열리는 이치다. 그래서 선인이든 악인이든 사람은 누구에게나 인이 있다는 것이다.

인이든 태극이든 용어만 다를 뿐 같은 이치를 달리 표현한 것이다. 대개 사람이 아버지의 한 점 정액과 어머니의 피 한 방울로 이 세상에 처음 나오게 되는데, 이때 그 어떤 '한 점의 신령한 빛(靈光)'을 얻게 된다. 이를 태극이라 할 수 있으며, 이것으로 형체를 주장하는 것이다. 무극과 태극과의 관계를 비유해서 말하자면, 태극은 종자의 시종始終을 포함해서 말하는 것이고, 무극은 종자의 형체는 없지만 핵인核仁에서 발아하는 이치를 말하는 것으로 볼 수 있다. 부모를 통해 들어온 '신령한 빛'을 태극이라 한다면, 무극은 부모미생전父母未生前인 태허太虛를 이르는 것으로, 형체에 속하지 않는 것으로 볼 수 있겠다. 어느 고인이 쓴 시 한 구절이 있는데, 무극의 의미를 적절히 표현한 것 같아 소개한다.

> 欲識本來眞面目 본래의 진면목을 알고자 하니
> 未生身處一輪月 이 몸이 아직 생하지 아니한 곳 한 둥근 달이라네

군이 표현하자면, 무극은 둥근 일원상一圓相으로 음양의 모습도 없고, 청탁의 구분도 없는 혼돈의 상을 말한다. 그러나 태극은 음양이 서로 감싸 안고 있는 모습으로 청탁이 구분된다. 선악과 시비, 진퇴, 존망, 득실 등이 이에서 나온다. 그리고 태극은 변화하므로, 양 속에서 음이 나오고, 음 속에서 양이 나오는 이치를 보여주고 있다.

또한 무극을 청탁이 없는 본성本性으로 본다면, 태극은 청탁이 있는 마음자리(心)로 말할 수 있다. 본성은 맑고 흐림이 없으니, 수신修身하고 말고 할 것이

없지만, 마음은 청탁이 있으니, 참으로 수신해야 할 필요가 생기는 것이다.

태극 안에 음양이 있으므로, 양이 극하면 음이 생하고 음이 극하면 양이 생하니, 무궁토록 생생불멸하는 것이 태극이다. 영생불멸하는 것이 태극이니, 하늘이 태극을 잃지 않았기 때문에 하늘은 항시 덮여 있으며, 땅이 태극을 잃지 않았기 때문에 땅도 항시 만물을 싣고 있다. 마찬가지로 사람도 태극을 잃지 않는다면, 즉 성명性命을 항상 보존할 수 있는 것이다.

무극에서 태극이 생기고, 태극이 변화함에 묘妙한 유有가 생긴다. 그런데 태극은 언제 동동動해서 만유萬有를 생하는 것일까? 그리고 어떻게 하면 태극을 보존할 수 있을까? 태극은 바로 무극 자리에 있다.

소강 절은 「황극경세서」에서 만물의 생멸주기를 129,600년으로 보았다. 이 기간을 일원一元이라 하는데, 일원 동안에 무극은 술해戌亥의 이회二會 사이에 있다. 이때는 천지만물이 있지 아니한 때다. 무극 자리인 술해 이회에 태극은 보존되어 있으니, 태극이 있기 때문에 일원의 조화가 있는 것이다. 마찬가지로 매년의 태극은 술월

와불

戌月인 9월과 해월亥月인 10월에 있다. 이때는 가을에서 겨울로 접어드는 입동지절立冬之節에 해당한다. 또한 매월의 태극은 26일에서 30일 사이인 5일간에 있고, 매일의 태극은 술해 시에 있다.

가을에 수확한 종자가 겨울에 모두 얼어 죽은 것 같지만, 봄이 되면 다시 소생하는 것을 볼 수 있다. 겨울에 숨어 있었기 때문에 봄에 다시 소생할 수가 있고, 밤중에 휴식을 취했기 때문에 다음 날 다시 활동할 수가 있는 것이다. 이 같은 원리는 동식물에도 적용할 수 있다. 동물의 태극은 숙칩宿蟄에 있다. 뱀이나 용이 가을에 땅속으로 들어가는 것은 내년 봄에 다시 살아나기 위

해서다. 또한 식물의 태극은 귀근歸根에 있다. 가을에 낙엽지고 가지가 시드는 것은 생명을 보존하기 위함이다.

　그렇다면 사람은 어떻게 해야 태극을 간직할 수 있을까? 동물의 숙칩하는 것과 식물의 귀근하는 것과 같은 이치다. 사람도 겨울을 지내야 봄을 맞이하듯이 음陰 속에서 태극을 보존할 수 있는 것이다. 음이란 마음을 고요히 하는 것(靜), 마음을 비우는 것(虛), 마음을 부드럽게 하는 것(柔) 등이다.

　『도덕경』에 '귀근왈정(歸根曰靜)'이라는 말이 있다. '근본으로 돌아가고, 근본을 추구하는 것' 역시 음으로 행하는 것이다. 마음을 편안히 하고 잡다한 생각을 버리며, 욕심을 적게 하고 마음속으로 항상 수신의 도를 생각한다면, 이 속에서 태극이 온전히 갖추어져서 천수天壽를 다하고 선하게 종명終命을 이룰 수 있을 것이다. 선도에서 말하는 '금단金丹'과 불가에서 말하는 '원각圓覺' 등이 결국 태극의 이치를 달리 표현한 말들이다.

효交는 변화의 도

```
▬▬▬▬▬                    ▬▬▬  ▬▬▬
   양효                     음효
```

　『주역』은 문자 이전의 괘卦나 효交라는 일종의 상징부호로 그 의미를 드러
냈기 때문에, 먼저 괘효에 대한 이해가 선행되어야 한다. 우리가 주역을 배우
려는 목적은 천지자연의 이치를 통해서 인사人事를 알려는 것이다. 주역의 도
를 표현하고 있는 괘효의 의미를 모르고 주역을 대한다면, 이는 사상누각沙上
樓閣에 불과하다.

　『주역』「계사전」에 "효는 변화를 말하는 것이다(交者言乎變者也)." 하였다. 세
상사는 때와 더불어 항상 변화하고 있다. 무엇이 변화한다는 말인가? 천지간
에는 일기一氣가 있으니, 그 기氣가 유행한다는 것이다. 기의 유행을 변화의 도
라 할 수 있으니, 변화의 도를 밝힌 것이 효다. 그런데 기는 무작정 떠도는 것
이 아니라 일정한 법칙 속에서 흐른다.

하루로 비유하면, 자시子時에서부터 오시午時에 이르는 오전은 양기가 생하는 때이고, 미시未時에서부터 해시亥時에 이르는 오후는 음기가 생하는 때다. 동지 후 하지 전까지는 양기로 만물이 생장하고, 하지 후 동지 전까지는 음기로 만물이 성숙하고 소멸한다.

우리가 흔히 말하는 음양陰陽은 주역상의 용어다. 기가 움직이고 그치는 원리를 주역에서는 음양이라 정의한다. 음양의 기가 유행하기 때문에 하루의 밤낮이 생기고, 일 년의 사계절이 있어 순환 반복하는 것이다. 동정動靜의 모습을 또한 주역에서는 ─과 ─-의 부호로 표현하고 있다. ─를 양효라 하고, ─-를 음효라 부른다.

효爻자를 살펴보면, 예乂라는 글자가 중첩한 상이다. '사귈 예乂'는 음과 양이 사귄 모습이다. 이를 상하로 중첩한 것은 하늘에서도 음양이 사귀고 있지만, 땅 아래에서도 강유가 사귀고 있음을 표현한 것이다. 세상만사 모두가 음양 밖을 벗어나지 못한다. 모두가 음양 안에서 존재하고 음양이 변화하며 유행하는 것이다.

『주역』에서는 효에 대해 여러 곳에서 설명하고 있다. 「계사전」 하1장에서는 "효라 하는 것은 본받는 것이다(效)." 하였고, 「계사전」 하3장에서는 "효라 하는 것은 천하의 움직이는 것을 본받는 것이다(爻也者 效天下之動者也)."라 하였다. 이를 잘 음미해 보면, 학역지인學易之人이 천지자연의 이치를 본받는다는 뜻임을 알 수 있다. '효效'라는 글자도 '효爻'에 모자(亠)를 씌어 형식을 갖추고, 글(攵)로 장식한 것이니, '效'는 '爻'에서 파생한 글자임을 알 수 있다.

또한 변화하는 도로서의 효는 천지인天地人 삼재三才를 망라한다. 『주역』「계사전」 10장에 말하기를, "역을 책으로 만든 것이 광대廣大하고, 모든 것이 갖춰져 있어서, 천도天道가 있으며 인도人道가 있으며 지도地道가 있다(易之爲書也 廣大悉備하야 有天道焉하며 有人道焉하며 有地道焉하니)." 했다. 삼재의 도를 말한 것이다. 또한 9장에 "도道에 변동變動이 있으니, 고로 효爻라 말한다[道有變動 故曰 爻]"라 하였는데, 도가 삼재 모두에서 변동하므로 효 역시 삼재 모두를 포함하고 있음을 설명한 것이다.

음효와 양효의 모습에 대해서 최근의 학자들이 고대 생식기를 숭배하던 사고에 연유하여, 양효는 남근男根에서, 음효는 여근女根에서 근원한 것으로 주장하기도 한다. 물론 일리가 있는 말이다. 그러나 이는 최근의 설이 아니다. 옛날 명나라 때의 래구당來瞿塘 선생의 설이 이와 유사한데, 구당 선생의 양에 대한 설명을 대략 풀이하면 다음과 같다.

"양효(一)는 마치 나무 작대기(標竿)와 같으므로, 고요할 적에는 온전히 있다가(專), 동할 적에는 뻣뻣해져서(直) 충실(實)하므로 베풀기(施)를 주로 하고, 홀로(奇) 하니, 양의 모습이 된다. 음효(--)는 마치 대문의 두 문짝과 같으므로, 고요할 적에는 닫혀 있다가(翕), 동할 적에는 열려서(闢) 허虛하므로 계승함을 주로 하고, 짝(偶)하니, 음의 모습이 된다."

건곤의 덕에 대한 이 말은 구당 선생이 음효와 양효의 모습으로서 풀이해서 설명한 것이다. 구당 선생의 이러한 주장은 물론『주역』의 글에 근거한 것이다.

『주역』「계사전」상6장에 "저 역이 넓고도 크다(夫易 廣矣大矣)." 하면서, 다시 말하기를 "저 건은 고요할 적에는 온전히 있다가 동할 적에는 곧게 되니, 이 때문에 커지며, 저 곤은 고요할 적에는 합해 있다가 동할 적에는 열리게 되니, 이 때문에 넓어지니라(夫乾 其靜也 專 其動也 直 是以 大生焉 夫坤 其靜也 翕 其動也 闢 是以 廣生焉)." 했다. 세상사 모두가 음양의 모습으로 존재하고, 음양의 원리로 변화하고 있다.『주역』은 천지자연의 이치를 설명한 책이다.

『주역』「계사전」4장에 "역이 천지와 더불어 똑같다(易 與天地準)."라고 하였다. 준準은 수준기를 말하다. 수준기는 좌우의 평평함을 재는 기구니, 역은 천지와 더불어 어느 한쪽으로 기울어짐이 없이 똑같다는 말이다.

옛날의 성현들은『주역』의 글을 통해서 천문을 살피고, 지리를 살펴서, 유명幽明의 연고를 알았다. 사생死生의 설設을 알고, 귀신鬼神의 발현하는 모습을 알았다. 『주역』에서 음양의 효를 '본받는다'는 뜻으로 새김은 바로 이런 의미에서이다. 따라서 역을 공부하는 사람들은 일이 없을 때 책을 읽든지, 일이 생겼을 때 점을 치든지 간에 괘효를 통해서 천지자연의 이치를 본받으려 한 것이다. 이것이 바로 천지자연의 도에 부합해 나가는 것이며, 이로써 피흉추길避凶趨吉이 되기 때문이다.

괘卦는 만물의 상

천지인 삼재를 각각 나누어서는 효爻라 말하지만, 하나로 묶어서는 괘卦라 말한다. 괘에 대한 의미는 여러 가지로 정의할 수 있다.

우선 괘의 글자를 파자하면 '괘卦'는 '규圭'와 '복卜'을 합한 글자다. 규圭는 토土가 중첩한 글자로서 언덕을 의미한다. 상고 시대에

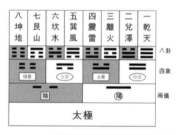

복희팔괘차서도(伏羲八卦次序圖)

는 그곳에서 해 그림자(日影)를 측정하여, 시간의 흐름을 측정했던 것이다. '토규土圭'니 '규표圭表'니 하는 것들은 오래전 태양의 그림자를 측정했던 기구들이다.

'복卜'이라는 글자도 살펴보자. '천지 통할 곤丨'자에 점(丶)하나를 찍었다. 천지 사이에 어느 한 곳을 찍어 알아낸다는 의미이다. 즉 점을 친다는 의미이다. 따라서 '괘卦'라는 글자는 태양의 운행을 측정했던 기원의 의미를 지닌 글자가 아닌가 여겨진다. 사실 역易이라는 글자도 일월日月의 합성자이고 보면, 역과

괘는 불가분의 관계가 있음을 알 수 있다. 그렇게 보면 팔괘가 천문에서 기원이 되었다는 설은 나름대로 일리가 있다. 옛날 선인이 무슨 생각을 가지고 처음 '괘卦'라는 글자를 만들었는지 정확히는 알 수 없지만, 아마도 천문과 관련한 괘의 설명은 정확한 기원이라기보다는 단지 의미 부여를 하기 위한 의도가 아닌가 여겨진다.

또 다른 견해를 살펴보자. 『설문해자』에 "괘는 시초점을 치는 것이다(卦所以筮也)."라 하였다. 『설문해자』에서는 규圭를 서옥瑞玉으로 보았는데, 서옥이라는 것은 옛날 천자가 제후를 봉할 때 신표信標로서 삼은 것이다. 그런데 규와 서옥은 무슨 관련이 있기에 같은 뜻으로 쓰였을까? 고대에 천자가 일정한 땅을 떼어서 제후에게 주는 영지를 봉토封土라 하였다. 아마도 규와 관련이 있는 것은, 제후가 영지로 부임할 때 그 근원을 잊지 않기 위해서 천자국의 흙을 상자에 담아 갔기 때문일 것이다. 천자국과 제후국이 같은 땅임을 의미한다. 규圭가 '쌍 토土'로 되어 있음도 이런 의미일 것이다.

이것이 후대에 가서는 옥으로 바뀌어, 제후가 떠날 때 증표로 주게 된 것이다. 이를 '부절符節'이라 한다. 가끔 텔레비전에 나오는 장면 중에, 관원의 공복公服 차림을 볼 수 있다. 이때 손에 쥐는 수판手板을 '홀笏'이라 부르며, 옥으로 만든 홀을 '규圭'라 부른다. 홀규笏圭의 모양을 보면, 위는 둥그렇고 아래는 모가 나 있다(上圓下方). 이는 천지의 모습을 본 뜬 것이다.

또한 『설문해자』에 주를 단 단옥재(段玉裁, 1735~1815, 청나라 학자)는, 응소應劭라는 사람의 말을 인용해서 말하기를, "규圭는 자연의 형태이며, 음양의 처음이 된다. 그러므로 용량의 단위로서 옛날에는 기장알 64개를 규로 삼았다. 사규四圭는 한 줌(撮)이 되고, 십규十圭는 일홉一合이 되니, 양量이 이에서부터 기원한 것이다." 했다. 64개의 상象을 취해서 괘를 삼은 뜻을 취한 것이고, 시초점을 치기 위한 필요에서 나온 것임을 설명한 것이다.

『역위건착도』에서도 괘를 '걸 괘掛'자로 풀이했다. 이 책에서 말하기를 "괘는 괘의 뜻이니(卦者掛也) 만물을 걸어서(掛) 바라보게 한 것이다. 고로 삼획三劃

이하는 땅이 되고, 사획四劃 이상은 하늘이 되니, 물物이 감동해서 같은 류類로 상응한다."고 하였다.

만물을 '건다(掛)'는 뜻은 만물의 형상을 괘卦로 만들어 사람들에게 보인다는 것이다. 주역의 괘는 여섯 개의 효(六劃)로 그려져 있다. 육획괘는 삼획으로 이루어진 팔괘가 중첩한 모양이다. 주역에서는 삼획괘가 아닌 육획괘로써 만물의 변화하는 이치를 설명하고 있다. 옛날 성인이 천하의 일이 음양으로 이리저리 복잡하게 얽혀져 있는 것을 보고, 그 물상物象을 형용해서 괘로 만들어 사람들에게 보여줬다는 것이다. 이러한 의미로 『역위건착도』에서는 괘의 뜻을 '괘掛'로 본 것이다.

이 괘掛라는 글자는 『주역』 속에서도 나온다. 『주역』 「계사전」 9장에 보면, 50개의 시초(大衍之數)를 가지고 점치는 법을 설명하고 있다. 이 구절 속에 '괘掛'자가 나온다. 문장이 길고 뜻이 복잡하므로 거두절미하고 설명하자면, "50개의 시초를 갖고 수數를 만들면 수에서 효가 나오고, 괘卦가 나오는데, 이것을 걸어둔다(掛)."는 내용이다. 점을 설명하는 글 속에 '괘掛'의 뜻으로서 괘가 나오는 이치를 설명하고 있는 것을 보면, 『주역』이 역시 점서에서 기원한 것임을 엿볼 수 있다.

여하튼 괘의 뜻이 천문에서 나온 것인지, 아니면 점서로서 나온 것인지 명확하지 않지만, 결국 이 두 가지의 뜻을 깊이 들여다보면 서로 상통하는 부분이 있다. 천문天文의 기원설로 괘를 설명함은 천도天道를 주장한 것이고, 점서占筮로서 괘를 설명함은 인사人事를 주장한 것이다.

천도와 인사는 서로 톱니바퀴처럼 맞물려 가는 것이다. 세상사가 천도만으로 정해지는 것도 아니고, 인사만으로 이루어지는 것도 아니다. 이 양자가 맞물려서 미래사가 이루어지는 것이다. 역은 천지자연의 운행하는 이치를 밝힐 뿐만 아니라, 점서로서의 기능도 갖추고 있기 때문에, 역 속에 있는 괘나 효역시 여러 가지 의미로 해석하는 자세가 필요할 것이다.

伏羲先天六十四卦方圓圖

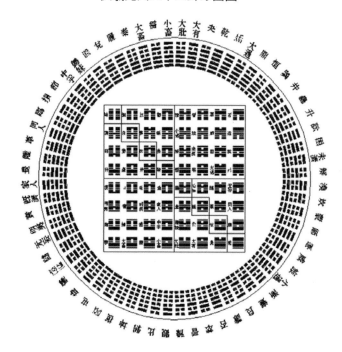

음양陰陽의 이해

『주역』의 글 중 십익+翼은 공자의 글이다. 십익 중 상전象傳에 '음양陰陽'이라는 용어가 나오는 것을 보면, 적어도 공자 당시에는 음양이라는 용어가 사용되었음을 알 수 있다. 건괘乾卦의 상전에서는 양효를 양기陽氣로 표현하고, 곤괘坤卦의 상전에서는 음효를 음陰이 엉기는 것으로 표현하였다. 건괘와 곤괘를 양기와 음기가 유행하는 것으로 설명한 것이다.

유극도

옛날 음양의 이치를 철학적으로 이해하지 않았을 때에도, 사람들은 목축을 하거나 농사를 지으면서 계절의 변화에 관심을 가졌을 것이다. 그리고 이 변화의 원인이 태양과 달에 의해서 이루어지고 있음을 알았을 것이다.

일월이 서로 교차하면서 하루의 밤낮이 생기고, 찬 기운과 더운 기운이 왕래하면서 일 년이 이루어진다. 본래가 둘이 아닌 하나의 기가 유행하는 것이지만, 일월에 의해 밤낮이 생기고 한서寒暑에 의해 일 년의 구별이 생긴다. 나아가 일원一元이라는 129,600년을 주기로 원회운세元會運世를 이루며 순환 반복하는 것도 이러한 원리에서 벗어나지 않는다. 모두가 일월로 인해서 생겨나는 것이다. 일월은 곧 음양의 모습이다. 그래서 주역에서는 '역易'을 일월日月의 합성자라 말하기도 한다.

"역 속에 태극이 있으니, 이것이 양의를 생한다(易有太極 是生兩儀)."고 말한 양의는 바로 음양을 가리킨 것이다. 그러나 어찌 음양이라는 용어를 단지 '기가 유행하는 것'만으로 설명할 수 있겠는가? 천지간의 만사만물 모두가 음양의 이치 속에서 존재하며, 그러한 이치 속에서 변화하고 있는 것이다.

음양陰陽의 글자를 파자해 보자. '그늘 음陰'자나 '볕 양陽'자 모두 '언덕 부阝'변의 부수를 달고 있다. 언덕의 볕드는 곳은 양달이고, 그늘진 곳은 음달이 된다. 좀 더 상세하게 말하자면, 본래 음양(仌昜)으로 쓰였는데, 부방阜旁은 후대에 붙여진 것이다. 음陰자 속에 들어있는 '운云'자는 옛날의 '구름 운雲'자로서 구름이 해를 가리고 있는 '음霒'자의 의미를 가지고 있다. 양陽은 '날 일日'과 '한 일一', 그리고 '말 물勿'자로 이루어져 있어, 해와 달이 위 아래로 빛을 드러

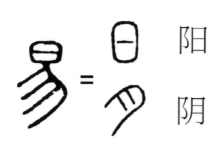

낸 모습이다. 언덕을 중심으로 태양이 가려져서 그늘진 곳은 음방陰方이므로, 어둡고 춥고 정적靜的이며 습할 것이다. 반면에 태양이 비춰서 밝고 기운을 생하는 곳은 양방陽方이므로, 따뜻하고 동적動的이며 건조할 것이다.

세상사가 표면적으로는 천태만상으로 각각 나름대로의 모양을 이루고 있지만, 이들의 변화하는 이치는 결국 음양의 이치에서 벗어나지 못함을 알 수 있다.

"천하의 모든 소리는 열리고 닫히는 곳에서 나오고, 천하의 모든 이치

는 동정에서 나오며, 천하의 모든 수는 홀수와 짝수에서 나오고, 천하의 모든 상은 둥글고 모난 속에서 나온다(天下之萬聲 出於開闔 天下之萬理 出於動靜 天下之萬數 出於奇偶 天下之萬象 出於圓方)."

이 글은 송나라 때의 학자인 서산채씨西山蔡氏의 말이다. 천지간의 세상사는 모두 음양의 사이에서 정해진다. 음양의 이치를 일일이 다 거론할 수는 없으므로 그 대강을 정리하면 다음과 같다.

陽	陰	陽	陰
淸	濁	直	曲
天	地	賞	罰
剛	柔	夫	婦
晝	夜	主	客
進	退	現	隱
實	虛	出	入
動	靜	生	死
表	裡	神	鬼
男	女	飛	走
大	小	貴	賤
南極	北極	文	武
東南	西北	施	受
上身	下身	吸	呼
禽	獸	吉	凶
牡	牝	心	身
上	下	春夏	秋冬
君	臣	兄	弟
前	后	明	暗
左	右	暖	寒
開	闔		

위에서 열거한 음양의 원리는 물론 태극에서 나온 것이다. 천지 역시 하나의 우주 속에서 나누어진 것이고, 음양도 결국 일기一氣에 불과하다. 낮과 밤이라 하는 것도 빛의 있음과 없음을 달리 표현한 말에 지나지 않는다. 천지·일월·음양 등등의 모든 것들은 하나에서 나누어진 것이며 하나의 조화에서 이루어진 것이다.

그런데 음양의 이치가 멀리에만 있는 것은 아니다. 마음속에도 음양의 이치가 갖추어져 있다. '마음이 곧 태극(心爲太極)'이라 한 소강절 邵康節 선생의 말처럼 마음이 신체의 주인이 되므로, 마음에 의해 신체가 움직이는 것이다. 선악·시비·길흉·회린 등 음양사가 마음에 의해 기준이 생기고, 마음에서 만들어진다.

옛날 전국시대의 묵적墨翟이란 사람이 흰 실을 보고 울었다는 고사(墨子泣絲)가 있다. 이 실이 장차 누렇거나 검게 물들여질 수 있기 때문이다. 사람이란 습관에 따라 그 성품이 선하게도 되고, 악하게도 될 수 있음을 비유한 말이다. 또한 같은 시대의 양주楊朱라는 사람도 갈림길에 서서 가야할 바를 몰라 울었다는 고사(楊朱泣岐)가 있다. 그 길이 남쪽과 북쪽으로 갈라져 있으므로, 사람이 선악을 택하는 것도 이와 같음을 비유한 것이다. 마음에서 일어나는 한 생각이 선하면 그 사람은 선하게 살아갈 것이고, 악하면 그 사람은 악한 데에 빠져들 것이다. 음양사陰陽事란 결국 마음 안에서 정해지는 것임을 말한 것이다. 주역에서 말하는 음양의 원리 역시 우리들의 마음 안에서 이루어지는 것이다.

변화의 도는 내 마음속에 있다

주역에서 음양을 말하고 있지만, 괘를 설명함에 있어서는 일반적으로 강유剛柔로써 설명한다. 물론 음양 속에 강유 역시 포함되는 것이지만, 이를 굳이 구별해서 설명하자면, 음양은 하늘의 기운이 유행하는 이치로 말한 것이고, 강유는 형질로서 땅의 딱딱하고 부드러운 모습으로 표현한 것이다.

『주역』「설괘전」 2장에 "옛날에 성인이 역을 만드신 이유는 사람들로 하여금 성명性命의 이치를 순하게 따르게 하기 위함이었다. 이 때문에 하늘의 도를 세워서 말하기를 '음양陰陽'이라 하고, 땅의 도를 세워서 말하기를 '강유剛柔'라 하고, 사람의 도를 세워서 말하기를 '인의仁義'라 한다(昔者聖人之作易也는 將以順性命之理니 是以立天之道曰陰與陽이요 立地之道曰柔與剛이요 立人之道曰仁與義라)" 하였다.

음양은 천도天道로서 말한 것이고, 강유는 지도地道로서 말한 것이다. '강'과 '유'는 본래 그 성질을 달리 하지만, 이들은 상대적인 관계 속에서 서로에게 영향을 준다. 이로 인해 '강'과 '유'에는 '변화'가 생기는 것이다.

정자程子는 그의 저서인 『역전易傳』 서문에서 "역은 변역變易이니 수시隨時 변역變易 해서 도道를 따르는 것이다" 하였다. 주자朱子는 한 걸음 더 나아가 정자의 변역설과 관점을 같이 하면서도 "정이천程伊川이 역을 변역이라고 말한 것은 다만 상대적인 음양이 유행하는 것만을 말한 것이고, 착종하는 음양교호陰陽交互의 이치를 말하지 않았으니, 역을 말할 때는 이 두 가지를 겸해야 한다"고 하였다.(『주자어류』 권65)

그리고 주자朱子는 이를 '교역交易'이라 표현하고 있다. 남녀가 서로 사귀어서 자식이 생기듯이, 천지가 서로 사귀어서 만물이 생하는 이치다. 세상사는 이렇게 '음양'과 '강유'가 서로 사귀면서 변화하는 것이다.

변화의 의미를 음양으로 구분해서 설명하고자 한다. 태극 모양의 그림으로 설명하면 다음과 같다. 그림에서 보듯이 태극 모양이 머리와 꼬리가 서로 맞물려 있듯이 음양은 서로 포개져 있다. 낮과 밤이 서로 교대해서 하루가 이루어지듯이, 더위와 추위가 서로 왕래해서 일 년이 이루어진다. 이때 음이 극해서 양이 생하는 것을 '변變'이라 하고, 양이 극해서 음이 생하는 것을 '화化'라 한다.

다시 표현하면, 오전 자시子時부터 기운이 점차 생하는 것을 '양기가 생한다' 하며 이를 '변'이라 하고, 오후 오시午時부터 기운이 점차 쇠하는 것을 '음기가 생한다.' 하며 이를 '화'라 하는 것이다. 일 년으로 말하자면, 동지에서부터 일양一陽이 생하기 시작해서, 만물이 점차 소생하는 즉 무无에서 유有로 나아가는 것을 '변變'이라 하고, 하지에서부터 일음一陰이 생하기 시작해서 만물이 점차 성장을 멈추고 죽어가기 시작하는 즉 유有에서 무无로 들어가는 것을 '화化'라 한다. '늙을 로老'자 아래에 '화匕'자를 쓴 것 또한 이러한 맥락에서 이해할 수 있을 것이다.

기운의 왕쇠旺衰로 말하자면, 양기가 생하는 것이 '식息'이고, 음기가 생하는 것이 '소消'다. 흔히 말하는 소식消息 운운은 다름 아닌 음양지사의 변화를 뜻한다. 만물의 자취로서 말하자면, 물物이 생해서 오는 것을 '신神'이라 하고, 물物이 돌아가는 것을 '귀鬼'라 하니, 이는 음양의 신령한 뜻으로 말한 것이다. 사람 몸속의 신령한 기운으로 혼백魂魄을 말하는데, 혼은 양으로 정신을 뜻하고, 백은 음으로 체백體魄을 말한다. 따라서 혼비백산魂飛魄散이라는 말은, 혼은 양신이므로 죽어서는 구천으로 날아가서 흩어지게 되고, 백은 음신이므로 죽어서는 땅 속에 들어가 땅으로 화하는 이치다. 이 모두가 변화의 도를 여러 가지로 설명하고 있는 것이다.

　여기에서도 역시 유념할 것이 있다. 이러한 변화의 도를 밖에서만 찾으려고 해서는 『주역』을 수천 번 읽어도 불통不通한다. 오직 내 마음속에서 그 변화의 도를 찾아야 한다. 길흉의 이치는 비록 『주역』책 속에 있지만, 피흉추길避凶趨吉의 도는 내 마음속에 있기 때문이다. 길흉은 밖에서 오는 것이지만, 변화의 도는 내 마음에 있는 것이다.

　모든 글이 마찬가지이겠지만, 주역 또한 그 이치를 제대로 이해하려면 우선 용어에 대한 정확한 이해가 선행되어야 한다. 용어에 대한 이해가 부족하면, 여러 번 읽어도 깊은 글맛을 모르지만, 기본적인 용어에 대한 개념을 정확히 이해하고 나면, 무릎을 쳐 가면서 『주역』을 읽어나가게 될 것이다. 『대학』에 "앎이 지극한 뒤에 뜻이 성실해진다(知至而后 意誠)" 하였다. 사람의 행실은 정성 여하에 달려 있지만, 그 정성을 이루려면 먼저 알지 않고는 안 된다는 말이다. 그 일이 선한지 악한지를 알지 못하면서 어찌 정성을 들일 수가 있겠는가? 주역에 대한 용어를 정확히 이해함은 주역의 도를 알기 위한 첩경이며, 주역의 도에 들어가기 위한 관문이라고 할 수 있다.

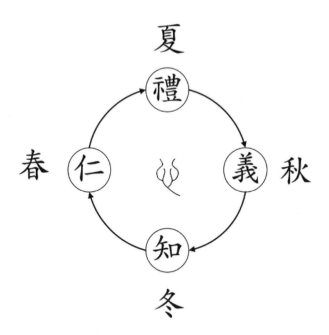

이간易簡은 득도의 요결

重天乾   重地坤

'易'을 일반적으로 '역'이라 발음하지만, '이'로 읽는 경우도 있다. 이때의 '이'
는 '쉽다' 라는 의미의 '이易'로 보아야 한다. 『주역』에서 말하는 이간易簡도 '易'
을 '역'으로 발음하지 않고 '이'로 발음한다. '간簡'은 '간단하다'는 뜻이다.

이간은 건곤의 덕을 말한 것이다. 그런데 무엇이 '쉽고 간단하다(易簡)'는 말
인가? 『주역』 「계사전」에 "건곤은 역의 문이다(易之門耶)."라 했다. 모든 괘가
건곤으로부터 나왔음을 뜻한다. 또한 "저 건乾은 확실한 모습(確然)이니, 사람들
에게 쉬운 것(易)으로 보이고, 저 곤坤은 순종하는 모습(隤然)이니, 사람들에게
간단한 것(簡)으로 보인다." 하였다. 이는 역도를 이간으로 표현한 것이다. 또
한 "하늘의 도가 이易한 즉 내가 쉽게 알 수 있고(易則易知), 땅의 덕이 간簡한
즉 내가 쉽게 따를 수 있는 것이다(簡則易從)." 하였다. 이간으로 쉽게 알 수 있

고, 쉽게 따를 수 있음을 설명하고 있다.

그러나 천도天道의 이易와 지덕地德의 간簡으로 사람들이 과연 쉽게 알 수 있고 간단히 따를 수 있을까? 『주역』에서는 사람들이 만약 이간할 수만 있다면 천하의 이理를 얻을 수 있을 것(易簡而天下之理得矣)이라 하였다. 이易는 소위 득도의 요결을 의미한다. 득도하기란 쉽지는 않을 것인데, 왜 옛날의 선비들이 역易을 '쉬울 이'의 뜻으로 표시했을까? 이 이易라는 글자 속에는 쉽게 간과해서는 안 될 중요한 의미가 담겨 있다. 전술했듯이 이간은 건곤의 덕에서 나온다. 이易는 건괘(☰)의 상에서 취한 것이고, 간簡은 곤괘(☷)의 상에서 취한 것이다. 건괘는 순전히 양효만 있고, 음효는 하나도 없다. 양은 실하고, 음은 허한 모습이니, 양은 베풀고(施), 음은 받아들이는(受) 의미다.

대개 하늘이 오행의 기氣를 먼저(先) 베풀면, 땅은 나중에(後) 오행의 기를 받아들인다. 베풀 수 있으므로 천도天道라 하고, 받아들일 수 있으므로 지덕地德으로 표현하기도 한다. 따라서 건괘에 순 양효만 있다는 것은 이 마음이라는 보따리 속에 천리만 남아 있다는 것이요, 사욕이 하나도 없다는 뜻이다. 마음속에 욕심이 깃들지 않으면 이것이 곧 득도의 경지가 되는 것이다. 우리가 소위 말하는 성인의 모습이다.

건괘의 이易라는 것은 무욕無慾의 경지를 말하는 것인데, 그렇다면 욕심은 어디에서 나오는 것이며, 어떻게 해야 무욕의 상태가 될 수 있을까? 『중용』에서 말하는 중中이 바로 무욕에 이른 경지다. 『중용』에 "희로애락喜怒哀樂이 미발未發함을 중中이라 한다" 하였다. 희노애락은 이목구비耳目口鼻를 통해서 나온다. "눈은 마음의 창이다."라고 말하지만, 어디 눈만이 마음의 창이겠는가? 귀·입·코 모두가 마음의 창이 된다. 마음이 이목구비와 연결되어 있으므로 '일곱 개의 구멍(七竅)'을 통해서 마음이 출입하고 있다. 즉 희로애락의 감정이 일어난다는 것이다. 그러나 희로애락은 마음이 동動해서 나오는 것으로, 동하는 마음을 욕심으로 보는 것이다. 욕심 자체가 나쁜 것은 아니지만, 여기에서는 사욕의 의미로 말한 것이다.

대개 사람의 본래 정신은 물처럼 맑아지기를 원하지만, 마음이 움직여서 탁해지기도 하고, 사람의 본래 마음은 고요한 것을 원하지만, 욕심이 자꾸만 끌어당기기 때문에 움직이는 것이다. 때문에 옛날 성인들은 사람들에게 마음을 고요하게 가라앉히는 법을 가르쳤다. 마음을 고요하게 하려면 우선 이목구비를 닫고 정좌靜坐하는 법을 알아야 한다. 정좌하다 보면 마음이 고요해지고, 정신이 깨끗해진다. 이러한 경지를 옛날의 선비들은 '명경지수明鏡止水'라 불렀다. 즉 거울로 비유하자면 티끌 하나 없는 밝고 깨끗한 거울이요, 물로 비유하자면 고요히 그쳐있는 맑은 물과 같다는 것이다. 건괘의 이易는 바로 이러한 경지에서 말하는 것이다. "주역을 공부하는 마당에 웬 선법仙法을 논하느냐?"고 하겠지만, 공부는 책을 통해서만 얻을 수 있는 것이 아니라, 마음을 고요히 하는 속에서도 길이 있기 때문이다.

이간 속에서 도의 근원을 체득할 수 있듯이, 역의 이치는 무욕의 무无에서 근원한다. 보아도 보이지 않고(視而不見), 들어도 들리지 않으니(聽而不聞), 역의 이치는 오직 무의 적연부동寂然不動한 속에서 체득할 수 있는 것이다.

도설만필道說漫筆

"일인위대一人爲大요, 일대위천一大爲天이라" 하니 사람(人)은 하나(一)를 얻어서 대大가 되고, 대大는 하나(一)를 얻어서 하늘(天)이 된다는 뜻이다. 이때에 일一은 무엇을 의미할까?

옛날 송나라 때의 학자인 주렴계(周濂溪, 1017~1073) 선생은 "일一은 무욕無慾이라" 하였다. 사람이 욕심을 없애면 마음이 고요해지고 정신이 맑아지며, 정신이 맑아지면 성인聖人이 될 수 있다고 본 것이다. 성聖은 무불통無不通의 뜻이다. 귀(耳)로 듣거나 입(口)으로 말함에 무불통인, 세상에 으뜸(壬)가는 자를 말한다. 마음이 고요해지고 정신이 맑아지는 것을 '정신일도精神一到'라 하는데, 정신을 하나로 모으는 것, 즉 '하나를 얻는 것(得一)'을 성인의 경지에 이를 수 있는 길로 본 것이다.

득일得一은 욕심을 없앰으로써 오는 것이니, 욕심은 어디에서 오는가? 욕심은 나를 위하고자 하는 사심私心에서 온다. 사심은 눈·귀·입을 통해서 들어온다. 눈을 뜨면 오색五色에 마음을 빼앗기고, 귀를 열면 오음五音에 마음을 빼앗기고, 음식을 먹으면 오미五味에 마음을 빼앗긴다. 눈과 귀와 입은 마음을

요동치게 하고, 정신을 흐리게 하는 기관이니, 욕심은 마음을 해치는 도적이라 할 수 있다. 때문에 옛 사람들은 욕심을 없애기 위해서 정좌靜坐를 강조하였다. 눈과 귀와 입을 닫고(三昧) 가만히 앉아 있으면, 마음은 스스로 고요해지고, 정신은 스스로 맑아진다는 것이다. 이 경지에서 득일이 된다는 것이다.

『도덕경』에서 말하기를 "하늘은 하나를 얻어서 맑아지고(天得一以淸), 땅은 하나를 얻어서 편안해진다(地得一以寧)." 했다. 사람 역시 하나를 얻어서 성인이 될 수 있다는 것이다. 오랜 옛날부터 성인과 성인 사이에

김홍도-노자출관도

심법으로 전해진 것이 바로 이것이다. 노자가 청우靑牛를 타고 함곡관을 지나다가 관령關令인 윤희尹喜에게 『도덕경』 5,000여 언을 지어 전했으니, 실은 '수

석가

일守一'하라는 뜻이다. 석가모니는 영산회상靈山會上에서 법화경을 설하며 염화미소拈花微笑로써 가섭迦葉에게 심법心法을 전했으니, 실은 '귀일歸一'을 가르친 것이다. 공자는 요임금 이래 심법으로 전해진 '윤집궐중允執厥中'의 도맥을 증자曾子에게 전했으니, '관일貫一'을 가르친 것이다.

삼교三敎 성인이 모두 일一을 가르치고 전했으니, 공부하는 자리는 일一을 빼고는 생각할 수 없는 것이다. 하나는 바로 도에서 생한다.

노자『청정경』에서 말하기를, "대도大道는 무형無形이라 천지를 생육하고, 대도는 무정無情이라 일월을 운행하고, 대도는 무명無名이라 만물을 장양長養하나니, 내가 그 이름을 알지 못하지만 억지로 말하자면 도道라 한다" 하였다.

또한 『도덕경』에서 말하기를, "도는 일一을 생한다." 했다. 도는 무욕無慾,

무위無爲 등과 서로 통하는 말이다. 그러고 보면 무無자와 도道자는 쓰임새가 서로 비슷하다. 무형無形, 무정無情, 무명無名 등 모든 글자에 무無자를 붙일 수 있음은 무無에서 유有가 나오는 이치를 보인 것이고, 천도天道, 지도地道, 인도人道 등 모든 글자에 도道자를 붙일

공자성적도 - 사자시좌(四子侍坐)

수 있음은 도는 모든 곳에 깃들어 있기 때문이다. 그러나 노자의 말씀과 같이 도라는 것이 무형하고 무정해서 이름도 붙일 수 없으니, 사실 '무욕'이니 '무위'니 하는 것들도 부분적 표현일 수밖에 없고, 방편적 가르침에 불과하다.

『선가귀감仙家龜鑑』에 마침 이에 대한 좋은 시 한 수가 있으니, 한번 음미해 보자.

古佛未生前   옛 부처 나기 전에
凝然一相圓   응연히 하나의 둥근 모습이라
釋迦猶未會   석가도 오히려 몰랐거니
迦葉豈能傳   가섭이 어찌 능히 전하랴

옛 선승들은 도道를 '이름 없고 모양 없는 한 물건(一物)'으로 표현하였다. 공자도 "나는 말이 없고져 하노라(予欲無言, 「논어, 양화」)" "하늘이 무슨 말을 하리오! 사시四時가 행하며, 만물이 생하나니, 하늘이 무슨 말을 하리오!"라고 하였다. 이 역시 무위지도無爲之道, 불언지교不言之敎를 말씀한 것이다. 노자 역시 현묘玄妙한 그 이치를 달리 표현할 길이 없어 "억지

선가귀감

로 붙여 말하자면 도라 한다(强名曰道)(「노자 청정경」)."고 말한 것이다.

그렇다면 도는 전할 수도 없고, 가르칠 수도 없다는 말인가? 그러나 아마 그렇지는 않을 것이다. 노자도 도를 전하기 위해 오천 여 마디의 글을 남겼고, 석가모니도 도를 전하기 위해 팔만사천 법문을 남겼고, 공자도 도를 전하기 위해 육경六經을 정리하였다. 말로 표현할 수 없는, 말이 끊어진 자리에 도가 있다고 하지만, 세 분 성인 모두가 방편삼아 말과 글을 전한 것이다.

도라는 글자 자체에도 그 이치를 담고 있을 듯하다. 도道라는 글자는 먼저 두 점을 찍고 '한 일一'자를 그으니, 좌측은 양을 상징하고, 우측은 음을 상징하며, 일一은 태극을 상징한다. 태극에서 음양이 나오니, 음과 양이 태극에 붙어서 서로 상대하는 모습이다. 음양은 기로써 말하는 것이고, 태극은 이理로써 말하는 것이니, 만물 발생의 근원으로서 태극을 말한 것이다. 다음에 '스스로 자自'자를 아래에 붙였으니, 자自는 자기自己, 자신自身의 뜻으로 자신의 몸 위에 태극이 깃들어 있음을 표현한 것이다. 혹은 합해서 '머리 수首'자도 되니, 머리는 수도修道를 함에 가장 요긴한 곳이기 때문이리라. 다음에 '착辶'자는 '쉬엄쉬엄 갈 착'자니, 도는 때로는 동하며 때로는 정하는 의미를 표현한 것이다. 종합해서 설명하자면, 도는 "내 몸 안에 있는 것이며, 도에 의해서 하나를 이루고, 때로 동정하는 것이다."라고 정의할 수 있다.

『중용』에서 말하기를 "천명을 성이라 말하고, 성을 따르는 것을 도라 말한다."고 했으며, 이어서 "도라 하는 것은 잠시도 내 몸을 떠날 수 없으니, 내 몸을 떠나면 도가 아니다." 했다. 유가儒家에서 말하는 '성즉리性即理'가 바로 이 뜻이다. 사람의 마음속에 도가 있지만, 모습도 없고 소리도 없어, 볼 수도 없고 들을 수도 없다. 그렇다고 해서 없는 것 같지만, 도는 분명 마음 안에 있는 것이다. 무사无思, 무위无爲 속에서 적연부동寂然不動함으로써 도를 밝힐 수 있다. 그래서 정좌靜坐를 하고 눈·귀·입을 닫고 무욕無慾하려 하지만, 욕심을 없앤다는 것은 말처럼 쉽지가 않다. 마음이 이목구비에 매어 있으므로, 귀로 듣고, 눈으로 보고, 입으로 말하고, 코로 냄새 맡는 사이에 욕심이 발동하기 때문이다. 마음과 정신은 본래 청정하길 좋아하지만, 욕심으로 인해서 마음은 요동치고 정신은 혼탁해지는 것이다. 세상을 살아가면서 욕심을 완전히 없앨 수는 없다. 다만 정신이 흐려지고 몸이 상하는 것은 지나친 욕심 때문이니, 욕심을 적게 하기(寡慾)를 노력해야 할 것이다.

푸르름을 자랑하던 나무가 가을이 되면서 낙엽지고 시드는 것은 가지 끝까지 뻗쳐 있던 기운이 귀근歸根하기 때문이니, 이는 살려는 몸부림인 것이다. 귀근이란 다름 아닌 고요함(靜)에 처하고, 무無에 들어가고, 유柔를 이용하는 것이다. 장생長生의 도는 귀근함과 같이 근원을 추구하는 데 있으니, 사람도 마찬가지로 금욕·절제하는 마음, 겸허한 자세, 공손한 태도 등에서 장생의 도를 찾아야 한다. 이러한 덕목들이 바로 과욕寡慾하려는 마음에서 요구되는 것들이다.

수도하는 사람은 정신과 마음을 청정淸靜하게 하는 것으로 묘妙를 삼는 법이니, 이목구비를 잘 이용해야 할 것이다. 공자가 말씀하신 "예가 아니면 보지 말고(非禮勿視), 예가 아니면 듣지 말고(非禮勿聽), 예가 아니면 말하지 말고(非禮勿言), 예가 아니면 움직이지 말라(非禮勿動)(「논어, 안연편」)."는 것은 곧 눈과 귀와 입을 청정하게 하라는 것이며, 마음을 청정하게 하라는 것이다. 이는 다름 아닌 과욕寡慾을 가르친 것이다.

문자文字와 주역周易

가림토 문자

『천자문』의 첫 구절은 천지현황天地玄黃으로 시작한다. 하늘은 가물가물하니, 끝없이 멀고 신묘하므로 '가물 현'이라 하고, 땅은 누런색을 띠고 있기 때문에 '누루 황'이라고 부른다.

하늘과 땅이 사귀어서 만물이 생성하니, 이를 억조창생億兆蒼生이라 한다. '푸를 창, 무성할 창'자를 써서 창생이라고 하는 이유는 하늘과 땅의 색이 섞이어 창색蒼色이 되기 때문이니, 백성이 많은 것을 초목의 푸른색이 대지를 덮어 무성히 자라는 데 비유한 것이다.

천지 사이에 만물이 가득하니, 세상을 꾸미는 것이 이 만물이다. 천현지황天玄地黃의 색과 천원지방天圓地方의 형상으로 모습을 드러내어, 일월성신日月星辰으로 하늘을 그리고, 산천초목山川草木으로 땅의 모습을 꾸미고 있으니, 이것이 천지자연의 문채文彩가 된다.

이 문文을 밝히는 것이 문명文明이고, 문명한 속에서 생활하는 것이 인문人文이다. 문명은 '글'로써 가능하고, 인문은 '예'로써 이루어진다. 글 모르는 사람을 어찌 '문명인'이라 할 수 있으며, 예가 없는 사회를 어찌 '인문사회'라 말하겠는 가? 글을 사용하고 예를 행하는 것은 꾸미는(장식하는) 것이다. 옛 사람들은 '文'자를 '꾸민다'라는 의미로 이해하였다. 문자는 이러한 의미에서 생겨난 것이다.

설문해자

문文이라는 글자를 좀 더 살펴보면, '머리 두 ㅗ'와 '사귈 예乂'로 이루어져 있음을 알 수 있다. '乂'는 음양의 사귐을 말하니 만물의 모습을 형용한 것이고, 'ㅗ'는 모자를 씌웠다는 것이니 형식을 갖추었다는 뜻이다. 세상사는 모두 음양으로 섞여 있다. 음양으로 섞여 있는 세상사를 일정한 형식을 통해 표현한 것이 글이다. 보이지 않는 이치를 밝게 표현한 것이 글이므로 '글월 문'이라고 하는 것이다.

다음으로 자字라는 글자를 살펴보고자 한다. 허신許愼의 『설문해자』는 한나라 때에 문자를 해설한 책으로, 서문에는 다음과 같은 내용이 있다.

창힐상

"창힐倉頡이 처음 글을 지었을 때, 대개 같은 종류에 따라서 상형하였으므로 그것을 '문文'이라 말하였고, 그 뒤에 형성形聲이 서로 증익增益하여 그것을 '자字'라 하니, 문은 물상物象의 근본이요 자字는 번식해서 점차 많아진 것임을 말한 것이다."

문文은 음양이 서로 교차하는 모습을

본뜬 것으로 세상 사물의 본래 모습을 뜻하는 것이고, 자字 또한 자식이 집 안에 있는 것을 뜻하니, 즉 기르고 번식한다(孶)는 의미로 파생된 글자임을 알 수 있다. 다시 말하면, 문이란 사물의 본래 모습인 단체單體를 이르는 것이고, 자는 문이 합쳐져서 이루어진 복체複體를 가리키는 것이다.

『주역』에는 "형이상을 도라 말하고, 형이하를 그릇이라 말한다(形而上者謂之道 形而下者謂之器)."라고 했으니, 이를 통해 볼 때 문자는 '도를 담은 그릇'에 비유할 수 있을 것이다. 도는 한 곳에 고정되어 있지 않고 늘 변한다. 세상사란 시시각각으로 변하는 것이므로, 세상사를 표현하고 있는 문자 역시 그 속에 변화의 도를 담고 있음은 당연한 이치이다. 『주역』에서는 변화하는 도를 효라 말하는데, 이 '효爻'라는 글자에서의 '爻'가 '문文'에서의 '爻'와 같음을 알 수 있다.

이로써 유추해 보면, '문文'이라는 글자는 『주역』에서의 '효爻'와 분명 관련성이 있다고 여겨진다. 아마도 맨 처음 문자를 만든 사람은 문자의 원형으로서 『주역』에서 나오는 괘효卦爻를 염두에 두고 있었던 것 같다. 이에 대한 근거를 『주역』「계사전」에서 찾을 수 있다. 공자는 「계사전」에서 다음과 같이 언급하고 있다.

> "상고에 결승結繩으로 세상을 다스렸더니, 후세 성인이 서계書契(글)로 바꾸어서 백관이 글로써 다스리며 만민이 글로써 살폈다 하니, 대개 쾌괘夬卦에서 취하였다.(上古엔 結繩而治러니 後世聖人이 易之以書契하야 百官 以治하며 萬民이 以察하니 盖取諸夬라)"

글(書契)이 '쾌괘夬卦'라는 괘에 연유해서 만들어졌음을 말한다. 쾌괘에서 문자를 생각한 이유는 무엇일까? 쾌괘(䷪)는 마지막 음효(--) 하나를 남겨 놓은 모습인데, 문자를 발명함으로 인해서 '쾌괘에서 건괘乾卦로 가는' 문명한 사회를 만들 수 있기 때문이다.

다음은 복희씨가 팔괘를 만든 배경을 설명하고 있는 내용이다.

"복희씨께서 천하를 다스리실 때에, 천문을 살피고 지리를 살피며 조수鳥獸의 문채文彩와 땅의 마땅한 것을 살펴서, 가까이로는 내 몸에서 취하고, 멀리로 저 물物에서 취하여, 이에 팔괘를 만들었다.(古者l 包犧氏之王天下也에 仰則觀象于天하고 俯則觀法于地하야 觀鳥獸之文과 與地之宜하며 近取諸身하고 遠取諸物하야 於是에 始作八卦라)"

세상이 전하는 말에 의하면, 황제黃帝의 사관史官인 창힐이 새와 짐승의 발자국을 보고, 그 모양과 차이를 알아서 글을 만들었다고 한다. 그렇다면 '문자文字'라는 단어에서의 '文'이라는 글자는, 창힐이 본 조수의 발자국을 의미하는 조수지문鳥獸之文의 '文'과 같은 뜻이 아닐까?

또한 『주역』 경문에도 '文'과 '字'라는 글자를 써 놓은 곳이 있다. 곤괘坤卦(☷) 육오효에는 '文'이라는 글자가 들어 있고, 둔괘屯卦(☵) 육이효에는 '字'란 글자가 들어 있다. 따라서 곤괘와 둔괘로써 '문자'의 의미를 보다 깊이 연구한다면, 문자가 주역에서 나온 것임을 이해할 수 있을 것이다.

허신의 『설문해자』 서문을 보면 『주역』에 있는 쾌괘夬卦의 단사彖辭를 인용해

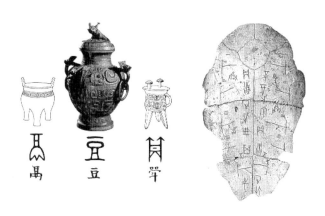

서 '문文'을 해석한 곳이 있다. 그는 쾌괘 단사의 뜻을 다음과 같이 설명하였다.

"'쾌夬는 왕정에 드날리는 것이다(揚于王庭)'고 하였으니, 문文이라는 것은 왕자王者의 조정朝廷에서 가르침을 베풀고(宣敎), 교화를 밝히는 것(明化)이라(夫揚于王庭 言文者 宣敎明化於王者朝廷)『說文解字第十五卷』"

아마도 공자가 쾌괘에서 글을 만들었다는 점을 감안해서 이같이 풀이한 것이리라. 이 외에 허신은 문자를 해석할 때, 여섯 가지의 원리(六書 : 상형, 지사, 회의, 형성, 전주, 가차)로 분석하고, 부수部首를 540자로 분류하여 정리하고 있다.

이 또한 막연한 숫자가 아니다. 육서의 분류라는 것은 주역이 일괘一卦 육효六爻로 이루어진 숫자에 근거한 것이며, 540자 부수에서도 주역적 사고를 읽을 수 있다. 9는 양효를 표시한 것이고, 6은 음효를 표시한 것이다. 9와 6을 곱하면 54가 되고, 이것에 땅의 성수인 10을 곱하면 540이라는 숫자가 이루어진다. 540이란 숫자도 역시 음양수인 9와 6을 넓힌 수에 불과한 것이다. 역학에 정통한 허신이 막연한 숫자를 내세운 것은 아닐 것이다.

또한 주역의 도를 계승한 공자도 『시경詩經』을 정리할 때, 『시경』의 구성과 문체를 여섯 가지 육의六儀(風, 雅, 頌, 比, 賦, 興)로 나누었다는 사실을 고려해 볼 때, 이 또한 주역의 육효 원리에서 착안한 것임을 알 수 있다.

천지자연의 모습을 똑같이 표현한 것이 주역의 괘다. 문자 역시 이에 다름이 아닐 것이다. 이는 주역과 같은 원리에서 문자가 나온 것임을 의미한다. 역으로써 도를 밝히든, 문자로써 덕을 밝히든, 그 속에는 어두운 세상을 밝게 만들려는 성인의 온정과 배려가 담겨 있음을 알아야 할 것이다.

정전도

2장

주역의 역사와 정신

『주역』의 저자, 문왕文王 탄생
유리옥羑里獄에서 『주역』을 저술하다
은나라의 삼인三仁, 미자 · 비간 · 기자
무왕의 천하 대업
홍범洪範과 주역의 도道로 섭정한 주공周公
성인聖人이 태어나자 기린이 나타나다
기린의 죽음과 공자의 『춘추』 저술
공자, 후천을 생각하며 십익十翼을 달다
진시황과 분서갱유

『주역』의 저자, 문왕文王 탄생

문왕

글은 도를 담은 그릇과 같다. 『주역』「계사상」에 "형이상자形而上者를 도道라 말하고, 형이하자形而下者를 기器라 말한다." 했다. 형체를 기준해서 보이지 않는 것을 도道라 한다면 눈으로 볼 수 있는 것을 기器라 하는 것이니, 글이라는 것을 일종의 그릇에 비유할 수 있다. 또한 글은 어둠을 밝히는 횃불과 같다. 횃불을 통해서 사람들은 밝게 나아갈 수 있으니, 글이 바로 횃불과 같은 역할을 하고 있는 것이다.

성현의 글을 보면 대부분 난세에 쓰여졌음을 알 수 있다. 춘추의 혼란한 시대에 공자는 육경六經을 정리해서 세상을 밝히려 했으며, 공자 사후 세상이 다시 어지럽게 되자, 공자의 제자인 증자曾子는 『대학』을 저술하여 도통의 맥을 이었다. 공자의 손자인 자사子思도 『중용』을 지어 이단異端의 미혹한 말을 바로 잡았다. 『주역』 또한 예외일 수 없다. 은나라 말기 주나라 초기의 혼란한 시기에 주역이 쓰여졌다.

공자가 말하기를 "작역作易자가 우환 속에서 이 글을 썼다(作易者 其有憂患乎)."
고 하였다. 작역자는 누구인가? 문왕이다. 『주역』을 지은 곳은 어디인가? 유
리羑里라는 감옥 속이다. 당시는 주나라의 문왕이 제후로 있었고, 은나라의 주
紂왕이 천자로 있을 때였다. 문왕은 유리옥 속에 갇힌 상태에서, 천하에 도가
끊어질까 근심해서 『주역』을 지었으며, 이로 인해서 도가 다시 흥하게 된 것
이라고 「계사전」에 전한다.

『주역』을 제대로 알려면 『주역』을 지은 저자의 출신내력도 알아야 하고,
『주역』이 나온 당시의 시대적 배경도 알아야 한다. 우선 문왕에 대해 알아보
자.

문왕은 희성姬姓이고, 이름은 창昌이다. 『사기』「주
본기周本紀」에 의하면, 주족周族의 성姓은 희성姬姓이
고, 시조는 후직后稷이라 하였다. 후직의 이름은 기
棄니, 이에 대한 탄생설화가 있다. 유태씨有邰氏의
딸인 강원姜原(제곡의 왕비)은 들에서 거인의 발자국을
밟은 후, 잉태하여 기를 낳았다 한다. 아비 없이
자식을 낳았으니, 상서롭지 못한 일이라 여긴 모양
이다. 낳은 아이를 처음에 밖에 내버렸으므로 이름
을 '버릴 기棄'자로 썼다 한다. 성인의 탄생설화 중

후직

에는 이와 비슷한 경우가 많다. 노자 역시 아비 없이 태어나 오얏나무 가지를
꺾어 머리 위에 얹으며, 성을 이씨李氏로 삼았다는 설이 있다. 예수의 독생자
설은 물론, 우리나라에서는 도선, 무학 등 무수한 사람들이 아비 없이 태어났
다고 전해진다. 황당한 이야기일 수도 있지만, 그러한 이야기들이 상징하는
것을 읽어내는 자세가 필요하다.

기는 어려서부터 삼과 콩을 가꾸는 등 농사일을 좋아하였다. 백성들이 모두
그를 본받자, 요임금이 기를 발탁하여 농사農師로 임명하였다. 요·순·우 시

대에 공을 세워 태邰(섬서성 무공현)에 피봉被封되었고, 희성을 받은 후에 호를 후직后稷이라 하였다.

주나라는 대략 하왕조 말년에 섬서·감숙 일대에서 활동했는데, 후직의 3세손인 공유公劉(不窋의 손자)에 이르러, 하夏나라의 난리를 피하여 태邰에서 빈豳(섬서성 빈현)으로 이주하였다.

후직 이후 12대를 지나 고공단보古公亶父(후에 太王으로 추존) 때에 훈육獯鬻족이 침략하였다. 훈육족은 갑골문에서는 귀방鬼方이라 불리며, 태행산맥太行山脈으로부터 서쪽의 황토고원에 걸쳐 살고 있던 족속이다. 귀방을 하나라에서는 훈육獯鬻, 은나라에서는 귀방, 한나라에서는 흉노匈奴, 위나라에서는 돌궐突厥이라 불렀다. 훈육족이 침략하자 고공古公은 할 수 없이 빈땅을 버리고, 기산岐山 아래 위수渭水 지역에 정착하였다. 그러자 빈 땅의 사람들이 "어진 사람이다. 잃을 수 없다(仁人也不可失也)." 하고, 노인은 부축하고 어린애는 잡고서(扶老携幼) 그를 따랐다고 한다. 『시경』의 「면綿」장은 문왕의 흥함이 본래 고공단보로부터 말미암았음을 읊은 시다.

고공단보는 서쪽의 섬서성 기산 남쪽 기슭으로 이주하여, 그 곳을 주원周原이라 이름 붙이고, 토착의 강족姜族과 결합하여 세력을 점차 강화하였다. 때는 상왕商王 무정武丁시대였다. 주나라의 국호는 '주원周原'이라는 지명으로 인해서 붙여진 것이다.

고공의 비妃는 태강太姜이니 아래로 삼남을 두었다. 장남이 태백泰伯이요, 둘째가 우중虞仲(혹 중옹仲雍이라고도 함)이요, 셋째가 계력季歷(혹 공계公季라고도 함)이다. 그런데 셋째인 계력이 태임太任씨와 결혼해서 창昌을 낳았다.

율곡의 어머니인 신씨가 바로 문왕의 어머니인 태임씨를 스승으로 섬기겠다는 뜻으로, '사임당師任堂'이라 호를 삼았다는 데에서도, 문왕의 어머니인

봉명기산 2

태임씨에 대한 존경심을 읽을 수 있다.

『사기주史記注』에 의하면, 계추季秋 갑자에 붉은 새(赤爵)가 단서丹書를 입에 물고, 창의 집에 머물렀다 한다. 창이 바로 훗날의 문왕이다.

「국어國語」에 '주나라가 흥하니 봉황이 기산에서 우는구나[周土興也 鳴干岐山]'라는 글은 문왕의 탄생설과 관련이 있다. 그래서 후세 사람들은 이를 두고 '봉명기산鳳鳴岐山'이라 하며 칭송하였다.

창이 어려서부터 성인의 덕이 있음을 알고, 고공이 셋째인 계력에게 자리를 물려주길 바랐다. 이에 태백과 우중이 부친의 뜻을 알고, 형만荊蠻(형은 초나라의 별호요, 만은 남이南夷의 이름이다)으로 가서, 인군이 되지 않겠다는 뜻으로 아예 단발문신斷髮文身하고, 계력에게 양위하게 된다. 골육상쟁으로 이어졌을 법한 왕위 자리를 놓고, 첫째와 둘째가 막내 동생에게 양보한 것이다. 단발문신 한다는 것은, 절대 왕위에 오르지 않겠다는 의지를 천명한 것으로, 위로는 부왕의 뜻을 계승한 것이며, 아래로는 계력의 왕업을 이루게 하려는 뜻이었다.

공자는 『논어』에서 다음과 같이 말하였다.

> "태백은 지극한 덕이 있다 말할 만하구나(泰伯 其可謂至德也已矣). 세 번 천하를 양보했으나(三以天下讓), 백성들이 그 덕을 칭송할 수 없게 하였도다(民無得而稱焉)."

천하를 양보한 것도 큰 덕이라 말할 수 있는데 그 덕을 숨겼으니, 이는 지극한 덕이라고 공자는 찬양한 것이다. 우리나라에도 이와 비슷한 예가 있다. 양녕과 효령대군이 막내 동생인 충녕에게 왕위를 양보함으로써 세종대왕이라는 인물이 역사의 표면으로 등장하게 된 것이다.

유리옥美里獄에서 『주역』을 저술하다

明夷

고공단보 뒤에 계력이 즉위하여 인
의仁義를 펼치니, 제후들이 모두 그에
게 귀의하였다. 계력이 세상을 떠나
자 아들 창昌이 즉위하였다.

문왕이 살던 시대를 중고시대中古時
代라 한다. 상고시대의 순박했던 풍속
에 비하여 세태는 변하고, 풍속은 바

하남성 유리옥 전경

뀌게 되었다. 은나라 말기에 이르러서는 세상이 극도로 혼란하였다. 은말주초
殷末周初의 시기였으므로 문왕을 서백西伯이라 불렀다. 당시에는 은나라가 천자
국이고 주나라는 제후국이었으며, 주나라가 은나라의 서쪽에 위치해 있었기

때문이다. 은왕 주紂가 문왕을 서방제후의 장長으로 명한 것이다. 『주역』에 보면 은나라는 동북방에 있고, 주나라는 서남방에 있는 것으로 되어 있다.

『사기』 「주본기」에는 "서백은 후직과 공유의 업業을 따르고, 고공과 공계의 법을 본받아, 인을 독실히 하고(篤仁), 노인을 공경하고(敬老), 아랫사람을 사랑하고(慈少), 어진 자를 우대하고, 낮에도 밥을 먹을 겨를이 없이 선비들을 우대하였으니, 선비들이 이 때문에 귀의하였다. 백이 숙제도 고죽국孤竹國에서 서백이 노인을 잘 봉양한다는 소문을 듣고 가서 귀의하였다"고 표현하고 있다.

한편 당시 은나라의 마지막 왕은 제신帝辛이었다. 그는 제을帝乙의 아들로서, 이름은 수受요, 시호諡號가 주紂다. 시법諡法에 의하면 "의를 해치고 선을 덜어내는 것을 주라 한다(殘義損善曰紂)"하니, 주紂라는 호는 악행을 일삼는 자에게 내리는 시호임을 알 수 있다.

당시 주에게는 삼공三公이 있었다. 주후周侯(西伯)인 창昌과 구후九侯, 악후鄂侯가 그들이다. 구후에게는 아름다운 딸이 있었는데, 구후가 그 딸을 주에게 바쳤다. 구후의 딸이 음탕함을 싫어하자, 이에 격분한 주는 그녀를 죽였으며, 아울러 구후에게는 해醢라는 끔찍한 형벌을 가해 죽였다. 이에 악후가 간언하자, 그 역시 생선포를 뜨듯 육포肉脯를 떠서 죽여 버렸다고 한다. 창昌이 듣고서 탄식하였다. 마침 서백의 어진 덕으로 민심이 그에게로 향하고 있던 터라, 숭후崇侯인 호虎가 은왕인 주에게 서백을 참소했다.

"서백이 적선 누덕累德 해서 제후들이 모두 그에게 향하고 있으니, 장차 제帝에게 불리합니다." 주가 그 말을 듣고 유리옥에 서백을 가두게 된 것이다. 이 역시 『사기』에 나온다.

하남성 유리옥 내부

유리옥은 지금의 하남성 탕음시 북쪽 3킬로미터 지점에 있다. 무왕이 주나라를 세우고, 서백을 문왕으로 추존하고, 유리옥의 구지舊址에 문왕묘를 건립하였다. 후세 사람들이 문왕묘를 참배하면서, 그 옆에 '문왕연역대文王演易臺'와 '문왕팔괘비文王八卦碑'를 세워 오늘날까지 보존하고 있다.

서백이 유리옥에 갇히게 된 보다 자세한 연유를 알 수는 없지만, 『죽서기년竹書紀年』에는 창의 아버지인 계력이 주왕紂王의 조부인 문정文丁에게 죽음을 당했다는 전설이 있다. 이와 관련한 여러 가지 일들과 관련하여, 서백이 유리옥에 갇히게 되었으리라는 짐작이 가능하다.

『주역』은 바로 이 유리옥 속에서 저술되었다. 대개 성인의 도는 난세에 드러나는 법이니, 감옥 속에서 천하에 도를 펼치고자 하는 문왕의 절실한 우환 속에서 이루어진 것이다. 『주역』「계사전」에 "역을 지은 자(作易者) 근심이 있었으리라(其有憂患乎)"는 구절은 이를 두고 한 말이다.

주역의 64괘 모두를 문왕의 처지로도 설명할 수 있지만, 그중 명이괘明夷卦(䷣)는 문왕이 유리옥 속에 갇힌 정황을 가장 잘 표현하고 있다. 우선 명이明夷 괘를 글자대로 풀이하면, '밝을 명明' '상할 이夷'자다. 괘상으로 살펴보면, 곤괘坤卦(☷☷) 아래에 이괘離卦(☲☲)가 있다. 땅 속에 밝은 태양이 숨어 있는 모습이다. 또한 괘덕으로 표현하자면, '밝은 덕이 상했다'는 뜻이니, 문왕이 유리옥 속에 갇혀있음을 의미한다. 또한 '밝은 덕을 감추었다'고도 표현할 수 있으니, 문왕이 처신해야 할 바를 암시한 글이라 할 수 있다.

공자는 명이괘의 이 같은 뜻을 단전彖傳에서 설명하였다.

> "안으로는 문명한 덕이 있으면서도, 밖으로는 유순한 모습을 보임으로써 대난大難을 당했으니, 문왕이 명이의 도를 본받았다(內文明而外柔順 以蒙大難 文王以之)."

전하는 말에 의하면, 문왕에게는 100명의 아들이 있었다고 한다. 주는 문왕이 과연 성인의 덕을 지니고 있는지를 시험하기 위해서, 첫째 아들(백읍고)을 죽여서 끓인 고깃국을 문왕에게 주었다 한다. 문왕이 어찌 이를 몰랐겠는가? 하지만 자신이 죽으면 천하의 도가 끊어질 것을 우려하여 알고도 모른 척 받아 먹었다 한다. 한 순간의 분노를 삭이고 후일을 기약한 명철보신明哲保身의 처신이었던 것이다.

또한 문왕은 유리옥 속에 갇힌 자신의 처지를 '호랑이 꼬리를 밟은 격(履虎尾)'이라 하였다. 이 글은 '밟을 리履'자의 리괘履卦(☲)에 나온다. 호랑이 꼬리를 밟았으니, 얼마나 위험한 상황이겠는가? 그러나 문왕은 호랑이에게 '물리지 않을 것(不咥人)'임을 알았다. 천리에 순종해서 바르게 밟아 나간다면, 아무리 포악한 주紂라 할지라도 자신을 죽이지 못할 것임을 확신한 것이다. 살 수 있으리라는 확신이 있었기에, 문왕은 7년간의 감옥생활 속에서 때를 기다리며 풀려나기를 기다릴 수 있었던 것이다. 그때『주역』은 저술되었고, 후세에 주역은 전해지게 된 것이다. 이 모두가 밝은 덕을 감출 수 있는 지혜(用晦而明), 즉 명이의 도를 간직함으로써 가능했던 일이다.『사기』나 기타 역사서에서는 창후의 신하인 산의생散宜生 굉요閎夭 등이 유신有莘씨의 미녀와 선마善馬, 진귀한 보물 등을 주에게 진상하여, 문왕이 무사히 풀려나오게 되었다고 전하고 있다. 창후는 후에 주왕의 신임을 받아서 다른 제후들을 토벌할 수 있는 대권을 받아 서백西伯에 임명되었다.

서백이 천명을 받은 때를『사기』에서는 우예虞芮 두 나라의 분쟁을 조정 심판한 그 해로 잡고 있다. 당시 우나라와 예나라가 밭 경계를 놓고 다투었으나, 서로 판결이 나지 아니하였다고 한다. 그들은 서백이 덕이 있으므로, 그에게 판결 받고자 주나라에 갔다. 국경선을 넘고 보니, 밭 가는 자 모두 경계를 사양하며(耕者皆遜畔), 어른에게 모두 양보하고 있음을 보았다(民俗皆讓長). 이에 두 사람은 부끄러워 서로 말하기를 "우리의 다투는 바는 주나라 사람들이 부끄러워하는 바다(吾所爭 周人所恥)" 하고, 서백을 만나지도 않고 그냥 돌아갔다고 한다.

이에 한남漢南의 서백에 귀의한 나라 40국이 모두 '명을 받은 인군(受命之君)'

이라 칭송하였으니, 이에 서백은 천하를 삼분三分함에 이二를 차지하게 되었다. 그 해에 천명을 받들고, 제후들의 지지 하에 '왕'이라 불리게 된 것이다. 주왕의 계속적인 폭정으로 많은 제후들이 주紂를 칠 것을 종용했으나, 창후는 '아직 천명이 나에게 내리지 않았다' 하며 끝까지 신하의 예를 지켰다.

그가 세상을 뜬 지 10년 후 문왕이라는 시호가 추존되었다. 이후 은나라로부터 완전히 벗어나 독자적인 법령과 제도를 만들게 된다. 고공단보를 추존해서 태왕太王으로 삼고, 계력을 왕계王季로 삼고, 서백을 문왕文王으로 삼았으며, 화덕火德으로 세상을 다스렸으며 자월子月로 세수歲首를 삼았다. 고공단보로부터 시호를 추존한 이유는 주왕조의 왕업이 그로부터 기초를 다졌기 때문이다.

『시경』 「대아」 〈문왕지십文王之什〉에 문왕의 덕을 칭송한 시가 있으니, 이는 문왕이 천명을 받아 주나라를 일으켰음을 읊은 것이다.

文王在上	문왕이 위에 계셔
於昭于天	아, 하늘에서 밝게 계시니
周雖舊邦	주나라가 비록 오랜 나라지만
其命維新	그 명이 새로워라
有周不顯	주나라가 드러나지 않으랴
帝命不時	상제의 명이 때에 맞지 않으랴
文王陟降	문왕의 오르고 내리심이
在帝左右	상제의 좌우에 계시니라

은나라의 삼인三仁, 미자 · 비간 · 기자

주왕으로 인해 삼공이 모두 피살되거나 감옥에 갇히게 되니, 현자들은 모두 떠나고 간신들만 그의 곁에 모여 들었다. 『사기』「은본기殷本紀」에 의하면, "주는 자질과 언변이 뛰어나고, 행동이 민첩했으며(資辯捷疾), 손으로 맹수를 격파하고(手格猛獸), 지혜는 남의 간언을 막기에 족하고(智足以拒諫), 언변은 자신의 비리를 은폐하기에 족했다(言足以飾非)" 하였다.

그가 처음에 상아 젓가락(象箸)을 만들자 기자가 이를 보고 탄식하여 말하기를 "저가 상아 젓가락을 만드니, 반드시 옥배玉杯를 만들 것이고, 옥배를 만들면 반드시 원방遠方의 진괴한 물건(珍怪之物)을 생각해서 다스릴 것이니, 이로써 다스리면 천하가 부족할 것이다." 하였다.

주가 유소씨有蘇氏를 치니, 유소가 달기妲己를 주왕에게 시집보냈다. 주왕이 달기를 총애하여, 주지육림酒池肉林으로 밤을 지새우며 향락을 즐기자, 백성들이 원망하고 제후들이 모반하게 되었다. 이에 주왕은 달기와 더불어 포락지형炮烙之刑을 즐겼다.

음학淫虐이 심해지자 기자가 간諫하였는데, 주가 듣지 않고 그를 가두었다.

이에 주변의 사람들이 기자에게 "이제 이 나라를
떠나야 되지 않느냐?"고 말하였다. 기자가 말하
기를 "신하가 되어 임금이 듣지 않는다고 떠난다
면, 이는 인군의 악행을 들추어서 스스로가 백성
에게서 즐거움을 얻으려는 것이다(彰君之惡而自說於
民)." 하였다. 이어 머리를 풀어 헤치고(被髮), 거짓
미친 척(佯狂)하며 자신을 학대하였다. 숨어서 거
문고를 뜯으며 슬퍼하니, 세상에 전하기를 이를
'기자의 곡조(箕子操)'라 하였다.

기자상

기자箕子에서 기箕는 나라의 이름이고, 자子는 '공후백자남公侯伯子男' 등의 벼
슬을 가리킨다. 기자는 누구인가? 주의 제부諸父다. 이러지도 저러지도 못하고
양광佯狂할 수밖에 없었던 기자의 심정을 공자는 명이괘에서 '간정艱貞'의 뜻으
로 표현하였다. '간정'해야만이 이롭다는 것이다. 공자는 기자의 뜻을 명이괘
단전象傳에서 다음과 같이 밝혔다.

"간정이 이롭다는 것은 그 밝은 덕을 감춘다는 것이다. 내난內難을 당
했는데도 능히 그 지조를 바르게 할 수 있으니, 기자가 명이의 도를 본
받았다(利艱貞 晦其明也 內難而能正其志 箕子以之)."

은말주초의 참으로 혼란한 시기에, 공자는 유독 명이괘로써 문왕과 기자의
처신을 설명하면서 명이의 도를 밝혔다. 문왕과 주는 군신관계이므로 문왕이
'대난大難을 당했다' 표현하였고, 기자와 주는 숙질叔姪간의 혈족관계이므로 기
자가 '내난內難을 당했다' 설명한 것이다. 여하튼 대난이든 내난이든, 문왕과
기자 모두 명이의 도로써 살아남을 수 있었고, 이로 인해서 문왕은 『주역』을
저술했으며, 기자는 『홍범구주』를 무왕에게 전할 수 있었던 것이다. 이로 인
해서 상고시대로부터 전해져온 홍역의 도는 주나라가 이어받게 된 것이다.

주의 폭행과 관련하여 '상수작섭商受斲涉'이란 고사故事가 있다. 이는 『서경』 「태서」에 나오는 내용을 요약한 것이다. 주왕이 추운 겨울 아침에 강을 건너는 자를 잡아 다리를 베어(斲脛) 죽였다는 것이다.

추운 겨울날 달기가 주왕과 함께 성곽에서 조망하던 중, 백성들이 강을 건

비간

너는 것을 보았다. 여러 무리 중에 소년은 잘 건너지를 못하는데, 오히려 노인이 잘 건너는 것이었다. 그 연유를 주왕에게 물으니, 주가 말하기를 "저 소년은 나이는 젊지만 노인의 몸에서 나온 자식이고, 노인은 나이는 많지만 젊은 부모의 몸에서 나온 자식이기 때문이니, 뼈 속에 골수가 차고 안 차고에 따라 다른 것이다" 하며 그들을 잡아다가 실제여부를 확인했다는 것이다.

또한 이러한 일화도 전해진다. 주에

미자의 묘

게는 제부인 비간比干이 있었다. 조카인 주가 포악무도함에도 주변 사람들이 더 이상 간하려 하지 않았다. 그는 말하기를 "인군이 허물이 있는데도 죽음으로 간쟁諫爭하지 않는다면, 백성은 무슨 허물인고?" 하며 직언으로 간하여 삼일을 물러가지 아니하였다. 주가 노하며 말하기를 "내가 듣기에 '성인의 심장은 일

곱 구멍이 있다(吾聞聖人之心 有七竅)'하니 과연 있는가?" 하고 해부하여 그 심장을 보았다 한다. 후세 사람들은 이를 두고 "칠공七孔은 비간심比干心이다." "비간이 간하다 죽었다(諫而死)."고 전하고 있다.

미자계微子啓는 주의 서형庶兄이다. 제을帝乙의 맏아들이지만, 미자는 어머니의 지위가 미천하였으므로 왕위를 계승하지 못하였다. 작은 아들 신辛은 어머니가 정비正妃였으므로 왕위 계승자가 된 것이다. 형인 미자도 주의 폭정을 보고 "부자는 골육지간이나, 신하와 인군은 의義에 속하므로, 아비가 허물이 있으면 자식은 세 번 간해서 듣지 않더라도 따를 수밖에 없지만, 신하는 세 번 간해서 듣지 않으면 그 의가 떠날 수 있다." 하며 종사宗祀를 보존하기 위해서 신주를 훔쳐 달아났다.

『주역』 명이괘(䷣) 육사효에서 "왼쪽 배로 들어가서(入于左腹) 명이의 마음을 얻어서(獲明夷之心) 집 밖으로 달아났다(于出門庭)."는 말이 바로 이 뜻이라 할 수 있겠다. '좌복'이라는 말은 미자와 주는 동성지간임을 표현한 것이기도 하고, 심복心腹의 의미로도 볼 수 있다. 명이의 마음을 얻었다는 말은 주의 신임을 얻었다는 것이며, 집 밖으로 나갔다는 말은 집안인 은나라를 벗어나서 주周나라에 귀의했다는 뜻이다. 미자의 후손이 세운 나라가 바로 송宋나라이며, 공자 또한 송나라의 후손

평양에 있는 기자의 묘 – 자주역사신보

기자조선의 흔적을 짐작할 수 있는 사각형 솥 – 선양 랴오닝성 박물관 전시

이므로, 공자를 은나라 사람이라고도 말하는 것이다.

공자는 기자와 비간 그리고 미자 세 사람을 가리켜 말씀하시기를 "은나라에 세 어진이가 있었다(殷有三仁焉)."고 하였다. 세 어진이(三仁)라 말한 이유는, 미자는 도망했지만 종사宗祀를 보존하기 위함이었으며, 비간은 간하다 죽었지만 인군의 마음을 깨닫게 하기 위함이었으며, 기자는 거짓 미친 척하였지만 후세에 도를 전하기 위함이기 때문이다. 이들 세 사람의 자취는 비록 달랐지만 인 仁을 행함에 있어서는 한결같았다고 공자는 해석한 것이다.

무왕의 천하 대업

무왕

문왕이 천명을 받은 지 7년이 지나서 작고하고, 뒤를 이어 무왕武王이 즉위하였다. 『예기』「문왕세자」에 의하면, 문왕이 무왕에게 말하기를 "너는 무슨 꿈을 꾸었느냐?" 하였다. 무왕이 답하기를 "꿈에 천제께서 저에게 구령九齡을 주셨습니다." 하였다. "너는 그것을 무엇이라 생각하느냐?" "서방에 아홉 나라가 있으니, 군왕께서 마침내 진무鎭撫하실 듯합니다." "아니다. 옛날에는 나이를 령齡이라 말했으니, 이(齒)도 또한 령齡이다. 내 수명은 100세이고, 네 수명은 90세니, 내가 너에게 세 살을 주겠다."

문왕은 97세에 임종하였고, 무왕은 93세에 임종했다. 이 말에 근거한다면, 무왕은 수명을 3년 더 연장했으므로 주나라를 세우게 된 셈이다. 그는 강태공을 군사로 삼고, 주공周公 단旦을 천자를 보좌하는 직책에 임명하였다. 소공召公과 필공畢公 등을 왕의 곁에 두고 정사를 보좌하게 하여 문왕의 대사업을 일으켜 더욱 빛나게 하였다.

문왕 9년에 무왕은 필畢 땅에서 문왕에게 제사를 드렸다. 필땅은 문왕의 묘가 있는 곳이다. 아마도 이때는 3년 상인 대상을 마치고 난 뒤였을 것이다. 무왕은 문왕에게 제사를 올리고 난 뒤, 동쪽으로 가서 군사를 검열하고(觀兵), 맹진盟津에 이르렀다. 은나라를 치기 위해서이다. 무왕은 문왕의 위패를 새겨 수레에 싣고, 자신을 스스로 '태자발太子發'이라 칭하였다. 문왕이 죽은 후였지만, 부친인 문왕의 연호를 그대로 사용하며, 스스로를 '태자'라고 호칭한 것이다. 자신은 문왕의 명을 받들어 토벌하려는 것이지, 감히 독단적으로 하지 않는다는 것을 천명한 것이다.

그런데 무왕이 맹진에서 배를 타고 건너던 도중 커다란 흰 물고기(白魚)가 무왕이 타고 있는 배 안으로 뛰어 들었다. 무왕은 머리 숙여 그 물고기를 주워 하늘에 제사를 지냈다. 강을 다 건넜을 때에는 하늘에서 불덩이가 내려오더니 무왕이 머무는 지붕에 다다르자 이내 까마귀로 변하였다. 그 색이 적색赤色이었으며, 그 울음소리는 안정安定하였다. 이때 맹진에 모여든 800여 제후들이 '주紂를 쳐야 한다' 하였으나, 무왕은 아직 천명이 아니라며 군사를 거두어 되돌아갔다.

이러한 징조에 대해 한대의 마융馬融은 다음과 같이 말하였다. "물고기는 비늘이 달린 물(介鱗之物)이니 병兵을 상징하고, 백색은 은나라의 정색正色이며, 왕의 배에 뛰어 들었다는 것은 은나라의 명命이 주나라에 귀의한다는 징조다." 또한 정현鄭玄은 말하기를 "까마귀는 효덕孝德이 있으니, 무왕이 아비의 대업을 마친 고로 까마귀의 상서로운 기운이 모인 것이다. 적색은 주나라의 정색이다." 하였다.

그런데 왜 군사를 되돌렸을까? 이에 대해 정자程子는 다음과 같이 말하였다.

"이 같은 일은 한 터럭의 사이라 할지라도 허용해서는 안 된다. 하루라도 천명이 끊어지지 않았으면 이는 인군과 신하요, 당일로 끊어졌으면

독부獨夫가 되는 것이니, 어찌 관병觀兵한 뒤에 정벌하리오?"

무왕은 은나라 정벌에 대해 거듭 신중을 기했던 것이다.

그로부터 2년 후 은나라 주왕이 더욱 포악무도해져 숙부 비간을 죽이고, 기자를 가두었다는 소식이 들려오자, 무왕은 맹진을 건너 제후들을 집결시켰다. 이때가 문왕 11년 12월 무오일戊午日이다. 이에 대한 사적이 『서경』「태서泰誓」에 전한다. 다음 해(서기 전 1066년경) 2월 갑자일 상나라는 목야牧野(하남성 기현)에서 대패하고, 주왕은 녹대鹿臺에서 불 속으로 몸을 던져 자살하였다. 이로써 주周나라가 창건된 것이다.

백이伯夷와 숙제叔齊에 관한 고사는 이 당시에 나온 것이다. 백이와 숙제는 형제지간으로 고죽군孤竹君의 두 왕자다. 부친이 셋째인 숙제에게 왕위를 물려주고자 하였다. 부친이 죽자 숙제가 첫째인 백이에게 왕위를 양위하려 하자, 백이는 "부친의 명命이다." 하고 도망갔다. 숙제 역시 '형이 있는데, 자신이 왕위를 계승함은 천리를 어기는 일이라' 하며 도망갔다. 국인國人이 할 수 없이 둘째를 세웠다.

이에 백이와 숙제는 서백인 창昌이 '노인을 잘 봉양한다'는 소문을 듣고 의탁하기 위해서 주나라에 갔다. 그러나 이때 서백은 이미 죽었고, 무왕이 수레에 '문왕'이라 쓴 위패를 싣고서, 동쪽으로 주를 치러 가던 중이었다. 백이와 숙제는 말고삐를 붙잡고 간하기를 "아비가 죽어서 장사지내지 않았는데, 군사를 일으키니 효孝라 말할 수 있는가? 은나라 신하로서 인군을 죽이려 하니(以臣弑君) 인仁이라 말할 수 있는가?" 하였다. 좌우에서 이들을 베려 하자 태공太公이 "이 사람은 의인義人이다" 하면서 살려 주

백이와 숙제

었다.

　무왕이 은나라의 난리를 평정하고 천하가 주나라를 받들었지만, 백이와 숙
제는 이를 부끄럽게 여기고는 "의리에 주나라 곡식을 먹을 수 없다(義不食周粟)"
하며, 수양산首陽山에 숨어서 고사리를 캐먹다가 굶어 죽은 것이다.

　후세 사람들이 전하기를 "무왕과 태공의 마음은 한시라도 인군이 없음을 두
려워한 것이고, 백이와 숙제의 마음은 만세를 전할 인군이 없음을 두려워한
것이니, 이들의 의義는 병행하는 것이지, 서로 어긋나는 것이 아니다." 하였다.
굶어서 죽게 되었을 때 그가 지은 노래가 있다 하니 다음과 같다.

登彼西山兮 採其薇矣　　저 서산 수양산에 올라 고사리를 캐노라
以暴易暴兮 不知其非矣　포악무왕으로 포악주왕을 바꾸니 그 잘못을 알지 못하네
神農虞夏忽焉沒兮　　　신농씨와 虞舜 夏禹의 도가 홀연히 자취 없어졌으니
我安適歸矣　　　　　　내가 어디에 의탁할꼬
于嗟徂兮 命之衰矣　　아아! 가리라 명이 쇠해졌구나

　사마천은 이를 두고 "혹 말하기를 '천도가 친함이 없으나(天道無親), 항상 선
인과 함께 한다(常與善人)' 했는데, 백이 숙제 같은 이는 선인이라 말할 수 있는
가 없는가? 인을 쌓고 행실을 깨끗이 했는데도(積仁潔行) 굶어서 죽었다."며 안
타까워했다.

　그러나 군자는 비록 죽더라도 이름이 후세에 전해지는 것을 영광으로 삼는
법이다. 공자를 비롯한 후세 사람들은 백이 숙제를 청절지사淸節之士로 칭송하
였으니, 그나마 다행이라 하겠다. 사마천도 그들을 『사기열전』의 첫 장에 기
록하면서 충절을 기렸다.

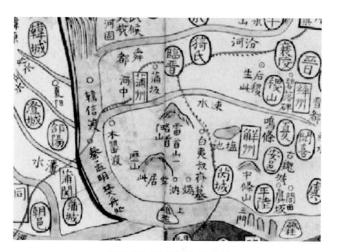

대청광여도-수양산과 백이숙제 묘

홍범洪範과 주역의 도道를 전한 주공周公

주공

주공은 문왕의 아들이요, 무왕의 동생으로 이름은 단旦이다. 무왕이 천하를 평정한 지 얼마 되지 않아 죽자 무왕의 아들인 성왕成王이 13세에 제위에 오르게 된다. 이에 주공은 섭정으로 주나라 왕실을 도왔다. 주공은 노魯나라의 제후로 봉해졌으나 임지로 갈 수 없어 대신 아들을 제후로 봉했다. 주공은 임지로 떠나는 아들에게 신신경계를 하였다.

"나는 문왕의 아들이요, 무왕의 아우이며, 지금 임금인 성왕의 삼촌이다. 이런 지위에 있는 나로서는 천하의 어진 선비들을 맞이하기 위해서 한 번 머리를 감다가도 세 번이나 그것을 중지하고 머리카락을 움켜쥐었으며(一沐三握髮), 밥상을 받았다가도 선비들을 맞이하기 위해서는 세 번이나 입 속에 든 밥을 뱉었다(一飯三吐哺). 이번에 네가 부임해 가거든 나의 이런 일을 명심해서 만 가지 일을 삼가야 한다."[십팔사략]

주공의 사적은 『예기』에서도 나온다. 『예기』「명당위」에 "주공이 무왕을 도와서 주紂를 벌하고, 무왕이 붕어崩御(임금이 죽음)하자, 성왕이 유약함에 주공이 천자의 위를 밟아서 천하를 다스렸다. 6년에 명당明堂에서 제후를 입조入朝시키고, 예절과 음악을 제작하고 도량度量을 반포하니 천하가 크게 복종했다." 하였다. 『시경』의 〈대아大雅〉와 〈주송周頌〉 등이 바로 이를 찬양한 노래이다.

주나라가 찬란한 문화의 꽃을 피울 수 있었던 것은 모두가 주공의 덕분이었다. 공자는 꿈에서라도 주공을 보고 싶어 할 정도로 그를 찬양했다(『논어』「술이」). 『논어』「양화」편에서도 "만약에 나를 쓰는 자 있다면, 나는 그 나라를 동주東周와 같은 나라로 만들 수 있다."고 하였다. 공자는 주나라를 정치의 이상향으로 삼았다. 그의 사상의 한 중심에 주공이 자리 잡고 있었던 것이다.

이외에도 주공은 『주역』의 저술에도 공이 있었다. 『주역』을 문왕이 저술했다고 했지만, 문왕은 단지 64괘를 해설한 괘사卦辭(彖辭)를 지었고, 주공은 384효사爻辭를 지었다. 한 괘마다 6효씩 있으므로 64괘는 384효가 된다.

괘사와 효사 모두 문왕의 소작이라는 설도 있지만, 『주역』의 효사를 살펴보면, 문왕 후의 일이 많이 언급되고 있다. 승괘升卦(䷭) 육사효에서의 "왕이 기산에서 형통함을 쓰다(王用亨于岐山)."라는 내용이 그 예다. 여기에서 왕은 문왕을 가리키는 것으로, 문왕이란 칭호는 무왕이 은나라를 친 뒤에 시호로 추존한 것이므로 문왕 생존시 사용한 구절로 보기 어렵다. 명이괘明夷卦 육오효의 "기자가 밝음을 상했다(箕子之明夷)."라는 내용 또한 그러하다. 문왕이 유리옥 속에서 역을 지은 것이니 만큼 '기자지명이'라는 예언적인 내용은 마땅치 않다. 이런 점으로 본다면, 괘사는 문왕이 짓고 효

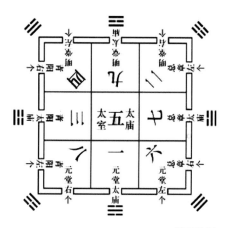

명당구실도

사는 주공이 지었다는 설이 대체로 일리가 있다 하겠다.

7년 동안 섭정한 후 주공은 성왕에게 정권을 물려주었다. 성왕이 낙읍洛邑을 영조營造하게 하니, 이는 선왕인 무왕의 뜻을 이어받고자 함이었다. 소공召公이 집 지을 곳을 살피고, 주공이 낙읍에 이르러 왕성王城을 건축하여 구정九鼎을 안치하였다. 호경鎬京이 서도西都가 되고 낙읍은 동도東都가 된다. "구정을 안치했다."는 이야기는 『사기』에 나온다. 아마도 역사적 사실이 그러하다면 이 구정은 과거에 하우夏禹씨가 주조했다는 구정일 것이다.

낙읍은 옛날 하나라가 도읍했던 곳이다. 하나라의 우임금이 치수治水할 때 신령한 거북이 나타났고, 그 거북의 등에 새겨져 있었다는 낙서洛書를 보고 홍범의 도를 펼친 곳이다. 거북의 등장은 다분히 설화적이지만 우임금은 낙서의 원리로 홍범의 제도인 정전법井田法을 실시한 것이다. 그리고 위에서 말한 명당 역시 낙서의 원리에서 나온 것이다.

주공은 성왕에게 말하기를 "낙읍은 천하의 중심이 되니, 사방이 조공을 바치러 들어옴에 거리가 똑같습니다." 했다. 이후 「소고召誥」 「낙고洛誥」의 글을 지었다. 『서경』에 나오는 내용이다.

낙읍이 천하의 중심이 되며, 낙읍을 중심으로 천하의 방향을 정했다는 사실을 살펴보면, 이는 문왕팔괘의 방위와 그대로 부합된다. 문왕팔괘를 보고 낙읍에 도읍을 정할 것을 생각했는지, 아니면 낙읍을 보고 문왕팔괘를 생각했는지는 알 수 없지만, 문왕팔괘와 낙서는 유관함이 틀림이 없다.

그렇다고 해서 낙서를 보고 문왕팔괘를 그렸다는 뜻은 아니다. 만약에 문왕팔괘가 낙서에서 나왔다고 한다면 문왕이 낙서를 보았다는 말인데, 『서경』「홍범」에서 무왕이 기자를 방문해서 홍범구주의 도, 즉 낙서의 원리를 물은 것을 보면 무왕이 낙서를 보지 못했다는 것이고, 결국 선왕이신 문왕도 낙서를 보지 못했다는 얘기가 되기 때문이다.

그러면 문왕은 무엇을 보고 팔괘를 그렸을까? 이것에 대해서는 좀 더 상세한 설명이 필요하지만 다음 기회로 미루기로 하고, 결론만 말하자면, 문왕팔괘는 복희팔괘에서 도출해낸 것이지, 낙서를 보고 그린 것이 아니라는 것이다. 다시 말하자면, 문왕은 복희씨의 도를 계승한 것이지, 하우씨의 도를 계승한 것이 아니라는 뜻이다. 다만 건괘乾卦 문언전文言傳의 구오九五효사를 유념할 필요가 있다.

하도가 선천을 주장하고 낙서가 후천을 주장하듯이, 복희팔괘는 선천을 주장하고 문왕팔괘는 후천을 주장하니, 낙서와 문왕팔괘는 이치로서 볼 때 맥락이 서로 통한다는 것을 알 수 있다. 그러므로 문왕의 아들인 무왕이 낙읍에 도읍하려 한 것이고, 주공이 이를 실천했던 것이다.

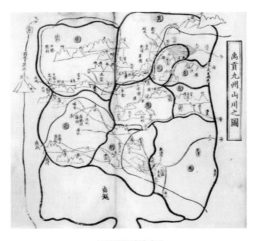

우공구주산천지도

성인聖人이 태어나자 기린이 나타나다

공자

공자의 휘諱는 구丘요, 자字는 중니仲尼다. 그의 선조는 송나라 후예요, 송나라 시조는 미자微子가 된다. 미자는 은나라 제을의 맏아들이며, 주紂의 서형庶兄이 된다. 주나라 무왕이 은나라를 치고 나서, 미자를 송나라의 제후로 봉한 것이다. 공자를 동이족이라 말하는 것도 그의 집안이 결국 은나라 후예가 되기 때문이다. 선친인 숙량흘叔梁紇이 칠십 고령에 안씨安氏의 여식을 취하여, 니구산尼丘山(곡부성 동남쪽 30km지점. 산정에 공자사당이 있다. 여기에서 2km쯤 魯原이 있으니 옛 이름이 창평, 취읍이며 공자가 태어난 곳이다. 니구산과 노원 사이에 智源溪라는 작은 강물이 흐르고, 이 강물의 건너편인 니산의 동남쪽으로 沂水가 흐르고 있다)에 기도해서 공자를 낳았다.

때는 노나라 양공襄公 22년 10월 27일이니, 이는 주나라의 역법으로 계산한

것이고, 하나라의 역으로는 8월 27일이 된다. 지금은 서력으로 계산해서 서기
전 551년 양력 9월 27일로 정하고 있다.

태어날 때부터 머리의 정수리 부분이 움푹 팬 것이 마치 니구산의 모습을
닮았다 해서, 이름을 구丘라 하고 자를 중니仲尼라 하였다. 공자의 별명을 '소
왕素王'이라고도 하니, 아마도 '무관無冠의 제왕'이란 뜻으로 여겨진다.

『공자성적도孔子聖蹟圖』를 보면, 공자가 탄생하기
전 기린이 나타나 옥서玉書를 토했는데, 그 글에
"수정자는 쇠한 주나라를 계승해서 소왕이 되리라
(水精子繼衰周而爲素王)."고 적혀 있었다고 하니, 공자
의 탄생은 기린과 연관이 있다.

기린토서(麒麟吐書)

어려서부터 제기祭器를 차려놓고 예절을 익히고
놀았으며 학문에 정진하였다. 공자 나이 7세에 안
평중의 문하에서 학문을 익혔다는 말도 있다. 주
나라의 노자老子, 위나라의 거백옥, 제나라의 안평
중晏平仲, 초나라의 노래자老萊子, 정나라의 자산子産,
노나라의 맹공작孟公綽 등의 인물들은 공자가 근엄
하게 섬긴 분들이다. 『좌전』에 의하면, 소공昭公 17년 공자 나이 28세에 담자
郯子가 내조來朝했을 때, 그가 전장典章을 잘 알았으므로 그에게 나아가 예를 물
었다 한다. 사양자師襄子에게서 거문고를 배웠고, 장홍萇弘에게 음악을 배웠다.
공자의 "나는 15세에 배움에 뜻을 두었고, 30세에 자립하였다(吾十有五而志于學 三
十而立)."는 말은, 이 같은 배움의 길을 통해서 30세를 전후해서 학문적 기초가
견고해졌음을 의미한 말일 것이다.

『논어』 「학이學而」편에 보면 공자는 "배움을 싫어하지 않았고, 사람을 가르
침에 게을리 하지 않았다(學而不厭 誨人不倦)."고 스스로 말씀하셨다.

공자가 노나라 태묘太廟에서 제사를 도운 적이 있었는데, 이때 매사를 물으
며 행동했다. 공자의 이 같은 행동을 보고 혹자가 말하기를 "누가 추鄹읍 대부

공자, 노자를 만나다

숙량흘의 아들이 예를 안다고 하였는가? 태묘에 들어와서 매사를 묻는구나!" 하였다. 공자가 이 말을 들으시고 "이렇게 하는 것이 바로 예다." 하였다. 알고도 물을 줄 아는 것이 바로 예를 행하는 자세임을 보여준 것이다.

소공 24년 공자 나이 35세 때, 노나라 대부인 맹희자가 죽음에 임해서 그의 두 아들인 맹의자孟懿子와 남궁경숙南宮敬叔에게 "공자는 성인의 후예다. 반드시 후에 달인이 될 터이니 나아가 배우라."며 제자가 되도록 유언했다.

공자는 좀 더 견문을 넓히기 위해서 주周나라에 갔고, 그곳에서 노자老子를 만나 예禮를 물었다. 주나라에서 돌아와서는 따르는 제자가 더욱 많았다.

노나라 당시에는 맹손, 숙손, 계손씨 집안(三家 : 三桓氏)이 대부의 신분으로 세력을 잡고 국정을 전횡하였다. 어떤 일로 인해서 소공昭公이 계손季孫의 일로 그를 쳤지만, 도리어 삼가三家 때문에 패하여 제齊로 달아났고, 정공定公 때도 그들의 세력은 여전하였다. 심지어 삼가의 신하 중에서도 권력을 휘두른 자가 나왔으니, 계손씨의 가신家臣인 양호陽虎같은 자가 그러한 자다.

43세에 계씨가 참람하고 그 신하인 양호가 국정을 전횡하자, 벼슬하지 않고 물러나서 『시경詩經』과 『서경書經』, 『예기禮記』와 『악기樂記』를 편수하였다.

정공 9년 공자는 51세에 중도中都의 읍재邑宰가 되어 고을을 다스리니, 1년 만에 사방에서 본받았다. 드디어 사공司空이 되고, 대사구大司寇가 되었다. 이후 5, 6년 동안 공자가 위位를 갖고 국정에 참여해서 뜻을 펼쳤던 시대이기는 하지만, 공자의 뜻을 마음껏 펼치기에는 상황이 여의치 않았다.

공자는 좀 더 크게 도를 행하기 위해서 다시 노나라를 떠나, 제자들과 함께 여러 나라를 주유周遊하였다. 그가 여러 나라를 다닐 수 있었던 것은 제자인 남궁경숙이 마련해준 수레 덕분이었다. 이에 대해 공자는 "남궁경숙이 나에게 수레를 주어 타게 한 뒤로, 나의 도道가 더욱 행해지게 되었다."고 말하였다. 『공자가어』에 나오는 이야기이다.

공자 묘소

14년간에 걸쳐 공자는 수레를 타고 천하를 다녔다. 위衛, 진陳, 조曹, 송宋, 정鄭, 채蔡 등 6개 국가에서 머물렀고, 광匡, 포蒲, 추향鄒鄕, 협叶(초나라) 등의 지역을 경유하였다. 한 번은 광匡땅을 배회하다가, 그곳 사람들이 공자를 과거 자신들에게 난폭한 일을 행했던 양호陽虎로 잘못 알고, 공자의 일행을 포위한 적이 있었다.

그러나 공자는 말하기를 "문왕이 이미 돌아가셨지만, 문왕의 도가 나에게 있지 아니하냐? 하늘이 장차 이 문(斯文)을 없애려 하신다면 후세의 사람(즉 공자 자신)이 사문에 참여할 수 없거니와 하늘이 사문을 없애려 아니하시니 광인匡人들이 나를 어찌하리오?" 하였다.(「자한」편)

송나라에서도 사마환퇴에게 죽을 고비도 당했지만, 공자는 "하늘이 나에게 덕을 내려주셨는데, 환퇴가 나를 어찌하리오?"라며 결연하였다.(「술이」편)

초나라 소왕이 공자를 초빙하였다. 때는 오왕吳王 부차夫差가 진陳나라를 공격하는 시점이었다. 소왕을 만나러 가던 도중, 진나라와 채나라 사람들이 공자의 길을 막았다. 공자가 초나라에 가면 자신들에게 불리하다고 여겼기 때문이다. 중간에서 오도 가도 못하고 7일이나 굶어 모두가 병들었지만, 공자는 태연히 거문고를 타면서 액운이 트이기를 기다렸다. 『논어』에 나오는 '장저長沮, 걸익桀溺'이나 '하조장인荷篠丈人'의 이야기는 이 때의 일이다.(「미자」편)

힘들고도 오랜 객지생활을 마치고, 공자는 68세에 노나라로 돌아오게 된다. 이에 공자는 더 이상 벼슬을 구하지 않고, 종일 은행나무 아래에서 거문고를 타면서 육경六經을 정리하였다고 한다. 지금도 곡부의 공자사당 앞의 뜰 가운데에 '행단杏壇'이라고 쓴 비석이 세워져 있다. 그곳이 바로 공자께서 강학을 하셨다는 곳이다. 이는 만세萬世 입교立敎의 머리로 삼기 위해 세워진 것이다. 우리나라에서도 가끔 향교나 학교 교정에 은행나무가 세워져 있는 것은 바로 공자의 이러한 정신을 계승하려는 뜻에서이다.

만 72세 서기전 479년. 임술, 공자가 새벽에 일찍 일어나 뒷짐 지고 지팡이를 끌며 노래를 읊었다.

"태산이 무려지려나? 대들보가 내려앉으려나? 철인喆人이 죽으려나?"

노래를 마치고 문간에 잠시 앉아 있으니, 자공이 노랫소리를 듣고 달려 와서 여쭈었다.

"태산이 무너진다면 저는 장차 어디를 우러러볼 것이며, 대들보가 내려앉는다면 저는 장차 어디에 기댈 것이며, 철인이 죽는다면 저는 장차 누구를 본받습니까? 선생님께서 장차 병환이 있으시려는 겁니까?"

"사賜야! 어찌 이리 늦게 오느냐? 내가 어젯밤 꿈에 두 기둥 사이에서 전奠을 받고 있었다. 하후씨는 동계東階 위에서 빈소殯所를 마련하니 마치 주인이 앉아있는 것과 같고, 은인殷人은 양 기둥 사이에 빈소를 마련하니 빈주賓主가 함께하는 것이고, 주인周人은 서계西階 위에 빈소를 마련하니 빈賓이 있는 것과 같으니, 나는 즉 은나라 사람이다. 대저 명왕明王이 나오지 않으니, 천하에 그 누가 나를 위하랴! 나는 장차 죽을 것이다 孔子蚤作 負手曳杖 消搖於門 歌曰 泰山其頹乎？梁木其壞乎？哲人其萎乎 旣歌而入 當戶而坐。子貢聞之曰 泰山其頹 則吾將安仰？梁木其壞 哲人其萎 則吾將安放？夫子殆將病也。遂趨而入。夫子曰 賜 爾來何遲也？ 夏后氏殯於東階之上 則

猶在阼也 殷人殯於兩楹之間 則與賓主夾之也 周人殯於西階之上 則猶賓之也。而丘
也殷人也。予疇昔之夜 夢坐奠於兩楹之間。夫明王不興 而天下其孰能宗予 予殆將死
也。 蓋寢疾七日而沒。─『禮記, 檀弓上』"

　이로부터 병이 들어 7일 만에 세상을 떠났다(『사기』에는 "以魯哀公十六年四月己
丑卒"이라 하였다. 『左傳』 역시 이와 같다). 사후에 '대성지성문선왕大成至聖文宣王'이란
시호諡號를 내렸으니 소왕素王 즉 무관지왕無冠之王이란 칭호는 이와 관련해서
나온 말이다.

　역사 기록에 의하면 "공자가 돌아가자, 노나라 성 북쪽 사수泗水 위에 장사
지냈다."고 적고 있는데, 이를 공림孔林이라 부른다. 묘소 앞에는 전서篆書체로
'대성지성문선왕大成至聖文宣王'이라고 쓰어 있는데, 서체書體는 명나라 정통正統 8
년(1443년)에 황양정黃養正이 쓴 것이다. 묘역 옆에는 제자인 자공이 시묘살이를
하였다는 '자공여묘처子貢廬墓處'가 있다. 다른 제자들은 3년 여묘를 마치고 돌
아갔는데, 자공만은 3년을 연장해서 6년을 시묘했다는 것이다.

　『논어』를 보면, 공자가 평소에 늘 하시는 말씀은 '시서집례詩書執禮'라 하였
고, 괴력난신怪力亂神을 말씀하지 않았다 한다. 사람들에게 문행충신文行忠信의
네 가지로 가르쳤다 하니,(「술이」편) 이 사교四敎가 곧 공문孔門의 학칙學則이라
할 수 있겠다.

니구산 정상에서 본 마을 전경

기린의 죽음과 공자의 『춘추』 저술

    노나라 애공哀公 14년 공자가 육경을 정리하던 중, 공자 탄생시 나타났던 기린이 어느 사냥꾼의 손에 잡혀 죽는 일이 일어났다. 『춘추좌전』을 보면, 애공 14년 경신 봄에 "서쪽에서 사냥하다 기린을 잡았다(西狩獲麟)"라는 글이 있다. 자신의 분신과도 같은 그 기린이 잡혀 죽었음을 보고, 공자는 "내 도가 막혔구나(吾道窮矣)."며 눈물을 흘렸다고 한다. 그리고 느낀 바가 있어 『춘추春秋』를 지었으니, 『춘추』는 기린이 잡혀 죽은 해까지만 기술하였고, 더 이상 쓰지를 않았다.

공자성적도 – 西狩獲麟(춘추좌씨전)

    『춘추』를 기록하다 기린이 잡혀 죽었는지, 아니면 기린이 잡혀 죽은 뒤에 춘추를 지었는지는 알 수 없다. 다만 공자가 지은 춘추연대春秋年代는 노나라 은공隱公 원년元年

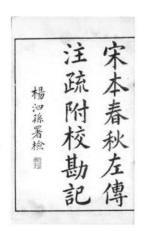
춘추좌전 표지

(己未)에서부터 기린이 잡혀 죽은 해인 애공哀公 14년까지로, 242년간의 사적史蹟을 담고 있다. 애공 14년 경신년(서기전 481년)은 공자 70세 되는 해이고, 2년 뒤인 임술년(서기전 479년)에 공자는 작고했다. 후세의 사가史家들은 공자의 뜻을 기리기 위하여 '획린절필獲麟絕筆'이라 표현하였다. 그래서 『춘추』를 '인필麟筆' 혹 '인경麟經'이라고도 불렀다.

공자는 무슨 의도에서 『춘추』를 지었을까? 맹자는 공자가 『춘추』를 지은 이유를 「등문공滕文公」 하편에 대략 기록하고 있다.

"세상이 쇠하고 도가 미약해서, 사설邪說과 폭행暴行이 일어나, 신하가 그 인군을 시해하는 자 있으며, 자식이 그 아비를 시해하는 자 있느니라. 공자가 두려워해서 『춘추』를 지으시니, 춘추는 천자가 하는 일이다. 이 때문에 공자께서 말씀하시기를 '나를 알아주는 자도 오직 춘추일 것이며, 나를 벌주는 자도 오직 춘추일 것이다'(맹자) 하셨다."

말하자면 『춘추』는 노나라의 사기史記라 말할 수 있는데, 『춘추』는 주나라가 쇠한 때(노나라 은공隱公 원년元年인 서기전 722년)부터 기술되고 있다. 비록 242년간의 일을 기록한 것이지만 이를 통해서 만세萬世의 대법大法으로 삼으려 한 것이니, 『춘추』를 통해서 공자는 왕도王道가 다시 실현되기를 염원한 것이다.

그러나 이것만으로는 『춘추』의 대의를 이해했다고 생각해서는 안 된다. 왜 하필 공자는 『춘추』를 지음에 있어 기린이 잡혀 죽은 해까지만 기술하였을까? 감히 짐작하기 어려운 이 같은 사실에 대해서 역학자였던 야산也山 이달李達선생(1889~1958, 관적 : 연안)은 242년의 의미를 '후천後天을 위한 대법大法'으로 설명하였다.

말하자면, 공자는 기린이 잡히자 자신의 도가 막혔음을 슬퍼했다. 그러나 장차 선천先天이 다하고 후천이 오는 때에 자신의 도를 펼칠 수 있을 것이라고 생각하며 도를 전할 방법을 모색한 것이다. 이에 대한 자세한 내용은 『야산선생문집』 속에 있는 〈선후천고정설先後天攷定說〉에 나타나 있다.

이 설에 의하면 춘추 연대인 242년은 단지 막연한 숫자가 아니라, 공자의 철저한 안배 속에 정해진 비결숫자라는 것이다. 야산 선생은 춘추대의인 242년의 의미를 주역 속에서 설명하고 있다.

『주역』은 전체 64괘로 되어 있는데, 맨 첫 번째 괘인 건괘乾卦에서부터 순서를 따지면 해괘解卦(䷧)는 40번째 괘가 된다. 한 괘당 육효六爻가 있으니, 해괘인 마지막 상효까지를 셈하면 240(6×40)효가 된다. 해괘의 '해解'자는 '풀 해'자다. 모든 것을 푼다는 뜻이 담겨 있다. 선천의 얽히고 설킨 모든 것을 다 풀고, 후천에 이름을 의미하는 괘이다. 해괘 다음에 오는 41번째 괘가 손괘損卦(䷨), 42번째 오는 괘는 익괘益卦(䷩)가 된다.

손익損益 두 괘는 『주역』의 용어로서 종괘綜卦라 하는데, 한 괘를 상하로 도전倒轉해서 만들 수 있는 괘가 종괘다. 말하자면 한 몸과 같은 괘다. 괘 순서가 해괘 다음에 손익괘를 둔 이유는, 천도의 순환은 과불급過不及이 없으나, 인사人事는 과불급, 즉 덜고 더하는 손익이 있기 때문이다. 『공자가어』를 보면, 공자가 『주역』을 읽다가 손익괘에 이르러서 탄식을 하였다는 글이 나온다. 비록 글 속에서는 수신지도修身之道로써 손익의 뜻을 말하고 있지만, 『주역』의 글이 후천시대에 펼칠 경륜의 글인 만큼 성인의 말씀을 단순하게 생각해서는 안 된다.

다시 『주역』의 글로 돌아가서 보면, 손괘의 육오효와 익괘의 육이효에 모두 "혹 십붕의 거북이로 더하라(或益之 十朋之龜)"라는 글이 있다. 바로 해괘인 240효 다음에 오는 2번째 효가, 손괘로 보면 육오효 자리요, 이를 도전倒轉해서 익괘로 보면 육이효 자리가 된다. 즉 242번째 효가 된다는 것이다. 손괘 육오효와 익괘 육이효가 242번째 오는 것에 대해, 혹자는 의문을 가질 수 있겠으나, 손괘는 감減하는 뜻이므로 위에서부터 더는 법이고, 익괘는 더하는 뜻이므로 아래서부터 쌓기 때문이다. 이 손익損益하는 자리에서 '십붕지귀十朋之龜'를 말했으니, '십붕十朋'은 10배 곱하라는 뜻이다. 따라서 10배를 하면 2420이 된다.

2420은 공자 사후 2420년을 의미한다. 공자 사후 2420년은 신사년(1941년)으로 태평양전쟁이 일어난 해이다. 공자는 기린이 죽었을 때, 지금은 비록 자신의 도가 궁하지만, 사후死後 2420년이 지나면 후천이 될 것이며, 그 때에 자신의 도가 다시 펼쳐질 것임을 예언한 것이다.

공자, 후천을 생각하며 십익+翼을 달다

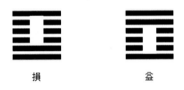

損   益

공자는 기린이 잡혀 죽은 뒤 붓을 꺾었고, 2년 뒤인 임술년(서기전 479년)에 작고하였다. 향년 만 72세다. 그러면 공자가 과연『주역』에 손을 댄 것은 언제 즈음일까? 사실 2,500여 년 전의 역사를 지금에 와서 추론한다는 것은 무리다. 그렇지만 자료에 근거해서 살펴보고자 한다.

공자가 쓴『춘추』의 내용을 살펴보면, 점례占例로써 당시를 기술한 부분이 많이 나온다. 그렇다면 공자는『춘추』를 쓰기 이전에 이미『주역』을 충분히 접했다는 것을 알 수가 있다. 다만 공자가 십익+翼으로써『주역』을 찬술한 시점이 과연『춘추』전일까 후일까를 생각해 볼 필요가 있다.

전술한 바와 같이 공자는 기린이 잡혀 죽은 뒤 느낀 바가 있어서『춘추』를 썼다.『춘추』의 글은 잡혀 죽었던 기린을 염두에 두고 기술한 것으로, 242년이라는 기간은 후천을 위한 대법大法으로 삼은 것이다.

『주역』의 십익十翼 역시 마찬가지다. 십익은 진리를 밝히려 한 목적도 있겠지만, 글 내용을 좀 더 자세히 살펴보면 이 역시 후천시대를 염두에 두고 쓴 것임을 알 수 있다. 십익은 단전, 상전, 건곤괘 문언전, 계사전 상·하, 설괘전, 서괘전 상·하, 잡괘전 열 가지를 말한다.(이는 야산선생의 십익분류한 것에 의거한 것임) 기린이 잡혀 죽기 이전에 『주역』에 손을 댔을 수도 있었겠지만, 『춘추』나 『주역』의 십익이 모두 기린이 죽은 이후에 쓰여졌을 가능성도 높다. 기린이 잡힌 해는 공자 춘추 70이 되는 해다. 70이 되는 고령에 이제 더 이상 도道를 펼칠 수 없음을 깨달은 것이다. 그러나 여기에서 그칠 수는 없고, 도를 후세에 펼쳐야 되겠는데, 먼 훗날에 천지가 뒤바뀌는 후천의 개벽시대가 올 것이니 그때에 가서 도가 펼쳐질 것을 내다본 것이다.

『논어』에 "내가 수한 나이에 오십을 더해서 역을 배운다면 (假我數年 五十以學易) 대과를 없이할 것이다(可以无大過矣)." 하였다. 이때 '수년數年'은 공자 나이 70을 의미하고, '오십五十'은 '오십 대연수五十大衍數'를 의미한다. 50은 개략적으로 말하자면 주역의 용수用數를 말하며, 대과大過는 『주역』의 대과괘를 의미한다.

澤風大過

대과괘는 『주역』 상경上經의 마지막 괘다. 상경 중에 시작을 이루는 건곤乾坤 괘와 끝마치는 감리坎離괘를 제외하고서 한 말이다. 즉 대과는 인사를 기준해서 선천의 마지막이 되는 괘인데, 대과는 괘상에서 보는 것처럼 본말本末이 약한 모습이다. 작게는 집이 크게 흔들리는 상이요, 크게는 세상이 혼란한 시대의 상이다. 따라서 선천의 마지막 자리에서 '대과를 없이 한다'라는 것은 선천을 무사히 넘기고 후천에 이른다는 것을 의미한다. 이 글은 공자의 비결이 담긴 문장이니 범상히 해석해서는 안 된다.

글 속의 대과는 오늘의 시대를 말하고 있다. 소강절의 『황극경세서』를 보면 지금의 시대를 대과괘로 표현하고 있음을 알 수 있다. 주역의 택풍대과澤風 大過 괘(☱☴)는 못(☱)이 범람해서 나무(☴)를 멸한 상이다.

문왕팔괘를 놓고 보면, 못은 서방을 가리키고 나무는 동방을 의미한다. 그런데 못이 나무를 덮었으니, 서양의 물질문화에 동양의 정신문명이 침체되어 버린 시대를 말한다. 이 시대를 대과시대라 하는 것이다. 선천에서 후천에 이르는 과정 속에서 대과가 갖는 의미가 크기 때문에, 공자는 어떻게 하면 대과를 없이할 수 있을까를 근심한 것이고, 대과를 없이할 비결을『주역』속에 담아둔 것이다. 이에 대한 자세한 내용은 소강절 선생의『황극경세서』와 야산 선생의 〈선후천고정설〉을 비교하면서 참조하면 확연히 알 수 있다.

죽간

『사기』에 "공자께서 늘그막에 역을 좋아했다(晚而喜易)" 했고, "죽간竹簡을 엮은 가죽 끈이 세 번 끊어질 정도로(韋編三絶) 역을 읽었다."는 내용이 실려 있다. 공자를 모르는 후세의 학자들은 이 글을 평하기를, 공자도 주역을 몰랐기 때문에 가죽으로 엮은『주역』책이 세 번 끊어질 정도로 읽은 것이라 말한다.

그러나 공자가 어찌 주역의 뜻을 몰랐겠는가? 공자는 생이지지生而知之하신 분이다. 다만 자신의 도를 주역 속에 담기 위해 고심하신 가운데 '위편삼절'한 것으로 이해하여야 할 것이다. 우리는 흔히『논어』속에서 공자를 대하고, 그저 예의격식이나 갖추고, 인간적으로 고민하는 공자만을 생각한다. 그러나『주역』을 보면 공자야말로 만세불역萬世不易의 대스승임을 알 수 있다. 2천5백

위편삼절도

년의 뒤를 내다보고 쓰신 공자의 간절한 염원을 생각하고 주역을 대하면, 한 자 한 자가 더욱 경이롭기만 하다. 성인의 한 마디 한 마디는 천금의 무게를 지니고 있는 것이다. 때문에『주역』을 그저 한번 읽고 해석하는 것으로 만족하고, 책을 덮어서는 결코

주역의 깊은 의미를 헤아릴 수가 없다. 『주역』의 글 속에는 성인의 간절한 염원이 담겨 있으므로, 『주역』을 대하는 태도 또한 보다 간절한 것이어야 한다.

진시황과 분서갱유

공자는 선성先聖의 법을 취하여 집대성 했지만, 장차 200여 년 후에 진시황秦始皇이라는 자가 나와 분서갱유焚書坑儒 할 것임을 미리 알았다 한다. 그래서 글 쓴 죽간竹簡이 좀먹지 않게 하기 위해서 옻칠을 하여 벽 속에 감췄다 하니, 후세에서는 벽 속에서 나온 글이라 해서 이를 칠서벽경漆書壁經이라 부르고 있다.

시대가 지난 지금에 와서, 이러한 사실의 진위여부를 가리기는 어려운 일이다. 전해지는 말에 의하면, 『주역』 이외의 다른 경서는 벽 속에 감추어져 있다가 진화秦火를 피한 뒤

진시황

에 다시 나와 설혹 착간錯簡이 된다 할지라도, 후대에 지각군자知覺君子가 있어 다시 보전할 수가 있겠으나, 『주역』의 글은 한 글자도 틀려서는 안되므로 『주역』을 온전히 전하기 위해 겉표지를 점서의 형식으로 장식하였다는 것이다.

과연 후대에 진시황이 육국을 통일하고 나서, 책을 불사르고 선비를 구덩이에 묻는 만행을 자행하였다. 사가史家들은 이를 '진화秦火'라 명명하였다. 다만 주역만은 진화를 면했으니 『주역』 속에 '无'자의 쓰임을 통해서 이러한 흔적을 발견할 수 있다. 다른 책에서는 『주역』과는 달리 '無'자를 쓰고 있다.

無자에 대한 서체의 변천과정을 살펴보면, 진나라 이전에는 전자篆字로 '무𣶒'의 형태를 지닌다. 그런데 진시황이 불살랐다 하여 진나라 이후에 와서는 글자 아래의 수풀(林)을 빼고 불 화(灬)변을 붙였으니, 경서에서 쓰고 있는 '無'자는 진화秦火를 당했다는 증거가 된다. 불행 중 다행으로 『주역』은 화를 면했으므로 '무无'자로 보존되어 온 것이다.

진시황에 대해 좀 더 설명하면, 진시황은 명名은 정政으로 한단邯鄲에서 출생하였다. 13세에 왕이 되어 6국을 멸하고 39세(즉위 26년)에 천하를 통일하였다. 그는 스스로 "덕은 삼황을 겸했고(德兼三皇) 공적은 오제보다 높다(功過五帝)." 여기고, 황제皇帝라 호를 바꾸었다. 스스로 부르기를 짐이라 하고(自稱曰朕), 수덕水德으로 정하여 시월十月로 세수歲首를 삼았다.

진시황이라 호칭함은 그가 "죽어서 시호를 행함은, 자식이 아비를 의논하고 신하가 인군을 의논하는 것이니, 지금부터 시법諡法을 없애서 짐朕은 시황제始皇帝가 되고, 후세는 수를 셈해서 이세二世 삼세三世로부터 만세萬世에 이르기까지 무궁하게 이를 전하도록 하라." 한 데서 연유한 것이다. 본래 제帝는 천상의 상제에 대한 칭호였으나, 진시황 이후 청나라 말기 군주제가 사라지기 전까지 임금을 부르는 호칭이 되었던 것이다.

즉위 28년에 시황始皇이 추역산鄒嶧山에 올라 입석立石하여 공업을 기리고, 태산泰山에 올라 입석하여 봉封했다. 제사를 마치고 내려올 때 풍우가 심하므로, 나무 아래에서 쉬었다 하여 그 소나무를 오대부五大夫로 봉하였

진시황 추역산 비석탁본

다. 양보梁父에서 선禪하고, 동해상東海上에 이르러 방사方士, 제인齊人, 서불徐市 등과 동남동녀 수백 인을 보내서, 동해 바다 속에 있다는 봉래蓬萊, 방장方丈, 영주瀛州인 삼신산三神山의 선인과 불사약을 구해오게 하였다. 즉위 32년에 방사인 노생盧生이 불사약을 찾으러 갔다 되돌아 와서 녹도서錄圖書를 올리며 말하기를 "진나라를 망하게 하는 자는 호다(亡秦者 胡也)." 하니 이에 시황이 몽념蒙恬과 30만 명을 보내 흉노匈奴를 북벌하고 만리장성을 축조케 하였다.

진시황 즉위 34년은 천하 통일 9년째로 이는 기원전 213년에 해당한다. 당시의 승상이었던 이사李斯의 건의에 의해 분서갱유를 하게 되었으니, 당시 수도였던 함양咸陽의 유생 460여 명이 산채로 매장되었다 한다. 지금의 섬서성 임동현 성 밖 서남쪽 홍경촌에 있는 갱유곡이란 곳이 바로 당시의 현장이다. 그러나 그 중에서도 없애지 않은 것이 의약醫藥, 복서卜筮, 종수種樹에 관한 책들이었다. 주역은 다행히 화를 면하게 된 것이다. 진시황이 분서갱유한 목적은 지식인들이 '오늘날을 스승으로 삼고, 옛 것을 배우지 못하게' 하려는 것이었다. 당시로서는 엄청난 사건인지라 장자長子인 부소扶蘇가 간하며 말하였다.

"제생諸生이 모두 공자를 송법誦法하거늘 이제 상上이 중법重法으로 묶으시니, 신臣은 천하가 불안할까 두렵습니다."

시황이 노해서 부소를 변방으로 내쫓았다. 그리고 공자의 사당이 있으므로 유생들의 저항이 끊이지 않는다 여겨, 사당을 헐게 하니 그곳에서 글이 나왔다.

"후세에 한 남자가 내 사당에 들어와서 의관을 부수고 사구평대에서 죽으리라(後世有一男子 入我堂 毀我冠裳 卒於沙丘平臺)."

뒤에 시황은 아방궁阿房宮(서안西安에서 서북쪽 교외로 15km 떨어진 곳에 있다)을 축조하도록 하였다. 37년에 승상 이사와 소자少子 호해胡亥 그리고 환관 조고趙高 등을 데리고, 다섯 번째 순행巡行 중 사구평대沙丘平臺(지금의 德州 부근)에서 최후를 맞이하였다. 천도의 엄연함이 이와 같은 것이다.

受命于天 旣壽永昌

3장

어진 자의 덕德과 업業

대과시대大過時代(▤)의 독립불구獨立不懼
윤집궐중允執厥中과 도덕심道德心
하늘의 이利와 사람의 이利
정의正義로운 사회
인자仁者는 인야人也라
선공후사先公後私
유방백세遺芳百世, 유취만년遺臭萬年
위정이덕爲政以德

대과시대大過時代(≡)의 독립불구獨立不懼

澤風大過

혼히 말하기를 요즘 시대를 '대과大過시대'
라 한다. 대과란 '큰 대大' '지날 과過'의 글자
로서 '크게 지난다'는 뜻도 되지만, 일반적
으로는 '큰 과실'이라는 의미를 지닌다. 다
시 말하면, 크게 바르지 못한 행동을 하기
에 나타나는 결과를 뜻한다. 대과는 『주역』
에 나오는 '괘 이름'이다.

사람의 말과 행동은 마음에서 비롯된다.
따라서 대과를 하는 것은 마음의 중심을 잡
지 못했기에 나타나는 결과이다. 이 마음이

단양 사인암

중심을 잡지 못함은 무엇 때문일까? 바로 욕심 때문이다. 사람의 마음은 홀로 독립하지 못하고 이목구비에 매어 있으므로, 그저 귀에 들리는 유혹의 소리와, 눈에 보이는 아름다운 모습과, 혀끝으로 느껴지는 달콤한 맛과, 코로 맡는 향기로운 냄새로 마음은 온통 탐욕에 젖어들게 된다. 탐욕에 젖어드니, 마음은 항상 내 몸 안에 있지 못하고 밖으로만 달려 나간다. 붙잡으려 해도 붙잡을 수가 없다. 그래서 사람들은 이 마음을 가리켜 '고삐 풀린 망아지'라 비유한다. 하기야 대부분의 사람들은 평생을 탐욕의 습관 속에서 살아 왔으니, 이제는 마음을 붙잡을 수도 없고, 아예 잡으려 하지도 않는다. 오히려 '나 하고 싶은 대로' 놓아버리는 것을 자연스러운 본래의 마음이라고 치부해 버린다.

그러나 어찌 이러한 마음을 본래의 마음이라고 내버려 둘 것인가. 사람의 마음씀은 욕심과 더불어 나오므로, 이는 본래의 마음이 아닌 변색變色으로 나타나는 마음이 된다. 세상사는 자기 하고 싶은 대로 되지 않는 법이다. 아무리 하고 싶어도 하지 말아야 할 일은 하지 말아야 하고, 아무리 하기 싫어도 꼭 해야 할 일은 해야 하는 것이다. 이를 두고 "마음을 다스린다."라고 하는 것이다.

그런데 옛날 사람들은 "마음을 다스린다."는 말과 더불어 "몸을 닦는다."는 말도 많이 사용하였다. 왜냐하면 위에서 언급하였듯이, 사람의 마음이란 몸과 연결되어 있어, 몸이 움직이는 대로 마음이 출입하기 때문이다. 따라서 수신修身이란 다른 말이 아니다. 하늘로부터 부여받은 이 마음은 본래가 밝고 깨끗한데, 욕심으로 인해서 마음에 때가 끼었으니 이를 깨끗이 닦으라는 의미다. 마치 사람이 목욕을 해서 육신의 때를 닦듯이, 마음에 묻어 있는 욕심의 때를 씻어내려는 바람에서 사용했던 말이다.

몸 중에도 특히 얼굴에는 이목구비가 붙어 있어서, 마음은 스스로 독립하지 못하고 이목구비에 있는 일곱 구멍(七竅)을 통해서 출입한다. "물질을 보면 마음이 동한다(見物生心)." 함이 이 때문에 생긴 말이다. 그러므로 옛날 사람들은 이목구비를 통해서 마음 쓰는 것을 지극히 삼갔던 것이다. 공자의 제자이신

안자顔子가 인仁에 대해서 묻자, 공자께서 다음과 같  이 말씀하셨다.

> "자신을 다스리고 예를 회복하는 것(克己復禮)
> 이 인仁이다.""예가 아니면 보지 말며(非禮勿
> 視), 예가 아니면 듣지 말며(非禮勿聽), 예가 아
> 니면 말하지 말며(非禮勿言), 예가 아니면 움직
> 이지 말라(非禮勿動) [논어, 안연편]"

아마도 안자는 이 말씀을 가슴에 새겨두고, 평생 수신의 요결要訣로 삼았을 것이다. 송대의 정자程子도 이 말씀을 '사잠四箴'이라 하여 평생의 자경문自警文으로 삼았다. 옛날에 은나라를 세웠던 탕 임금은 세숫대야에 스스로 경계하는 글(自警文)을 새겼다. "진실로 하루를 새롭게 할 수 있다면 나날이 새로이 하고 또 날로 새로이 하라(苟日新 日日新 又日新)." 탕임금은 이 아홉 글자를 새겨 놓고, 매일 세수할 때마다 마음의 때를 없애기를 염원하였다고 한다.

공자의 수제자이신 증자曾子 같은 분도 "나는 매일 세 가지를 반성한다(吾日三省)."고 하며, 마음 돌보기를 게을리 하지 않았다. 끊임없는 수신을 통해 자신을 성찰했던 성인들의 자세를 본받으려는 의도가 담겨 있다.

이같이 성인도 수신하기를 하루도 빠뜨리지 않고 부지런히 하였는데, 욕심의 때로 가득한 보통의 사람들이 자신을 돌아보기를 소홀히 한다면 이는 참으로 부끄러운 일이다.

사람의 얼굴은 '얼(혼 혹은 정신)이 담겨 있는 굴'이란 의미이니, 사람은 항상 정신을 내 몸 속에 간직해야 한다는 것이다. 정신을 간직하라는 말은 정신을 모으라는 뜻이다. 주자朱子의 '정신일도하사불성精神一到何事不成'이란 말씀도 있듯이, 옛 선비들은 정신을 하나로 모으기 위해서 항상 몸가짐을 근신했다.

우선 정신을 하나로 모으려면 이목구비를 닫는 일부터 시작해야 한다. 이목

구비는 내 마음을 빼앗는 도적이라 여겨, 눈과 귀와 입을 닫아서 밖에서 들어오는 유혹의 외물을 막고, 오래도록 정좌靜坐하여 삼매三昧(눈 · 귀 · 입을 어둡게 하는 것)를 즐긴다면, 마음은 마치 때가 끼지 않은 밝은 거울과 같이 깨끗해지고 고요히 그쳐 있는 물과 같이 맑아질 것이다(明鏡止水). 만약에 마음이 밝은 거울이나 고요한 물과 같이 깨끗해진다면 무엇이든 바르게 볼 수 있고, 무엇이든 바르게 행동할 수 있게 된다.

그렇다고 해서 이목구비가 무조건 내 마음을 해치는 도적인 것만은 아니다. 이목구비는 내가 어떻게 쓰느냐에 따라 내 마음의 보배가 되기도 한다. 눈과 귀를 통해 세상 사람들의 선한 말과 아름다운 행실(善言嘉行)을 보면 과감히 받아들이고, 혹 나에게 과실過失이 있으면 즉시 고쳐 나가면 되는 것이다. 입을 통해서도 마음을 깨끗이 할 수 있다. 바르지 못한 말은 즉시 막고, 바른 말(正言)만을 함으로써 한편으로는 마음의 때를 제거하고, 한편으로는 덕을 쌓을 수 있는 것이다.

이처럼 이목구비는 나를 해치는 도적이 되기도 하고, 나를 도와주는 보배가 되기도 한다. 한갓 물욕을 따라서 마음이 밖으로만 향하는 사람은 이목구비를 절대 보배삼을 수 없다. 이런 사람은 자신을 향해서 마음 돌이킬 겨를이 없으니, 마음의 중심을 잡을 수 없고 물욕으로 항상 물질의 노예가 될 수밖에 없다.

이러한 이치로 보면, 결국 모든 일은 그 자체에 선악이 있는 것이 아니고, 내 마음을 어떻게 쓰느냐에 따라서 선이 되기도 하고 악이 되기도 한다. 만약 선한 마음을 가진 사람이 욕심 부린다면 그 욕심은 선하게 쓰여질 것이고, 만약 악한 마음을 가진 사람이 욕심 부린다면 그 반대가 될 것이다. 한 자루의 칼도 선한 사람이 잡게 되면 세상을 이롭게 하지만, 악한 사람이 잡게 되면 세상을 해치게 되는 것과 같은 이치다.

때문에 옛날 선비들은 사심私心으로서의 '욕慾'자와, 사심을 없앤 공심公心으로서의 '욕欲'자의 의미를 구분해서 사용하였다. 선한 사람의 욕심은 세상과 더

불어 욕심을 부릴 것이고, 선하지 못한 사람의 욕심은 자기 자신만을 위해서
욕심을 부릴 것이기 때문이다.

'성인 성聖'자를 파자하면, '耳 + 口 + 壬'의 합성자다. 임壬은 천간天干 임壬자
의 '으뜸'을 의미한다. 성인이란 '귀와 입이 세상에 으뜸이 되는 자'를 가리키
는 말이니, 무슨 소리를 들어도 통하지 아니함이 없고, 무슨 말을 해도 법도에
어긋남이 없는 사람을 의미한다. 공자는 "육십에 이순耳順했다" 하였고 "칠십에
종심소욕불유구(從心所欲不踰矩)"라 했으니 공자의 6, 70에 이른 경지가 바로 이
에 해당한다.

욕심을 막게 되면, 사람은 자연히 마음의 중심을 잡게 된다. 마음의 중심을
잡게 되면, 말을 함에 힘이 생기고, 행동으로 옮김에 의연한 기상이 드러난다.
반대로 마음의 중심을 잡지 못하면, 그런 사람은 말을 하더라도 말끝이 흐려
지게 되고, 가지 치듯이 말이 이리저리 왔다갔다 하게 된다.

한자漢字에서도 한 마음 가진다는 뜻으로 '충忠'자를 썼다. '中+心'자로 표현
하니, 이는 중을 잡은 마음 즉 진실한 마음을 가리킨다. 한편 두 마음을 갖는
다는 뜻으로는 '환患'자를 썼다. '串+心'자를 쓰니, 이는 중심을 잡지 못해서 근
심한다는 뜻이다. 탐욕으로 물질의 노예가 된 사람은 바른 행동이 나타날 수
없다. 이런 사람이 바로 대과하는 것이다. 마음속에서 중심잡지 못하고 흔들
리는 사람은 근본과 끝(本末)이 약하기 때문이라고 『주역』 대과괘에서는 말하
고 있다. 또한 물질이 정신을 멸하는 때에 대과시대가 될 것이라고 하였다.

『주역』에서는 "연못의 물이 범람하여 나무를 없앤 것이 대과다(澤滅木 大過)"
라고 표현하였다. 여기에서 말하는 '연못의 물'은 서방의 물질문화를 가리키고
'나무'는 동방의 정신문명을 가리킨다. 역사적으로 살펴보면, 우리나라의 경우
구한말 서양의 물질문화가 들어오기 시작하면서부터 동양의 정신문명은 잠식
당하기 시작했고, 일제가 침략하면서부터 우리나라는 근본이 끊겨나가기 시작
했다. 아마도 대과시대의 '크나큰 과실'은 이로부터 시작되었으리라. 근본이
약하면 끝(末端)이 창대할 수 없다. 그러니 대과인大過人이 대과시대에 어찌 큰

것을 바랄 수 있겠는가!

『주역』에서는 대과의 뜻을 설명하기를 "기둥이 흔들거리는 것이다(棟橈)." 하였고, "대과는 본말이 전도되는 것이다(大過 顚也)." 하였다. 즉 나라는 망할 것 같고 세상도 없어질 것 같은 형국을 이름이다. 오랜 옛날부터 성현들은 장차 대과시대가 올 것임을 예견하고 근심하였다. 또한 아울러 대과를 없앨 수 있는 은밀한 방도를 『주역』 속에 담아 두기도 하였다. 이 시대에 주역이 가치 있는 이유는 바로 이 때문이다.

세상의 도는 천도天道만으로 이루어지는 것이 아니다. 인사人事가 여기에 부합해서 나가는 것이니, 천도와 인사가 톱니바퀴처럼 맞물려서 세상의 역사는 돌아가는 것이다. 그러기에 세상을 아름답게 만드는 것은 하늘과 땅의 도에 의한 것만은 아니다. 천지의 도는 그저 법수法數대로 흘러가지만, 세상을 아름답게 만들기도 하고 추하게 만들기도 하는 것은 사람에게 달려 있다. 그 시대에 어떠한 사람들이 존재하느냐에 따라, 문명한 시대가 되기도 하고 어두운 시대가 되기도 하는 것이다.

사회가 화평하려면 예禮가 있어야 한다. 예는 질서를 뜻한다. 너와 내가 마주 대하는 가운데 예를 갖춰야 하는 것이고, 작은 단체든 큰 사회든 그 모임에 예가 있어야 질서가 이루어진다. 공자는 예를 갖춘 이러한 모임을 '아름다운 모임(嘉會)'이라 하였다.

예가 있으면 악樂은 자연히 따라온다. 악은 조화를 뜻한다. 따라서 예(질서)가 이루어지는 곳에는 늘 화락和樂한 기운이 충만해진다. 예는 너와 나를 구분하지만 악은 너와 내가 하나되게 만든다. 이것이 예절과 음악이 함께 하는 이유이다. 개인은 개인대로 제사 지내고 손님맞이 하는 곳에(接賓客 奉祭祀) 예악을 사용하였고, 국가는 국가대로 통치수단으로 예악을 사용하였다. 질서(禮)가 없는 사회, 조화(樂)가 없는 사회는 마치 초목군생이 난립하는 오합지졸에 불과하다. 그러한 사회는 대과사회이기 때문에 오래 지속되지 못할 것이다.

나무에는 뿌리가 있고 줄기와 지엽이 있다. 뿌리가 깊을수록 줄기는 튼튼해지고, 지엽은 더욱더 무성해진다. 사람 역시 조상(뿌리)이 있어, 내가 있고(줄기) 후손(지엽)이 있는 것이니, 땅 속에 묻힌 뿌리(근본)는 조상이 되고, 땅 위에 솟아 나온 줄기와 지엽(말단)은 살아있는 후손이 된다. 사람의 살아가는 도리가 나무의 생장하는 이치와 같음에도, 지금 사람들은 아비를 갈아 치우고 조상을 바꾸려 한다(換父易祖). 자신의 뿌리를 스스로 자르고 있는 것이다. 나무의 생리는 뿌리가 잘린다 해서 갑자기 죽지는 않겠지만, 그 나무는 반드시 서서히 말라 죽게될 것이다. 예로부터 전하는 '백조일손百祖一孫'이라는 말이 바로 이에 해당한다.

사람만이 조상이 있는 것이 아니라, 국가에도 조상이 있으니, 이 또한 예외가 아니다. 뿌리를 깊이 내리게 하고 북돋우는 일은 다름이 아니다. 내 집안 조상을 추모하는 속에서 내 집안의 정신이 계승되고, 내 나라 조상(역사)을 추모하는 속에서 민족정기가 충만해지는 것이다.

그러나 세상은 빠르게 변하고, 물질이 정신을 지배하는 세상이 되었다. 그러다 보니 조상을 추모하고 역사를 생각하는 일이 부질없어 보이고, 이러한 일들을 시대를 역행하는 일로 여기고 있는 것이 현실이다.

이제는 세계화라고 해서 마음은 온통 앞으로만 밖으로만 바쁘게 향하고 있으니, 몸은 주인 없이 텅 비어 있는 상태이다. 안으로 향하고 뒤를 돌아볼 겨를이 없는 것이다. 조금만 지체하다가는 영영 따라가지 못할 것 같은 불안함에 뒤처지지 않으려고 안간힘을 쓰다 보니, 모두 어려운 대과시대를 살아가고 있는 것이다.

세상 사람들 대부분이 대과大過하다 보니 자신이 어떠한 위치에 서 있는지를 알기가 어렵다. 과연 자신이 마음의 중심을 잡고 서 있는 것인지, 아니면 대과하고 있는 것인지 혼란스럽기만 한 것이다. 다른 사람들은 모두 서쪽으로 가고 있는데, 나 홀로 동쪽에 서 있는 듯해서 뭔가 불안하다. 설령 자신이 서 있는 자리가 바른 자리라는 것을 알고 있어도, 큰 흐름에서 소외된 듯한 불안함에 흔들리는 것이다.

근본이 약한 사람들은 홀로 서 있기를 포기하고 휩쓸리게 된다. 자신의 존재를 가볍게 여기는 사람들이 휩쓸리게 되는 것이다. 그야말로 군자가 소인으로 변하고 있다.

　그러나 만약 너도 대과하고 나도 대과하고 모두가 다 대과한다면, 이 세상은 어찌 될 것인가? 우리는 대과시대에서 다시 한 번 진지하게 자신을 반성해 볼 필요가 있다. 이 세상에서 자신보다 더 소중한 사람은 없다. 진정 자신을 소중하게 여기는 사람이라면 말 한 마디, 행동 하나도 대과하지 않을 것이다. 그런 사람은 또한 근본을 굳건히 쌓으려 할 것이다. 자신의 존재에 소중한 가치를 부여할 줄 아는 사람은 세상의 모든 사람들이 이런저런 이유로 휩쓸려 가더라도, 나 홀로 서서 조금도 두려워하지 않을 것이다.

　대과시대에 홀로 서 있어도 두려워하지 않는 사람(獨立不懼), 이런 사람은 분명 자신만을 위해 살려 하지 않고 세상도 살리려 할 것이다. 과거 나라를 잃은 상황에서도 이런 사람들은 자신만의 독립에 만족하지 않고 나라의 독립을 위해 세상 사람들의 독립을 위해 자신을 희생했다. 그러면서도 조금도 두려워하지 않았다. 왜냐하면 자신에게 주어진 길이 올바르다는 확신이 있었기 때문이다. 또한 독립불구獨立不懼하는 사람은 설령 남이 알아주지 않아도 이에 대해 조금도 민망憫憫히 여기지 않는다.

　오래 전 나라를 잃은 상황 속에서도 대과하지 않고 '독립불구'한 사람들이 많았는데, 지금 오히려 독립불구하지 못하고 더욱 대과하는 사람들이 많은 것은 무엇 때문인가? 보이는 것에만 정신을 빼앗겨 버린 세상에서 살아가는 우리는, 대과시대에 대한 새로운 인식과 함께 독립불구의 정신이 얼마나 절실한 것인지를 새삼 깨달아야 할 것이다.

우역동 선생이 단양사인암에 세긴 글
독립불구 돈세무민(獨立不懼 遯世無悶)

윤집궐중允執厥中과 도덕심道德心

요임금

세상은 너무나 급변했다. '경천동지驚天動地'라 말해야 할까? 지금의 세상은 하늘도 놀라고, 땅도 놀랄 만큼 바뀌고 있다.

하늘이 열리고 땅이 열리는 것을 '개벽開闢'이라 한다. 천지창조天地創造다. 과거 천지가 창조된 것을 '대개벽'이라 한다면, 이제 후천이 온 지금은 '소개벽'이라 할 수 있다. 태초에 양陽이 생하던 때에는 '대大'자를 썼겠지만 지금의 시대는 음陰이 생하는 시기이므로 '소小'자를 쓴 것이다. 양이 주장하는 시대를 선천先天이라 하고, 음이 주장하는 시대를 후천後天이라 하니, 지금은 후천시대인 것이다.

시대가 변화하면 사람 역시 따라서 변할 줄 알아야 한다. 이것이 천지자연의 도道에 부응하는 것이다. 변할 줄을 모르는 사람은 이 시대의 성공인으로 살아갈 수가 없다. 현대를 살면서 단지 과거의 것만을 좋아하고 과거의 도만을 고집한다면, 이런 사람은 삶에 공功을 이룰 수 없다.

그렇다고 무조건 변화를 추구하는 것도 위험한 일이다. 변화의 길에는 항상 선악의 갈림길이 존재하기 때문이다. 옛날 송나라 때의 학자인 정자程子는 역易을 다음과 같이 정의하였다.

"역은 변역變易을 말하니 수시隨時 변역變易하되 도를 따라야 한다.
[易傳序]"

때를 따라서 변역하는 것이 역도易道지만 무조건 변화하는 것만이 능사能事가 아님을 깨우쳐 주는 말이다. 사람은 변화의 갈림길에서 조심하고 삼가며, 도를 따라야 할 것임을 경계시키는 말이기도 하다.

변화의 주체는 역시 마음이다. 마음속에는 항상 두 마음이 공존하는데, 두 마음이란 다름 아닌 선한 마음과 악한 마음이다. 한 생각을 낼 때마다 선과 악이 동시에 나오므로 악한 마음을 누르고 선한 마음을 내야 하는 것이다.

윤집궐중 - 자금성

유학의 근원은 바로 이 마음을 내는 것에서부터 시작된다. 공자는 역사를 요순堯舜으로부터 조술祖述하였는데, 옛날 요임금이 순에게 선양禪讓하면서 다음과 같이 당부하였다고 썼다.

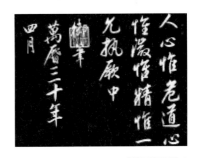

인심유위도심유미

순임금

"진실로 그 중심을 잡아라(允執厥中).[서경]"

이 말은 여러 의미를 내포하고 있지만 결국 '선한 마음을 가지라'는 뜻이다. 또한 순임금이 하나라를 세운 우禹에게 선양하면서, 역시 똑같은 당부의 말을 했다.

"인심은 갈수록 위태롭기만 하고, 도심은 갈수록 숨기만 하니, 오직 자세히 살피고 오직 한결같이 지켜야만 '윤집궐중'할 것이다(人心惟危 道心惟微 惟精惟一 允執厥中). [대학장구서]"

요가 전수한 '윤집궐중'의 네 글자 외에 몇 마디 구절을 덧붙이기는 했지만, 역시 '선한 마음을 가지라'는 뜻에서 벗어나지 않는다.

여기에서 순임금은 마음을 인심人心과 도심道心으로 나누어 표현하고 있다. 인심은 사욕 속에서 나오는 '혈기지심血氣之心'을 말하고, 도심은 천리天理 속에서 나오는 '본연지성本然之性'을 말한다. 자기 마음에서 내키는 대로 사는 사람은 인심에 물든 사람이다. 한편 한 생각 낼 때마다 선악을 옳게 살펴 바르게 행동하려는 사람은 도심이 충만한 사람이다. 살다 보면, 아무리 하고 싶어도 하지 말아야 할 것이 있고, 아무리 하기 싫어도 꼭 해야할 것이 있는 법이다. '하기 싫은 마음'과 '하고 싶어 하는 마음'이 혈기에서 나오는 인심이라면, 참고 자제할 줄 아는 마음은 바로 천리에

우임금

서 나오는 도심이다. 그런데 인심과 도심은 두 가지 다 채울 수는 없다. 욕심도 채우고 천리도 보존할 수 있다면 얼마나 좋으랴마는, 이 마음을 둘 다 채울 수는 없는 것이 현실이다. 하나를 얻으면 하나를 잃는 법, 때문에 사람은 항상 도심으로 주장을 삼아서 행동해야 하고, 인심은 도심을 따라서 나아가야 하는 것이다.

묵자-중국발행 우표

'묵자읍사墨子泣絲'라는 말이 있다. 묵자가 조금도 물들이지 않은 하얀 실 앞에서 울었다는 뜻이다. 이 실이 장차 누런빛으로 물들여질지 검은빛으로 물들여질지 알 수 없기 때문이다.

'양주읍기楊朱泣岐'라는 말도 있다. 양주가 갈림길에서 울었다는 뜻이다. 길이 남과 북으로 나누어져 있어, 사람이 한 순간의 선택으로 운명을 달리할 수가 있기 때문이다. 묵자는 극단적 이타주의利他主義자이고, 양주는 극단적 이기주의利己主義자인데, 이들의 생각이 비슷한 것을 보면 역시 극과 극은 서로 통하는 모양이다. 사람 마음이란 본래가 깨끗한 법인데 욕심으로 인해서 물들여지고 이로 인해 악으로 치닫게 되는 것을 경계한 말이다.

후천시대의 개벽은 정신보다는 물질을 추구하는 시대로 향하고 있다. 그래서 후천개벽을 물질개벽이라 말하기도 한다. 선천은 양이 주장하고, 후천은 음이 주장하는 시대이니만큼, 풍요로운 물질문화를 향유하는 후천시대에 물욕에 물들여지는 것은 당연한 일인지도 모른다. 그런데 물욕에 지나치게 치우치다 보면 상대적으로 정신이 나약해지니, 이것이 문제다. 물질적 향유가 반드시 정신적 나약함으로 연결되는 것은 아니지만, 대부분의 사람들은 물질로 인한 정신적 타락에서 자유로울 수가 없기 때문이다.

지엽이 무성할수록 뿌리도 깊은 법! 음양의 조화로 변화하는 이치가 생하듯이 물질과 정신이 조화를 이루어야 건전한 삶을 누릴 수 있다. 선천시대의 사람들은 물질보다는 도덕에 치중했다. 도덕에만 치우쳤기에 나름대로의 병폐가 생겼을지도 모른다. 반면에 후천시대의 지금 사람들은 도덕보다는 물질에 온통 마음을 빼앗기고 있다. 어찌 병폐가 생기지 않겠는가. 세상의 모든 것이 뒤바뀌다 보니, 옛날에 숭상했던 것들이 지금은 천박하게 인식되는 것들이 많다. 물질이 정신을 누르고, '이욕利慾'이 '의리義理'를 누르고, '비도덕심'이 '도덕심'을 누르고 있다.

온통 물욕에 빠져있다 보니 아예 헤쳐 나올 줄을 모르는 것이 현대인의 마음이다. 덕 있는 사람을 대하면 어리석어 보이고, 돈 있는 사람을 대하면 자세를 낮추는 것이 현대인의 마음이다. 마음이 항상 외물을 좇다보니 주체 없는 빈껍데기 몸뚱이로 살아가고 있는 것이다.

물질과 정신의 조화를 외치는 것이 바른 필법筆法이겠지만 물질만능 시대에 도덕성 회복을 강조하는 것은 과연 지나친 요구일까? 옛 선비들은 앉으나 서나 하늘을 바라보며 의리를 생각했지만 지금 사람들은 땅만을 바라보며 이해를 따지는 데 골몰해 있다.

공자가 말씀하신 '견리사의見利思義(이를 보면 의를 생각하라)'라는 구절을 떠올려본다. 이해를 따지기에 앞서 의리를 생각했던 옛 선비들의 정신을 오늘을 사는 우리들은 가슴 깊이 새겨야 할 것이다.

요임금 능

하늘의 이利와 사람의 이利

『맹자』의 첫 구절에 나오는 이야기다. 맹자가 양혜왕을 만나니, 왕이 말하였다. "노인께서 불원천리不遠千里하고 오셨으니, 또한 장차 우리나라에 이利롭게 함이 있겠습니까?" 맹자는 다음과 같이 대답하였다.

"왕은 하필 이利를 말씀하십니까(何必曰利)? 또한 인의仁義가 있을 따름입니다. 왕께서 '어찌 내 나라를 이롭게 할 수 있을까' 하시면, 대부가 '어찌 내 집을 이롭게 할 수 있을까' 하며, 사서인士庶人이 '어찌 내 몸을 이롭게 할 수 있을까' 해서, 상하가 서로 이利를 취한다면 나라가 위태로워질 것입니다. 만승지국萬乘之國에서 그 임금을 시해하는 자는 반드시 천승지가千乘之家일 것이요, 천승지국千乘之國에서 그 임금을 시해하는 자는 반드시 백승지가百乘之家일 것이니, 만이 천을 취하며 천이 백을 취함이 많지 않은 건 아니지만, 진실로 의를 뒤로 하고(後義) 이利를 먼저 한다면, 빼앗지 않고서는 만족하지 않을 것입니다. 인仁한데 그 친親을 버릴 자 있지 아니하며, 의義로운데 그 인군을 뒤에 할 자 있지 않습니다. 왕은 그저 인의仁義를 말씀하실 따름이니 하필 이利를 말씀하십니까?"

공자가 인仁을 주장했다면 맹자는 의義를 강조한 사람이다. 이 구절은 이利와 의義를 대조해서 말한 것이니, 윗사람이 인의를 행하면 아랫사람도 인의로 따를 것이고, 윗사람이 이利를 구하면 아랫사람도 이利로써 따를 것임을 밝힌 것이다. 다시 말하면 한 나라의 인군이 되는 자가 몸소 인의를 행하면서 이利를 구하는 마음이 없다면 백성들은 자연히 교화되어 인군을 버리지 않을 것이며 먼저 추대할 것임을 말한 것이다.

그렇다면 과연 이利는 불선不善의 의미를 지니는 것일까? 이利가 불선의 뜻이라면 이利를 추구하지 말아야 하는 것인가? 그건 아니다. 천지로 인해서 만물이 생하니 이利는 천지가 존재하는 소이연所以然이다. 사람과 물정物情 역시 이利를 벗어나서 살 수 없으니, 삶의 존재 근거가 바로 이利에 있는 것이다.

'이利'자는 『주역』 건괘乾卦에도 들어 있다. 건괘는 육효六爻 모두가 양효다. 음이 없고 양만 있음은 욕심이 없고 천리만 있다는 뜻이다. 다시 말하면, 이 괘는 성인의 경지로서 표현한 괘인데, 욕심이 하나도 없다는 건괘에서도 바로 '이利'를 말하고 있다.

건괘에서는 원형이정元亨利貞의 사덕四德을 말하고 있다. 원덕元德으로 봄에 만물이 소생하고, 형덕亨德으로 여름에 만물이 자라며, 이덕利德으로 가을에 만물이 결실하여 수확하고, 정덕貞德으로 겨울에 씨앗을 간직한다. 경문의 뜻을 좀 더 추구하면, 건도는 원형하지만 이정利貞에서 원형할 수 있다는 뜻이니, 즉 건도가 '이利'에 의해 존재할 수 있다는 내용이다.

'이利'자를 파자하면 '벼 화禾'변에 '칼 도刂'가 된다. 영근 벼를 칼로 베어 수확한다는 뜻이다. 즉 봄에 뿌린 씨앗을 가을에 추수한다는 의미다. 하늘에도 이利가 있듯이 땅에도 이利가 있다. 뿐만 아니라 사람과 물정物情 모두에게도 이利가 있다. 하늘의 덕으로 만물이 처음 생하는 것을 공자는 "아름다운 이利

(美利)"라고 말했다. 태어나는 것 자체가 이利라는 것이다. 하늘의 은택을 말로 다 표현할 수 없으므로, 공자는 다만 하늘을 가리켜 "크도다(大矣哉)."라고만 말하였다. '하늘 천天'자는 '한 일一'자에 '큰 대大'자로 합성한 것이다. 하늘은 그저 '하나(一)로서 위대하기(大)' 때문이다.

태어나서 살아가는 것 또한 이利 없이는 의미가 없다. 작년이나 올해나 매년 사계절이 똑같이 흘러가는 것 같지만 사실 그 속에는 이利가 남는다. 봄철 농부의 노력이 가을철 수확의 이利로 이어지기 때문이다.

개인의 자취뿐만이 아니라 인류의 역사 또한 이利로써 이루어져 왔고 미래 역시 이利로써 살아갈 것이다. 하늘의 도에도 이利가 있는데, 사람이 사는 사회에 이利가 없어서야 되겠는가? 오히려 옛날의 성인은 이利를 이렇듯 지대至大한 의미로 보았던 것이다.

하필왈리

정의正義로운 사회

'천도天道로서의 이利'는 그 함의含意가 참으로 크다. 그러나 '인사人事로서의 이利'는 그렇지가 않다. 천도는 지공무사至公無私로서 이利를 추구하기 때문에 너와 나 세상 모두를 이롭게 할 수 있지만, 인사에는 사욕이 작용하기 때문에 그렇지 못한 것이다. 나를 먼저 앞세우고 이利를 추구하다 보니 상대방이 해를 당하게 되고, 우리 편을 먼저 위하다 보면 상대편이 해를 입게 됨은 명약관화明若觀火한 일이다. 이해에 얽매어 늘 세상을 대하다 보니 상하간에 피차간에 갈등과 불화, 심지어 투쟁의 기운이 항시 서려있게 된다.

공자의 말씀처럼 이利에 의지해서 행동하다 보면 원망이 많아지는 것이다(放於利而行 多怨). 세상뿐만이 아니라 가정사도 마찬가지다. 부자간, 형제간, 부부간, 등등지간等等之間에도

백여 년 전의 광화문 해태상

그 사이에 이해가 끼어있게 되면 불만이 싹트게 되고, 그 집안은 결국 끝장나게 되는 것이다. 인사에서 추구하는 이利의 의미가 이러하다면, 이利를 추구함은 과연 덕목으로 삼을 수 없는 것인가? 나도 이롭고 너도 이로울 수 있는 방법은 과연 없는 것인가? 소위 '윈윈전략' 말이다.

공자는 이에 대한 방안으로 '의義'를 제시했다. '마땅히 한다(宜)'는 것이 곧 '의義'가 지니는 뜻인데, 사람이 의롭게 행동할 줄 알면 나도 이롭고 상대방도 이로울 수 있다는 것이다. 그래서 공자는 원형이정의 이利에 대해 설명하기를 "의로서 조화를 이루는 것(義之和也)"이라고 하였다. 이利 속에서 의義를 찾지 말고, 의義 속에서 이利를 찾으라는 뜻이다.

맹자 역시 의義를 '수오지심羞惡之心'의 발로라 했다. 수오羞惡는 '부끄러울 수羞'자와 '미워할 오惡'자인데, 즉 내가 잘못한 것이 있으면 부끄러워할 줄 알고, 남이 잘못한 것이 있으면 미워할 줄 아는 마음을 말한다. 나 자신을 대할 때도 마땅하게 대할 줄 알고, 남을 대할 때도 마땅하게 대할 줄 아는 사람, 이런 사람을 의로운 사람이라 말한다.

공자는 아비가 아비답고(父父), 자식이 자식다우며(子子), 형이 형답고(兄兄), 아우가 아우답고(弟弟), 지아비가 지아비답고(夫夫), 지어미가 지어미답기(婦婦)를 가르쳤다.[주역, 가인괘] 모두가 의롭기를 가르친 것인데, 그래야만 집안이 모두 이로울 수가 있기 때문이다. 집안사람들이 모두 각자의 위치에서 의로움으로 넘친다면 그 집안은 안정될 것이고 필연코 번창할 것이다.

악한 사람을 보면 미워할 줄 알고, 어진 사람을 보면 존경할 줄 아는 사람, 그런 사람이 의로운 사람이다. 세상 사람들이 모두 의로울 수 있다면 얼마나 좋으랴마는, 과연 그런 세상이 언제 올 것인가? 다만 모두가 그렇지 못하다 할지라도 의로운 사람을 존경하고 우대할 수 있는 사회, 그 정도의 사회라도 이룰 수 있어야 하지 않을까?

사실 '이롭게 행동할 것이냐' '의롭게 행동할 것이냐'의 문제는 마음에서 결정된다. 그런데 이는 결국 얼마나 욕심을 자제할 수 있느냐의 여부에 달려 있

안중근의사기념관 앞에 세운 비석

다. 아무리 하고 싶어도 하지 말아야 할 일이 있으면 하지 말아야 하고, 아무리 하기 싫어도 마땅히 해야 할 일이 있으면 해야 하는 것이 의로운 행동이다. 지금의 사회는 온통 이해利害의 관계로 얽히어 있다. 이해의 틈바구니 속에 의가 들어설 여지가 없다.

『논어』에 보면 "군자는 의에 밝고 소인은 이에 밝다(君子喩於義 小人喩於利)"했다. 결과를 계산하지 않고 그저 의리로 나가는 것이 군자일진대, 그렇다면 이 사회에는 군자보다 소인이 많은 탓인가? 이익이 되지 않으면 절대로 움직이지 않는 사회, 지위 고하를 불문하고 나에게 조그마한 이익이라도 된다면 물불 가리지 않고 뛰어드는 사람들이 참으로 많은 세상이다. 세상이 이러하다 보니 과거 군자였던 사람들이 소인으로 전락해 버린 경우도 많다. 군자도 소인으로 변해가는 세태 속에서 정의로운 사회는 여전히 요원한 것인가?

인자仁者는 인야人也라

아마도 '사랑'이라는 미덕이 있기 때문에 세상이 존재할 것이다. 만약 사랑함이 없다면 내가 존재할 수도 없으며, 존재해야 할 이유도 없으며, 또한 세상살이가 무의미해질 것이다.

사랑을 의미하는 또 다른 단어가 인仁이다. 일반적으로 인은 '사랑'이라는 말보다는 '어질다'라는 의미로 해석한다. '어짊'은 순하고 착하다는 의미를 지니고 있는데, 이는 남을 사랑하는 것이 자신의 수양에서부터 비롯되기 때문이다. '인'을 요즘 사람들은 '애愛'자와 같이 사용하고 있다. 인仁과 애愛는 결국 같은 뜻이지만, 표리表裏와 같은 관계다. 애愛는 겉으로 드러난 마음의 작용으로 말한 것이고, 인은 그 안에 담겨진 마음의 본체로 말한 것이다. 꽃나무로 비유하면, 만발한 꽃이 애愛라면 인은 그 씨앗이 되는 셈이다.

맹자는 측은지심惻隱之心을 인의 단서端緒라 했다. '어린애가 우물로 들어가는 것을 보고, 측은한 마음을 가지지 않는 사람이 어디 있냐'는 것이다. 아무리 악한 사람들도 모두가 측은한 마음을 지니고 있으므로, 어느 누구에게도 인이 없을 수 없다는 것이 맹자의 성선설性善說이요, 유학의 정맥(正脈)이 된다. 이른

바 인은 삶의 성性이요, 사랑의 이理인 것이다.

『중용』에서도 말하기를 "인자仁者는 인야人也라." 했다. 인은 곧 사람이라는 것이다. 그러나 "사람은 인仁해야 한다."는 말은 누구나 이해할 수 있지만, "인仁은 곧 사람이다."라는 말은 쉽게 수긍이 되지 않으니 이는 무슨 뜻일까?

본래 인이란 천지가 만물을 생하려는 마음(天地生物之心)을 가리킨 것이며, 사람이 하늘의 이 인을 얻어서 살아가는 것이다(人得以生者). 비유컨대, 한 알의 콩을 땅에 심어 물을 주면 싹이 나오고 가지를 뻗으며 열매 맺게 되는데, 이 열매는 씨앗과 똑같은 모습을 지니게 된다. 하늘이 만물을 생하였으므로 만물이 하늘의 마음을 지닌 것이다. 만물 중에 사람은 가장 신령한 기를 받고 태어난 자이니 하늘의 어진 마음은 사람들 모두에게 있는 것이다.

인仁자 역시 '사람 인人'변에 '두 이二'자를 썼다. '두 이二'는 천도天道와 지덕地德을 상징한다. 이러한 천지의 마음을 얻어서 사람이 나왔으므로, 옆에 '사람 인人'자가 붙은 것이다. 천지가 사귀어서 만물이 생했으므로 만물 역시 인仁을 간직하고 있지만, 그 중에서도 사람이 만물의 영장이므로 이를 일컬어 "인자仁者는 인야人也라." 한 것이다.

공자는 배움을 구하는 사람들에게 항시 인을 강조했다. 극기복례克己復禮도 인이라 가르쳤고, 부모에게 효도하고 어른을 공경함도 인이라 가르쳤다. 예악도 인에서 비롯되고, 나라를 다스림도 인에서 비롯된다고 가르쳤다. 모든 덕행의 근본으로서 인을 강조한 것이다.

병산서원 복례문

사실 이 모든 것의 근원이 되는 인은 결국 '호생지심好生之心'을 뜻한다. 봄철에 따뜻한 태양볕 아래 새싹이 자라나듯이 나 자신은 물론 이웃을 살릴 줄 알고, 세상을 살릴 줄 아는 마음까지도 포함한다. 이 마음은 단지 사람에 대해서만이 아니고, 그저 한 포기 풀에 이르기까지도 사랑할 줄 아는 마음을 말한다. 따라서 인仁이 지극한 사람은 세상을 감싸 안을 수 있다. 『주역』에서 말하는 하늘의 사덕四德은 바로 원형이정인데, 공자는 원형이정元亨利貞에 각각 인예의지仁禮義知를 붙였다. 하늘의 기운을 사람이 받아서 태어났기 때문이다.

그리고 사덕 중에서 원元을 '선 중의 어른(善之長也)'이라 하였다. 다른 형亨·이利·정貞도 선한 덕이 있지만, 그 중에 으뜸이 되는 덕이 원이라는 것이다. 원을 '처음'의 뜻으로 삼기도 하고, '으뜸'의 뜻으로 삼는 이유가 여기에 있다. 하늘이 바로 이러한 덕을 지니고 있기에 사람들은 하늘을 최고로 높은 자리에 모시고 숭상하였다. 마찬가지로 하늘의 원덕元德에 부합하는 인仁을 어느 누가 체득할 수만 있다면, 사람들은 그를 어른(長人)으로 모시고 존경하였다. 인을 지니고 있음은 상하를 막론하는 것이지만, 인은 두루 사랑하는 마음을 의미하므로 사람들은 아랫사람보다는 윗사람에게 더욱 인을 요구한 것이다.

적어도 옛날에는 이러한 근원의 중요성을 잃지 않았고, 부족하더라도 이에 부합하기 위해 실천의 노력을 지속했었다. 그러나 요즈음 사람들은 '도덕'이나 '인'이라는 단어를 생소하게 느끼고 있는 것 같다. 아예 관심조차 없는 듯하다. 하지만 아무리 시대가 바뀌었어도, 이러한

체인당-교태전 동쪽

덕목이 지니고 있는 가치가 사라지는 것은 아니다. 인이 지니는 가치는 더불어 사는 삶 속에서 그 빛을 더할 수 있다. 안으로는 인을 온전히 쌓아 자신을 다스리고, 그 마음으로 부모를 대하면 이는 그대로 효가 될 것이며, 부모를 사랑하는 마음으로 세상 사람들을 대하면 그대로 온전한 정치가 될 것이다.

第 七 仁 說 圖

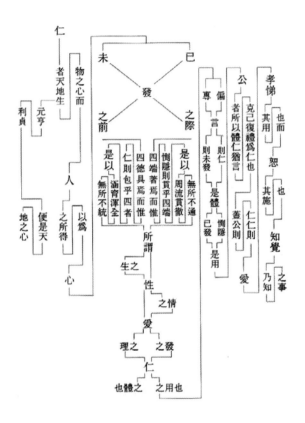

성학십도 중에서

선공후사先公後私

공자의 수레

지극한 인仁은 사私에서 나오지 않고, 공公에서 나온다. 이른바 지공무사至公無私라는 것이다. 사는 이해에 집착함에서 나오고, 공은 의리를 생각하는 가운데에서 나온다. 이해를 따지는 사람은 절대 인을 체득할 수 없다. 의리를 생각하는 사람이 인을 이룰 수 있다.

'사私'는 본래 '벼 화禾'변을 뗀 팔을 구부린 모양의 'ㅿ'로만 사용했었다, '이 利'라는 글자가 벼(禾)를 칼(刂)로 베어 수확하는 뜻이라면, '사私'자는 익은 벼를 내 팔 안으로 취하고 있는 모습을 의미한다. 즉 이利자와 사私자는 서로 비슷한 뜻을 가진 한자다. 자기 위주인 사람, 이해타산利害打算적인 사람, 남보다 나를 우선시하는 사람, 이런 종류의 사람들이 사적인 사람이라 할 수 있다.

반면에 공公자는 사(ㅿ)를 펼친(八) 모습이다. 나보다는 먼저 남을 생각할 줄 아는 사람, 덕을 베풀 줄 아는 사람, 이해를 따지기에 앞서 의리로 행하는 사람, 이런 종류의 사람은 공적인 사람이라 할 수 있다. 공적인 사람은 이해를 따지지 않고, 오직 의리로 행하므로 성패成敗를 논하지 않는다.

비록 일이 실패할지라도 의로우면 행하고, 비록 일이 성공할지라도 의롭지 않으면 행하지를 않는다. 혹 일이 잘못됐어도 남을 탓하지 않고, 자신을 반성할 줄 아는 사람이다. 선공후사先公後私, 선난후획先難後獲 할 수 있는 사람, 이런 사람이 바로 공적인 사람이며, 이런 사람이 바로 지극히 인仁한 사람인 것이다.

어진 사람의 덕은 금수와 초목에게까지 미친다고 한다. 옛날 선비들은 봄이 되는 정월에는 산에 들어가 나무 자르는 일도 삼갔다. 온 세상이 봄이 되어 모두 싹을 틔우고 있는데, 어찌 초목들을 자르고 죽이려는 마음을 둘 수가 있겠는가? 새의 둥지를 뒤엎지 못하게 하고, 어린 애벌레를 죽이지 못하게 했다. 길옆의 한 포기 풀조차도 어진 사람으로서는 차마 밟을 수 없는 것이다.

그래서 사람들은 우수雨水가 되면 수신제水神祭를 지낸 다음에 못에 들어가 고기를 잡게 하고, 초목이 시들어 잎이 떨어진 다음에야 산에 들어가게 했다. 또한 곤충들이 겨울잠을 자기 위해 땅 속에 숨기 이전에는 화전火田을 일구지 못하게 했다. 이러한 자세는 바로 짐승이나 초목들과 더불어 생명을 보존케 하는 원천이 되는 것이며, 산천의 귀신까지도 편안하게 하는 것이다. 귀신뿐이랴! 천지간이 화기和氣로 충만하게 되니 이 상서로운 기운이 다시 사람이 사는 세상에 이르는 것이다.

『서경』「홍범」에 '휴징休徵'과 '구징咎徵'이란 말이 있다. 사람이 순리로써 바르게 행동하면 하늘이 '아름다운 징조(休徵)'로써 응하고, 이치에 거슬리면 하늘이 '흉한 징조(咎徵)'를 보여준다는 것이다. 필부의 마음도 하늘을 움직이는데, 만약 위位가 있는 사람이 인仁을 베푼다면 그 감응이 어느 정도이겠는가?

위가 있고 없고에 따라 큰 차이가 있다. 위位없는 사람이 인을 베푼다면 내 가족은 살릴 수 있을지 모르지만, 세상을 살리지는 못할 것이다. 그러나 한 나라의 대통령이 인을 베푼다면 세상을 살릴 수가 있다. 위가 있는 사람의 말과 행동이 세상에 미치는 영향은 이처럼 지대한 것이다.

무릇 군자의 덕은 바람과 같고 소인의 덕은 풀과 같다고 하였다. 바람이 풀 위에 불면 풀은 바람이 부는 대로 눕는다. 군자가 하는 바를 그대로 따라가는 자 소인이니, 군자가 선을 행하면 소인도 선으로 향하고, 군자가 악을 행하면 소인도 악으로 향한다는 것이다.

다음은 『논어』에 나오는 이야기다. 공자의 제자인 번지樊遲가 인仁을 물으니, 공자 말씀하기를 "사람을 사랑하는 것이다(愛人)."라고 하였다. 지知를 물으니 "사람을 아는 것이다(知人)." 하였다. 번지가 공자의 말씀을 깨닫지 못했다. 왜냐하면 인仁은 두루 사랑하는 뜻이 담겨 있으므로 쉽게 이해가 되지만, 지知를 공자가 '사람을 아는 것'이라 하니, 이는 사람을 선별한다는 의미가 되므로 인仁과 지知는 서로 모순되는 것이 아닌가 하고 의심한 것이다.

그러자 공자가 말하기를 "정직한 사람을 쓰고 부정한 사람을 버리면(擧直錯諸枉) 능히 부정한 자로 하여금 정직하게 할 수 있다(能使枉者直)."라고 하였다. 이 얼마나 명쾌한 설명인가? 정직한 사람을 쓰고 부정한 사람을 버릴 줄 아는 것이 바로 지혜이며, 부정한 자를 정직하게 만드는 것이 참된 인이라는 것이니, 인仁과 지知는 서로 모순되지 않는다는 것이다.

어진 사람이 한 곳에 거처하고 있으면 그 주변이 편안해진다. 어진 사람이 가족을 대하면 가족이 편안해지고, 그러한 사람이 직장에서 직원을 대하면 직원들이 편안해지고, 사회에 처하면 사회가 편안해진다. 만약에 어진 사람이 위를 얻어서 국가를 경영한다면 나라가 편안해진다. 이 같은 이치를 살펴본다면, 윗사람이 인을 갖춰야 함도 필수적이지만, 사람을 제대로 쓸 줄 아는 것도 더더욱 중요하다 할 것이다.

우리 사회는 언제부터인지 의리를 천시하고 이해에 집착하는 사회로 변화되어 왔다. 능력을 우선시하고 도덕을 천시하는 풍토가 자리를 잡아가고 있다. 그러나 무엇을 걱정하랴! 겨울의 혹독한 추위도 봄바람이 한 번 불면 따뜻한 계절이 되듯이, 진정으로 인仁한 사람이 윗자리에 앉는다면 아름다운 세상을 그려볼 수 있지 않을까? 참으로 인仁을 베풀고, 공公으로 행하는 사람이 존경 받는 세상을 만들어야 한다.

유방백세遺芳百世, 유취만년遺臭萬年

공자가 『시경詩經』을 읽다가 〈정월正月〉 육장六章에 이르자, 두려운 빛을 띠며 다음과 같이 말하였다.

"저 사리事理에 밝지 못한 군자들이 어찌 위태롭지 않으랴! 윗사람의 명령만 따라서 세상에 의지하자니 도를 폐하게 되고, 위에서 시키는 명령을 어기자니 몸이 위태롭도다. 세상 사람들이 선을 행하지 않는데, 자기 홀로 선을 행하려 하면 사람들은 요망하다 말할 것이다. 고로 어진 자는 세상을 잘못 만나게 되면 그 명을 마치지 못할까 걱정하는 것이다. 걸桀(하나라 마지막 왕)이 용봉龍逢(걸의 신하)을 죽이고, 주紂(은나라 마지막 왕)는 비간比干(주의 숙부)을 죽였으니, 모두 이 같은 종류다.

『시경』에서 말하기를 '하늘이 높다고 말하지만 감히 몸을 굽히지 않을 수 없고(謂天蓋高 不敢不局), 땅이 두텁다고 말하지만 감히 발을 조심

야은 길재선생을 기린
백세청풍비 - 금산 불이면

하지 않을 수 없다(謂地蓋厚 不敢不蹐)' 했다. 이것은 말하자면 위로나 아래로나 죄짓기를 두려워하고, 스스로 몸 둘 곳이 없는 것을 조심한 말이라 하겠다."

『공자가어孔子家語』에 나오는 글이다. 글 중에 '사리에 밝지 못하다'는 것은 때를 밝게 보지 못하고, 상황을 옳게 판단하지 못한다는 뜻이다. 공자는 글을 읽다가 문득 어진 사람들이 시대를 잘못 만나고 인군을 잘못 만나서 환난을 당함을 한탄한 것이다.

사람이 세상에 태어나서 이름을 남기고 가는 것은 아름다운 일이지만, 자칫 잘못하면 욕을 당하기도 한다. 심한 자는 역사에 씻을 수 없는 죄를 짓는다. 자신뿐만이 아니라 후손 대대로 어두운 그늘 속에서 살기도 한다. 세상사가 이와 같으니 땅에 발을 내딛는 것조차 조심하라 함은 예나 지금이나 마찬가지다.

공자는 『주역』에서 "기미를 아는 것이 신과 같구나(知幾其神乎)." 하였다. 어떤 사람을 말함인가? 윗사람과 사귀어도 아첨하지 아니하고, 아랫사람과 사귀어도 업신여기지 아니하는 자이니, 이러한 자가 바로 기미를 아는 군자다. 기미幾微라는 것은 일이 발생하기 전에 나타나는 조짐을 말한다.

윗사람에게 아첨한다는 것은 바르게 대하지 않는다는 것이니 윗사람은 이에 반드시 불만을 품을 것이고, 아랫사람을 업신여긴다는 것은 아무렇게나 대한다는 것이니 아랫사람은 반드시 한을 품을 것이다. 상하가 원만할 수가 없다. 이런 사람은 기미를 아는 군자가 아니니 그의 말로는 불 보듯 뻔한 것이다. 기미를 아는 군자라면 장차 닥칠 일을 알고서 이 같은 일을 하지는 않을 것이다.

신神과 같다는 말은 무슨 뜻인가? 세상일에는 숨겨진 일(微)이 있고 드러난 일(彰)이 있으며, 사람의 처세에는 부드러움(柔)과 강함(剛)이 있으니, 이 네 가지를 능히 알 수 있는 자를 말한다. 그러나 이 네 가지를 안다는 것이 어디 쉬운 일이겠는가? 그리고 사람이 세상을 사는 데에는 분수가 있으니, 분수를 지킨다는 것 또한 어려운 일이다.

옛날 성인의 말씀에 '지자불혹知者不惑'이라 했지만, 용봉과 비간 같은 지혜로운 자도 죽음을 당한 것을 보면 지혜롭다 해서 반드시 형통한 것만은 아님을 알 수 있다. 또한 '인자무적仁者無敵'이라 했지만, 백이伯夷 숙제 叔齊 같은 어진 자도 수양산首陽山에서 굶어 죽은 것을 보면 어질다 해서 반드시 세상에 뜻을 펼칠 수 있는 것만은 아닌가 보다.

세상에는 군자로서 아무리 학식이 넓고 깊은 지혜가 있다 할지라도, 때를 만나지 못한 자가 참으로 많다. 아무리 이름을 이루고 싶어도 때가 허락지 않으면 이룰 수 없다. 그렇다고 해서 시대의 사류邪類에 편입해서 변절變節을 하자니 이 또한 청렴한 군자로서 처할 자세는 아니다.

난-김정희 불이선난도

바로 여기에서 군자와 소인의 갈림길이 나온다. 군자는 비록 시대를 못 만났다 할지라도, 오직 도를 닦고 덕을 세우기(修道立德)만 할 뿐이다. 마치 지초芝草와 난초蘭草가 깊은 산림 속에서 태어났지만, 사람이 있건 없건 꽃향기를 내품는 것처럼 군자는 자신을 알아주는 사람이 없다고 해서 변절하지를 않는다. 이런 자는 대의명분을 중시한다. 아무리 편리한 길이 있다 할지라도 의롭지 않고 명분에 어긋나면 가지 않을 것이고, 아무리 어려운 길이라 할지라도 사리에 맞는다면 분연히 걸어갈 것이다.

『주역』 비괘賁卦에 다음과 같은 글이 있다.

"수레를 버리고 걸어서 간다(舍車而徒)."

수레를 타고 갈 수 있다면 참으로 편리하겠지만, 정도正道가 아니라면 수레를 타지 않는 것이 의리요, 이것이 바로 군자의 자세다.

소인은 이와 반대다. 음양이 번갈아 순환하는 것이 세상의 이치지만, 소인은 자신의 뜻을 얻지 못하면 얻지 못할까 고심한다. 목적을 이루기 위해서는 수단과 방법을 가리지 않는다. 대의고 명분이고 없다. 분수를 어기면서까지 뜻을 이루려 하기 때문에 세상의 이목을 속이는 일도 서슴지 않는다. 사람을 속이면서도 눈 한번 움찔하지도 않는다.

눈은 사람의 혼魂이 출입하는 자리다. 눈을 보면 그 사람의 마음을 알 수 있다. 군자는 말을 안 하면 안 했지 절대 거짓말을 하지는 않는다. 그런데 자신의 말이 거짓인데도, 눈동자 한번 움직이지 않고 태연히 말할 수 있는 자라면 이는 참으로 무서운 자요, 언제든지 세상을 해칠 수 있는 자다. 필연코 함께 하지 말아야 할 소인배인 것이다. 그러나 또 어찌 보면, 거짓말 하는 자만 나무랄 수 없는 것이 현실이다. 밝은 세상이라면 어찌 소인배의 거짓말이 활개를 칠 수 있겠는가. 군자와 마찬가지로 소인도 시대에 따라 영욕으로 오르내린다. 또 『주역』 비괘賁卦에 다음과 같은 글이 있다.

"그 수염을 꾸민다(賁其須)"

본래 한자의 쓰임에서 살펴보면, 입 주변에 나 있는 털을 '자髭'라 하고, 뺨에 있는 것을 '염髥'이라 하며, 턱 밑에 나는 것을 '수鬚'라 한다. 수鬚는 스스로 움직이는 것이 아니라, 턱이 움직이는 바에 따라서 오르내리니, 신하가 인군을 따라 영욕을 함께 하고, 아내가 남편을 따라 영욕을 함께 하고, 아랫사람이 윗사람을 따라 영욕을 함께 하는 것을 의미한다. 군자는 스스로 꾸밀 수 있지만, 소인은 스스로 꾸밀 수는 없고 남을 따라서 꾸밀 수밖에 없다. 자신의 의지와는 상관없이 그러하다 보니 윗사람을 잘 만나면 영광의 길이 열리게 되고, 잘못 만나면 치욕을 당하게 된다. 이것이 바로 소인의 길이다.

한신韓信은 진秦나라 말기 어지러운 속에서 칼을 세우고 한漢나라를 세운 유방을 도와 마침내 남면南面하여 왕의 지위에 올랐다. 그러나 마침내 죽음을 당하였다. '토사구팽兎死狗烹'이 바로 한신과 관련한 고사성어인데, 그렇다면 결과적으로 왕이 되지 않고 이름 없이 생을 마치는 것이 옳은 일이었을까? 아니면 비록 죽음을 당할지라도 세상에 이름 한번 내는 것이 옳은 일이었을까?

지금 시대에 와서 판단하기란 참으로 어려운 일이지만 군자는 기미를 알고 분수를 지키려 할 것이고, 소인은 분수를 어기면서까지 명을 받으려 할 것이다. 탐욕에 젖다보니 기미를 알 리 없다. 한 때를 이용해서 '눈 가리고 아웅' 하듯이 세상을 한번 속이면 잠시 편안하게 살 수 있을지는 몰라도, 끝까지 속일 수는 없는 법이다.

아무리 혼탁한 물일지라도 시간이 흐르면 맑은 물은 위로 뜨고, 찌꺼기는 가라앉는 법, 사필귀정事必歸正으로 흐르는 역사를 속일 수는 없다. "낮말은 새가 듣고, 밤 말은 쥐가 듣는다"는 속담처럼, 좌우도처에 신명神明이 깃들어 있는데, 어찌 거짓말이 용납되겠는가? 컴컴한 방 안에서 이 마음을 속일지라도 신의 눈은 번개와 같은 것이다.

부평초浮萍草와 같은 삶이요, 초로草露와 같은 인생이라지만, 어떤 사람은 짧은 인생 동안에 큰 족적足跡을 남기고 간다. 어떻게 사느냐에 따라 이에 대한 사람들의 평가는 달라지는 것이다.

선으로 자취를 남긴 자들의 행적을 사람들은 '유방백세遺芳百世'라 하고, 악으로 자취를 남긴 자들의 행적을 일컬어 '유취만년遺臭萬年'이라 표현했다. 아름다운 자의 행실을 꽃향기에 비유하며 이를 길이길이 칭송했음을 알 수 있다.

청원루-청음 김상헌 고택

청원루 현판-청을 멀리한다는 뜻

위정이덕爲政以德

『중용』에 이런 말이 있다. "사람의 도(人道)는 정치에 민감하고(敏政) 땅의 도(地道)는 나무에 민감(敏樹)하다."

단군 영정

나무가 땅이 있기 때문에 빨리 자랄 수 있듯이, 사회를 바르게 하고 풍속을 아름답게 만드는 것이 정치보다 더한 것이 없다는 말이다.

정치라는 말은 '정政으로 다스린다(治)'는 뜻이다. 정政은 세상 사람들의 바르지 못함을 바르게 한다는 뜻이니, '바를 정正'자 옆에 '글월 문文'자가 붙어 있다. 많은 사람들을 다스림에 말로써 하는 데에는 한계가 있으므로 글로써 바르게 한다는 의미이다.

그런데 공자는 『논어』에서 "정政은 정正이다政者正也"라고 말한다. 바른 세상을 만들기 위해서는, 위정자爲政者 자신을 바르게 하는 데에서부터 정치가 시작되기 때문이다. 자신을 바르게 하지 못하는 사람이 어찌 남을 바르게 할 수 있을 것이며, 자신을 다스리지 못하는 사람이 어찌 남을 다스릴 수 있겠는가? 자신의 행실을 먼저 바르게 함이 정치의 기본이 된다.

공자가 말년에 노魯나라에 계셨다. 당시의 노나라 인군은 애공哀公이었고, 그가 공자에게 정치에 대해서 물었다. 공자가 말하기를 "문무文武의 정치가 방책方策에 있으나, 그 사람이 있으면 정치가 행해지고, 그 사람이 없으면 정치가 쉬는 것입니다(哀公이 問政한대 子曰 文武之政이 布在方策하니 其人이 存則其政이 擧하고 其人이 亡則其政이 息이니라)" 하였다.

'문무'는 문왕과 무왕을 말한다. '방책'은 나무와 대로 만든 판을 말하니, 즉 법전法典을 뜻한다. 문왕과 무왕은 뛰어난 정치가이고, 그들의 선정善政이 법전에 담겨 있지만, 정치라는 것은 법이나 제도가 완비되었다고 해서 실행되는 것이 아니라 사람에 의해서 이루어진다는 것이다. 아무리 좋은 법이 있다 할지라도 그것을 쓰는 사람이 선하지 못하면 그 법은 악으로 쓰일 것이고, 법이 조잡하다 할지라도 그 법을 쓰는 사람이 선하다면 그것은 선하게 쓰일 수 있는 것이다. 다시 말해서 법과 제도 자체에는 선악이 없으며, 그것을 사용하는 사람이 선하냐 악하냐에 따라서 선악으로 나누어진다는 뜻이다.

당시는 주나라 천하였고, 노나라는 제후국이었다. 그래서 공자는 주나라를 세운 문왕과 무왕의 정치로써 그의 후손인 애공에게 설명한 것이다. 공자는 애공에게 계속 말하였다.

> "정사를 다스리는 것이 사람을 얻는 데에 있으니(爲政在人) 사람을 취하는 것은 자신의 수신 여부에 달려 있고(取人以身), 수신은 도로써 하고(修身以道), 수도는 인(修道以仁)으로 해야 합니다."(「중용 20장」)

이 글을 다시 풀자면 정치란 사람을 쓰는 데에 달려 있으니 좋은 사람을 쓰려면 우선 자신이 먼저 수양을 해야 한다는 것이다. 결국 모든 것이 윗사람이 덕이 있느냐 없느냐에 따라서 정치가 잘 이루어지느냐 못 이루어지느냐가 판가름 난다는 것이다.

옛날 요순이 인으로써 천하를 다스리니 백성들이 인을 따르고, 걸주桀紂가 포악으로 천하를 다스리니 백성들이 포악을 따랐다 한다. 마치 바람 아래 풀이 눕듯이(草上之風) 아랫사람은 윗사람을 따라서 그대로 닮는다는 것이다. 요순시대에 백성들이 인을 따랐으니 요순은 무위無爲로 세상을 다스릴 수가 있었던 것이다. 반면에 걸주 자신은 포악한 행동을 하면서 백성들에게 어진 행동을 요구했으니 백성들이 그의 말을 따랐겠는가? 그의 말을 따르지 않고 그의 포악한 행동을 따랐던 것이다.

정사政事는 국가나 사회에 한해서만 논할 문제는 아니다. 가정에서도 정치의 논리는 그대로 적용된다. 부모의 자식교육 역시 말이 아니고 행동으로 이루어져야 한다. 자식은 부모의 말보다는, 행동을 보고 따르고 닮아가는 법이다. 자신은 실천도 하지 않으면서 자식에게 말로만 해서야 무슨 소용이 있겠는가?

신거문 – 신무문에서 경회루 가는 길

『논어』에 '위정이덕爲政以德'이란 글이 있다. 덕으로 정치하라는 말인데, 만약 그렇게 할 수 있다면, 그 사람은 수고를 하지 않고도 세상을 다스릴 수가 있다. 마치 북극성이 움직이지 않고 가만히 있는데도 뭇 별들이 에워싸고 돌고 있는 것과 같이, 공자는 덕이 있는 사람의 행정行政을 북극성으로 비유하였던 것이다.

북극성 – 자미원

『도덕경』에는 '무위이화無爲而化'라는 말도 있다. 나는 하는 일이 없는데, 백성들은 스스로 교화가 된다는 의미이다. 다만 이 글 속에서 유념해야 할 것이 있다. '무위'라는 말은 덕이 있는 사람에게만 적용될 수 있다. 덕이 있는 사람이 정사를 행한다면 움직이지 않아도 사람들은 교화되고, 말하지 않아도 사람들은 믿어줄 것이며, 하는 일이 없어도 사람들은 스스로 이루어 나갈 것이다. 옛날에는 적어도 위에서 언급한 것과 같이 도덕정치를 금과옥조金科玉條처럼 소중히 여기고 찬양했다.

그러나 이 글을 쓰고 있는 현 시점에서 필자는 이런저런 의구심이 든다. 『주역』에서, 군자의 도는 난세일수록 더욱 형통한 법이라고 가르치기는 하지만, '혹시 이 사회는 이 같은 글을 보려고나 할까? 아니면 시대와 동떨어진 이야기라고 비웃지는 않을까? 과연 옛날의 도는 지금도 여전히 유효한 것일까?' 하는 생각이 꼬리를 문다. 어진 사람들이 살 수 있는 사회이기를 바라는 마음에서 글을 쓰고 있지만, 과연 이 사회는 인仁을 필요로 하기나 할까? 덕을 숭상하기나 할까? 옛날에는 적어도 도덕道德과 인의仁義, 아니면 예禮라도 숭상했지만, 지금 시대는 과연 무엇을 숭상하고 있는가?

눈으로 보고 귀로 듣는 바에 따라 마음이 향하는 법이니, 선을 숭상하면 선을 닮아가고, 악을 숭상하면 악을 닮아가기 마련이다. 소인을 숭상하면 소인을 닮아가고, 군자를 숭상하면 군자를 닮는 법이다. 『시경』에 "군자를 보지 못했을 때는 걱정스런 마음 형용할 수 없었는데, 이미 보게 되니 나의 마음 기쁘도다"라 하였다. 군자 사모하기를 마치 애인愛人 대하듯 하고 있다. 옛 시인도 착한 일을 좋아하기를 이같이 하였건만, 지금 시대의 사람들은 과연 누구를 사모하고 있는 것일까?

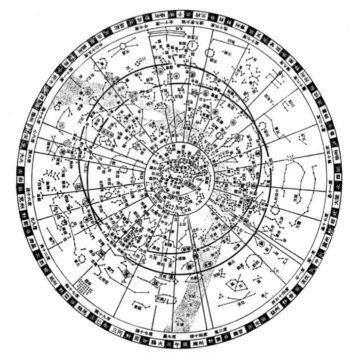

천상열차분야지도

4장

세시풍속에 깃든 음양원리

양陽이 처음 나오는 날, 동지冬至
한 해를 마치는 날, 제석除夕
음陰이 처음 나오는 날, 단오端午
음양이 만나는 날, 칠석七夕
호국사찰 실상사
풍요로운 계절, 한가위

양陽이 처음 나오는 날, 동지冬至

하늘은 그저 일기一氣가 유행할 뿐이다. 한 해의 시작도 없고, 끝도 없다. 시종始終을 구분할 수 없으므로, 사람들은 하늘을 표현할 때 둥근 모양(○)으로 그린다. 하늘이 기운을 베풀면 땅에서는 그 기운을 받아들인다. 이를 감응感應이라 말한다. 땅이 감응해서 봄, 여름, 가을, 겨울의 사시로 네 가지 색깔을 나타내며 순환하므로, 네모난 모양(□)으로 표현한다. 이러한 이유로 천원지방天圓地方이라는 용어를 사용하고 있다.

동지－천관사복

하늘과는 달리 땅에서는 사계절이 구분되므로 한 해의 시작과 끝을 잡을 수 있다. 역법曆法에서는 봄을 시작으로 삼는다. 이때에는 빙설이 녹고 초목이 싹트며, 동면하던 동물들이 움직이기 시작한다. 기러기는 북쪽으로 날아가고, 두견새가 울어

대기 시작한다. 이를 시작으로 사계절이 지나고 겨울에서 끝나는가 하면, 다시 봄이 시작되는 것이다. 태극의 원리가 바로 이러하다. 음이 극하면 양이 생하고, 양이 극하면 음이 생한다. 음양이 서로 끝나지 않고 무궁하게 돌고 도는 것이다.

봄의 시작은 언제부터인가? 고대에는 봄의 시작을 하늘이 열리는 자월子月(음력 11월)로 잡기도 하고, 땅이 열리는 축월丑月(음력 12월), 또는 만물이 생하는 인월寅月(음력 1월)로 잡기도 하였다.

하늘은 자시에 열리므로 '천개어자天開於子'라 하고, 땅은 축시에 열리므로 '지벽어축地闢於丑'이라 하고, 사람은 인시에 일어나므로 '인생어인人生於寅'이라 하였다. 그래서 천지가 열리는 뜻으로 개벽開闢이라 말한다.

우禹임금이 세웠다는 하夏나라는 인도人道를 중시했으므로 인월寅月을 한 해의 시작으로 삼았고, 탕湯임금이 세웠다는 은殷나라는 지도地道를 중시하였으므로 축월丑月로 세수歲首를 삼았으며, 문왕의 아들 무왕이 세웠다는 주周나라는 천도天道를 중시했으므로 자월子月로 세수를 삼았다.

하, 은, 주 세 나라(三代)가 각각 천지인 삼재三才의 도로써 역법을 계승했으므로 '삼통三統'을 말하고, 때를 바르게 하였으므로 '삼정三正'이라 일컫기도 한다. 후대에 이르러 안자가 공자에게 나라 다스림에 대해 물었을 때, 공자는 "하나라에서 행하는 때로써 바름을 삼는다(以行夏之時爲正)" 하였다.

공자의 말씀 때문인지 한漢나라 이후부터는 거의 인월을 한 해의 시작으로 삼게 되었다. 그러다 보니 자월인 동짓달은 자연히 음력 11월에 들게 된다. 동지冬至는 글자 그대로 보면 '겨울이 지극한 날'이라는 뜻이다. 그러나 천도의 유행은 항상 마치고 다시 시작하는(終則有始) 것처럼, 동지는 추운 겨울 속에서도 따뜻한 양이 생한다는 뜻이니, 지至는 양이 이르고 있음을 의미한다. 마찬가지로 하지夏至 역시 더운 여름 속에서도 서늘한 음이 이르고 있음을 의미한다.

다음의 시는 주자朱子가 동지에 대해 읊은 것이다.

忽然夜半一聲雷　　홀연히 한밤중에 우렛소리 들리더니

萬戶千門次第開　　세상의 모든 문호 하나씩 열리네

識得无中含有處　　없는 가운데 있음을 체득할 수 있다면

許君親見伏羲來　　그대가 복희씨를 맞이한 것이리라.

이 시에서는 동지에 이르러 음 속에서 양이 생하는 이치를 설명하고 있다. 야반夜半이란 일 년을 하루로 비유할 때, 자시子時 반半인 밤 12시를 말한 것이고, 우레는 만물을 소생케하는 조물주와 같다. 동지에 음에서 양이 생하는 이치처럼, 천만 개나 되는 문호가 활짝 열려서 초목군생이 모두 세상 밖으로 쏟아져 나오는 모습을 그리고 있다. 이러한 근거로 옛날에는 동지를 한 해의 첫 시작, 즉 설날로 삼았던 것이다. 『주역』 복괘復卦는 동지의 뜻으로 다음과 같이 설명하고 있다.

"우레가 땅 속에 있는 것이 복이니, 선왕이 복의 상을 보고, 동짓날에 관문을 닫아서, 상려도 다니지 못하게 하고, 인군도 사방을 살피지 못하게 했다(雷在地中 復 先王以至日閉關 商旅不行 后不省方)."

동짓날은 음이 지극한 속에서 양이 이제 서서히 고개를 드는 즈음이므로, 양의 어린 모습이다. 양은 음에서 나온다. 따라서 아직 어린 양을 잘 기르려면 안정安靜을 취해야 한다. 움직이지 말고 고요히 하라는 뜻이다. 때문에 동짓날이 되면 성문을 굳게 닫아서, 아랫사람(商旅) 윗사람(后) 할 것 없이 돌아다니지 못하게 하였다. 양을 북돋우기 위해서다.

겨울이 되면 만물이 숨을 죽이고 자취를 감춘다. 그러나 겨울 지나 봄이 오면 숨어있던 만물들이 다시 소생한다. 어김없는 이러한 이치를 대하면 '어찌 천도天道와 지도地道가 없겠는가?'라는 생각이 든다. 동지에 이르러 새삼 천지의 마음을 엿볼 수 있다.

옛날에는 '하선동력夏扇冬曆'이라 하여, 음의 기운이 싹트기 시작하는 여름 단오에는 부채를 선물로 주고받았으며, 양의 기운이 시작되는 겨울 동지에는 친지들에게 달력을 나누어 주는 풍속이 있었다. 나라에서는 관상감觀象監에서 새

해의 달력을 만들어 '동문지보同文之宝'라는 옥새를 찍어 백관들에게 나누어 주었다. 이 또한 동지를 '작은 설'로 삼았던 때의 한 유습에 연유한 것이다. 지금도 과거의 동지설날을 기념해서 이 날을 '동지아세冬至亞歲'라고 부르고 있다.

이 날에는 팥을 고아 죽을 만들고, 여기에 찹쌀로 단자를 만들어 넣어 끓인 팥죽을 먹는 풍속이 있다. 동짓날에 쑤어먹는 팥죽을 동지팥죽, 혹은 동지시식冬至時食이라 한다. 이날 팥죽을 먹으면 한 살을 더 먹는다 해서, 자기 나이만큼 새알심 단자를 먹기도 한다.

사당을 모시고 있는 곳에서는 팥죽을 먹기 이전에 먼저 사당에 올려놓고 차례를 지낸 다음, 방·마루·광 같은 곳에 한 그릇씩 떠다 놓기도 하고, 벽이나 문짝에 뿌리기도 한다. 이를 '동지맞이'라고 한다.

그런데 왜 하필 붉은 팥죽을 먹는 것인가? 역시 양기를 북돋우려는 이유에서이다. 이것이 발

전하여 민간 풍속에서는 '벽사辟邪(삿된 기운을 물리침)'의 의미로 해석되어, 팥죽을 먹거나 벽이나 문짝에도 뿌리거나 하였다.

또한 풍속에 동지가 음력 11월 10일 동짓달 상순上旬 안에 들면 '애동지'라고 하여, 아이들에게 나쁘다는 이유로 팥죽을 쑤어 먹지 않았다. '중동지中冬至(中旬)'나 '노동지老冬至(下旬)'에 들어야 팥죽을 쑤어 먹었다.

이는 나름대로 근거가 있는 말이다. 진정한 의미에서 일양一陽의 시생은 자월 반半인 11월 중순이 되어서야 이루어진다. 따라서 15일 보름이 지나지 않은 때에는 아직 양이 온전히 나오지 못한 것이니, 양기가 미약한 아이들에게는 해롭다는 것이다.

문득 다가오는 동짓날을 세어보니(2006년), 음력 11월 3일 '애동지'다. 아이들에게도 팥죽을 먹여야 할지 사소한 고민을 해본다.

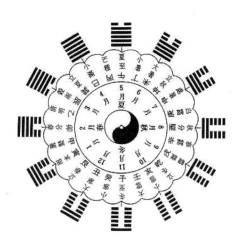

십이소식괘

한 해를 마치는 날, 제석除夕

옛 사람들은 한 해의 마지막 날을 섣달그믐, 제석除夕 혹은 제야除夜라 불렀다. 본래 음력으로 기준한 말이지만, 세간에서는 대부분 양력을 기준으로 연말과 새해를 나눈다.

옛 시절에는 어른을 공경했기에 그믐날 저녁에도 사당에 절을 하고, 어른들에게도 세배하듯 절을 하였다. 이를 '묵은세배'라 한다. 새해 첫날 못지않게 마지막 날도 중요하게 여긴 것이다.

『주역』 리괘履卦(☲) 상구효에 보면, "시리視履하야 고상考祥호대 기선其旋이면 원길元吉이리라"는 구절이 있다. "내가 밟아온 길을 돌아보건대, 선하게 살아왔으면 으뜸으로 길하리라"는 뜻이다.

리괘의 마지막 자리에서 내가 지나온 자취의 선악과 공과를 살피는 것이다.

마칠 줄을 알고 마치려는 마음, '유종有終의 미美'라는 말이 있듯이, 선인들은 종을 귀하게 여겼다.

제석除夕이란 저녁에 제거한다는 의미다. 한 해가 저무는 날에 이르러, 그동안 묵었던 때를 제거한다는 뜻이다. 묵었던 때를 깨끗이 씻고 새해를 맞이하라는 말이다.

우리 풍속에 제석에는 연중에 있었던 거래의 종결을 맺기 위해 빚이 있는 사람은 해를 넘기지 않고 이 날까지 모두 청산하였다. 만일 자정이 넘도록 외상값을 받지 못하면, 정월 보름까지는 독촉도 못하고 받을 수 없게 되기 때문이다. 이 말은 모든 일을 깨끗이 정리하고 한 해를 넘기라는 뜻이다. 묵은 때를 제거하라 함은 결국 벽사辟邪하기 위함이다.

고려 시대와 조선 초기에 관상감에서 '대나大儺'라는 의식이 있었다. 제석 때 악귀를 쫓는다 하여 가면을 쓰고 제금(銅鈸)과 북을 울리며 궁궐 안을 돌아다녔다.

보신각 타종

수세守歲란 말도 있다. 제석날에 민간에서 집 안 곳곳에 등불을 밝히고 밤샘을 하는 풍속으로 '별세別歲' 또는 '해지킴'이라고도 한다. 만약 이 날 잠을 자면 눈썹이 하얗게 센다 하여, 집 안 곳곳에 불을 켜놓고 닭이 울 때까지 밤을 새웠다. 고려 시대 민간에서는 복숭아 나뭇가지를 꽂고, 마당에서 폭죽을 터뜨렸다고 한다.

항간에서는 벽온단辟瘟丹(염병을 물리치기 위해서 피운다는 향의 일종)이라는 향을 잘 만든 주머니에 넣어서 차고 다니기도 했다고 『열양세시기』는 전한다. 모두 벽사의 뜻이다.

한편 세모에 음식을 준비해서 친척 또는 친지들 사이에 주고받는데, 이를 '세찬歲饌'이라고 한다. 세찬이나 차례를 준비하기 위해서 주부들은 밤을 지새우고, 남자들은 집 안팎을 깨끗이 청소한다. 그믐날 마당을 깨끗이 쓸어 모은

쓰레기를 이용해서 마당 한구석에 모닥불을 피우기도 하는데, 이 역시 모든 잡귀를 불사른다는 속신에서 유래한 것이다.

또 제석에는 윷놀이나 책읽기 등 재미있는 놀이를 하거나, 세투歲鬪라 해서 투전이나 화투 등 기타 놀음을 하며 밤을 새운다. 대개 편을 짜서 음식내기를 하는 것이 보통이다. 그런데 세모에 수세를 하려면 음식이 있어야 되고, 이에 따라오는 것이 술이다. 술을 마시다 보니, 무절제하게 되고 실수하기 마련이다. 술로 밤을 새우다 보니, 한 해의 묵은 때를 제거하려 했던 것이 오히려 더 더럽혀지기도 한다.

『주역』의 마지막 괘인 미제未濟괘(䷿)는 모든 것을 마치는 괘다. 미제괘 상구효에 "유부우음주有孚于飮酒면 무구无咎어니와 유기수濡其首면 실시失是하리라."는 글이 있다. 『주역』의 글이 추상적이기 때문에 한 가지 뜻으로 설명할 수는 없지만, 대략 격格에 붙여 설명하자면, "적당하게 술을 마시면 허물이 없겠지만, 머리 적실 정도로 술을 마신다면 절도(是)를 잃으리라"는 뜻이다.

『주역』의 끝나는 자리에서도 술이 등장하는 것을 보면, 하루를 마치고 한 해를 마치고, 선천先天을 마치는 자리에 술은 필요한 모양이다. 그러나 한편으로는 술로써 경계사를 삼은 것을 보면, 술이란 적절히 마시면 길이 되지만 지나치게 마시면 흉이 된다는 것을 잊어서는 아니 될 것이다.

과거 제석일에 행했던 유풍이 현대판의 망년회니 송년회니 하는 모임이다. 과거의 수세守歲는 마음을 닦는 일로 지새웠지만, 요즈음의 수세는 그렇지 않은 것 같다. 한 해를 잘 보내자는 의미는 같을지 모르지만 과거 제석에 지녔던 마음가짐과는 사뭇 다르게 보인다.

망년忘年이란 말이 제석보다 흔히 사용되는 것을 보면, 우리의 한해살이가 얼마나 고달팠으면 잊고 싶은 것일까? 아니면 얼마나 잘못했으면 잊고 싶은 것일까? 그러나 잊는다고 해서 과거의 자취가 없어지는 것도 아니지 않은가?

『주역』에 '회망悔亡'이란 말이 있다. 과거의 자취가 없어지는 것은 아니지만, 마음으로 진정 반성하고 뉘우친다면 허물(過失)을 면할 수 있다는 뜻으로 풀이

한다.

하늘이 내려주시는 복은 이 마음이 진정 반성하고 근신하는 속에서 받을 수 있는 것이다. 그저 종이 한 장에 '복福'자를 써서 벽에 붙인다고 해서 받을 수 있는 것이 아니다. 옛날 공자의 제자였던 증자처럼 "나는 하루에 세 가지를 반성했다(吾日三省)."는 가르침은 실천하지 못하더라도 제석에는 한번쯤 나 자신을 돌아볼 수 있었으면 한다.

증자의 삼성오신(三省吾身)

음陰이 처음 나오는 날, 단오端午

1. 단오절 명칭

단오

음살

양생

음력으로 5월 5일은 단오절端午節이다. 우리 고유 명절 중의 하나다. 단오의 단端자는 처음을 뜻하고, 오午는 오五를 의미하기도 한다. 5가 겹친 날이므로 중오重午 또는 중오重五라 부르기도 하며, 오월의 대표적 절기이므로 그냥 '오월절'이라 부르기도 한다.

또한 단오를 우리말로 '수리'라고도 부른다. 『동국세시기』나 『열양세시기』 등에 '수리'를 '수레(車)'로 설명하고 있다. 이 날 해먹는 쑥떡이 수레바퀴 모양이므로 수릿날이라 불렀다는 것이다. 그렇다면 수레는 무엇을 상징하는 것일까? 둥근 것이 아마도 해나 달 같이 느껴졌을 것이다. 양기로 가득 찬 단옷날을, 중천에 떠 있는 태양의 모습으로 혹은 십오야 밝은 둥근 달로 연상했을 것이다. 수리라는 옛 말이 신神을 뜻하기도 하고, 상上, 고高, 봉峰을 의미하기도 한다는 설은 이런 점에서 일리가 있다.

옛날 단황 시대에 세수歲首를 현행 역법인 시월+月로 정하였다. '상달'이란 한 해의 첫 달인 정월을 달리 표현한 말이다. 단황이 개천하신 때가 시월이므로, 아마도 이를 기념하기 위해서 시월을 세수로 정한 것이 아닌가 여겨진다. 10월은 해월亥月이니 해방亥方은 자미원이 위치한 곳이요 천제天帝가 거처한 곳이다. 10월은 무극대도가 펼쳐지는 곳이므로 10월을 세수로 삼은 듯하다. 한 해를 마치고 다시 새해를 시작하는 자리에서, 만물의 근원인 하늘에 제사를 지내고, 아울러 나의 근원인 조상에게도 제사를 지낸 것이다. 예맥濊貊의 무천舞天, 부여夫餘의 영고迎鼓, 고구려의 동맹東盟, 백제의 교천郊天, 고려의 연등燃燈 등이 모두 이러한 유습이다.

5월의 단오절은 상대적으로 양기가 가장 극한 시기이다. 양기가 극하다는 것은 곧 음기가 생함을 의미한다. 음력 5월은 24절기 중의 하지와 비슷하게 맞물려간다. 하지라는 말은 '여름(夏)의 양기가 극한 때에 서늘한 음기가 이른다(至)'는 뜻이다. 다시 말하면 양에서 음으로 바뀌는 때, 즉 음양이 교차하는 날이 단옷날이다. 단오를 '단양端陽'이라 부르는 것도 오월이 곧 양의 끝이 되는 동시에, 음의 시작이 되는 달이기 때문이다. 또한 단端은 '정正'의 뜻도되니 음陰이 생하는 때이므로 바르게 하라는 비의秘意도 담겨있다.

『주역』에서는 양에서 음으로 바뀌는 오월을 천풍구天風姤괘(䷫)로써 설명하고 있다.

"하늘 아래에서 바람이 부는 것이 구다(天下有風 姤)"

구괘姤卦는 '만난다'는 뜻을 갖고 있다. 음으로 양을 만난다는 뜻인데, 하늘 아래에 부는 바람은 속속들이 들어가지 않는 곳이 없으므로, 바람 부는 것을 만난다는 의미로 표현한 것이다. 그러나 이때의 바람은 만물을 살리는 봄바람이 아니고, 만물을 죽이는 가을바람이다. 양이 극하면 음이 생하는 원리, 오월은 음이 양을 만나는 때다. 음이 바야흐로 발동하기 시작한다는 것이다.

음양의 원리에서 보면 양은 만물을 생하지만, 음은 만물을 죽이는 성질이 있다. 이를 '양생음살陽生陰殺'이라 말한다. 하지가 되면서 초목은 성장을 멈추고 결실을 맺지만, 한편으로는 서서히 죽어간다.

하지를 동지와 비교해보면 이해하기가 좀 더 쉬울 것이다. 11월 동지는 음이 극한 속에서 따뜻한 양이 생하는 때다. 양기가 미약하므로 양기를 북돋우기 위해서, 성문을 굳게 닫고 아무도 다니지 못하게 한다. 고요한 음 속에서 양이 생하기 때문이다. 또한 이때 팥죽을 먹는데, 양기를 북돋우기 위함이다. 그러나 동지와는 달리 하지에는 바야흐로 음기가 생하는 때이므로, 생물의 입장에서 보면 지극히 경계하고 조심해야 할 때인 것이다.

음효가 싹트기 시작하는 구괘의 모습은 마음속에 바르지 못한 생각(邪心)이 나기 시작하는 의미로도 해석할 수 있다. 물론 오월의 단옷날에, 농사일에 있어서 풍작을 기원하는 마음으로 제사를 지낸다는 의미도 있겠지만, 그보다는 양이 다하고 음이 생하는 날에 사기邪氣를 방지하고 병마病魔를 물리치려는 배려가 있음을 유념해야 한다. 옛날 선현들은 이 날을 기해서 다시 한 번 자신을 성찰하고 경계하는 마음을 늦추지 않았으며, 다른 사람에게도 경계하는 마음 갖기를 권고한 것이다.

우리나라에서는 예로부터 음양오행술이 발달하였다. 양생음살陽生陰殺의 원리에서 1월 1일, 3월 3일, 5월 5일, 7월 7일, 9월 9일 등, 월일이 양으로 겹치는 날을 특히 생기生氣가 있는 날로 여겨서 명절로 삼았다. 그 중 5월 5일이 한 해의 가장 중앙에 위치한 월일이기 때문에 단오를 천중가절天中佳節 혹은 천중절天中節이라 부르기도 하였다. 문헌을 토대로 살펴보면, 신라 가야 이래로 오랜 옛날부터 숭상되어 왔던 단오는 고려뿐만이 아니라 조선 시대에도 주요 명절로 인식되었다. 심지어는 단오 차례도 지냈다고 한다. 단오 축제는 제천을 근간으로 해서 역사적으로 이어져오면서 각 지역의 산천제나 마을의 성황제 등과 함께 어우러지게 된 것이다.

2. 단오절의 여러 행사

이 그림은 조선시대의 화가였던 신윤복의 〈단오풍정〉이다. 냇가에는 반라의 여인이 창포 있는 못가에서 머리를 감는 등 목욕하고 있고, 언덕 위에는 옷을 입은 여인들이 그네도 뛰고, 머리도 빗으며 쉬고 있고, 한편으로 음식을 나르는 여인네도 있다. 그런데 저 멀리 바위틈 속에서 두 명의 중이 이 광경을 몰래 훔쳐보고 있다. 왜 하필 중들일까? 단옷날은 양이 바야흐로 들어가기 시작하고, 음이 처음 나오는 날이니, 여자들이 비로소 나들이를 하는 날이다. 중 역시 산 속으로 들어가려다 여인네들을 보고 있는 것이다. 단옷날이 또한 음양이 만나는 날이니, 이 그림의 구도가 단오의 의미를 적절히 표현하고 있다. 신윤복이 과연 이러한 생각을 가지고 그렸는지 모르겠지만, 주역의 원리

신윤복의 〈단오풍정〉, 간송미술관

에 부합되기에 문득 췌언贅言해 보는 것이다.

단오절의 풍속과 행사를 『동국세시기』의 내용을 중심으로 살펴본다.

1) 창포에 머리 감기

창포

민가에서는 이 날 음식을 장만하여 창포가 무성한 못가나 물가에 가서 물맞이 놀이를 하였다. 창포를 삶은 물(菖蒲湯)에 목욕을 하면 피부병을 예방할 수 있으며, 머리를 감으면 머리카락이 소담스러워진다. 윤기가 생기며 머리카락이 빠지지 않는다고 하였다. 오월 하지 이후가 되면 음습한 기운이 생하기 시작하며 비가 많이 오므로 피부병이 많이 발생할 수 있다는 우려 때문일 것이다.

또한 단오장端午粧이라 하여 단옷날에 새 옷을 입어 단장하기도 했다. 『동국세시기』에 보면 "남녀 어린이들이 창포탕에 얼굴을 씻고, 모두 홍색과 녹색의 새 옷을 입었다. 창포 뿌리를 잘라서 비녀를 만들어, 혹 수복壽福자를 쓰고, 그 끝에 연지臙脂를 칠하여, 온병瘟病을 피하려는 목적으로 머리에 꽂았으니(창포잠菖蒲簪) 이를 단오장端午粧이라 부른다."고 하였다.

『대대례大戴禮』라는 책에도 "5월 5일에 축란蓄蘭(창포)으로 목욕한다."라고 기록하고 있다. 이러한 행위는 바로 단오일이 지니는 벽사의 의미도 지니고 있는 것이다. 민가에서는 창포 대신에 단옷날 상추 잎에 맺힌 이슬을 받아 분을 바르기도 하였다. 옛날 여자들은 박하분이라는 가루분에 단옷날 상추에 맺힌 이슬을 받아 섞어 얼굴에 바르면 버짐이 나지 않는다고 하였다. 단옷날의 아침 이슬은 음기가 있다고 믿었기 때문이다.

2) 익모초益母草, 약쑥 뜯어 말리기

익모초

단옷날 중에서도 오시午時는 음이 바야흐로 싹 트는 때이다. 농가에서는 이때 익모초와 쑥을 뜯어서 그늘진 곳에서 말린다. 익모초는 주로 더위를 먹어 입맛이 없거나 속이 냉하거나 더부룩한 증상이 있을 때 효과가 있는 것으로 전해진다. 익모초를 베어 말려 두었다가 삶은 물을 먹기도 하고, 익모초를 찧어 생즙을 내어 먹기도 했다. 이 날 익모초를 먹으면 더위를 예방할 수도 있다는 것이다. 더욱이 단오 전날에 익모초를 뜯어서 즙을 내어 바깥에 두었다가 단옷날 아침 이슬을 맞혀서 먹으면 더욱 효험이 있다고 한다. 이를 먹으면 "세상없어도 속이 넘어오지 않는다."고 할 정도로 맛은 굉장히 쓰지만 효과는 탁월하다는 것이다.

오월이 되면, 들이나 강변 여기저기에서 쑥이 많이 자란다. 쑥은 산후 조리용이나 배가 아플 때 사용하기도 한다. 여름에 모기를 쫓기 위하여 마당에서 약쑥을 태우기도 한다.

쑥을 베어서 액막이용으로 대문에 묶어두는 집도 더러 있다. 단옷날 쑥은 주로 동티가 났을 때 고추와 목화씨와 함께 불을 피우는 데 사용한다. 옛말에 만약 동티가 났으면 쑥을 피워도 냄새가 나지 않는다고 하였다. 약쑥은 따뜻한 성질을 지니고 있기 때문에 단오 이후의 음기가 들어오는 것을 방지한다고 믿었던 것이다.

또한 쑥을 뜯어서 찹쌀에 넣고 쑥떡을 찌기도 하였다. 이때 쑥떡을 수레바퀴 모양으로 둥글게 만들어 먹기 때문에 단오를 수릿날(수랫날 또는 술의일)이라 했다. 이때 둥근 쑥떡을 '수리취'라고 말한다.

『동국세시기』에서 말하기를 "『본초강목』에는 '말려서 천 년된 쑥을 중국 사람들은 구설초狗舌草라 한다' 했으니 바로 이것이고, 쑥잎의 한 면이 흰 것을 볕에 쬐어 말려, 잘 비벼 화융火絨(부싯깃)을 만드니, 이것을 수리치(戌衣草)라 한다." 했으니, 수리치는 따뜻한 성분을 지닌 쑥을 말한다. 이러한 이치로 수리치떡을 먹으면 오장에 병충해가 없어진다고 하여, 예방차원에서 많이 먹었던 것을 알 수 있다.

3) 그네뛰기(추천鞦韆)

그네뛰기를 한자로는 추천희鞦韆戲라 한다. 혹 뛰는 모습이 '공중을 나는 듯하다' 하여 '반선희半仙戲'라고도 한다. 그네뛰기는 여자들의 놀이다. 과거에 외출이 여의치 못했던 부녀자들이 이 날만은 밖에 나와 그네뛰기를 할 수 있었다. 이는 무슨 의미에서일까? 단오일은 음양이 만나는 때이므로 춘향이가 이도령을 만난 것이고, 음이 비로소 생하는 때이므로 시절에 따라 여자의 외출을 허락하였을 것이다.

『동국세시기』에는 『완서잡기宛署雜記』의 책을 인용하여 말하기를, "연도燕都(지금의 북경)에서는 5월 1일부터 5일까지 작은 규녀閨女들이 모양을 내어 아주 예쁘고, 이미 출가한 여자들도 친정에 근친覲親간다. 그래서 이 날을 여아절女兒節이라 한다" 했으니 우리의 풍속과 유사했음을 알 수 있다. 다음의 가사는 충청남도 홍성지방에 전해내려 오는 노랫말이다. 그네를 뛰면서 여자들은 다음과 같은 노래를 불렀다고 한다.

오월이라 단옷날에 뻐꾹새야 왜 우느냐
나물 먹고 물 마시고 높게 높게 그네 매고
임이 뛰면 내가 밀고 내가 뛰면 임이 밀어

얼씨구나 절씨구나 단옷날의 아가씨

살살 밀어라 끈 떨어지면 임 떨어진다.

4) 씨름(角力)

씨름 역시 단옷날의 대표적인 민속놀이다. 그네뛰기가 여자의 놀이라면 씨름은 남자의 놀이다. 두 사람이 마주 구부리고, 각각 오른 손으로 상대방의 허리띠를 잡고, 왼손으로는 상대방의 샅바를 잡는다. 그리고 두 사람이 동시에 일어나면서 승부를 겨루는 것이다. 이또한 단오절의 행사로 그 의미가 있다. 왜냐하면 단오절은 음양이 서로 만나는 자리이므로 음이 이기느냐 양이 이기느냐 하는 경쟁의 관계로 놀이를 바라볼

씨름 - 김홍도

수도 있기 때문이다. 중국인들도 이를 고려기高麗伎 또는 요교撓跤라고 불렀다. 『동국세시기』에 보면 금산 직지사에 모여서 씨름대회를 열었다거나, 남산이나 북악산의 씨름에 대한 기록이 있다.

또한 이밖에도 김해 풍속에, "청년들이 좌우로 편을 갈라 석전石戰을 하였다" 하였으며, 경상북도 지방에서는 널뛰기, 윷놀이 등의 놀이를 하였다는 기록 또한 전해지고 있다. 이 모두 음양의 관계를 기초로 유희화한 것이다.

5) 옥추단玉樞丹과 제호탕醍醐湯

『동국세시기』에 의하면 단옷날이 되면 내의원內醫院에서 옥추단과 제호탕을 궁중에 바쳤다는 기록이 있다. 제호탕은 사인砂仁, 오매육烏梅肉, 초과草果, 백단향白檀香 등의 한약재를 가루 내어, 꿀에 섞어 달인 약이다. 일종의 청량제로서 더위가 심하여 건강을 해치기 쉬울 때 사용하였다 한다.

옥추단은 일종의 구급약으로 여름철 곽란癨亂이나 서체暑滯가 생겼을 때 물에 타서 마신다. 임금이 이 옥추단을 중신들에게 나누어 주기도 하였는데 약에다 구멍을 뚫어 오색실로 꿰어 허리띠에 차고 다니기도 하였다. 이렇게 하면 급할 때 먹을 수도 있으려니와 악귀를 막고 재액을 물리친다고 믿었기 때문이다. 또한 임금은 애호艾虎나 애화艾花를 하사하기도 하였다 하니, 이 모두가 벽사의 의미에 기인한 것이다.

6) 단오부적(천중부적)

관상감觀象監에서는 주사朱砂로 천중부적天中符籍을 만들어 대궐 안의 문설주에 붙였으며, 사대부 집에서도 이 부적을 붙였다고 한다. 그 내용을 소개하면, "5월 5일 천중절에 위로는 하늘의 녹을 받고 아래로는 땅의 복을 받으며, 치우의 신 구리머리와 쇠이마로 적구적설 404병이 일시소멸되기를 속히속히 율령과 같이 하소서(五月五日 天中之節 上得天祿 下得地福

천중부적

蚩尤之神 銅頭鐵額 赤口赤舌 四百四病 一時消滅 急如律令)."라는 내용이다.

한나라 때에도 5월 5일에 복숭아나무로 만든 도장(桃印)으로 악기惡氣를 막았다고 하였고, 『포박자』에도 5월 5일에 적령부赤靈符를 제작해서 가슴에 달면 병기를 피할 수 있다 했으니, 이러한 것들 또한 단오의 유습이다.

7) 단오선端午扇

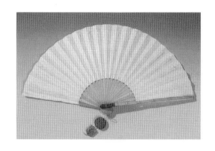

하선동력夏扇冬曆이란 말이 있다. 겨울에는 달력을 만들어 친지들에게 나누어주고, 여름에는 부채를 만들어 주어 더위를 이기게 하였다는 것이다. 옛날 나라에서는 단오 무렵에 공영工營에서는 대나무 생산지인 전주, 남원 등지에

부채도안 등 제작방법을 일러준 다음 부채를 만들어 진상하도록 하였다(節扇). 임금은 이 부채를 단옷날 중신과 시종들에게 하사하였는데, 이를 단오선端午扇이라 하였다.

본래는 아무것도 그리지 않은 백첩白貼을 하사하였고, 이것을 얻은 자는 대개 금강산 일만이천 봉을 많이 그렸다. 그러나 일반적인 풍속으로는 꺾어진 나무(折枝), 복숭아꽃(桃花), 연꽃(芙蓉), 나비(蝴蝶), 은붕어(銀鯽), 해오라기(鷺鷥) 등의 그림을 주로 그렸다.

부채는 모양뿐만이 아니라 그 용도도 다양했다. 바람을 일으키고, 햇볕을 가릴 때 쓰고, 얼굴을 가릴 때 쓰고, 노래 부르고 춤출 때 사용했다. 이처럼 부채는 여러 가지 용도로 쓰였기 때문에, 중국 사람들은 "고려 사람은 겨울에도 부채를 가지고 다닌다."고 할 정도였다.

모양에 따라 부채의 이름도 여러 가지이지만 서민용으로는 팔덕선八德扇이

라는 것이 있다. 왕골이나 풀로 자루가 달린 둥근 모양으로 만들어, 바람도 일게 하고, 햇빛도 가리고, 파리도 쫓고, 음식도 덮고, 나다니다가 다리가 아프면 깔고 앉아서 방석으로도 쓰고, 불도 피우고, 내외용으로 얼굴도 가리고, 가려우면 등도 긁는 등의 많은 덕이 있다 하여, '팔덕선'이란 이름이 붙은 것이다.(장수근, 『한국의 세시풍속』 참조) 그 다양한 용도에 어울리는 이름이라 하겠다.

8) 단오제端午祭

강릉단오제

단오제는 대부분 마을의 수호신에게 제사를 지내는 것을 의미한다. 『동국세시기』에 의하면, 과거에는 안변安邊 풍속의 상음신제霜陰神祭, 군위軍威 풍속의 삼장군제三將軍祭, 삼척三陟 풍속의 오금잠제烏金簪祭 등이 있었다고 한다. 안타깝게도 일제에 의해 단오축제가 거의 사라지다시피 하였지만, 그나마 명맥이 끊어지지 않고 이어지고 있는 것은 다행스러운 일이다.

동제로서뿐만이 아니고 궁중에서도 단오제를 지내기도 하였다. 조선 『세종실록』에 보면 세자가 휘덕전에서 단오제를 지냈다는 기록이 있다. 세자가 지냈다는 것은 이때가 음이 생하는 시절이기 때문이다. 단오제와 더불어 단오굿판이 벌어지기도 한다. 경남 영산靈山의 문호장文戶長 굿, 경북 자인慈仁의 한장군韓將軍 굿, 강릉의 단오굿이 대표적이다. 특히 강릉의 단오굿은, 2005년 11월 유네스코 인류구전 및 무형문화유산걸작으로 인정받으면서, 더욱 발전의 계기를 마련하게 되었다.

음양이 만나는 날, 칠석七夕

1. 남원 광한루에서 칠석을

음력 7월 7일은 칠석일이다. 이 날과 관련해서는, 까마귀들이 놓은 오작교烏
鵲橋에서 견우牽牛와 직녀織女가 1년에 1번씩 만난다는 전설이 있다. '견우'는 남
성의 상징이고, '직녀'는 여성의 상징이다. 은하수를 사이에 두고, 동쪽의 직녀
성과 서쪽의 견우성이 서로 바라보고 있는 모습이다. 다리가 없어 서로 만나
지 못하고 있다가 일 년에 한번인 이 날, 오작烏鵲으로 은하銀河를 건너 만난다
는 것이다.

두 별은 늘 일정한 거리에서 마주보는 모습이지만, 두 별은 1년을 주기로
태양 황도상黃道上으로 운행하기 때문에 가을 초저녁에는 서쪽 하늘에 보이고,
겨울에는 태양과 함께 낮에 떠 있으며, 봄의 초저녁에는 동쪽 하늘에 나타나
게 된다. 따라서 밤중에는 보기가 어렵지만, 여름이 지나는 칠석 때면 천장 부
근에서 보게 되므로, 마치 1년에 한 번씩 만나는 것처럼 보인다. 더구나 이때
에 상현달이 우두지간牛斗之間을 배회하며 밤하늘을 아름답게 비추고 있다.

무덤총에서 발견된 견우와 직녀 벽화

최남선은 『조선상식문답朝鮮常識問答』에서, "견우성과 직녀성이 1년에 한 번씩 마주치는 것으로 보이는 것은 일찍이 중국 주대周代 사람들이 해마다 경험하는 천상天象의 사실이었다"고 적고 있다. 여기에 "차츰 탐기적耽奇的인 요소가 붙어 한대에 와서 칠석의 전설이 성립된 것이라"고 하였다.

그런데 왜 하필 견우와 직녀의 만남을 7월 7일로 정하였을까? 칠월은 지지地支로 신월申月이 된다. 신월은 절기상으로 입추와 처서에 해당한다. 절기로서 '입추'는 가을의 서늘한 금기가 들어선다는 의미이고, 중기中氣로서 '처서'는 '더위가 그친다'는 뜻이다(處자에는 '그친다'는 뜻이 있다).

음력 칠월은 그야말로 대화가 서쪽으로 흐르는(大火西流) 때다. 더위가 끝나고 추위가 시작되는 때이다. 즉 음도가 생한다는 뜻이다. 일반적으로 자子월에 양이 생하고 오午월에 음이 생한다 함은 천도를 중심으로 한 말이요, 인寅월에 양이 생하고 신申월에 음이 생한다 함은 인도를 중심으로 한 말이다. 『주역』에서 곤괘坤卦의 '곤坤'자가 '土+申'의 합성자인 것도 주역이 인도를 주장하고 있음을 대변해 주는 것이다.

더위가 물러나고 추위가 시작되는 때를 옛 사람들은 음양이 서로 만나는 것으로 생각한 것이다. 견우와 직녀가 1년에 한번 만난다고 하는 칠석날에는 비가 자주 온다고 한다. 칠석날 저녁에 비가 내리면, 견우와 직녀가 상봉하여 흘리는 기쁨의 눈물이라고 하며, 이튿날 새벽에 비가 내리면 이별의 슬픈 눈물이라고 한다. 이때의 비를 '쇄루우灑淚雨'라고도 한다. 고로 음양이 화합하여 하늘의 물이 땅을 향하여 퍼붓게 되는 것이다. 실제로 7월은 양기가 극한 때로 이때 음을 만나는 것이다. 이때를 전후해서 장마가 끝난다. 절기상으로 음양의 화합하는 이치로 해석할 수 있는데, 이를 세속에서는 남녀의 사랑으로 의미를 부여하고 있다.

우연하게도 필자는 칠석날 즈음 남원의 광한루廣寒樓를 유람할 기회가 있었다. 본래 황희 정승이 남원에 유배되었을 때 광통루廣通樓라는 누각을 지었는데, 이것이 광한루의 시초가 된다. 후에 전라도 관찰사 정인지鄭麟趾가 광통루의 아름다움을 월궁月宮에 비유하여 광한청허부廣寒淸虛府라 칭한 것에서 광한루로 부르게 되었다고 전한다.

남원 광한루

1461년 부사 장의국張義國이 누원 일원에 요천강의 맑은 물을 끌어다가, 하늘의 은하수를 상징하는 호수를 만들고, 견우성과 직녀성이 서로 만나는 것을 상징하는 오작교를 가설하였다. 또한 배를 띄워 상한사上漢槎라 이름하고, 베틀 바위를 호수에 넣어 지기석支機石이라 명명하였다.

후에 1582년 정철鄭澈이 전라도관찰사로 부임하여, 또 다시 은하의 못 가운데 신선이 살고 있다는 전설의 삼신산-봉래산, 방장산, 영주산-을 만들어 은하수를 상징하는 누원의 모습을 갖추게 되었다 한다. 그러나 애석하게도 정

유재란 때 왜인의 방화로 소실되었으며, 지금의 광한루는 나중에 재건된 것이다.[문화재청 글 인용]

광한루는 달 속에 있는 상상의 궁전을 말한다. 그런데 광한루 앞에 은하수를 상징하는 연못을 파고 견우와 직녀를 만나게 한 오작교를 놓아, 광한루에 오르게 하였으니, 아마도 견우가 오작교를 통해서 광한루에 거처하는 직녀를 만나는 것처럼 꾸민 것이리라.

작교상회

이몽룡과 성춘향의 『춘향전春香傳』은 이 광한루를 배경으로 묘사한 것이다. 요즘 들어 전북 남원시에서는 '사랑의 도시'라는 시 슬로건을 내걸고 있다. 춘향과 몽룡을 소재로 한 소위 관광사업의 일환이라는 것이다. 20-30대 청춘을 대상으로 칠석일에 77쌍을 초대해서 '사랑의 가약佳約'을 맺게 한다는 것이다. 세월이 변하다 보니 '칠석날의 풍속도 관광사업의 일환으로 홍보하는 때가 다 있구나!' 하는 생각이 든다. 그러면서도 한편으로는 요즘 같은 '저출산 시대에 장려할 수도 있는 사업이겠다'는 생각도 든다. 그러나 칠석날의 의미를 단지 남녀의 사랑만으로 국한시키지 말고, 좀 더 큰 의미를 가지고 칠석날을 되새겨 볼 필요가 있다.

2. 꽃계오, 닭 울고 광복되다

우리 민족의 광복은 칠석날 다음인 음력 7월 8일에 이루어졌다. 일제의 압제기간 중에도 우리의 옛날 선지자들은 닭이 우는 해(을유년)의 칠석일을 손꼽아가며 기다렸다. 7월 7일 칠석일에 견우와 직녀가 만나 재회하는 기쁨의 눈물을 흘리듯이, 비색했던 우리 민족에게 광복의 기쁨을 누릴 수 있는 날을 기다렸던 것이다.

많은 선지식인들이 을유년의 닭이 울어 새해가 어서 오기를 기다렸지만 그 중에서 특히 야산 선생(선생에 관해서는 8장 '후천과 야산'편 참조)이 광복일을 맞이한 모습은 남다르다. 선생은 일제시대에 잠시 고향 금릉군(현재 김천)에서 학동들을 가르친 적이 있었는데, 그 장소가 재실齋室이었다(구성면 복호동 소재). 당시 선생은 재실의 한쪽 방을 중축한 적이 있었다. 이때 대들보 가운데에 흑백색으로 태극 문양을 손수 그려 붙였고, 좌우로 서까래 7개씩을 놓게 하였으니 이는 7월 7일에 광복이 된다는 것을 예견한 것이다. 양력으로 8월 15일은 음력 7월 8일이다.

태극기 - 불원복

태극을 그린 이유는 다름이 아니다. 태극은 음양이 만나는 모습이다. 마치 견우와 직녀가 만나듯이 음양이 포개진 모습인 것이다. 3·1 운동 때에도 사람들은 태극기를 흔들며 대한독립 만세를 외쳤고, 광복이 된 그 날도 삼천리강토에서 사람들은 태극기를 들고 광복의 기쁨을 만끽하며 눈물을 흘렸던 것이다.

왜 사람들은 태극기를 흔들며 광복을 염원했을까? 국기인 태극기를 들고 광복이 되기를 염원하는 것은 당연하지 않느냐고 반문할 수도 있겠지만, 그 의미는 그리 단순하지가 않다. 태극의 원리대로 우리나라의 광복이 이루어졌기에 하는 말이다. 『주역』에 "백성은 날로 쓰면서도 알지 못한다(日用而不知)."는 글이 있는 것처럼, 아마도 태극의 원리 또한 쉽게 떠올리지 못했을 것이다.

광복의 날 남산에서 국기를 게양하는 시민의 모습

선생이 대구에 잠시 거처할 때 봉화 내성 사람인 김병윤金炳潤(門人인 小山 姜和의 처남)이란 자가 선생을 뵈었다. 좌정한 후에 선생께 여쭙기를 "시국이 참으로 불안하니, 앞으로 어떻게 되겠습니까?" 선생이 "일본은 망한다. 말로는 다 못하고, 글이나 적어주마." 하며, 종이에 '胃醒黃連(위성황련)'이라 썼다. 좌중에 있는 사람들이 무슨 뜻인지를 몰라 궁금해 하니, 다시 옆에다 다음의 글을 썼다.

"결왈訣曰
계명월성전鷄鳴月星田　　닭이 월성전에서 울고
전중공거지田中共車之　　밭 가운데로 공의 수레가 지나간다"

'계명월성전'은 '닭이 월성전에서 운다'는 뜻이니, '위성'이란 글자로 다 풀 수가 있다. 즉 '계명'은 醒자 중의 유酉자로 배치하고, 나머지 글자는 모두 '월月+성星+전田'으로 파자할 수 있으니, '계명'은 바로 닭이 우는 을유년을 가리킨 것이다. '월성전'은 은하수를 말하는 것으로 7월 7일 견우와 직녀가 만나는 날이라는 뜻을 은유한 것이다. '전중공거지'는 '黃連'을 풀이한 것이다. '黃'자 중의 가운데 전田자가 있으니 '전중田中'이요, 위와 아래로 합해서 공共자가 되며, 련連은 '車+

天鷄始鳴 - 민화

之'의 합성자니, '밭 전田'자 가운데 五·十·土의 의미가 있다. 5월 10일에 공산군 수레가 지나간다는 것이다. '위성황련'이란 간결한 용어로 7월 7일 광복이 이루어지고, 5월 10일(양력으로 6월 25일)에 전쟁이 일어난다는 사실까지 예언한 것이니 기막힌 표현이 아닐 수 없다.

　을유년(1945년) 7월 7일이 되자, 선생은 사돈인 대오재大悟齋 선생 및 몇 사람과 더불어 산청의 화계리花溪里라는 마을을 찾아가서 오씨吳氏라는 사람의 집에서 하룻밤을 자게 되었다. 그날 밤 자시子時 경이었다. 자시는 삼경三更을 이른다.

　선생이 불현듯 좌우를 둘러보며 "이곳 지명이

무엇인가?"라고 말하였다. 방안의 사람들이 그 뜻을 짐작하지 못했으나, 대오재 선생이 말하기를 "화계리라." 하였다. 선생이 웃으며 "유식有識한 선비로다." 하니, 주인이 말하기를 "꽃계라고도 합니다." 하였다. 선생이 "주인의 성이 오씨로구나." 하니, 말 끝나기가 무섭게, 대오재 선생이 길게 목청을 돋우며 "꽃계오!" 하며 닭 우는 소리를 흉내 냈다. '화계'의 '꽃계'와 주인 성씨가 '오씨'이므로 합쳐서 '꽃계오'가 되기 때문이다. 선생이 "옳거니, 닭이 한 번 울었구나." 하니, 주인이 또 한 번 "꽃계오!" 하고 높이 소리쳤다. 선생이 희색이 만면해서 "닭이 두 번 울었구나." 하였다. 그런데 대오재 선생이 난데없이 "꼭꾸벅꼭 꼭꾸벅꼭" 하며 암탉 소리 흉내를 냈다. 그러자 선생이 탄식하며 "닭이 이미 삼창三唱했구나, 이제 밤은 서서히 밝아오고, 도적들은 물러가리라. 그러나 세 번째가 암탉의 울음이니, 어찌 애석하지 않겠는가? 차후에 다시 한 번 장닭이 울어 젖히는 날, 우리나라의 완전한 독립이 비로소 이루어지리라." 하였다.

이때가 바로 칠석 다음날이며, 우리 민족이 일제로부터 해방된 1945년 8월 15일(음력 7월 8일)이다. 여기에서 닭이 울었다는 것은 지지地支로 유酉가 되는 해로 을유乙酉년을 말한다. 일제의 36년 동안 유년酉年이 세 번 들었으니, 신유辛酉(1921년), 계유癸酉(1933년), 을유乙酉(1945년)가 이에 해당한다. 계명삼창鷄鳴三唱은 이를 비유한 것이다.

단정히 앉아서 새벽을 기다리던 선생은 문경聞慶에 가서 광복을 맞이해야겠다며 서둘러 떠났다. '문경'이 무슨 뜻인가? '들을 문聞' '경사 경慶' 즉 '경사스런 소리를 듣는다'는 뜻이니, 이보다 더 적합한 장소가 어

금계암-계룡산 갑사 옆

디 있겠는가? 선생 일행은 새벽 공기를 가르며 문경으로 향했다. 그리고 문경 군閣慶郡 문경면閣慶面 문경동閣慶洞 삼문경三閣慶에서 만세삼창萬歲三唱을 부른 것이다.

광복일을 맞이해서 만세삼창을 소리 높여 불렀을 때의 선생의 심정은 어떠했을까?

문경 주흘산

호국사찰 실상사

근대 실상사 전경

　피서철 때문인지 광한루에는 많은 사람들이 관람을 즐기고 있었다. 그 속에서 필자는 다소 엉뚱하게도 광복일을 떠올렸다. 칠석일이 다가와서인지도 모른다. 여하튼 생각이 여기에 이르자 불현듯 근처에 있는 실상사에 가고 싶어

실상사 동종

졌다. 구산선문九山禪門 중 최초의 사찰인 그곳에는 많은 유물들이 있다. 그 중의 한 가지가 동종銅鐘으로서 이는 일본과 관련된 것이다. 전하는 말에 의하면, 이 종은 강희康熙 33년(1694)에 주조한 것으로 아침저녁으로 국운 융성을 기도하며 타종했다 한다.

그런데 주목할 점은, 이 범종에는 일본의 지도가 새겨져 있으며 과거에 일본의 경거망동을 경고하는 뜻으로 타종했다는 것이다. 필자가 직접 보니 과연 동종 아랫부분에 그림이 점선 모양으로 표시되어 있었다. 그러나 일부가 지워져 있어, 무슨 모양인지 정확한 형체를 알아볼 수가 없었다. 혹 지어낸 이야기가 아닐까 하는 의구심도 들었지만, 이로 인해 일제 말기에 주지가 문초를 당하기도 하고, 타종을 금지시켰다는 설이 있는 것을 보면, 허황된 이야기만도 아닌 듯하다.

그렇지만 점선 모양의 그림은 주조했을 당시부터 그린 것은 아닐 것이고, 일제강점기에 어느 누가 일제의 만행을 규탄하고자 하는 의도에서 그린 것이리라. 이 동종은 보광普光전 안에 있는데, 옆의 약사藥師전에 있는 약사여래불에도 비슷한 이야기가 전해지고 있다. 약사여래불은 개산조開山祖인 홍척 선사의 제자인 수철 화상이 주조한 철불로 4천 근이 넘는 무게라 한다.

그런데 실상사 전체가 앉아 있는 방향이 특이하다. 일반적으로 집의 좌향은 산을 등지고 앉는 법인데, 이 절은 오히려 산을 향하고 있다. 지리적인 용어로 말하자면 조산祖山을 바라보는 회룡고조격回龍顧祖格이다. 실상사가 전체적으로 천왕봉을 바라보고 있는 관계로 철불 역시 천왕봉을 향하고 있다. 그 방향은 일본이 위치해 있는 방향이기도 하다. 또 한 가지, 이 약사여래불은 좌대座臺 없이 모셔져 있다. 전하는 말에 의하면, 우리나라의 지맥地脈이 이곳을 통해 천왕봉 쪽을 거쳐 일본으로 향했다는 것이며, 이러한 관계로 지맥을 누르기 위해 좌대 없이 안치했다는 것이다.
그런데 이 말은 호사가好事家들이 꾸
며낸 말일 수도 있다. 지맥이 철불
아래로 통했다는 말도 사실무근이
거니와, 철불로 지맥을 누른다는 말
도 납득하기 어려운 이야기다.

사실 백두대간이 흘러와 결혈結穴
된 곳이 지리산인데, 지리산의 한
지맥枝脈이 일본 쪽을 향해서 흘러
갔기 때문에 생겨난 말일 수도 있
다. 어쩌면 실상사가 호국사찰이기
에 가능할 수도 있는 이야기다. 일
본과 우리나라와의 관계는 지리적

실상사 철제여래좌상

으로도 늘 경계의 대상이었던 것이다. 세간에서 전해져 오는 말들을 쉽게 긍
정하는 것은 문제이나, 쉽게 부정해서도 안 된다. 눈에 보이는 세상보다 눈에
보이지 않는 세상사가 더 많기 때문이다.

여하튼 이러한 근거들의 사실 여부를 떠나서 필자는 광한루를 돌아보며 칠
석의 유래를 되새기고, 실상사를 탐방하며 광복의 의미를 헤아려 보았다. 상
의의국上醫醫國(훌륭한 의사는 나라를 다스릴 수 있다)이라 했던가? 약사여래를 참배하
며, 필자는 가정의 건강과 아울러 국운의 융성을 기원하면서 합장배례 하였
다.

필자는 칠석의 의미를 다시 한 번 생각했다. 칠석날이 되어 견우와 직녀의
만남을 생각하는 것도 좋고, 남녀의 만남을 기념하는 날로 정하는 것도 좋지
만, 이즈음 우리 민족의 역사적인 광복일도 기념했으면 하는 것이다. 그리고
나아가 지난 과거를 기념하는 날로만 그치지 말았으면 하는 바람이다. 우리의
앞에는, 사람 간에 그리고 사회계층 간에 서로 만나 풀어야 할 일들이 아직도

많다. 마음 따라서 기운이 가는 법, '민심이 곧 천심'이라는 말이 달리 있는 말이 아니다. 우리 민족이 염원하는 최대 현안은 바로 남북이 통일되는 것이다. 동서는 이미 합했는데, 남북이 합하지 못한다면 말이 되겠는가? 칠석날 하루만이라도 남북통일을 위해서 사람들의 마음을 합할 수 있다면 통일의 문턱도 그만큼 성큼 다가올 것이다.

풍요로운 계절, 한가위

『천자문』에 "추수동장秋收冬藏"
이란 말이 있다. 이는 수확의 기
쁨을 누리는 때가 추석임을 의미
한다. 1년 농사가 잘 되기를 기
원하는 명절이 정월 대보름이라
면, 추석은 농사를 마치고서 수
확의 기쁨을 생각하며, 풍악을

강강수월래

울리고 신에 대한 감사 제사를 드리기 위한 명절이다.

들녘이 황금빛으로 물드는 때이므로 '벼 화禾' 변에 '불 화火' 자를 썼을 것이
며, 한 해의 저물어가는 때이므로 '저녁 석夕'자를 썼을 것이다. 추석을 다른
말로 '한가위'라고도 부르는데, '한'이라는 말은 '크다'라는 뜻이며, '가위'라는
말은 '가운데'라는 뜻을 가진 옛말이다. 15일 보름이 달 가운데 있는 날이기
때문이다. 즉 8월 15일은 다른 보름달 중에서도 수확의 기쁨을 맞이하는 중요
한 달이기에 한가위라고 한 것이다. 또한 추석은 가을철 중간 달에 해당하므

로 중추절仲秋節 또는 중추가절仲秋佳節이라 부르기도 한다. 수확을 앞두고 들녘을 바라보는 마음이니, 중추인 음력 8월은 필경 아름답게 보였을 것이다.

가위를 한자로 '가배嘉俳'라고도 썼다. 글자의 뜻이 '아름답고도 즐거운 날'이라는 뜻인데, 신라 때 길쌈놀이에서 그 유래를 찾기도 한다. '길쌈'이란 베를 짜는 일을 말한다.

『삼국사기』를 보면 "신라 제3대 유리왕儒理王 9년(서기 32년)에 왕이 6부를 정하고, 왕녀 두 사람으로 하여금 각각 부내部內의 여자들을 거느리게 하여 두 패로 가른 뒤, 편을 짜서 7월 16일부터 날마다 6부의 뜰에 모여 길쌈을 하게 하였다. 밤늦게야 일을 파하고, 8월 15일에 이르러 그 공이 많고 적음을 살펴 지는 편은 술과 밥을 장만하여 이긴 편에게 사례하고, 이에 온갖 유희를 펼치니, 이를 가배嘉俳라 한다."라고 하였다. 또한 "이때 진 편의 한 여자가 일어나 춤을 추면서 탄식하기를, '회소회소會蘇會蘇'라 하였는데, 그 음조가 슬프고 아름다웠으므로, 뒷날 사람들이 그 소리로 인하여 노래를 지어, 이를 회소곡會蘇曲이라 하였다."라고 기록하고 있다.

가배의 기쁨도 누리고 회소의 슬픔도 곁들였다니, 과연 추석이 갖는 의미는 무엇일까? 마냥 수확의 즐거움만을 생각하지는 않은 것 같다. 한편으로 초목 군생이 시들고 죽어가는 겨울철을 생각하며 슬퍼했을 것이고, 또 한편으론 가을에 수확한 곡식을 겨울에 잘 간직했다가 봄에 씨앗으로 다시 소생시키자는 염원도 담겨 있을 것이다. 적어도 과거의 추석에는 이러한 의미가 담겨 있었을 것이다.

많은 세월이 흘렀지만, 아직도 추석은 우리 민족의 가장 큰 명절로 자리잡고 있다. 해마다 치르는 민족 대이동, 도대체 무슨 연유로 사람들은 극심한 교통체증도 감수해가며 귀향길에 오르는 것일까? 이는 아마도 우리들의 귀소歸巢 본능 때문이리라. 조상을 추모하는 차례茶禮를 올리고, 부모님을 찾아뵙고, 친척·고향 친구들을 만나면서 얽히고 설켰던 사회생활 속에서 벗어나 잠시라도 마음의 휴식처로 삼기 위함일 것이다.

수천 년 전부터 미풍양속으로 전해져 온 추석명절은 조상에 대한 차례를 올리는 행사로부터 시작된다. 추석절의 차례는 제사가 아니다. 우리가 흔히 말하는 제사라는 것은 축문祝文을 읽고 삼헌三獻의 예를 갖춘 의례를 말하

귀성

는 것인데, 차례는 무축단잔無祝單盞의 간단한 의례를 말한다. 차례라는 말이 『주자가례』에 보이는 것으로 보아, 아마도 고려 말기부터 행해지지 않았나 싶다. 이때에는 간단한 예를 행하는 것이므로 차례를 망참望參, 절참節參, 절사節祀 등으로 부르기도 하였다.

오곡백과가 익어가는 풍성한 가을 들녘을 바라보면 왠지 마음이 푸근해진다. 아무리 궁벽한 집안일지라도, 추석날에는 쌀로 술을 빚고 닭도 잡아먹는다. 차례상에 오르는 안주나 과일도 분수에 넘치게 가득하다. 마음이 벌써 보름달을 닮아서 풍요로워진 것이다.

만월의 명절인 추석에는 달의 고마움에 감사하고, 달을 위했으며, '달떡'을 빚었다. 이 달떡이 바로 차례상에 시식時食으로 올리는 송편이다. 달을 의식하는 데 있어, 중국에서는 만월을 상징하는 둥근달 모양의 월병月餠을 만들었으며, 우리는 송편이라 하여 반월형의 떡을 빚었다. 찬 달은 기울어지고, 기운 달은 다시 가득 차는 법. 수확의 풍요를 생각하며 하늘에 떠 있는 보름달과 같이 더도 덜도 말고 한가위 같기를 바라는 마음에서 달이 가득 차오르기를 바라면서 초승달 모양의 송편을 만든 것이다.

추석차례

우리 민족은 오랜 옛날부터 달을 사랑했고, 달을 숭배했다. 계명동덕繼明同德하기를

달을 향해 소원했고, 시화년풍時和年豊 하고 국태민안國泰民安 하기를 달을 우러러 보며 천만축수千萬祝手 하였다. 달은 우리 민족과 더불어 우리에게 생명을 부여하였고, 우리의 삶을 일깨워왔다.

민속은 한 민족의 생활을 보여주는 삶의 양식이라 말하지만, 이는 단지 과거만을 의미하지는 않는다. 이는 우리들의 삶을 윤택하게 하는 문화의 한 부분이며, 미래의 새로운 전통을 만들어 갈 수 있는 원동력이 되기도 한다.

문화의 전승은 사람을 통해서 이어진다. 마치 섶으로써 불을 전하듯(以薪傳火), 문화의 전통은 계승하는 속에서 생명력을 갖게 되고 발전할 수 있는 것이다. 그러나 시대가 시대이니만큼 지금은 전통문화가 거의 단절되다시피 했다. 단절 요인은 여러 가지가 있겠지만 기왕지사旣往之事, 시대를 탓한들 무슨 소용이 있으랴! 탓하기에 앞서 우선 꺼져가는 이 불길을 살려내는 것이 우리가 해야 할 일일 것이다.

1년 중 몇 안 되는 명절이지만, 해마다 추석명절에는 한번쯤 전통의 의미를 다시 생각할 수 있는 계기를 마련해야겠다. 전통을 되새기는 마음으로 추석명절을 지낸다면 가정의 화목을 돈독히 할 수 있음은 물론 더 나아가 사회를 윤택하게 하는 데에도 큰 역할을 할 수 있을 것이다.

무엇이든지 알아야만 뜻이 성실해지는 법이다. 추석의 의미를 알고 난 뒤 차례를 지내고 성묘省墓도 하며, 친척들 이웃들과 마주 대한다면 모처럼 맞이하는 추석명절이 보다 의미 있고 보람 있는 시간이 될 것이다.

달맞이 - 한국민족문화대백과

5장

문명의 발상지
동북 간방

동북 간방의 해 뜨는 나라, 부상국扶桑國
활 잘 쏘는 동이족
결자해지結者解之
동이족 복희씨
복희씨의 수명受命과 치적
태극과 동북 간방
민족경전 천부경天符經

동북 간방의 해 뜨는 나라, 부상국扶桑國

상고시대의 우리 민족은 백두산을 중심으로 국
토가 드넓게 펼쳐져 있었다. 민족의 성산으로 숭
배했던 백두산은 중국인들의 입장에서 바라보면
동쪽에 위치한다. 일반적으로 우리나라를 '동북 간
방'에 위치한 곳으로 보고 있다.

'동북 간방'이란 『주역』의 문왕팔괘에서 근거한
말이다. 주역은 주周나라 때의 역易이며, 주나라의
수도는 낙양洛陽이었다. 당시 천하의 중심지로 여

부상수-사천성 박물관

겼던 낙양에서 패철(지남철)을 놓고 방위를 살필 때, 백두산은 동북 간방에 위치
하고 있음을 알 수 있다. 따라서 주역의 문왕팔괘에서는
동북방에 간괘艮卦를 둔 것이다. 낙양을 중심으로 해서 곤
륜산은 자연히 서북 건방乾方에 위치하게 된다.

갑골문

중국인들은 간방의 이 땅을 부상국이라고 불렀다. 아득
한 옛날, 인류의 시원을 알 길이 없는 그때를 사람들은 삼황시대三皇時代라 하기도 하고, 섭제격攝提格이라고도 말한다. 근세의 역학자인 야산 선생이 이를 풀어서 말하기를,

"섭제라는 말은 '붙들고 나온다(扶出)'라는 뜻이고, 격格은 표목標木에 대한 이름이니, 섭제격이란 곧 부상扶桑을 말한다."고 하였다.

부상은 한자로, '붙들 부扶'자에 '뽕나무 상桑'자를 쓴다. 뽕나무는 '복福나무'가 음변한 용어다. 뽕나무에서 누에를 쳐 옷을 해 입으니, 당연히 복스런 나무였을 것이다. 그런데 부상 즉, '복나무를 붙들다'는 의미는 해가 나뭇가지를 붙잡고 올라오는 모습을 형용한 것이니, 다름 아닌 '동방목의 해 돋는 동쪽'이라는 뜻이다. 이 복나무인 뽕나무는 산에서 자란다. 주역에서 산을 간艮이라 하니, 동북 간방의 해 뜨는 언덕을 부상이라고 하는 것이다. 『삼국유사』, 『고려사』, 『해동역사海東繹史』 등의 문헌에서도 우리나라를 부상국으로 기록하고 있다.

밝은 태양을 상징하는 뽕나무이어서인지, 아니면 우리나라를 상징하는 나무이어서인지, 고려 때만 해도 신주神主는 뽕나무로 만들었다. 신성한 나무이므로 천목天木이라 불렀고, 뽕잎을 천약天藥이라 했다. 뽕잎 먹는 누에를 천충天蟲, 혹 천잠天蠶이라고도 불렀다. 양기가 성한 나무라 여겼기 때문에, 뽕나무의 Y자 모양의 가지에 처녀들이 오래 걸터앉아 있으면 아이를 밴다는 속전俗傳이 있는가 하면, 아이를 못 낳는 일부 부녀자들은 일부러 속옷을 벗고 이 뽕나무의 Y자 모양의 가지에 눌러앉아 아이 갖기를 빌었다고도 한다. 서울 삼청동의 숙정문肅靖門 밖에 고목이 된 뽕나무 밭이 있었다고 하는데, 이는 양잠을 위한

일월부상도 - 조선시대 민화

뽕밭이 아니라 음풍淫風을 상쇄相殺하기 위해서 있었던 것이라고 한다.

이러한 민간 속설들은 뽕나무가 태양의 정기를 간직했다고 믿는 데에서 생긴 것임을 알 수 있다. 또한 뽕나무는 재질이 질겨서 가지가 좀처럼 갈라지지 않으므로, 지게를 받치는 지겟작대기로는 제일 상질上質로 쳤다고 한다.

'뽕나무 상桑'자는 '나무 목木'자 위에 '또 우又'자 셋이 모여 있는 형상이다. 이는 삼목三木을 의미한다. 삼은 삼팔목三八木으로 동방을 가리키고, 동방은 문왕괘로 보면 진방震方을 가리킨다. 『주역』에 "상제가 진방에서 나온다(帝出乎震)" 했다. 삼을 진震으로 말한 것이다. 그러면 제帝는 누구인가? 동방의 태호太皥 복희씨를 말한다. 『사기』에서 삼황오제三皇五帝는 모두 한 뿌리에서 나왔다고 말하고 있는데, 삼황 중의 맨 처음 인물이 복희씨이다. 이는 중국인들이 바라보는 동방의 시원지에서 복희씨가 출현했음을 말하고 있는 것이다.

'상桑'자와 관련하여, 상전벽해桑田碧海라는 성어成語가 있다. 뽕나무밭이 바다로 변한다는 뜻으로 세상의 변천이 심하다는 의미로 널리 쓰이고 있다. 뽕나무는 산에서 자생하는 나무인데, 산에 있는 뽕나무밭이 바다가 된다는 말은 또한 세상이 망한다는 의미도 지니고 있다. 그러나 이를 뒤집어서 말하면 세상이 아무리 망해도 동북 간방의 이 땅은 망하지 않는다는 말도 된다.

갈홍葛洪의 『신선전神仙傳』에서도, 마고麻姑가 말하기를 "동해가 삼변三變해서 상전桑田이 됨을 보았다" 하니 이는 범인으로서는 짐작하기 어려운 경지를 드러내고 있다.

우리나라가 위치한 동북 간방과 관련하여 '간艮'이란 글자를 풀이해 보면, '日+氏'의 합성자임을 알 수 있다. '해의 씨앗'이 되는, 즉 해가 솟는 근원의 자리를 가리킨다. '뿌리 근根'자에도 간艮이 들어있는 것을 보면 그 뜻을 짐작할 수 있다. 공자도 일찍이 간방에 대해 표현하기를 "만물을

지리산 여신 성모상 마고할미

마치고 만물을 시작하는 곳이 간방보다 더 성함이 없다(終萬物始萬物者 莫盛乎艮)"
고 하였다.

아침에 일어나서 산 위로 솟아오르는 해를 바라보면 경이로운 느낌마저 든
다. 역사가들이 어떻게 보든 단군시대에 국호를 '아침에 빛나는 곳(朝鮮)'이라고
표현한 것은 백두산을 중심으로 하는 이곳이 문명의 발상지임을 보여주는 것
이 아닐까 싶다. 동쪽의 해 뜨는 곳으로서, 문명의 시원지로서, 당시 중국인들
이 바라보는 이곳 동북 간방은 아마도 그들에게 각별한 곳이었을 것이다.

일월오봉도 - 조선시대

활 잘 쏘는 동이족

우리 민족을 동이족東夷族이라 한다. 동이의 '이夷'의 글자를 파자하면, '대궁大弓'이 된다. 우리 민족이 본시 대궁을 사용했기 때문에 중국인들은 우리를 '동이'라 불렀다. 그 근거는 『설문해자』에서 찾아볼 수 있다. 『설문해자』에 "이夷는 동방의 사람(東方之人)이다. '大+弓'의 합한 자다."라 하였다.

수렵도

[종十] [大部] 夷

平也. 从大从弓. 東方之人也. 以脂切 文十八

동이의 설문해자

중국은 자기네 나라를 중심으로 해서 사방의 변방에 있는 나라를 천시하였다 한다. 동쪽에 있는 나라를 동이東夷, 서쪽에 있는 나라를 서융西戎, 남쪽과 북쪽에 있는 나라를 각각 남만南蠻과 북적北狄으로 기록하고 있다. 각 글자를 살펴보면, 남만은 벌레(虫)가, 북적은 개(犬)가, 서융에는 창(戈)이, 동이는 활(弓)이 보인다. 즉 남만인은 벌레 같고, 북적인은 개 같고, 서융인은 창을 잘 쓰고, 동이인은 큰활을 잘 쏜다는 말이다. 그러나 『설문해자』를 연구한 단옥재段玉裁의 주注에는 동이에 대하여 다음과 같이 해설하고 있다.

"대개 땅에 사는 사람들은 자못 순리順理하려는 성질이 있어서, 글자로 각각 표현한 것이니, 오직 동이족은 대大를 따르므로 대인이라 한 것이다. 동이의 풍속이 어질고, 어진 자는 오래 사니 군자불사지국君子不死之國이다. 생각건대, 하늘도 크고, 땅도 크고, 사람 역시 크니(天大地大人亦大) 대大는 사람의 모습을 형용한 것이다. 이夷라는 글자에서 대大를 따른 즉, 하夏와 다르지 않으니, 夏는 중국인이다(동이족은 하나라처럼 뛰어난 문명을 지녔다는 뜻임). 궁弓은 숙신씨肅愼氏가 호시楛矢와 석노石砮를 바친 것과 같은 종류다."

위 주에서 말한 숙신씨가 싸리나무 화살과 돌화살촉을 바쳤다는 이야기는 『공자가어』에도 나오는 말이다. 『공자가어』「변물辯物」에 공자께서 진陳나라에 계실 적에, 혜공이 뜰에서 죽은 새와 꿰뚫은 화살, 그리고 돌화살촉을 집어서 가져와 물으니 공자가 대답하기를 "새가 멀리서 날아왔구나. 이것은 숙신씨가 싸리나무 화살(楛矢)을 조공으로 바쳤던 것인데 살펴보니 과연 그렇다"고 하였다. 이 숙신씨는 동이족이니, 숙신씨는 단군의 후예가 된다. 『서경』에도 화살에 대한 얘기가 나온다.

『서경』「여오旅獒」편에는 "주나라 무왕이 숙신씨가 가져온 호시와 석노를 이성의 나라에 나누어 주었다(分異姓之邦)."는 기록이 있고, 단옥재는 설문해자 주에서 "숙신씨의 호시를 진나라에 나누어 주었다(分陳以肅愼氏楛矢)."고 하였다. 공자도 단번에 싸리나무 화살이 숙신씨의 것이라고 한 것을 보면, 동이족의 화살이 대단히 유명했던 모양이다.

그러면 동이족의 원류源流는 어떻게 보아야 할 것인가? 『환단고기桓檀古記』에 의하면, 인류의 시조는 나반那般과 아만阿曼이라 한다. 이분들이 꿈에 천신天神의 가르침을 얻어서 혼례를 이룬 즉, 구환九桓의 족속이 모두 그분들의 후예가 된다는 것이다.

구환九桓에서 환桓은 아침에 떠오르는 태양빛처럼 '환하다'는 의미로 겨레의 명칭을 삼은 것이고, 또한 '큰' 또는 '한얼'의 뜻으로서 구한족九韓族이라고도 하였다. 옛날의 학자들은 환桓과 한韓을 같은 뜻으로 사용한 것이다. 우리가 단지 동방에 위치했다 해서 '환하다'고 했을까마는, 짐작건대 아마도 이곳에서 환한 문명의 꽃을 피웠기 때문에 그렇게 불렀을 것이다. 태양같이 밝은 성인의 덕을 갖춘 임금이 계셨던 곳으로도 미루어 짐작할 수 있다. 그리고 '크다'라든가 '한얼'이라는 뜻 역시 근원의 의미를 담은 것이니, 이곳으로부터 모든 생민生民이 퍼져 나갔을 것이다.

'환한 겨레'라는 뜻으로 우리 한족은 백두산(白山)과 흑룡강(黑水) 사이에 환국桓國 또는 한국韓國이라는 이름으로 나라를 이루었다. 이 땅의 면적이 동서가 5만리요, 남북이 2만리가 되었다는 것이다.

아홉의 겨레 가운데 한임(환인桓因, 단인檀因)께서 천산天山에 강림하여 제천단인 수두蘇塗에서 천신天神을 주제主祭하고, 광명한 덕으로 세상을 다스려(光明理世) 7대를 전했다 했다. 한웅천황이 천부인天符印을 간직하고, 3천 무리를 거느려서 태백산太白山 신단수神檀樹 아래에 내려와, 오사五事와 360여사餘事를 주관하시고, 세상을 이화(在世理化)하고 인간을 홍익(弘益人間)하셨으니, 배달국倍達國으로서 18대를 전했다 한다.

배달한웅 시대에 치우蚩尤씨가 군사를 맡고, 고시高矢씨가 농사를 맡고, 신지神誌씨가 글자를 만들었으며, 이들의 후예들이 가장 번성했다. 치우의 족속은 서남의 땅인 지금의 중국을 점거하였고, 신지의 족속은 동북의 땅에서 살았다. 유독 고시의 족속들이 넓은 동남쪽의 땅을 유전流轉하며, 진한辰韓과 변한弁韓의 족속이 되었는데, 후세에 삼한三韓이라 이르는 나라가 바로 고시씨의 자손이다. 이 세 분의 후예가 또한 아홉 갈래(九派)로 세분되었으니, 견이畎夷, 우이嵎夷, 방이方夷, 황이黃夷, 백이白夷, 적이赤夷, 현이玄夷, 풍이風夷, 양이陽夷의 무리들로서 모두가 가지는 다르지만, 조상을 같이하고 있다고 『규원사화』에는 기록하고 있다.

『맥이貊耳』라는 책에서 인용한 『동국전란사東國戰亂史』에 "숙신씨의 땅 동쪽에서 석노石砮가 나오고, 피골皮骨, 갑궁甲弓, 호시楛矢가 있었으므로 동인東人을 가리켜 이夷라 말한 것이니, 이夷는 대궁大弓으로서 숙신국에서 나온 대궁으로 해서 이름삼은 것이다"라 하였다. 이는 일리 있는 말이긴 하지만, 단지 숙신국에서 대궁이 출토되었다 해서 족속의 이름으로 삼았다고 보기에는 어려운 부분이 있다. 대신 『규원사화』에서, 치우씨의 군사가 대궁을 만들어 수렵하고, 정벌을 했다는 말이 나오므로 중국인들이 심히 두려워했을 것이며, 아마도 '동이'라 이름 붙인 것이 여기에서 연유하지 않았을까 추측할 뿐이다.

최근 수십 년간 묘하게도 우리나라의 젊은 남녀의 양궁 선수들이 세계대회를 석권하는 것을 보면, 동이족의 후예로서 혈통을 이어 받았기 때문일 것이라는 생각이 든다.

『후한서後漢書』 「동이전」에는 "동이 사람은 어질어서 호생지심好生之心이 있으며, 천성이 유순해서 쉽게 도道로 다스릴 수 있으니, 군자불사君子不死의 나라다."라 하였다.

도를 펼치기 위해서 주유천하周遊天下하던 공자도 도를 행하지 못함을 탄식하며, 뗏목을 타고서라도 구이九夷에 오려 했다는 얘기는 『논어』의 「공야장」 「자한」편에 나온다. 공자는 아마도 동이족이 천성이 어질어서 도를 행하기가 쉽다고 여겼기 때문이었을 것이다. 공자가 작고하시기 7일 전, 제자인 자공에게 꿈을 꿨다며 다음과 같이 말씀하셨다.

"내가 지난밤 꿈에 두 기둥 사이에서 음식상을 받고 있었다. 하우씨(夏后氏)는 동쪽 계단 위에서 빈소를 차리고, 은인殷人은 두 기둥 사이에서 빈소를 차렸으며, 주인周人은 서쪽 계단 위에서 빈소를 차리니, 나는 은인이다. 대저 명왕明王이 나오지 않으니, 천하의 그 누가 나를 종宗으로 삼을 것인가! 나는 장차 죽을 것이다."

돌아가시기 직전에 공자는 자신이 은나라 사람임을 밝혔다. 은나라는 동이족임은 이미 전술한 바 있거니와 공자는 무슨 생각으로 자신이 은나라 사람이라고 말씀하신 것일까?

결자해지結者解之

重火離

'결자해지結者解之'라는 비어秘語가 언제부터인가 전해져 오고 있다. '처음 일을 벌여 놓은 사람이 그것을 풀어야 한다'는 뜻으로, 결結은 끈으로 매는 것이고, 해解는 묶은 끈을 푼다는 뜻이다.

사람의 일생은 태어나면서부터 세상사에 이리저리 얽히기(結) 시작하지만, 죽을 때에는 그 모든 것을 풀고(解之) 가야 한다. 좋은 일이든 나쁜 일이든 너와 내가 얽히고 상하가 얽히고 과거와 현재가 얽혀 있다. 흔히 말하는 관계關係라는 단어에도 '실 사糸'가 들어 있어, 사람들은 여러 가지 끈으로 서로 얽혀 있음을 나타낸다. 아마 불가佛家에서 말하는 인연이란 말로 표현해도 좋을 듯싶다. 그러나 좋게 얽혀 있으면 무슨 문제랴마는 만약 원한으로 맺혀 있다면 어찌 감당하랴!

복희씨는 끈을 엮어서 그물을 만들었다. 괘를 만들고, 여러 괘중 이괘離卦의 상에서 착안하여 그물을 만든 것이다. 공자께서 「계사전」에 다음과 같이 말씀하셨다.

"끈을 매듭지어 그물과 덫을 만들어서(作結繩而爲網罟) 짐승을 사냥하고 물고기를 잡으니(以田以漁) 대개 이괘離卦에서 취한 것이다."

우리가 일반적으로 알고 있는 이괘는 불(火)을 상징하는 것인데, 불과 그물은 무슨 유사성이 있을까? 주역을 공부하려면 유추해석을 잘해야 한다. 불은 본래 음체陰體다. 자생하지는 못하고, 나무나 다른 물체에 붙어서(걸려서) 살아나 빛을 밝힌다. '걸린다'는 뜻은 그물에서도 통용되고 있으므로 공자께서는 "이離는 걸린다는 뜻이다(離 麗也)"라고 말씀하였다. 이때의 '麗'는 '고울 려'의 뜻이라기보다는 '걸릴 리'로 읽어야 한다.

『주역』에서는 이 글자를 '고울 려'자의 뜻으로 쓰지는 않는다. 그런 점을 고려해 보면 국사책에서 언급되고 있는 '고구려'나 '고려'는 '고구리'나 '고리'로 읽어야 하지 않을까? 왜냐하면 소위 한 나라의 국호를 정하는 데 있어서, 단지 금수강산이 아름답다는 '려'자의 의미로 사용했을 리는 없을 것이고, 태양이 중천에 높이 걸려서 천하를 빛낸다는 의미를 지닌 '리'자의 뜻으로서 국호를 정했을 것이기 때문이다. 고구려나 고려라고 발음한 시점이 언제부터였는지 자못 궁금하다.

어쨌거나 이괘의 덕은 '걸리다(걸릴 리麗)'는 뜻이다. 하늘의 일월성신이 빛나는 것도 『주역』이괘에서는 마치 그물에 걸려있는 것처럼 '하늘에 걸려있다(麗乎天)'로 표현하고, 땅 위에 백곡초목이 자라는 것도 역시 '땅에 걸렸다(麗乎土)'라고 표현하고 있다.

사람도 일생을 통해서 훌륭한 선생이 있으면 찾아가 배우고, 좋은 친구가 있으면 자신의 잘못을 깨닫게 된다. 다시 말하면 그들에게 '걸려서' 빛을 내는 것이다. 즉 지혜를 밝힌다는 뜻이다. 이 모두가 복희씨의 그물 속에서 걸려 있는 것이다.

불가에도 '제망찰해帝網刹海'라는 말이 있다. 즉 '상제의 그물로 육지(刹), 바다(海) 할 것 없이 온 누리를 건져 올린다(구제한다)'는 뜻이니, 아마도 복희씨의 그물과 다른 그물은 아닐 것이다.

상고시대에 복희씨께서 팔괘를 만들고, 문자를 만들고, 남녀 혼인하는 법을

만들고, 희생犧牲을 길러서 제사 지내는
법 등 많은 것들을 만들었다. 끈으로
엮어(結繩) 세상을 밝힌 것처럼 사람들
로 하여금 밝은 곳에 걸리게 하였다.
세상을 문명한 곳에 걸리게 한 것이다.

청실홍실 동심결

  적어도 공자께서는 문명의 시점을
복희씨로부터 기록하고 있다. 복희씨
로부터 시작된 결승의 역사가 오천여 년의 세월을 지나 지금까지 흘러오고 있는
것이다.

  그러나 모든 일에는 매듭지을 일이 있으면 풀어야 할 일 또한 있는 것이다.
아무리 좋게 묶은 끈도 세월이 흐르다 보면 좋지 않게 변할 수도 있다. 좋은
매듭이야 상관할 바 없겠지만, 잘못 묶였다면 풀어야 한다. 얽힌 일이 많을수
록 풀 일도 많은 법이다. 언 땅이 풀린다 해서 해동解凍, 근심을 푼다 해서 해
우解憂, 원한을 푼다 해서 해원解寃 등의 말이 있다. 이처럼 세상을 살아가다
보면 얽어야 할 일도 많지만 풀어야 할 일도 참으로 많다.

  그런데 '결結'자를 놓고 끈으로 묶는다는 뜻은 이해가 되지만, '푼다'는 의미의
글자를 왜 해解자로 썼을까? 해解를 파자해 보면, '角+刀+牛'가 합성된 글자로

포정해우-장자 양생주

이는 참으로 의미심장한 글자
다. 글자대로 해석하자면, 소뿔
을 칼로 자른다는 말인데, 그렇
다면 푼다는 뜻의 해解자와 소
뿔하고는 무슨 관계가 있을까?
포정해우庖丁解牛라는 고사성어
가 있다. 이는 본래 『장자莊子』
의 「양생주養生主」편에 나오는
말인데 소개하면 다음과 같다.

포정庖丁(백정)이 문혜군文惠君을 위해 소를 잡은(解牛) 일이 있다. 손을 대고, 어깨를 기울이고, 발로 밟고, 무릎을 구부리면서 소를 해부하는데, 서걱서걱하며 소리가 나는 듯 안 나는 듯하고, 칼을 움직이며 뼈를 바르는데 빠극빠극 하는 소리가 나는 것이 음률에 맞지 않음이 없었다. 은나라 탕임금 때의 곡이었던 상림桑林의 무악舞樂과 합하니 곧 요임금 시절의 곡이었던 경수經首의 음절에 맞는 것이었다.

　문혜군이 말하였다. "아! 훌륭하도다. 소 잡는 기술이 어찌 이러한 경지에 이르렀는고?" 포정이 칼을 놓고 대답했다. "제가 좋아하는 바는 도道입니다. 기술보다야 더 낫겠지요. 처음에 제가 소를 잡을 때는 눈에 보이는 바가 온통 소뿐이더니, 삼년이 지난 뒤부터는 일찍이 소를 온전히 본 적이 없었습니다. 요즈음에 저는 신神으로 소를 대하지, 눈으로 본 적이 없습니다. 시관視官이 그칠 줄을 아니, 신神이 행하고자 하는 것입니다. 천리天理를 따라서 살과 뼈 사이, 뼈마디 사이의 큰 틈새나 비어 있는 곳을 칼로 헤집고 들어가서 그 소의 고유한 모양새를 따라서 기술의 신묘함(技經)으로 일찍이 살이나 뼈를 다친 적이 없었으니, 하물며 큰 뼈야 더 말할 나위가 있겠습니까?

　솜씨 좋은 백정(良庖)이 1년 만에 칼을 바꾸는 것은 살을 가르기 때문이고, 보통의 백정(族庖)이 한 달 만에 칼을 바꾸는 것은 뼈를 자르기 때문입니다. 지금 제 칼은 19년이 되었습니다. 잡은 소가 수천 마리가 되었지만, 칼날은 마치 새로 숫돌에 간 것과 같습니다.

　저 뼈마디에는 간격이 있으나, 칼날은 두께가 없어서, 두께 없는 것으로 틈새에 들어가니 넓고 넓어서, 칼을 움직임에 반드시 여지餘地가 있었습니다. 이 때문에 19년이 되었는데도 칼날이 마치 새로 숫돌에 간 것과 같았던 것입니다. 비록 그렇지만 매양 근육과 뼈가 엉킨 칼질하기 어려운 곳에 이를 때마다 그 일의 어려움을 알고 삼가 경계해서, 정신을 모으고 서서히 행해서 칼을 움직이는 것을 심히 미묘하게 하면, 살이 뼈에서 떨어지는 소리가 마치 흙이 땅에 떨어지는 소리와 같습니다. 그러면 칼을 들고 서서 주위를 살피며 주저하면서 만족하고는 칼을 씻어 간직합니다." 문혜군이 말하기를 "나는 포정의 말을 듣고 양생養生을 얻었노라."(『장자, 양생주』)

문혜군이 깨달은 양생의 도라 하는 것은 다름이 아니다. 포정의 칼날이 19년이 지나도록 마치 새로 숫돌에 간 칼과 같이 날카로웠던 것은 살이나 근육이나 뼈에 의해 칼날이 상하지 않았기 때문이다. 즉 두께 없는 칼날로써 살과 뼈 사이의 빈 공간 속을 누볐기 때문이다. 빈 공간이란 허虛를 뜻하고 무無를 뜻한다. 칼날이 빈 공간 속을 누볐다는 말을 듣고 문혜군은 장생불사의 도가 허무虛無 속에 있음을 깨달은 것이다.

'결자해지'와 관련하여 '포정해우'라는 고사성어를 언급한 것은, 매듭지은 것(結者)을 푼다는 것(解之) 또한 포정의 소 잡는 경지와 같이 쉽게 풀 수 있는 일이 아님을 말하려는 것이다.

『주역』에서 매듭을 짓는 괘가 30번째인 중화리重火離괘이고, 매듭을 푸는 괘는 40번째 괘인 뇌수해雷水解괘다. 해괘는 땅 속에서 머물러 있던 우레가 이제 물 위에 나와서 자유롭게 움직이는 모습이다. 그야말로 천둥치고 비를 내려 백과초목이 싹을 틔운다는 괘이다. 다시 말하면, 겨우내 얼었던 땅이 봄 눈 녹듯이 서서히 풀린다는 괘가 해괘解卦인 것이다.

雷水解

이괘離卦와 해괘解卦 사이는 10괘인 60효爻가 들어 있다. 60이라는 수는 60갑자의 주기와 같이 천도天道가 한 바퀴 돈다는 의미를 갖기도 하고, 또한 6이 극수極數이므로 극즉변極則變하는 이치를 담고 있기도 하다. 왜 하필 이괘離卦로부터 60번째 효에 와서 해괘解卦를 두었을까? 풀어야 하는 것에도 때(時)가 있고 마디(節)가 있는 것이다. 아무 때나 풀 수는 없기 때문이다.

해괘의 상구 효사를 보면, "공이 높은 담 위에서 새매를 쏘아 잡으니 이롭지 아니함이 없다(公 射隼于高墉之上 獲之 无不利)." 하였다. 상구효는 맨 위 자리에 있는 효이다. 이제 마지막으로 모든 것을 다 풀고 넘어가야 하는 자리다. 새매가 갖는 상징성은 다양하지만, 어쨌거나 새매는 맹금류다. 物을 해치는 날짐승이니, 내 땅에 새가 날아들었다면 쏘아 잡아서 근심을 풀어야 할 것이다. 말하자면 이제 바야흐로 세상의 얽히고설킨 것들을 풀어야 할 때에, 세상을 해치는 소인배와 같은 무리들에게는 관용으로 푸는 것만이 능사가 아니고, 때로는 활로 쏘아 잡듯이 위엄을 보여줘야 하는 것이다.

그런데 새를 잡는 방법은 쉽지 않다. 그래서 공자는 새매를 잡는 방법에 대해서 다음과 같이 말씀하셨다.

> "준隼은 날짐승이요, 궁시弓矢는 도구(器)요, 활을 갖고 쏘는 자(射之者)는 사람이니, 군자가 몸에 활과 화살을 간직하고(藏器於身) 때를 기다려서 움직인다면(待時而動) 무슨 불리함이 있겠는가?"「「주역, 계사전」)

즉 새매를 잡으려면 우선 새를 잡을 수 있는 능력 있는 사람이 있어야 하고, 새를 잡을 수 있는 도구가 있어야 하고, 때가 맞아야 하는 것이다. 사람(人)과 도구(弓矢)와 때(時)의 3요소가 갖춰져야만 그 동안의 잘못 얽혔던 실마리를 풀 수 있다는 것이다.

이러한 의미에 기초해서 결자해지의 뜻을 다시 음미해 보자. 그동안 복희씨의 그물로 세상을 덮어 왔으니, 복희씨는 다름 아닌 동이족이다. 즉 간방인 우리나라에서 역사적 문명의 시초가 이루어졌고, 이제 선천을 마치고 후천을 넘어가는 때에는 복희씨의 그물로 새를 잡아야 하는 것이다. 복희씨의 그물을 공자께서는 궁시로 표현했으나, 그물이나 궁시 모두 이괘離卦의 상으로 의미하는 것은 한 가지다. 또한 궁시는 대궁지인大弓之人인 동이족의 것으로, 대궁이 동이족과 관련이 있다는 말은 앞에서 이미 말한 바 있다.

아니! 그물로 순하게 잡으면 되지, 하필 화살로 쏘아서 잡으라고 했을까? 대저

도道와 덕德이라는 것은 강유와 건순健順의 조화 속에서 이루어지는 것이므로, 순하게 매인 사람은 부드럽게 풀어야 하지만, 불순하게 매인 사람은 활과 화살의 위엄으로 풀어야 하기 때문이다. 그러므로 공자는 해괘의 괘상에 대해 말하기를 "그 동안의 어긋났던 것을 푸는 것이다(以解悖也)"라고 말씀하신 것이다.

위 인용문에서 "공이 높은 담장 위에서 새매를 쏘아 잡았다."라고 했는데 담장은 괘상으로 말하면 간괘艮卦(☶)에 해당하고, 새매는 남방주작南方朱雀이니 이괘離卦(☲)를 상징한다. 간방은 곧 우리나라를 가리키니, 우리나라에서 새매를 쏘아 잡는다는 것이다. 이렇듯 선천을 마치고 후천을 시작하는 자리가 동북 간방이라고 『주역』에서는 강조하고 있다. 후천시대의 첫 장을 펼칠 수 있는 동북 간방의 이 자리에서 마치 포정이 소를 잡듯이 소의 뿔을 쳐서 오회午會를 넘어 후천에 이르기를 선현들은 갈망했던 것이다. 이것이 '결자해지'를 통해 살펴본 비사다.

복희묘 정문

동이족 복희씨

주역은 팔괘를 기본으로 하는데, 맨 처음 팔괘를 그린 사람(始畫八卦)이 복희씨다. 따라서 주역을 희역羲易이라 부르기도 한다. 복희씨伏羲氏는 '희생을 복종시킨 사람'이라는 뜻이다. 복희씨라 이름 삼은 것은 상고上古의 수렵 시절에 줄을 매듭지어서(作結繩) 덫과 그물(網罟)을 만들고, 짐승을 잡고 물고기 잡는 법을 가르쳐서 희생犧牲을 길들이고 복종시켰기 때문이다.

문명의 시조 태호 복희씨

희생이란 제물로 바치는 가축을 의미한다. '희'는 색色이 순한 것을 말하고, '생'은 소, 양, 돼지 등을 말한다. 제물로 바치기 위해서 집에서 깨끗이 기른 가축이라는 뜻이다.

이 복희씨라는 이름을 『주역』에서는 포희씨庖犧氏라고도 부른다. 포庖는 푸줏간을 뜻하니, 가축을 도살하는 곳을 말한다. 희생을 길러서 푸줏간을 가득 채워 천신과 지신 및 조상에게 제사를 지내고 사람이 먹기 위해 푸줏간을 채웠기 때문에 '포희'라 부른 것이다.

이러한 역사적인 인물인 복희씨는 바로 동이족이다. 『사기』「삼황본기三皇本紀」에서 말하기를, 복희씨는 풍성風姓이며 수인씨燧人氏를 대신하여 왕이 되었다고 한다.

성姓은 그 조상이 맨 처음 나온 바(所自出)를 기록한 것이고, 씨氏는 그 자손이 맨 처음 나누어진 바(所自分)를 구별한 것이다. 따라서 성씨姓氏를 거론하는 이유는 다름이 아니라 복희씨의 조상이 누구이며 어디에서 갈라져 왔느냐는 것을 말하기 위해서다.

누가 누구의 조상이냐를 밝히는 것이 오늘을 살아가는 우리들에게 무슨 의미가 있느냐고 반문할지도 모르지만 나무의 성장은 그 뿌리에 달려 있는 법이라는 것을 떠올려 본다면 이에 대한 답이 되리라 본다. 내 조상이 어떤 사람들이고 무엇을 했던 사람들인가를 살펴본다는 것은 우리들의 현재를 이해하는 한 방편이 될 수 있으며, 이를 통해 삶의 방식과 인생의 방향을 얻을 수 있기 때문이다. 복희씨가 동이족이라는 사실은 이미 여러 문헌들에서 증명되고 있는 것으로 그가 동이족이라는 사실은 우리의 뿌리를 다시 한 번 돌아보게 한다.

『태백일사』「신시본기」에서 말하기를, "환웅천황으로부터 다섯 대를 전해서(五傳) 태우의太虞儀 환웅이 있었으니, 사람들에게 묵념黙念으로 마음을 맑게 하고, 조식調息으로 정精을 보존케 하였다. 이것이 바로 장생구시長生久視의 술術인 것이다. 자식 12명을 두었는데, 장자를 다의발多儀發 환웅이라 하고, 막내를 태호太暤라 하며 또는 복희라 불렀다" 하였다.

「신시본기」에서 또한 말하기를, "복희는 신시神市에서 태어나, 우사雨師의 자리를 세습하고, 뒤에 청구靑邱, 낙랑樂浪을 거쳐서 마침내 진陳(지금의 淮陽)땅에 이사해서 나란히 수인燧人, 유소有巢와 함께 서방에 이름을 세웠다. 후예는 풍

산풍山에서 분거分居했으니, 역시 성이 풍씨였다…. 지금 산서山西 제수濟水가 복희씨 족속의 옛 터이니, 아직도 임任·숙宿·수須·구句·수유須臾 등의 나라가 모두 모여 있다."고 하였다.

중국의 역사서인 『사기』에서도 말하기를 "복희의 후예로 춘추시대에 이르러 임任·숙宿·수須·구句·전유顓臾가 있었으니, 모두 풍성의 후예다." 하였다.

『주역』에 '제출호진帝出乎震'이라는 글이 있으니, 이는 상제가 진방에서 나왔다는 것이다. 그리고 『예기』의 「월령月令」편에 "맹춘지월孟春之月…… 기제태호其帝太皞,"라 했으니, 맹춘은 정월달을 이르는 것이며, 만물이 시생하는 곳, 그곳의 상제가 태호라는 것이다. 태호를 정현鄭玄은 『예기』의 주에서 복희씨라 하였다.

'상제가 진방震方에서 나왔다' 하니 그러면 진방은 어디인가? 문왕 팔괘로 보면, 진방은 동쪽을 가리킨다. 동쪽은 해가 떠오르는 곳이고 한 해의 봄이 시작되는 곳으로 오행으로는 목이 왕성한 곳이다. 그래서 동녘 동東자는 나무 목변에 일日자를 붙인 것이다. 이 동방에는 동이족이 있었으며, 또한 동이족의 한 갈래인 풍이족風夷族이 있었다. 복희씨가 동이 풍족風族의 후예이므로 성을 풍씨라 한 것이다.

우리나라를 예로부터 진단震檀, 혹은 진단震旦이라고도 불렀다. 진震은 진振이나 진辰과 같은 뜻이므로 후대의 진한辰韓도 동이족의 후예임을 자처한 것이고, 또한 대조영이 세운 발해라는 나라도 국호가 진국震國으로서 단군 조선의 맥을 계승한 것임을 표방한 것이다.

『구당서舊唐書』에서 말하기를 "발해의 말갈족이었던 대조영이란 자 …중략… 자립해서 진국振國의 왕이 되었다." 하니 '진국振國'은 곧 진국震國을 가리킨 것이다.

예로부터 우리나라에 단군시대부터 전해져 왔다는 진단구변도震檀九變圖라는 비밀스러운 그림이 있었다. 즉 진단이 아홉 번이나 변한다는 설인데, 현재 글이나 그림으로 전해진 것은 없다. 다만 조선의 창
업을 도운 권근權近이 신도비에서 진단구변의 설을
인용하여, 이씨가 조선을 세운다는 다소 견강부회
적인 주장을 한 적이 있다. 단군조선의 시대가 다
시 도래할 것이라는 관점에 있어서는 이해가 되는
부분이기도 하다. 아마 이태조가 조선朝鮮이라는 국
호를 정할 당시에는 이와 같은 확실한 믿음을 갖고
추진했을 것이다.

진단구변도
야산 선생 문인 소장

　지금까지 여러 학자들의 진단구변에 대한 설은
다양한데, 이 중에는 주역으로 풀이한 것도 있다. 일반적으로 문왕 팔괘를 중
앙과 합해서 구궁九宮괘라고도 부른다. 따라서 구변九變이라 함은 중앙의 본체
부터 시작해서 일변一變이라 하고, 문왕 팔괘를 기준해서 동방에 위치한 진방
震方을 이변二變으로 하여, 좌선으로 한 바퀴를 돌면 구변九變하여 간방艮方에 오
게 된다. 그렇다면 진단구변도가 갖는 의미는, 상고시대에 상제께서 진방에서
나오시자 만물이 생하고, 구변을 거쳐 간방에서 '만물을 마친다'는 뜻이 된다.
간방이 즉 '만물을 마치고 만물을 시작하는(終萬物始萬物)' 곳임을 보여주는 이치
라 하겠다.

　　　　　　당시 중국 입장에서 보면 문명의 근원이 되는 곳이 동
　　　　　　방진東方震이고, 밝은 세상을 만들어준 복희씨가 동방에서
　　　　　　출현했기 때문에 그들은 복희씨를 가리켜 '목덕木德으로
　　　　　　왕했다'고 하였다. 목덕은 동방의 해가 밝음을 상징하고
　　　　　　있으므로 그의 덕을 기려서 호號를 태호太昊 또는 태호太皥
　　　　　　라 한 것이다.

복희씨의 수명受命과 치적

태호 복희씨의 치적은 참으로 많다. 동방의 어둠을 밝힌 태양과 같이 그의 치적은 상고시대를 찬란하게 비췄다. 복희씨의 여러 치적 중에 우선 먼저 고려해야 할 부분이 '글'을 발명한 것이다.

『사기』에 의하면, 복희씨가 처음으로 글자(書契)를 만들어서 결승結繩으로 하는 정치政治를 대신했다 한다. 복희씨 이전에는 아마도 끈을 엮는 방법(結繩)으로 의사를 전달했던 모양이다. 결승은 문자가 없었던 상고 시대에 끈(繩)으로 매듭지어서(結) 표현한 것이니, 큰일에는 끈을 크게 묶고, 작은 일에는 끈을 작게 묶는 등의 방법을 이용한 것이다.

서계書契는 글자를 말하니, 글(書)은 도에 부합(契)하는 것으로, 글이란 비유하자면 도道를 담은 그릇과 같다. 그릇이 없으면 물을 담을 수 없듯이, 글이 없으면 도를 밝힐 수 없기 때문이다. 복희씨 이전에는 글이 없었던 시절로 알 길이 없었으므로 후세의 학자들이 인류 문화의 시원을 복희씨 이후부터 기록하고 있다.

예악禮樂을 제정한 이도 복희씨라 한다. 그는 처음으로 혼인 제도를 정해서 한 짝의 가죽(儷皮)으로 예물을 삼았다. 상고시대에는 포백布帛이 없었고, 짐승 가죽을 입었기 때문에 가죽으로 예물을 삼았던 것이다. 지금도 남녀 혼례 때 폐백幣帛이라는 이름으로 주고받는 것이 바로 불망본不忘本의 뜻이요, 이에 근거한 유습이다. 예가 있으면 음악이 따르는 법이다. 복희씨는 25줄로 된 비파(瑟)를 만들었으며, 그물과 덫을 만들어 물고기도 잡고 짐승도 잡는 데에 비파를 타며 노래 부르도록 한 것이다.

龍馬負圖 (河圖)

용마부도-래구당

이러한 복희씨가 천하를 다스릴 때 하수河水에 용마龍馬가 나타났다. 대략 서기 전 3,500년 전의 일이라 한다. 하수가 지금의 황하黃河인지, 용마가 과연 하늘에서 내려왔는지, 지금으로서는 알 수가 없지만, 이치로 말하자면 하늘에 통한 것이 하河라고 볼 수 있다. '천일생수天一生水'의 물이 하늘에서 처음 만들어져서 땅으로 흘러내려왔기 때문이다. 어쩌면 하수河水가 문명의 시원을 이룬 곳이기에 은유의 뜻으로 이렇게 표현했을지도 모르겠다. 하여간 복희씨라는 성인의 덕이 위로 하늘과 짝하여 하늘이 그 상서로운 영물靈物을 내려주신 것이니, 이것이 바로 용마라는 것이요 수명受命의 뜻이라 하겠다.

용마의 등에는 일一로부터 십十에 이르기까지 55점의 선모旋毛의 동그라미가 그려져 있었다고 한다. 지금 『주역』에 있는 하도河圖의 동그라미를 배열한 모습과 유사했을 것이다. 주자朱子는 이 동그라미 모양이 "성상星象과 같으므로 도圖라 한 것이다."라고 하였다. 이는 하도의 기원과 이름에 대한 뜻을 말한 것이다.

여하튼 복희씨는 용의 상서로운 모습을 보고 관명官名에 용龍자를 붙이고,

그의 군대를 용사龍師라 불렀다 한다. 이처럼 복희씨는 용과 유관함을 알 수 있다.

주역의 팔괘 역시 복희씨가 만들었다. 맨 처음 팔괘를 만들었으므로, 복희씨를 '작역자作易者'라 부른다.

『태백일사』「신시본기」에서 복희씨에 대해 말하기를, "하루는 몸에 삼신三神이 강령降靈하는 꿈을 꾸고, 온갖 이치가 통철洞徹해지자, 곧 삼신산에 가서 제천祭天하고 천하天河에서 괘도卦圖를 얻으니, 그 그림이 삼절三絶 삼련三連하였으며, 위位를 바꿔서 이理를 유추해 보면, 삼극三極을 묘하게 합하고 변화가 무궁하다." 하였다. 천하天河에서 괘도를 얻었다는 것은 하도를 가리킨 것이고, 삼절 삼련은 팔괘를 말한 것이다.

그런데 팔괘와 하도는 무슨 관계가 있을까? 주역의 팔괘는 용마의 등에 그려져 있는 하도를 보고 나서 그렸을까? 아니면 용마와는 관계없이 팔괘를 그린 것일까? 『주역』에서는 다만 복희씨가 팔괘를 그렸다고만 말했지, 이들 간의 관련성에 대해 구체적으로 표현하지는 않았다.

『주역』「계사전」에서, "옛날에 복희씨가 천하를 다스릴 적에 우러러 하늘에서 상象을 살피고, 구부려 땅에서 법法을 살피고, 조수의 무늬와 땅의 마땅함을 살피며, 가까이로 내 몸에서 취하고, 멀리 사물을 취해서, 이에 팔괘를 만들어 안으로 신명의 덕을 통하고, 밖으로 만물의 실정을 분류했다." 하였다. 이 부분이 복희씨 작역作易에 관한 유일한 글로서, 이로 미루어 보면 용마와 관계가 없는 듯도 하다.

그렇지만 역易이라는 글자를 살펴보자면, 『설문해자說文解字』에서 허신許愼은 역을 도마뱀에 비유한 상형문자로 보았다.(易에서 ◉는 머리와 눈을, 勿은 몸통과 다리를 나타내고 있다.) 도마뱀이 때에 맞게 변화한다는 측면에서는 일견 이해할 수는 있지만, 한편으로는 역

용

용-근정전 천장

이 가지는 의미를 겨우 도마뱀에 비유함은 왠지 마음에 흡족하지가 않다. 이와는 달리 『태백일사』의 「소도경전본훈」에 보면, "역易은 즉 옛날 용龍의 본자本字라." 하였으니 이는 보다 설득력이 있는 말이다.

또한 『태백일사』의 「신시본기」에서도, "복희가 신시에서 나와 우사가 되었으며, 신룡神龍의 변화를 보고 괘도卦圖를 만들었다." 하였다. 이때의 신룡이 하도에서 말하는 용마와 같은 것인지는 알 길은 없지만, 아무튼 용의 출현은 있었던 모양이다.

『주역』 건괘乾卦에서도 각각의 효를 용으로 비유한 것이 그 좋은 예다. 도마뱀과 용은 크고 작은 차이는 있지만 모습은 비슷하다. 정말로 '역易'이라는 글자가 도마뱀을 취상한 것인지, 아니면 무슨 연유로 용에서 도마뱀으로 바뀌어졌는지는 한번 연구해 볼 만하다. 아마도 후세의 학자들이 복희씨가 팔괘를 만든 것을 기념하고, 천지자연이 용처럼 변화무쌍함을 비유해서 '역易'이란 글자를 만들었으리라 여겨진다. 이런 점을 고려해 본다면 복희씨의 작역作易은 용마 출현 이후의 일이 아닐까 판단된다.

태극과 동북 간방

『주역』에서 "역 속에 태극이 있다(易有太極)"라 하니, 과연 태극은 무슨 뜻인가? 태太는 '클 태'자니 밖으로 크다는 최대지칭最大之稱이며, 극極은 '끝 극'이니 안으로 지극至極하다는 의미다. '크다'는 것은 단지 모양만을 가리키는 것이 아니다. 하늘이 만물을 생하는 덕이 크다는 뜻이니, 그 덕의 크기가 무한하다는 것이다.

백두산 천지지도

『주역』 건괘乾卦에 "위대하도다(大哉). 건의 원(乾元)이여!" 하였다. 이는 만물을 생하게 하는 하늘의 근원이 되는 덕으로 말한 것이니 바로 태太자의 뜻에 부합한다. '지극하다'는 것은 단지 한 쪽으로 치우친 끝 부분만을 가리킨 것이 아니다. 땅이 만물을 기르는 덕이 지극하다는 의미이다.

『주역』 곤괘坤卦에서의 "지극하도다(至哉). 곤의 원(坤元)이여!"라는 말이 바로 극極자의 뜻에 부합한다. 이때의 극極은 양단兩端을 가리키는 것이 아니고 중中을 가리키는 것이며, 겉을 가리키는 것이 아니라 속을 가리키는 것이다. 즉 태극은 '건곤의 덕과 같다'는 것으로 태극의 원리로 만물은 생장하는 것이니, 태극이란 만물을 발생케 하는 근원처로서 말한 것이다.

『주역』에 또한 "건곤乾坤은 역易의 문門"이라 하였다. 옛 사람들은 문門을 만물이 출입하는 곳으로 곧잘 비유하였다. 봄철에 만물이 소생함을 '문을 열었다(闢戶)'고 말하니, 이는 건乾을 뜻하는 것이다. 가을철이 되어서 만물이 죽기 시작하고 땅 속으로 들어가는 뜻으로 '문을 닫았다(闔戶)'고 말하니, 이는 곤坤을 뜻하는 것이다. 이때의 건곤은 만물의 시始와 종終으로 말한 것이니, 건곤은 전체를 포괄한 개념이다.

그런데 어느 곳에서는 '문門'을 말하고 어느 곳에서는 '호戶'를 말하니 이는 무슨 이유일까? 『주역』에서는 글자 한 자 한 자가 모두 깊은 뜻을 담고 있으니 범상하게 읽어 나가면 안 된다. 문門은 두 짝으로 이루어진 것이니, 건곤의 상대하는 뜻으로 말한 것이고, 호戶는 한 짝으로 이루어진 것이니, 일一인 태극의 의미로 말한 것이다. 따라서 '합호'니 '벽호'니 하는 것은 태극을 비유해서 한 말이다. 태극의 문을 활짝 열면 만물이 세상 밖으로 쏟아져 나오고, 태극의 문을 꼭 닫으면 만물은 땅 속에 간직되는 것이다.

이 같은 점을 고려해서 살펴보면, 태극의 뜻이 좀 더 분명해진다. 하나는 만물 발생의 근원처로 말할 수 있다. 『주역』에서 "역 속에 태극이 있으니 이것이 양의兩儀(음과 양)를 생하고, 양의가 사상四象을 생하고, 사상이 팔괘를 생한다" 하였다. 또 하나는 시종始終을 포괄하는 덩어리로 말할 수 있다. 『주역』에서 "천지의 조화를 범위했다(範圍天地之化)"라든가, "만물을 마치고 만물을 시작한다(終萬物始萬物)"라는 내용의 글이 그러한 의미이다.

또한 굳이 말하자면 "형이상자는 도요(形而上者謂之道) 형이하자는 그릇이라(形而下者謂之器)." 한 것도 태극을 형용한 말이라 할 수 있겠다. 눈에 보이지 않는 것(形而上)을 도라 말하고, 눈에 보이는 것(形而下)을 그릇이라 말하니 태극은 이

둘을 포함한 것이다. 최치원崔致遠(857-?) 선생이 〈범해泛海〉라는 시에서 태극을 형용한 구절이 있다.

日月無何外 해와 달 비추는 곳 어찌 밖이 없으랴.
乾坤太極中 건곤은 태극 속에 있노라.

최치원 선생도 태극 속에 건곤을 집어넣고 있는 것을 보면, 태극은 그야말로 밖으로는 '기대무외其大無外'요 안으로는 '기소무내其小無內'의 무한함을 이른 것임을 알 수 있다.

이 같은 원리를 파자를 통해서 설명해 보면, 태太는 한 일一자에 둘로 갈라져 나오는 모습이다. 좌로 삐친 것은 양陽의 모습을, 우로 삐친 것은 음陰을 나타내고 있다. 태극에서 음양이 생한다는 의미다. 태극은 이理요, 음양은 기氣니, 태극은 원리, 원동력으로 말한 것이고, 음양은 일기一氣의 유행流行으로 말한 것이다. 점點은 배젖(核仁)을 의

미한다. 배젖으로 인해서 씨앗이 발아하기 때문이다. 그런데 점을 좌측에 붙인 이유는, 좌는 양이요 우는 음이니, 점은 비유하자면 남성의 성징을 의미하는 것이다. 이로 인해서 만물이 생생유전生生流傳하게 된다.

극極자는 '나무 목木'변에 '빠를 극亟'자의 결합으로 이루어진다. 극亟의 글자가 '二+人+口+又'의 합성자니, 이二는 천지天地를 말한다. 사람이 천시天時를 따르고 지리地利를 탄다는 것이니, 입으로 천지의 일을 도모하고, 손(又)으로 천지의 일을 잡는데, 때와 형세를 이용하면 빨리 갈 수 있기 때문이리라. 목木변을 붙인 이유는 목은 '동방 목'으로 만물이 시생하는 자리이니, 태극의 원리에 부합하기 때문이다.

태극이 이理냐 기氣냐 하는 문제는 옛 선비들에게도 오랜 논쟁거리였으니

필자가 단정할 수는 없지만, 여하튼 태극은 근원의 뜻이 담겨 있으므로 만사 만물이 모두 태극에서 나왔다고 보는 데에는 무리가 없다. 때문에 태극은 태초의 뜻이 담겨 있으며, 주재자로서 상제上帝로 보기도 한다. 절기로서는 만물이 생하는 봄에 해당하고, 방위로서는 해 뜨는 동방을 가리킨다.

그리고 보니 참 묘妙하다. 일찍이 우리나라를 동북東北 간방艮方이라고 불러왔는데, 『주역』을 보면 "만물을 마치고 만물을 시작하는 자(終萬物始萬物者)는 간방보다 더 성한 곳이 없다(莫盛乎艮)" 했으니, 만물의 시종을 이룬다 함은 태극을 의미한다. 태극의 이치가 성대한 곳, 이곳 간방은 해 뜨는 근원이 되는 곳이며, 세상의 태극이 되는 곳이다.

그래서인지는 몰라도 우리나라에서는 태太를 '콩 태'라고 불러왔다. 중국에서도 불려지지 않는 우리나라만의 자의字意라 할 수 있다. 콩을 물에 불리면, 콩 안의 배젖에서 을乙자 모양의 싹이 나오며, 두 개의 떡잎을 만든다. 태극에서 음양이 생하는 원리다. 두 떡잎 사이에서 대가 나오고, 잎이 나오고, 열매를 맺는데, 콩이 세 알씩 들어있다. 삼태극의 원리다. 콩에는 오색五色이 있으니, 즉 태극에서 오행이 생하는 원리를 보여준다. 콩이 태극과 그곳에서 나오는 음양, 삼재, 오행의 모습을 잘 보여주고 있으므로, 태太를 '콩 태'라고도 불렀는지도 모른다.

그러나 또 다른 측면에서 보자면, 콩은 오곡 중에 가장 먼저 나온 곡물이다. 아마도 그러한 의미에서 콩을 시원의 뜻으로 삼았을지도 모른다. 예禮라는 글자에도 '콩 두豆'자가 들어 있는데, 천지신명에게 제사를 지내는 의미의 '예禮'자도 근원을 숭상함에서 비롯된 것임을 알 수 있다. 이처럼 '콩'과 '태극'과는 불가분의 관계가 있음을 알 수 있다. 까마득한 옛날부터 태극의 정신이 깃들어 있는 이곳 간방에서, 태극이 그려진 태극기를 국기로 사용하고 있다는 사실도 예사롭지 않다.

민족경전 천부경天符經

천부경은 천제한국天帝桓國시대의 구전口傳 심서心書다.[1] 신시神市이래로 유구한 역사를 통하여 전래 되어온 천부경은 천리天理와 부합이 되는, 즉 부절符節과 같은 글(經)이라 할 수 있는데, 오랜 옛날 고조선에서는 나라를 다스림에 천심天心으로 마음을 삼아서 백성을 사랑하고, 백성의 덕으로써 덕을 삼아서 하늘을 받들었으니 아마도 이 글은 크게는 국가의 통치이념으로서 혹은 백성의 교화수단으로서 전해져 내려왔을 것이고 작게는 수신修身에 관한 요결문要訣文으로 사용되었을 것이다.

그래서 천부경을 읽다 보면 비록 81자로 된 짧은 경전의 글이지만 그 속에는 천리가 온전히 함축되어 있음을 느낄 수가 있으니, 참으로 우리민족의 경전으로서 만세토록 전할 수 있는 진경眞經이라 하지 않을 수 없다.

천부경에 대해서 많은 사람들이 공부하고 주해를 달았지만 야산선생 또한

---

1 『蘇塗經典本訓』 '天符經 天帝桓國 口傳之書也'.

남다른 관심을 가진 분이다.

전쟁이 일어난 이듬해 부여 은산에 삼일학원三一學院을 세우고 제자를 가르칠 때, 언덕 한 모퉁이에 '단황척강지위檀皇陟降之位'라 새겨진 비석을 세우고 단을 만들어 단황檀皇의 뜻을 높이 기렸다. 매년 음10월 3일에 天祭를 지내셨던 사실만 보아도 단황을 지극히 봉숭했음을 엿볼 수 있다. 그러는 중에 누누히 천부경을 해설하고 단황의 사상을 높이셨으련만 그것이 문자로 기록되지 아니하고 다만 몇몇 도면圖面 형식의 글만 문집 속에 남아 있으니 그저 애석하게 여길 뿐이다.

四	成	環	五	用	變	昂	明	人	中
三	妙	一	七	來	不	陽	本	本	天
運	衍	萬	往	萬	動	本	本	心	地
九	八	七	六	終	无	終	一	一	一
三	天	二	三	合	☯	盡	本	天	一
化	三	二	地	三	始	无	極	三	一
匱	人	二	三	大	无	始	一	析	地
无	鉅	十	積	一	三	一	人	二	一

반시槃詩 형태를 띤 도면을 살펴보면, 경문은 가운데의 태극모양을 일一로 사용하여 '시일始一'과 '종일終一'의 일一을 중복 표현하였고 서북쪽부터 '일시무시일一始無始一'로 시작하여 구불구불 돌아나가고 들어오는 것이 마치 '출出'자 모양으로 되어 있다. 생각건대, 이것은 주역에 나오는 중산간괘重山艮卦를 표상한 것이 아닐까 싶다. 우리 민족은 옛날부터 태양을 숭배했다. 하늘은 '천天'이라

했으니 '일대위천—大為天'이요, 태양 역시 네모진[囗] 안에 일—을 담았으니 태양은 하늘의 정기를 담아서 발산하고 있는 것이다. '하늘과 부합한 글'이라 해서 '천부경天符經'이라 한 것이니 천부경이 우리 민족 고유의 글임과 동시에 천부경 속에 후천의 운기運氣가 동북 간방艮方 속에 다시 계승 되리라는 단황의 뜻을 그림으로 나타낸 것이 아닌가 여겨진다. 또 한 가지 의심되는 부분이 있다. 하필 서북쪽부터 경문의 시작을 삼았을까? 서북방은 건금乾金이 위치한 곳이다. 건은 팔괘의 근원처요 건금 또한 소리가 시작되는 곳이다. 경문의 글 읽는 순서가 '중앙토'에서부터 시작하여 토생금, 금생수, 수생목, 목생화, 화생토의 상생의 순서로 경문을 표기하였다. 인체는 소우주小宇宙라 할 수 있으니 즉 한편으로는 천도운행의 모습임과 동시에 한편으로는 천부의 경문이므로 일심—心의 경지에서부터 천도가 부합되고 만사가 시작되는 이치를 담고 있지 않나 하는 생각이다. 소리내서 글 읽는 가운데 천도에 부합되고 진리의 세계가 열리기 때문이다. 천부경은 글자 수가 81자이며 수의 합이 99다. 주역에서도 '무구无咎'라는 글자가 역시 99자이며, 태극인 1에서부터 시작해서 천지인 삼재와 육효와 구궁으로 이루어지는 내용들이 주역과 부합한다. 글 속에 삼三자가 8번 나오니 '삼팔三八 목도木道'를 상징하고, 중복되지 않은 낱글자로 45자가 되니 낙서수에 부합한다. '일묘연—妙衍'의 연衍은 대연지수大衍之數 50의 뜻이라 할 수 있고 '만왕만래萬往萬來'에서 만물은 11520수를 의미하니 즉 태극의 1이 50대연수로 넓혀지고 만물이 왕래하는 이치를 설명하고 있음을 알 수 있다. 이 그림에서 굴곡진 각이 32곳인 것도 음양 64괘를 둘로 나눈 뜻으로 볼 수 있다.

　종합적으로 말하자면, 천부경은 단황의 통치서統治書이자 심서心書다. 따라서 이 글은 염念하고 송誦하는 가운데 마음으로 느껴서 알 수 있는 것이지 논리적으로 이해할 성질의 것이 아니다.

　필자가 아는 몇몇 사람들이 천부경을 계속 염송하는 중에 개안開眼이 되더라 하는 이야기는 천부경의 말로 표현할 수 없는 오묘한 경지를 대변해주는 말이다. 이유가 무엇인가? 글을 읽노라면 눈따라 마음이 가고 마음따라 기氣

가 행한다. 저절로 천도와 부합해 나갈 수 있는 것이다. 글을 소리내서 읽으면 오음五音에 오장五臟이 진동해서 탁기濁氣인 탄소炭素를 토하고, 생기生氣인 산소酸素를 흡입한다. 자연히 기가 조화를 이루고 피가 맑아져서[氣和血淸] 건강을 도모하고 오래하면 예지력도 생긴다. 영가무도가 바로 이 원리를 밝힌 것이요 우리의 전통수련법인 것이다.

매년 음력10월 3일에 대부분의 국조國祖를 봉안한 모임에서는 천제를 지내며 경천숭조敬天崇祖의 이념을 되새기고 우리민족 고유의 정신을 고취시키고자 노력하고 있다. 단기檀紀도 잊혀져가고 음력 개천절 행사도 점차 사라져가는 이때에, 추원보본追遠報本의 정신을 한번만이라도 생각해 봤으면 하는 바람에서, 그리고 우리 민족고유의 사상을 다시 한 번 일깨웠으면 하는 염원에서 천부경을 소개하려는 것이다.

천부경 해설

一始无始一[2]　　　일의 시작은 무라 하나에서 시작하니라

析三極[3]　　　　　삼극으로 쪼개도

---

2 '一大爲天'이라 하니 一은 하늘이다. 옛 사람들은 하늘을 둥글다 하여 圓(○)으로 형상하였고, 이 하늘을 축소시켜 말할 때는 點(·)을 찍었으며 하늘을 무한히 넓혀 말할 때는 一字(一)로 표현하였다. 하늘은 천,지,인 三才를 갖추고 있고, 순환의 본체가 되니 이로부터 萬有가 나온다. 그래서 三才를 天符三印이라 말한다. 만유의 근원으로써 하늘을 말하니 또한 太極을 지칭하기도 한다. 天一.地一.人一의 一을 태극으로 보는 것이다. 마음이 다름아닌 태극이 되니 정신일도하는 가운데 만유가 생겨나는 것이다. 宇宙萬有의 終始는 하늘, 즉 一에서 이루어졌기 때문에 『周易』에서는 「大哉라 乾元이여 萬物이 資始하나니…」라 하였다. 그리고 太極은 다름아닌 无極이다. 无極과 太極은 모습만 다를 뿐이지 똑같은 의미라는 뜻이다. 대개 有는 無에서 생기고 無는 有에서 생긴다. 『도덕경』에 '유는 무에서 생한다「有生於無」(40장)'는 글이 있듯이 만약 無가 없은 즉 有가 없고 有가 없은 즉 無는 의미가 없다. 濂溪선생의 '一則無慾'이라 하신 말씀은 바로 有無의 관계를 적절하게 밝힌 것이다. 그러므로 이 글을 지을 때에 '일시무시일'은 무에서 유가 생한다는 의미요 '일종무종일'은 유는 결국 무로 돌아간다는 뜻을 밝힌 것이다.

3 三極; 天·地·人 三才의 지극한 理致를 말한다. 一은 천하의 大本으로써 모든 이치가 이로부터 나오며, 三은 一의 化現으로써 萬物을 낳는 근본수가 된다. 三才가 각각 一變한 것을 三極이라 한다. 『태백일사의 三神五帝本紀』에서 말하기를 "上界로부터 문득 三神이 있은 즉 한 분의 上帝

无盡本	다함없는 근본이라
天一一	하늘은 하나 얻어 첫째가 되고
地一二	땅도 하나 얻어 둘째가 되며
人一三[4]	사람도 하나 얻어 셋째가 되나라
一積十鉅[5]	하나가 쌓여 열로 커졌으되
无匱化三[6]	이지러짐 없이 삼으로 화하니
天二三[7]	하늘은 음양으로 삼변하고
地二三[8]	땅은 강유로 삼변하고
人二三[9]	사람은 인의로 삼변하나라
大三合六[10]	삼을 크게 하여 육으로 합하고

시다. 主體인 즉 一神이요 각각 神이 있음이 아니나 作用인 즉 三神인 것이다. … 저 三神을 상고함에 曰天一 曰地一 曰太一이라하니 天一은 造化를 주관하고 地一은 教化를 주관하고 太一은 治化를 주관한다" 하였다. 따라서 이 뜻은 一이 三으로 나뉘어지고 三이 三變해서 三極으로 이루어지는 과정을 총체적으로 설명한 것이다.

4 이는 三才가 순서적으로 나오게 됨을 설명한 글이다. 대개 天地 사이에는 하나의 氣가 流行할 뿐이다. 이 氣가 한번 陰하고 한번 陽하는 것을 道라 하는데, 道라 하는 것은 바로 一을 표현한 다름이 아니다. 그러므로 하늘과 땅과 사람이 각각 一을 얻어 道를 이룬 것이며 하나에서 곧 三才로 나타나는(一而三) 이치를 표현한 것이다. 또한 이는 주역에서 말하는 '天地絪縕에 萬物이 化醇하고 男女構精에 萬物이 化生한다'는 뜻을 설명한 것이다. 대개 삼재가 삼변해서 삼극이 되는데, 이 구절까지는 삼재가 一變함을 말한 것이다.

5 一은 數의 시작이고 十은 數의 마침이다. 始終을 모두 간직한 곳이 땅이므로 一과 十을 합해 土라하였다. 『洪範』에서 '土爰稼穡'이라 함이 바로 이 뜻이다. 『태백일사. 마한세가 상』에 '신시개천 시대에 이르러 땅(土)으로써 다스림을 삼았으니神市開天以土爲治〕一積해서 陰이 세워지고一積而陰立〕 十鉅로 해서 陽이 나왔다〔十鉅而作〕'했으니 '일적십거'는 土를 뜻한다. 『주역·계사』에 河圖를 引用하여 數一에서 十까지 쌓인 수를 天地의 數라 하였는데 이 글과 符合이 된다. 사람도 天地의 기를 받아서 10달 만에 출생하는 것이다.

6 三은 極數요 變化의 基本數이다. 道德經에서 '道生一 一生二 二生三 三生萬物'이라 했으니 三은곧 太極의 수로 萬物을 생하는 수인 것이다. 천부경에서는 數一이 三으로 변화돼 나오고 三이다시 一로 들어가는 '一而三, 三而一'의 원리로 표현하였다.

7 하늘에 해와 달이 있어 서로 進退往來하며 消息하니 二는 곧 陰陽을 가리킨 말이다.

8 땅에는 물과 불이 있어 서로 부딪혀 육지와 바다를 이루니 二는 곧 剛柔를 가리킨 말이다.

9 사람에게는 남녀가 있어 서로 만나 道德을 따르고 人倫을 지키니 二는 곧 仁義를 가리킨 말이다.이 구절까지는 삼재가 二變함을 말한 것이다.

生七八九[11]　　칠·팔·구를 생하니

運三四[12]　　삼사로 운행하고

成環五七[13]　　오칠로 고리를 이루니

一妙衍　　하나가 묘하게 넓혀져서

萬往萬來[14]　　만으로 가고 만으로 오니라

用變不動本　　용은 변해도 움직이지 않는 것은 근본이라

---

10 大三이라 한 뜻은 天地人三才를 再變하여 설명한 것이다. 즉 三才가 體라면 각각의 陰陽.剛柔.仁義 여섯가지는 用으로써 變化의 道를 표현한 것이다.

『주역·계사』에 「하늘의 道를 세우니 陰과 陽이요 땅의 道를 세우니 柔와 剛이요 사람의 道를 세우니 仁과 義라(立天之道曰陰與陽이요 立地之道曰柔與剛이요 立人之道曰 仁與義라)」했으니 이것은 하나가 둘을 겸하지 않으면 쓸 수 없기 때문이다.

그러므로 주역에서도 六爻를 그림으로써 괘를 이루고(六畫而成卦), 六位로써 문채를 이룬다(六位而成章)고 했고 또한 六爻之動은 三極之道라 했으니 天·地·人 三才의 道는 六으로 해서 나타난다는 말이다.

11 六에 天一一을 더하면 七이되고 地一二를 더하면 八이되고 人一三을 더하면 九가 된다. 이는 天地人 三才를 각각 三變하여 物 이룸을 설명한 것이니, 天才는 三變해서 乾三連(☰) 三(1×3 = 3)으로 이루어지고 地才는 三變해서 坤三絶(☷) 六(2×3 = 6)으로 이루어지며 人才는 三變해서 지천태(　) 九(3×3 = 9)로 이루어짐을 설명한 것이라 하겠다. 비유하자면 사람의 몸이 九竅로 이루어 졌고 마음 또한 태양의 밝음과 같으며 태양의 수는 九이므로 사람의 몸과 마음이 모두 九數로 이루어 졌음을 이해 할 수 있다. 또한 數의 十은 體요 九는 用으로써 天地自然의 造化는 終始를 이루며 循環하는데 洛書의 九數와 부합이 된다.

12 三이 用數요 變化의 數라면 四는 體數요 成數이다. 비유하자면 三個月을 한 季節로 삼고 四季節을 一年으로 삼는 이치와 같으니 하루와 일년과 129,600년의 運氣가 모두 運三四의 이치로 순환하는 것이다. 동주학당의 崔碩基씨(白山學報 제37호 참조)는 이를 설명하기를 '三(三才)에 四(四時.四方)를 곱하면 十二가 되고 여기에 九를 곱하면 一百八이 된다'고 하였는데 주역으로 설명하자면 주역은 64괘로 되어 있지만 도전괘와 부도전괘로 합하면 36괘가 되며 상하경으로 각각 18괘씩 이루어 졌는데 卦당 六爻씩 이므로 상경108효 하경108효를 이루고 있다. 생각컨데, 108이란 수의 의미는 예를들면 일년이 365일로 이루어진 것처럼 108의 수도 마디로 고리를 이루는 法數로 쓰여지고 있음을 알 수가 있으니 최석기씨의 설명도 일리가 있다.

13 사시를 유행하게 하는 것이 五土다. 五는 五土를 가리키니 四行을 주관하는 뜻이고, 七은 '七日來復' 즉 窮則通을 뜻한다. 五는 五方도 되니 사방에 중앙을 포함해서 말한 것이고, 七은 육합에 중앙을 합한 것이다. 즉 중앙은 사방이나 육합의 핵심을 이루는 자리다. 五는 流行의 主體로 말한 것이고, 七은 歲功의 成果로 말한 것이다. 또한 五는 五星을 가리키고, 七은 七宿의 二十八宿를 말할 수 있으니 28수는 經星이요 5성은 緯星이 된다. 윷판 속의 그림이 바로 28수를 표현한 것이다.

14 대연지수 50에 태극은 1이요 만물지수는 11,520이니 줄여서 萬이라 한다.

本心本[15]	본은 마음의 본이니
太陽昂明[16]	태양의 앙명함이라
人中天地一[17]	사람은 천지 가운데 하나라
一終无終一[18]	일의 마침은 무라 하나에서 마침이니라.

고려시대 농은의 유집에서 발견된
천부경문

15 소강절선생은 그의 저서「皇極經世書」에서 '사람은 천지 가운데에 있고 마음은 사람 가운데에 있다(人居天地之中 心居人之中)'고 하였으며 또한 '마음이 태극이다(心爲太極)'라고 하였다. 태극은 一로써 마음 또한 一의 의미가 되니 마음은 곧 萬事萬物의 本源이 되는 것이다.

16 一은 마음의 本體요 九는 마음의 작용이 극한 수다. 太陽의 밝은 神明이 마음속에 거주하고 극함에 이르러서는 하늘의 태양처럼 사방을 비치지 않는 곳이 없다. 四象에서 太陽의 數는 九가 되므로 마음을 '태양(9)앙명'으로 비유한 것이다. 생각컨데 마음이란 결국 하늘에서 비롯된 것임과 하늘 닮은 것임을 표현한 것이다. 그리고 마음 九數를 다한 九九 八十一字로써 天符經을 지은 뜻은, 천부경 81자 모두가 心法 밖을 벗어나지 않고 있음을 보여주는 것이며 심법을 다한 성인의 경지로 표현한 것이라 하겠다.

『淮南子의 地形訓』에 '天一地二人三 三三九 九九八十一이니 一은 日을 주관한다' 하였다.

17 天地는 本體로써 恒常하지만 사람을 用數로 삼아 道를 이룬다. 그러므로 만약 사람이 天地萬物과 더불어 一體를 삼을 수만 있다면 그는 天地와 더불어 함께 자리하며[三極] 만물을 化育할 수 있다 하니 이른바 『중용』에서 말하는 「致中和면 天地位焉하며 萬物이 育焉하니라」한 뜻이 이 것이다.

18 전술했듯이 道는 하나일 뿐이다. 그러므로 儒家에서는 一貫을 말하고 佛家에서는 歸一을 말하며 道家에서는 守一을 말할 뿐이니 옛 분들은 無慾으로써 定靜을 주장하며 하나를 지키려 힘썼던 것이다. 천부경의 修身用法이 바로 이 속에 들어 있는 것이다.

6장

후천개벽을 여는
동북 간방

윷놀이와 후천개벽
태극과 무궁화
바둑판에 담긴 비결
신묘만물神妙萬物의 수 72
삼복三伏과 삼경三庚
삼복三伏에 후천後天을 대비하다
경신수야庚申守夜
강태공의 사작경신四作庚申
금단金丹의 도道 경금庚金
허튼 육갑의 일제강점 36년

윷놀이와 후천개벽

해마다 설날이 되면 연상되는 것이 윷놀이다. 윷놀이는 우리나라 고유의 풍속이다. 남자 여자 할 것 없이 두 편 혹은 세 편으로 갈라서, 윷가락을 던지고, 떨어져 나오는 대로 행마行馬해서, 먼저 네 개의 윷말(넉동)을 빼는 쪽이 이긴다. 이거도 좋고, 저도 좋은 신명나는 한 판. '을시구乙矢口 절시구節矢口' 하며, 양쪽 모두 어깨춤을 추는 모습이 눈에 선하다. 새로이 신명을 내는 설날의 기쁜 날에 사람들은 윷놀이로써 즐겁게 새해를 맞이한다. 이 놀이는 대개 보름까지 이어진다.

그런데 윷놀이는 누가 만들었을까? 설들이 다양하지만, 『한단고기』「마한세가」에 "윷놀이(柶戱)를 만들어 환역桓易을 연演했다."라고 말한 것을 보면, 옛날 단군 시대에 윷이 만들어졌으리라 짐작할 수 있다. 길고 긴 역사 속에서도 사라지지 않고, 지금까지 민중의 대표적 놀이로서 전승되어온 윷놀이는 단순히 오락성만 있는 것이 아니라, 심오한 철학과 깊은 비밀이 간직되어 있다.

윷을 한자로는 '사柶'로 쓴다. 나무 조각 네 개로 놀기 때문이다. 따라서 윷놀이를 척사擲柶 또는 사희柶戱라고 말한다. 옛날 단황께서 신단수(檀木) 아래에 내려오셔서 삼강령三綱領 팔조목八條目으로 백성들을 가르치시고, 이 뜻을 기념하기 위해서 박달나무 한 가지를 취해서 윷을 만드신 것이다.

윷을 만드는 이치는 우선 박달나무 한 가지를 자르는 데 있다. 무극에서 태극이 나오는 이치다. 이 나무를 통으로 잘라 두 마디로 끊으니, 태극에서 양의가 생하는 이치다. 다시 배를 쪼개서 둘씩 나누니, 양의에서 사상이 생하는 이치다. 윷가락 네 개를 엎치고 잦히니 팔괘가 이루어지고, 각각 도·개·걸·윷·모 다섯 개의 이름으로 나누어지니, 오행이 유행한다. 사계절이 오행의 수로써 운용하는 이치다.

윷이 있으면 윷판도 있어야 한다. 윷판을 한자로 '사도柶圖'라 쓴다. 모두 29점으로 그려져 있는데, 바깥 둘레를 네모지게(方) 한 것은 하늘의 운기運氣가 땅에서 이루어짐을 상징한 것이다. 즉 천지음양의 합일한 모습으로 표현한 것이다. 29개의 점 중, 가운데 한 점은 북극성(樞星)이고, 둘레의 28점은 28수宿를 의미한다. 천시天時의 경과함을 가리킨 것이다. 28수 주위를 태양이 돌고 있으므로(이 말은 지구가 태양 주위를 도는 이치를 달리 표현한 말이다) 하루가 생기고 일 년이 이루어진다.

태양을 비유해서 윷판에서는 '말(馬)'을 등장시킨다. 28수를 밭(田)으로 비유했기 때문이다. 『주역』에서도 "건은 말이 된다(乾爲馬)."고 했다. 말은 태양의 정기를 간직한 동물이므로 발굽이 쪼개지지 않은 통발굽이다. 그래서 태양을 상징한다. 또한 말은 지지地支로 오午가 되니, 오회午會 중천中天 시대에 밭을 뛰어다니는 말로 표현한 것으로도 볼 수 있다. 따라서 윷판 전체의 모양도 '밭 전田'자 형이고, 쌍방이 각각 말 4개를 가지고 승부를 겨루므로, 윷판을 말판 또는 말밭(馬田)이라고도 한다. 양편을 갈라서 말 4개가 모두 첫밭인 '도'에서 출발하여 끝밭을 먼저 빠져 나가는 편이 이기는 것이다. 놀이 풍속에 4말을 빼는 것을 '넉동 뺀다'고도 말하니, 말을 '동'으로도 표현한다.

윷말은 살구씨나 매실, 혹은 상수리나 도토리 등의 열매를 이용하기도 한다. 본래 무슨 연유로 씨앗이나 열매 등을 사용했는지 알 길을 없지만, 필자가 보기에는 이에도 의미가 있을 듯싶다. '말'은 건乾의 상징이다. 건은 둥근 모습이므로, 아마도 둥근 모습의 열매 등이 생각났을 것이다. 또한 씨앗에서 만물은 생하므로 만물 발생의 근원적인 의미를 갖고 있는 건과 씨앗과의 관계를 자연적으로 연상할 수 있었을 것이다.

그리고 행마行馬하는 법은 도·개·걸·윷·모 다섯 가지 방법으로 빨리 가기도 하고 더 디게 가기도 하는데, 이는 곧 천시가 오행의 원리로 유행함을 의미한다. 일반적으로 한 점 가는 것을 '도', 두 점 가는 것을 '개', 세 점 가는 것을 '걸', 네 점 가는 것을 '윷', 다섯 점 가는 것을 '모'라 부르는데, 이는 가축의 이름을 딴 것이다.

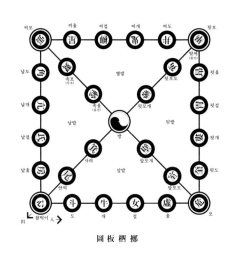

圖板 栖攊

즉 도는 돼지(豚)를, 개는 개(犬)를, 걸은 양(羊)을, 윷은 소(牛)를, 모는 말(馬)을 가리킨 말이다.

말이 가는 길에는 지속遲速이 있지만 원근遠近도 있다. 태양이 28수를 돌 때 멀리하고 가까이 함으로 사계절이 생기듯이, 윷말이 가는 길도 네 가지로 분류할 수 있다. 즉 '도' 첫밭에서 시작해서 '모'를 거쳐 '방'에서 빠져 나가는 짧은 길은 동지를 의미하고, 도에서 모를 지나 '뒷모'에서 방을 서서 빠져 나가는 길은 한낮에 이루어지는 춘분이고, 도에서 모에 서고 방을 지나 '찌모'를 나간 다음 '참먹이'(끝밭)로 빠져 나가는 길은 한 밤에 이루어지는 추분을 의미한다. 또한 도에서 모, 뒷모, 찌모를 지나 한 바퀴 돌아서 끝밭으로 빠져 나가는 가장 긴 길은 하지를 의미한다고 할 수 있다. 여하튼 이리 가든, 저리 가든 28수를 돌아가면 하루를 마치는 것이고, 일 년을 마치는 것이고, 선천을 마치는 것

이고, 일원一元인 129,600년을 마치는 것이다.

근세의 역학자였던 야산也山 선생은 '마전장馬田章'이란 제목으로 다음과 같은 시를 썼다.

五極三才槿火熱　　오극 삼재 무궁화 꽃 활짝 피었는데
誰人試手對相觀　　어느 누가 윷을 던져 상대해 보겠는가?

무궁화는 우리나라를 가리키고, 오극삼재는 오황극五皇極과 천·지·인 삼재를 말한다. '오황극'은 『서경』「홍범구주」편에 나오는 말이고, '삼재'는 『주역』에 나온다. 홍범은 오행학이요, 주역은 음양학이니, 어느 하나 할 것 없이 이들 모두가 활짝 피었다는 것이다.

도·개·걸·윷·모로 노는 윷판의 놀이를 꽃술 하나에 다섯 꽃받침 모양을 한 무궁화에 견줄 수 있다. 중궁中宮인 꽃술은 태극을 상징하고, 다섯 꽃잎은 오극을 의미한다.

'화열'은 무궁화가 활짝 꽃핀 모습을 형용한 것으로, 무궁화는 본시 삼복염천에 피는 꽃이다. 염천 더위에 활짝 피는 것이 무궁화 꽃이니, "무궁화 꽃이 피었다"는 말은 오회중천의 선후천이 변화하는 금화교역金火交易의 시기가 이르렀다는 뜻이다. 즉 태극의 이치를 간직한 우리나라에 후천이 왔다는 뜻으로도 볼 수 있다. 윷판 속에서 야산 선생은 이러한 이치를 밝힌 것이다.

그러면 윷판 속에는 어떤 수가 담겨 있을까? 둘레 28수는 국토로서 밭을 상징하고 있다. 밭은 오행의 원리로 말하자면, 중앙토中央土다. 토는 5를 생수生數로 하고 10을 성수成數로 쓴다. 밭(田)은 10인 성수를 쓰므로, 네모(□) 안에 '十'을 붙였다. 매점每点마다 땅의 성수인 십十을 쓰니, '28×10=280'이 된다. 윷말을 '동'이라 한다. '한 접'이 100이니, 묶음 단위로 '한 동'은 1,000이다. 네 동은 4천이 되는 것이다. 따라서 윷판 속에서 4,280이라는 수가 나온다. 이 4280의수 역시 야산 선생이 언급한 수이다.

무진년戊辰年인 서기전 2333년은 단군왕검께서 개천開天하신 해다. 개천이란 새나라를 연다는 뜻으로 이로부터 국호를 조선朝鮮이라 하였다. 동쪽의 해 뜨는 밝은 곳, 조선은 이로부터 반만년 역사를 지켜왔다. 비록 왕조는 교체되고, 이 땅이 나누어지긴 했지만, 단군조선이란 이름 아래 민족정신은 면면히 이어져 내려왔던 것이다. 이 뜻을 윷판의 원리로 설명해 보자.

윷판은 첫밭을 출발하여 끝밭까지 4,280수를 다함으로써 한 판을 마치는 것으로 비유할 수 있다. 즉 개천한 해로부터 4,280년이 되는 때까지를 단군조선의 한 판의 숙명적인 역사로 본 것이다. 개천 후 4,280년이 되는 해는 서기로 1947년(정해년)이다. 윷판으로 말하면 끝밭의 자리에 서있는 지점이다.

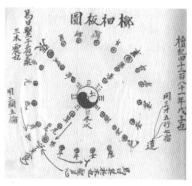

척사판도

그렇게 보면 1948년(무자년)은 새로운 역사가 시작되는 해이다. 주역적인 용어로 말하자면 선천先天을 마치고 후천後天이 시작된다는 것이다. 이 해에 대한민국 정부가 수립된 것을 보면 묘한 생각이 든다. 군주제에서 민주제로 탈바꿈했기 때문이다. 이를 주역에서는 천지天地가 바뀐 태괘泰卦(䷊)로 표현한다. 국조이신 단군께서는 바로 이 해를 바라보신 것이다. 우리 민족이 선천을 마치고 후천에 이를 것임을 예견한 것이다. 이 땅의 미래를 어찌 단황께서 몰랐겠는가? 단황께서는 개천의 날을 기념하고, 그 뜻을 후세에 전하기 위해서 윷판을 만든 것이다. 그 뜻을 윷판 속에 비결로써 은밀히 담아 전한 것이다.

광복 직후 세상이 갈수록 혼미해질 무렵 야산 선생은 인재를 기르는 것이 시급하다고 하면서 광복이 된 그 해에 대둔산 석천암을 거점 삼아 108제자를 양성했다. 그리고 선천의 마지막 해인 1947년(정해년) 섣달 보름날 석천암을 폐문한 뒤에 '태평한 세상을 열겠다'는 뜻으로 연산連山에 있는 개태사開泰寺를 거처서, 계룡산 국사봉을 향했다. 이 나라의 국사國師로서 세상을 키우겠다는 것이다. 국사봉 아래 조그만 암자가 있었으니, 용학사龍鶴寺라는 절이다. 선생은 한 해가 저무는 마지막 날 용학사에서 〈선천제석先天除夕〉이란 제하題下에 시 한수를 전했다. 아마도 남들이 알아주지 않는 깊은 산 속에서 홀로 조용히 읊으셨을 것이다. 소개하면 다음과 같다.

先天除夕韻

四千二百八旬筵	단기 4280년 자리에
檀柶田田氣數連	단황의 윷밭마다 기수 이어졌네
殷夏禮因周損益	은나라 하나라 예를 따라 주나라 손익 했고
中天戊甲紀元年	중천의 무자가 갑자 되니 후천 기원년이라

이 시를 한번 해석해 봐야겠다. '선천제석'이란 선천의 마지막 해인 1947년 음력 12월 그믐이란 뜻이다. 첫 구절은 이때가 단기로 4280년이 되는 1947년 임을 말하는 것이고, 둘째 구절은 윷밭 속에서 4280의 수가 나온다는 뜻이다. 셋째 구절은 설명하기가 조금 복잡하다. 하나라와 은나라와 손익損益에 대한 말은 『논어』에 나오는 말로, 손익損益이라는 용어는 또한 『주역』의 손익損益괘 를 뜻하기도 한다. 손익괘의 의미를 이 지면에 담기에는 한계가 있다. 다만 개략적으로 말하자면, 손익괘 속에는 선후천이 바뀌는 이치와 선후천이 언제 바뀌는가에 대한 내용이 담겨있다. 옛날 공자께서 '주역책을 보다가 손익괘에 이르러서는 탄식하면서 책을 덮었다'는 내용이 『공자가어』에 전하고 있는데 바로 이와 유관하다.

넷째 구절의 중천은 선천에서 후천으로 바뀌는 그 사이를 말하며, 무자년은 1948년을 말하니, 이 해가 바로 후천의 새 기원을 여는 해라는 것이다. 그런 데 왜 갑자를 말했을까? 이 역시 주역을 공부하지 않은 사람들에게 한정된 지면에서 설명하기가 쉽지 않으나 개략적으로 말하자면, 갑甲을 경庚으로 고치게 되면 무자戊子는 갑자甲子가 된다. 2007년이 바로 후천이 시작된 지 60년이 되는 해다.

학회에서 제작한 윷

정해년 새해는 떠올랐고 정월 보름날이 마침 일요일이었다. 보름날을 그냥 보내기가 아쉬워 필자는 주역을 공부하는 회원들을 집으로 초청해서 윷놀이 판을 벌였다. 20여 명이 참석하였다. 편을 갈라 시합해서 최종 승자를 가리기로 하였다. 그를 위해 작은 선물도 준비했지만, 최종 승자를 뽑으려는 이유는 그로 하여금 우리 학회의 1년 운이 어떠할 것인가를 점치게 하기 위함이었다. 우리 학회가 주역을 공부하는 모임이니, 점 좀 친다는 것이 이상할 일이 뭐 있겠는가? 회원 모두가 필승의 자세로 윷놀이하고 있음인지 방안은 떠들썩했다. 평소에는 점잖은 사람들이었건만, 이것도 놀이판이라고 승부욕은 대단했다. 시간가는 줄도 몰랐다. 시간이 한참 흐른 뒤 최종 승자는 최고령자인 매원梅苑 이실자李實子 여사로 정해졌다. 우리가 정한 윷으로 점치는 방식대로 승자에게 윷을 던지게 했다.

첫 번째 던진 윷으로 상괘上卦를 정하고, 두 번째 던진 윷으로 하괘下卦를 정하고, 세 번째 던진 윷으로 변효變爻을 정하는 방식이다. 승자의 손에서 윷가락은 춤췄고, 점괘의 결과는 정지구鼎之姤! 즉 정괘鼎卦(☰)가 변해서 구괘姤卦(☰)가 되었다는 것이다. 모두들 '역시나!' 하며 찬탄사를 연발했다. 왜냐하면 정鼎은 밥을 익히는 솥을 상징하는데, 이는 수명受命의 뜻이며, 새 쌀을 담고 쪄야하는 혁신革新의 뜻이 담겨 있다. 이 음식을 잘 익혀서 세상 사람들을 잘 먹이고 기르라는 뜻이다.

우리 학회의 상황에 딱 부합하는 말이다. 정괘의 오효五爻가 변해서 구괘姤卦가 되었으니, 구괘姤卦 오효五爻에는 "박달나무로서 외를 감싸라(以杞包瓜)"는 글이 있다. 주역책 속에 '박달나무 기杞'는 이곳밖에 없다. 참으로 신기하지 않은가? 단황이 전포傳布했다는 윷, 그것도 박달나무 윷으로서 우리가 윷놀이를 했으니, 신도神道가 묘하게도 이렇게 부합한 것이다. 윷놀이 행사를 마치고, 필자는 야산 선생의 뜻을 조금이라도 계승하려는 의미에서 선생의 〈선천제석〉 시에서 연筵, 연連, 년年자를 차운次韻해서 시 한 수를 지어보았다.

先天除夕次韻

迎春柶戲大同筵　　봄맞은 윷놀이 대동하는 자리일세

氣勢乘承好樂連　　기세를 타고 이니 모두들 즐거워라

福祿無窮檀祖業　　우리나라 복록무궁 단군할배 사업이니

後天開闢六旬年　　후천이 개벽한 지 이미 육십년이네

　주역의 문왕 팔괘에서 간괘艮卦는 동북방에 위치해 있다. 동북방은 만물이 종시終始하는 곳이다. 만물이 생을 마치고 다시 시작하는 자리, 이러한 동북 간방은 우리나라를 뜻한다. 따라서 윷놀이를 할 때 출구出口(끝밭)가 되는 동시에 다시 입구入口(첫밭)의 시작하는 자리를 간방으로 삼아야 하는 것이다. 주역의 팔괘로서 신체를 분류하자면, 간괘는 손(手)이 된다. 이 윷가락은 손으로 노는 것이지, 발로 노는 것이 아니다. 다시 말하자면, 윷은 간방인 우리 민족이 갖고 노는 물건이지, 다른 나라에서 갖고 놀 수 있는 물건이 아니라는 뜻이다. 윷가락을 손바닥 위에서 놀리며 힘차게 던져보자. 진리가 생생生生하니 오행이 변화하고, 선후천이 운용된다.

　이제 후천은 시작되었다. 문명의 밝은 시대를 맞이한 후천의 새로운 시대에 다시 한 번 윷놀이를 해보자. 선천에는 조선이란 이름으로 윷판을 벌였지만, 후천에는 대한민국이란 이름으로 윷판을 벌여보는 것이다. 또 한 번 반만년 역사의 길고 긴 말밭(馬田) 속에서 신명나게 놀아보자.

태극과 무궁화

무궁화는 나라꽃(國花)이다. 해마다 늦여름이 되면 무궁화
는 삼천리 강토를 물들인다. 단군 이래로 나라의 역사와 더
불어 국토를 화려하게 장식해 온 무궁화는 그래서인지 꽃
속에 우리의 민족성을 담뿍 담고 있다.

그런데 요즘 들어서는 홀대 받는 것이 또한 무궁화다.
국화國花라고 하기에는 왠지 꽃 모양도 그다지 화려하지도
않고 나무도 왜소해서, 모양을 중시하고 크기만을 좋아하는 현대인들에게 무
궁화 홀대는 당연한 것인지도 모른다. 심지어는 간간이 무궁화에 대한 국화
선정의 시비 논란이 제기되어 오기도 했다. 아마도 이러한 논란은 무궁화에
대한 그릇된 인식에서 기인한 것이 아닌가 여겨진다.

그러나 무궁화 꽃을 잠시라도 그윽하게 관찰해 보면 의외로 무궁화가 지닌
덕성이 참으로 많다는 것을 알 수 있다. 무궁화는 여름과 가을 사이에 활짝
핀다. 봄에 피는 대부분의 꽃들과는 달리, 무궁화는 자신의 아름다움을 사양
하며 다투지 아니한다. 군자의 모습을 간직하다가, 염천 더위에 모든 꽃들이

자취를 감추는 때 우아한 자태를 드러낸다. 선천, 후천으로 비유하자면 이때는 후천이 들어서는 때다. 후천에 꽃 피울 수 있는 꽃이 무궁화라는 것이다.

무궁화는 모란처럼 화려한 꽃이 아니고, 양귀비나 장미처럼 요염하지도 않으며, 순간에 활짝 피고 순간에 지고 마는 벚꽃과 같은 무상함도 찾아볼 수 없다. 소박하면서도 점잖은 모습으로 피어나는 무궁화, 비록 아침에 피었다가 저녁에 지는 꽃(朝開暮落花)이라고 말할 정도로 수명은 짧지만, 나무 전체로 볼 때는 백 일(7월부터 10월까지)이 넘게 새로운 꽃을 피우는 영광을 누린다. 지는 모습도 깨끗하다. 단정히 피었다가 질 때에는 꽃잎을 흐트리지 않고, 역시 단정하게 모은 뒤 소리 없이 떨어진다. '유종의 미'를 중시하는 군자다운 풍모다. 무궁화의 덕성이 어찌 이뿐이랴!

무궁화의 잎은 5개이며, 꽃술 하나가 중앙에 솟아 있다. 마치 태극이 오극五極을 거느린 모습이다. 색 또한 멋있다. 무궁화의 꽃잎 색깔은 다양하나, 그 화심부花心部는 붉은 색을 띠고 있어, 백색단심白色丹心의 그야말로 '일편단심一片丹心'을 의미한다. 이를 보면, 우리의 정서와 사상에 맞는 무궁화를 유덕군자有德君子라면 사랑하지 않을 수 없을 것이다.

중국에서는 오랜 옛날부터 우리나라를 '무궁화 꽃이 피는 나라'로 불렀다. 『산해경』을 보면, "군자의 나라에 훈화초가 있는데, 아침에 피고 저녁에 진다(君子之國有薰花草 朝生夕死)."고 하였다. 예로부터 중국은 우리나라를 '동방예의지국'이라 불러왔고, 공자도 군자가 거처하는 곳이라 했으니 군자지국은 우리나라를 가리킨다. 신라 효공왕 때 쓴 국서 가운데에도 신라가 스스로를 가리켜 '근화향槿花鄕'이라 부른 기록이 있다. 이러한 기록들을 볼 때 신라시대에 이미 우리나라를 무궁화의 나라라고 불렀다는 사실을 알 수 있다.

『고금주古今註』에도 "군자의 나라 지방 천리에 목근화가 많다(君子之國地方千里多木槿花)."라는 글이 있다. 또한 고려 고종 때 이규보李奎報의 문집에 무궁화를 논한 글이 있다. 그의 친구 중에 문文이라는 사람과 박朴이라는 사람이 있었는데, 하나는 무궁화無窮花가 맞다 하고, 하나는 무궁화舞宮花가 맞다고 고집하여

결정을 짓지 못했다는 내용이다.(손관성의 『나의 꽃 문화산책』, 206쪽)

화훼에 대한 저술로는 세종 때의 학자인 강희안의 『양화소록養花小錄』이 가장 대표적이다. 그런데 처음 이 책에 무궁화에 대한 언급이 없었다. 이를 본 안사형安士亨이란 선비가 그 부당함을 지적하는 글을 올리자, 이에 대해 저자가 정중히 사과하는 글이 실려 있다.

안선비가 완곡하게 말하기를, "우리나라에는 단군께서 나라를 여실 때 이미 목근화(무궁화)가 나왔기 때문에, 중국에서 우리 동방을 일컬을 때 반드시 근역槿域이라고 하였으니, 근화槿花는 옛날부터 우리 동토의 봄을 장식하였다는 것을 알 수가 있다."라고 하였다.

단군 시대로부터 사랑을 받아 온 국화國花는 고려조까지만 하더라도 사랑을 받았었는데, 조선조에 들어와서는 이화李花 그늘에 가려 점차 세력을 잃었다. 경술국치 즈음에 애국가를 부르면서 무궁화는 다시 우리나라의 국화가 된 것이다. 이렇듯 우리나라와 무궁화는 오랜 세월 동안 그 역사를 함께 했음을 알 수 있다.

무궁화에 대한 명칭은 다양하다. 목근木槿, 순영舜英, 순화舜華, 훈화초薰花草, 조개모락화朝開暮落花, 번리초藩籬草 등이 그것이다. 그러나 대체로 무궁화無窮花라고 부른다. 이유가 무엇일까?

무궁화는 글자 그대로 해석하면 '끝이 없이 계속 피는 꽃'이라는 뜻이다. 그러나 '화무십일홍花無十日紅'이란 말이 있듯이, 꽃이란 잠시 피었다가 지는 법인데, '무궁한 꽃'이란 또한 무엇을 의미하는 것일까? 여기에서 '무궁'이란 의미를 한번 되새겨 보자. 무궁은 태극太極을 의미한다. 궁즉통窮則通이란 말이 있듯이, 태극이란 음이 궁하면 양으로 생하고, 양이 궁하면 음으로 생하는 이치를 말한다. 하루가 음양의 낮과 밤으로 돌고, 일 년은 음양의 더위와 추위로 돌고 돈다. 천만 년이 흘러도 무궁토록 끝이 없이 돌고 도는 것이 태극의 이치이고 모습이다. 끝났는가 싶었는데 다시 생하는 이치, 그래서 태극 모양으로 표현한 것이다. 무궁화 씨앗이 바로 이런 모습이다. 잔털이 나 있는 무궁화 씨앗

태극모양의 무궁화 씨앗

이 태극 모양이기에 나무 이름을 무궁화라 했는지는 모르겠다.

태극의 이치를 간직한 곳이 동북 간방인 이곳 우리나라이다. 『주역』에서 "만물을 마치고 만물을 시작하는 곳이 간방보다 더 성한 곳이 없다(終萬物始萬物者 莫盛乎艮)." 하니, 밤이 끝나고 새벽이 오는 자리, 선천을 마치고 후천이 오는 자리가 바로 간방인 것이다. 때문에 태극의 이치를 간직한 우리나라 간방에서 태극기를 국기國旗로 삼고, 무궁화를 국화로 삼아 이 땅을 장식함은 당연한 이치인지도 모른다.

그러나 우리의 옛날 조상들이 씨앗이 태극 모양이라는 것만 갖고 국화로 정하고 사랑하지는 않았을 것이다. 적어도 무궁화 꽃이 단군 이후에 세인의 입에 회자되어 온 것을 고려해 본다면, 단군께서 윷판을 통하여 장래의 국운을 예견하셨듯이 아마도 무궁화를 보고서 우리의 국토가 영원무궁하리라는 것을 통찰하셨을 것이다.

무궁화는 단군조선시대 때부터 하늘꽃(桓花)이나 천지화天指花란 이름으로 거리 곳곳에 심어졌고, 민족을 상징하는 꽃이었다. 무궁화 잎이 손가락과 같이 다섯 개이므로 '천지天指'라 불렀을 것이다. 당시의 젊은이(國子郞)들은 머리에 무궁화를 꽂고 다녔다 한다. 이 때문에 그들을 '천지화랑天指花郞'이라 불렀다. 신라 화랑도花郞徒가 이들의 정신을 계승한 것이다. 화랑도의 '화花'자가 무궁화를 가리킨 것으로, 그들도 단군시대 '천지화랑'들이 머리에 장식했던 무궁화를 달고 전통을 따른 것이다.

임금이 장원급제자에게 주었던 존귀한 꽃이 또한 무궁화다. 어사화御史花가 그것인데, 문관은 33송이를, 무관은 28송이를 달았다. 급제한 사람은 어사화를 머리에 꽂고 화려한 삼일유가三日遊街의 길을 떠났으니 이 또한 '천지화랑'의 정신을 계승하기 위함이었을 것이다.

아마도 오랜 옛날 단군께서는 후천이 이르는 그때까지
도 우리 민족이 사라지지 않고 오히려 더욱 영광을 누리
기를 바라는 마음에서 무궁화를 심었으리라 여겨진다. 우
리 민족은 그야말로 '하늘이 내려주신 씨앗'으로써 '무궁'
한 혜택을 받은 민족일지도 모른다. 이를 통해 볼 때, 우
리나라는 하늘의 축복을 받은 선택된 땅이 아닐까 하는
생각이 든다.

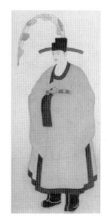

어사화

남궁억 선생이 제작한 刺繡地圖

바둑판에 담긴 비결

1. 요임금과 바둑판

요임금 동상

상산사호

바둑에는 별칭이 많다. 흔히 "도끼자루 썩는다."라는 란가爛柯를 위시해서, 두 사람이 아무 말 없이 손으로만 의사전달한다는 뜻으로 수담手談, 세상사를 잊고 바둑을 두며 숨는다는 좌은坐隱, 천원지방을 의미하는 방원方圓, 귤 속에 신선 네 사람이 바둑을 두고 있더라는 귤중지락橘中之樂, 바둑알의 흑백을 상징하는 오로烏露 등 운치 있는 표현들이 회자되어 왔다.

그런데 우리가 사용하는 현재의 바둑판은 누가 만들었을까? 전하는 말에 의하면, 바둑판은 요堯임금이 만들어 아들 단주丹朱에게 물려준 것이라 한다. 바둑판이 얼마나 중요한지 모르겠으나 아들에게 천하를 물려주지 않고 대신 바둑판을 물려줬다 하니, 천하와 맞바꿀 정도의 대단한 기물器物이라고 요임금은 생각했던 모양이다. 바둑판을 유심히 살펴보면, 그 속에는 일월운행의 법도를 나타내는 내력이 있다. 바둑판은 가로 19줄 세로 19줄로 교차점이 모두 361점이다. 이 교차하는 지점을 우리는 집이라고 표현하니, 바둑판에 나타나는 집은 모두 361집이다. 중앙의 한 점을 태극으로 본다면 태극이 360집을 거느리는 모습이다.

360의 수는 일 년의 날수에 해당한다. 우리가 사용하는 양력으로는 일 년은 365일과 대략 1/4일인데 왜 360일을 일 년으로 잡았을까?

『주역』에 보면, 건괘乾卦의 책수策數는 노양수 36×6효로 해서 216이 되고, 곤괘坤卦의 책수는 노음수 24×6효로 해서 144가 된다. 건곤을 합한 책수는 360이 되니, 이는 해와 달의 공전주기를 가감한 것이다. 지구가 태양을 한 바퀴 도는 일수는 360일을 기준해서 대략 5와 1/4일을 더 지나친 모습이고(이를 기영수氣盈數라 한다), 지구가 태양을 도는 일 년 동안에 달이 지구 주위를 도는 일수는 360일 기준해서 대략 5.642일이 부족한 모습(이를 삭허수朔虛數라 한다)이 되므로, 기영삭허의 법수로써 360일을 잡는 것이다.

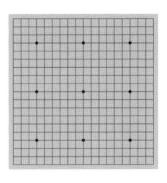

일 년에 4계절이 있듯이, 바둑판도 4등분할 수 있다. 태극을 중심으로 사방을 나누면, 동서남북이 각각 90집을 이루어 봄·여름·가을·겨울로 배속할 수 있다. 봄은 목木이 왕성한 절기이고, 여름은 화火가, 가을은 금金이, 겨울은 수水가 왕성하다.

그런데 봄·여름·가을·겨울의 목화금수는 오행상의 토가 없이는 돌아가지 못한다. 책력冊曆을 보면, 각각의 4계절에 18일간의 '토왕용사土旺用事' 하는 기간을 두고 있다. 이 토왕용사 하는 기간은 '사립전십팔일四立前十八日'에 해당한다. 사립四立은 입춘·입하·입추·입동을 말하니, 각각 봄, 여름, 가을 그리고 겨울이 시작되는 시점이다.

사립四立이 되기 18일 전부터 토의 왕성한 기운으로 사계절이 유행하니 토는 사계절을 유통케 하는 매개체와 같다. 즉 입춘일로부터 봄은 시작하지만, 입춘이 되기 전 18일 전부터 기운은 추운 수기를 간직하였으나, 봄으로 가는 길목에 있다는 뜻이다. 각각 여름·가을·겨울도 마찬가지로 입하, 입추, 입동이 오기 전, 18일 전부터 이미 다른 계절의 기미가 보이는 것이다. 때문에 책력에서는 토왕용사 기간의 첫째 날에 토왕용사가 적혀 있으며, 이 날에 흙일을 하는 것을 꺼리고 있다. 흙일을 하면 토기운이 상하기 때문이다.

각 계절에 18일 간의 토왕용사가 있고 보니, 사계절의 실제 일수는 각각 72일이 되는 셈이고, 토왕용사 기간도 일 년 전체로 계산하면 4×18=72일이 된다. 이는 72일의 토왕용사로 인해서 일 년 한 해가 돌고 또 돈다는 것이다. 그러므로 사계절은 72일×4계절로 288일이고, 토왕용사 하는 기간은 18일×4계절=72일로 합하여 360일수가 되는 것이다.

설명이 길어졌는데 다시 바둑판으로 돌아와서 살펴보면, 중앙 일점을 태극으로 보고, 사방의 각 변은 각각 18점으로 전체 72 토왕용사를 의미한다. 북쪽 변의 18집이 동계冬季(丑月)에 토왕용사 하니 동방의 목왕木旺이 72집을 사명司命하고, 동쪽 변의 18집이 춘계春季(辰月)에 토왕용사 하니 남방의 화왕이 72집을 사명하고, 남쪽 변의 18집이 하계夏季(未月)에 토왕용사 하니 서방의 금왕이 72집을 사명하고, 서쪽 변의 18집이 추계秋季(戌月)에 토왕용사 하니 북방의 수왕이 72집을 사명하는 이치다.

하늘의 24절을 땅의 24방에 배속해서 바둑판을 만들었으므로, 선이 교차하는 지점을 '집'이라 말한다. 하늘의 360일을 땅의 360집으로 배정한 것이다. 바둑판 위에서 흑돌과 백돌로 자웅을 겨룬다. 흑돌은 음으로 밤을 상징하고, 백돌은 양으로 낮을 상징한다. 따라서 바둑을 두는 행위는 인생의 여정으로 표현할 수도 있고, 밤과 낮이 조금도 쉬지 않고 돌고 돌아 일 년이 이루어지는 이치를 담고 있다고 보아도 좋을 것이다.

2. 바둑판과 후천시대

앞서 단기檀紀에 대해 밝힌 바 있지만, 단기뿐만이 아니라 요기堯紀에 대해서도 선후천이 담긴 비결을 밝힌 사람이 있으니, 이야산李也山 선생이다. 선생은 바둑판 속에서 정전井田의 이치를 살피고, 선천을 마치는 정해년(1947년)에 다음과 같은 시를 쓴 적이 있다.

井田觀碁

七二土回三六春	칠십이토 다시 돌아 온 세상 봄이 오니
堯何人也舜何人	요임금은 누구고 순임금은 누구인가
我亦有丹君信否	내 또한 단 있으니 그대는 믿겠는가
用時還解壽斯民	때를 써서 다시 푸니 우리 국민 오래 살리

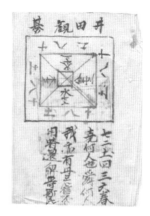

정전관기

공자는 중국의 역사를 요기로부터 시작하고 있다. 상고시대 문명의 극치점을 요임금으로 잡고 있는 것이다. 이는 고대의 역사서인 『서경』에 근거한 것이다. 요 이전의 역사가 어찌 없으랴마는 공자가 육경을 정리하실 적에 『서경』에서 「요전堯典」으로 시작한 것은 당시 사적史籍의 근거 유무 때문이라고 볼 수도 있지만, 요기는 역수易數상 중요한 의미가 있으므로 간과해서는 안 된다.

앞서 설명한 바둑판 각 변의 18집에서 72토용이 나오니, 1년의 사계절은 72토용으로 순환한다. 그래서 천도天道는 72수로 마디 삼고, 인사人事는 간지干支로 계산하니 60회갑으로 마디 삼는다. 따라서 천도와 인사가 시작하여 다시 합하는 기간은 60×72=4320년이 되는 것이다. 바둑판 속에 나타나는 4320년의 수는 즉 요임금의 도가 4320년까지 이어진다는 것이다. 이것이 요기의 마디가 되는 것이다.

요임금은 기축생(서기전 2372년)이다. 16세가 되는 갑진년(서기전 2357년)에 등극 했으니, 단황檀皇의 개천년도(무진년-서기전 2333년)와 비슷하다. 요임금의 탄생일로 부터 4320년이 되는 때는 다름 아닌 서기 1947년 정해년이 된다.

공자의 손자인 자사는 『중용』에서 "우리 할아버지는 요순의 도를 전술하셨 고, 문왕과 무왕의 도를 밝히셨으며, 위로는 천시를 법하고, 지세를 따르셨다 (仲尼 祖述堯舜 憲章文武 上律天時 下襲水土)."고 기술하여 공자가 요순의 도맥을 전술 하고 있음을 전하고 있다.

공자가 요임금의 도를 계승했음은 『논어』에서도 나타나고 있다.(『논어』「선진 」) 공자가 4명의 제자(자로子路, 증석曾晳, 염유冉有, 공서화公西華)에게 각각 품은 뜻을 말해보라고 하셨다. "천승千乘의 나라가 대국 사이에 끼여서 군사를 증가하고, 이로 인해서 기근이 겹쳐도, 제가 다스린다면 3년에 이르러 백성들을 용맹케 하고, 또한 의리를 알게 할 수 있습니다." 자로가 말하자 공자가 빙긋이 웃으 셨다. "구求(염유)야 너는 어찌하겠느냐?" "땅 6,70리와 혹 5,60리의 나라를 제가 다스린다면 3년에 이르러 백성을 풍족케 할 수 있습니다만, 예악은 제가 감당 하지 못하니, 군자를 기다리겠습니다." "적赤(공서화)아, 너는 어찌하겠느냐?" "잘 할 수 있다고는 말할 수 없으나, 배우기를 원하옵니다. 종묘의 일이라든지 제 후들이 회동한다면 예복을 입고 조금이나마 돕고 싶습니다."

마지막으로 공자가 증석에게 물었다. "점點(증석)아, 너는 어찌하겠느냐?" 하 시자, 증석이 켜던 비파를 내려놓고 일어나며 답하였다. "저는 세 사람의 의견 과 다릅니다." 공자께서 "주저하지 말아라. 각자 자신의 뜻을 말하는 것이다." 하시자 증석은 다음과 같이 말하였다. "늦봄에 봄옷이 만들어지면, 관자 오륙 인과 동자 육칠 인과 더불어 기수에서 목욕하고, 무우에서 바람 쐬면서, 시나 읊으며 돌아오겠나이다(莫春者 春服 旣成 冠者五六人 童子六七人 浴乎沂 風乎舞雩 詠而歸)." 하였다. 이에 공자께서 '아!' 하고 탄식하시며 "내가 너와 뜻이 같도다(吾與點

也)." 하셨다.

증석의 이 말은 무슨 뜻인가? 무슨 뜻이기에 공자는 증석의 말에 깊이 공감하신 것일까? 증석의 말을 단순히 생각하면, 세상사를 잊고 자연으로 돌아가자는 뜻으로 여길 수 있다. 그러나 증석의 말에는 공자가 탄식할 정도의 깊은 뜻이 숨겨져 있다.

증석의 말을 바둑판으로 풀 수 있다. 그 속에는 요기의 역수가 담겨 있기 때문이다. 앞서 기술한 바와 같이 요임금은 아들 단주에게 천하를 물려주지 않고 순舜에게 넘겨줬다. 단주가 불초不肖했기 때문이라 한다. 부자상속이 아닌 유덕한 사람에게 왕위를 물려주는 일을 선양禪讓이라 말한다. 대신 단주에게 바둑판을 물려줬으니, 바둑판 속에는 요임금의 도가 선천의 운세를 지나서 후천에까지 이른다는 것이 비장秘藏되어 있기 때문이다.

요순의 법통을 계승한 공자는 요임금보다 1800년 뒤인 경술년(서기전 551년)에 태어났다. 따라서 증석이 말한 관자(이미 결혼한 자) 오륙 인은 5×6=30의 30甲(先進 1800년)으로 이미 지나간 연대를 말한 것이고, 동자(아직 결혼하지 않은 자) 육칠 인은 6×7=42의 42甲(後進 2520년)으로 앞으로 후천이 다가오는 도수를 의미한 것이다. 공자는 요임금의 도통의 연원을 밝히고, 장차 후천에 이르러 자신의 도를 펼치고자 하였는데, 증석은 공자의 대의大意을 짐작하고 자신의 견해를 밝힌 것이다.

참으로 묘하지 아니한가!『삼국유사』, 『응제시주』, 『세종실록』에 "여요동시與堯同時(단황과 요임금은 동시대인물)"라는 글도 있다. 단황께서는 윷판을 통해서 선천이 이 해(1947년 정해년)로 마친다는 것을 예언하셨고, 요임금은 바둑판을

백제 의자왕이 일본에 보냈다는 木畵紫檀棋局

통해서 똑같이 선천의 마침을 예언하셨다. 두 분이 지역이 다르고 시대가 다름에도 불구하고 똑같이 예언하신 것을 보면 역시 성인 사이에는 이심전심의 상통하는 이치가 있는 모양이다.

요순시대를 태평성세라 말한다. 그래서 예로부터 '요천순일堯天舜日(요임금은 하늘과 같고, 순임금은 태양과 같다)'을 노래하며 요순을 칭송했다. 요임금은 무위無爲의 덕으로 치세治世하고 천하를 순에게 물려줬다. 하지만 아들 단주丹朱에게는 얼마나 많은 한恨이 맺혔을까? 천하를 잃은 단주에게 대신 바둑판을 물려준 의미를 새겨볼 필요가 있다.

아무튼 이제 후천시대에 들어와서 단주의 한이 다시 살아나는 모양이다. 요임금 이래로 지금처럼 기풍碁風이 성한 날은 없었을 것이다. 그것도 동북 간방의 이 땅에서 말이다.

도봉산의 암각 바둑판

신묘만물神妙萬物의 수 72

하늘의 중심은 북극성北極星이다. 이 북극성을 중심으로 28수宿가 포진하고, 그 사이에 북두칠성이 돌고, 일월오성日月五星이 운행하고 있다. 그렇다면 이 땅의 중심은 어디일까? 대다수의 사람들은 곤륜산崑崙山이라고 말한다.

곤륜산

『성리대전』을 보면 "천하의 산맥이 곤륜에서 일어났다." 하니 모든 산은 곤륜산을 조종 삼고 있다. 곤륜산을 중심으로 동쪽으로 세 갈래로 나뉘어져 있고, 이 중 한 갈래가 위쪽으로 달려가 혈을 맺은 곳이 바로 백두산이다.

그런데 천하의 중심지인 곤륜산의 주봉主峰이 칠십이봉을 이루고 있다 한다. 이 산맥의 운기運氣는 개암고원으로 연하여 장백長白산맥으로 이어져 백두산白頭山이 솟았고, 또한 이 산맥은 금강산으로 뻗어내려 11,520 봉을 형성한 것이

백두산

다. 이 11,520이라는 수는 주역에서의 64괘인 384효를 노양과 노음의 책수策數로서 합산한 것으로 '만물의 수'라고 정의할 수 있다. 일반적으로 말하는 '만물萬物'이란 바로 주역의 11,520의 수를 줄여서 말한 것이다. 금강산 봉우리를 일컫는 '12,000봉'이라는 용어도 만물지수인 11,520의 수를 개략적으로 표현한 말이다. 즉 곤륜산의 정기가 금강산에 이르러 활짝 피었다는 것이다. 우리 선조들은 12,000 봉우리의 장엄함을 한갓 감상적으로만 노래한 것은 아니었다. 옛 선현들은 천기天機를 보고 우리나라에 장차 12,000의 도통군자가 나올 것임을 예언한 것이다.

그런데 12,000 꽃송이가 피어오른 금강산 정화精華는 여기에서 그치지 않고, 남쪽으로 뻗어내려 이 동북간방 최남단인 지리산으로 이어져 있다. 지리산의 주봉 역시 72 봉이라고 한다. 곤륜산이 72봉우리로 출맥出脈해서 다시 72 봉우리로 끝을 맺은 것이다. 처음과 끝을 72라는 수리數理로 표현하고 있는 이유는 무엇일까? 곤륜산의 72봉우리는 선천기수先天期數로 꽃을 피웠고, 우리나라 지리산의 72 봉우리는 후천기수로서 꽃 피울 것임을 말하려는 것이다.

지리산 천왕봉

『택리지』에서 우리나라의 산수에 대해 말하기를, "고인이 말하기를 우리나라는 노인형국으로 해좌사향亥坐巳向이 되고, 서쪽을 향하여 개면開面해서 중국中國에 공읍拱揖하는 모양이므로 예로부터 중국과 친하게 지냈다." 하였다. 택리지에서는 중국과 우리나라는 황해(서해)를 사이에 두고 서로 마주하는 모습으로 설명하고 있다.

겸재 정선 금강전도

일찍이 하나라를 세웠던 우임금이 치수할 당시에 단군의 아들인 부루夫婁를 도산塗山이라는 곳에서 만나 오행치수의 법을 전수받았으므로, 그 은공을 잊지 못해서 동쪽으로 물줄기를 향하게 했다는 말도 있다. 이 때문인지 중국은 곤륜산을 중심으로 산천이 동쪽 우리나라를 향하고 있고, 우리의 산천은 서쪽 중국을 향하고 있다. 이는 『주역』의 뇌화풍雷火豊괘에서 말하는 초효初爻의 '우기배주遇其配主'와 사효四爻의 '우기이주遇其夷主'의 의미와 같은, 즉 서로 같은 덕을 가진 사람과 마주하는 형국이라 할 수 있겠다.

또한 『택리지』에서 말하기를, "우리나라는 천리나 되는 물과 백리나 되는 들이 없으므로 거인이 나지 않는다. 서융西戎 북적北狄과 동호東胡 여진女眞들이 중국에 들어가서 황제가 되지 않은 자 없었는데, 유독 우리나라에만 없었다." 하였다.

그러나 어찌 지형의 대소大小로 인물의 대소를 논할 수 있겠는가? 무릇 산천의 기운은 하늘의 일월성신의 감응으로 이루어진 것이다. 따라서 인걸이 태어나서 제왕이 되고 안 되고는 그 사람의 덕에 말미암는 것이지, 지력에만 의존할 수 있는 것이 아니다.

중국의 성산聖山인 곤륜산을 살펴본다 하더라도, 물길 향하는 곳이 용맥이 달려 나가는 곳이니, 곤륜산의 한 가지가 동쪽으로 치달아서 결혈結穴한 곳이 백두산이다. 백두산의 용맥龍脈이 꺾여 백두대간을 타고 내려오다 대해大海 앞에서 멈추었다고 볼 수 있다. 이러한 용의 맥락脈絡을 나무에 비유한다면, 꽃이 피고 과실이 열리는 일은 가지 끝에서 이루어지는 법이니, 그 나무의 생기처는 동북 간방에 위치한 우리나라가 되는 것이다.

이러한 것을 고려해 볼 때 한 나라의 발흥이라는 것은 단지 위치나 모양에 의한 것이 아니라, 때와 기운이 응집되어 있어야 가능한 것임을 알 수 있다. 이제 후천에 이르러 종만물시만물終萬物始萬物 하는 동북 간방의 우리나라가 후천의 개벽을 여는 선두주자로서 발흥하리라는 것을 역대 선현들은 누누이 강조하였다.

　공자의 삼천제자 중 신통육예자身通六藝者가 72인이라 했으니, 이는 요임금의 도를 후천에 전하려는 묘수를 의미하는 것인지도 모른다. 또한 우리나라에 현인 72인이 있다는 비전도 같은 맥락에서 이해할 수 있다. 따라서 72라는 수는 요임금이 바둑판으로 전한 72 용수用數요, 신묘만물의 수로서 예사롭지 않은 수이다.

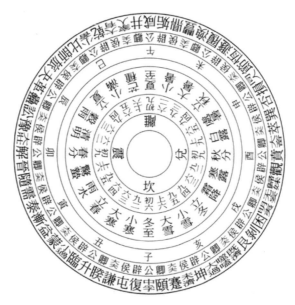

72기후도

삼복三伏과 삼경三庚

7월의 더위는 대개 장마와 더불어 오기 때문에 후덥지근해서 불쾌감이 동반되기도 한다. 음력으로는 대략 6월에 해당하는데, 여름의 마지막 달이므로 계하季夏라고 하고, 절기상으로는 '더울 서暑'자를 붙여 소서小暑·대서大暑의 절기로 본다. 혹독한 더위라는 뜻에서 음력 6월을 염천炎天이라 부르기도 한다. 뿐만 아니라 음력 6월의 이칭으로는 재양災陽, 혹염酷炎, 성염盛炎 등이 있다. 찌는 듯한 더위라는 뜻에서 염증炎蒸·증열蒸熱 등 다양하게 불리고 있다. 또 삼복三伏 기간이 6월 중에 들게 되므로 복월伏月이라고도 부른다.

복날의 더위는 사람들이 기피하는 것이지만, 농사에는 이 더위가 필요하다. 복중에는 벼가 매일 한 살씩 먹는다 할 정도로 키가 쑥쑥 자란다. 벼는 줄기마다 마디가 셋 있는데, 복날마다 한 마디씩 생기며, 그것이 벼의 나이를 나타낸다는 것이다. 마디가 셋이 되어야 비로소 이삭이 패게 된다. 삼복의 이치와 부합된다. 아무튼 이때쯤 되면 대부분의 사람들은 산이나 바다로 피서 갈 계획을 세운다. 산간 계곡을 찾아 들어가 탁족濯足이나 폭포 물맞이로 더위를 식히고, 해수욕장에 나가 모래찜질을 하거나 물속에서 더위를 이겨내기도 하는 것이다.

염천 더위는 사람을 어위게도 하므로, 6월을
또한 수열瘦熱이라고도 부른다. 더위에 너무나
지친 나머지 사람들은 원기회복을 위해서 보양
식품을 찾게 된다. 지금은 그러한 풍조가 많이
사라졌지만, 농촌에서는 납량納凉으로 천렵川獵도
즐겼다. 필자도 어린 시절에 동네 친구들과 더불
어 밤중에 나무작대기에 솜뭉치를 만들어 불 밝
히며 물고기를 잡았던 기억이 지금도 생생하다.

보양식품에는 여러 가지가 있겠지만, 특히 삼

고사탁족도 이경윤

복염천 더위에 유난히 수난을 당하는 동물이 개(犬)다. 삼복三伏의 '복伏'자를
'개 견犬'자와 연관지어 복伏날이 마치 개고기를 먹는 날, 혹은 개고기를 먹어
야 되는 날인 것처럼 생각하게 되었고, 이것이 전반적인 풍조로까지 발전하였
다. 실제로 삼복의 유래가 이에서 비롯된 것으로 생각하는 사람들이 많다.

그러면 과연 복날의 유래는 어떠한 것인가? 책력을 보면, 복일伏日을 셋으로
나누었다. 초복初伏, 중복中伏, 말복末伏이 그것이다. 초복에서 말복까지를 복중
伏中이라 말한다. 하지夏至 후 세 번째 돌아오는 경일庚日을 초복으로 시작해서
10일 뒤인 다음 경일을 중복, 입추 후 첫 경일을 말복일로 정하였다. 중복과
말복 사이는 말복이 입추를 반드시 지나야 하므로 20일이 경과하는 경우가 있
다. 이를 월복越伏이라 한다.

하여간 경일로서 '삼복'을 정하므로 '삼경三庚'이라고도 하는데, 그렇다면 무
슨 연유로 삼복일을 경일로 잡았을까? 경庚자의 의미를 알면 삼복의 의미는
저절로 이해될 것이다.

잠시 천간天干에 대해 공부해보자. 경庚은 천간인 갑, 을, 병, 정, 무, 기, 경,
신, 임, 계 중 일곱 번째 자리에 위치하므로 '일곱 번째 천간 경'이라고 한다.
갑을 일의 시작으로 삼는다면, 모든 일은 중간인 무기戊己를 지나면서 반드시

부패하는 법이다. 일곱 번째에 가서는 새롭게 고쳐야 하므로 경庚자를 '고칠 경'의 뜻으로도 사용한다.

천간은 오행의 원리에서 나온 이론이므로 이 역시 오행으로 나눌 수 있다. 갑을甲乙은 동방에 위치해서 계절로는 봄이요, 오행으로는 목에 해당한다. 병정丙丁은 남방에 위치해서 계절로는 여름이요, 오행으로는 화에 해당한다. 무기戊己는 오행으로 토이어서 사계절에 모두 영향을 미치므로 중궁中宮에 두었다. 또한 경신庚申은 서방에 위치해서 계절로는 가을이요, 오행으로는 금이고, 임계壬癸는 북방에 위치해서 계절로는 겨울이요, 오행으로는 수에 해당한다.

춘하추동 사계절이라는 것은 결국 음기와 양기의 두 기운으로 순환을 반복하는 것이다. 이 중 봄과 여름에는 목木·화火의 양기로서 만물이 생·장하게 되고, 가을과 겨울에는 금金·수水의 음기로서 결실을 맺고(收) 땅 속으로 들어가게 된다(藏).

봄·여름을 선천先天, 가을·겨울을 후천後天으로 비유하기도 한다. 그러므로 '경庚'은 금金을 가리키며 후천의 시작을 의미한다. 그런데 삼복의 복伏은 '숨을 복'자의 뜻으로 즉 '경금庚金을 세 번 숨겼다'는 것인데, 숨긴 이유가 무엇일까? 삼복의 의미를 알려면 먼저 오행의 원리를 이해해야 한다.

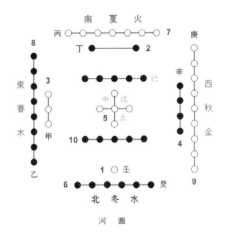

河 圖

오행생성수 : 1·6水 2·7火 3·8木 4·9金 5·10土

오행상생 : 木生火, 火生土, 土生金, 金生水, 水生木

오행상극 : 水克火, 火克金, 金克木, 木克土, 土克水

그림에서 보는 바와 같이 봄에서 여름으로 넘어갈 때에는 목생화의 상생이
되고, 가을에서 겨울로 넘어갈 때에는 금생수, 겨울에서 다시 봄으로는 수생
목의 상생이 되지만, 유독 여름에서 가을로 넘어갈 때에만 화극금의 상극이
된다. 상극이 되면 금은 불의 극을 받아 녹게 된다.

때문에 염천 더위에는 금을 묻어야 한다. 금이 묻힐 곳은 땅 속이다. 땅 속
에 금을 묻어서 잘 간직해야만, 가을철에 이르러 금을 쓸 수 있다는 것이다.
다시 말하자면, 여름의 화火와 가을의 금金 사이에 토土를 둠으로써 화가 토를
생하고(화생토), 토가 금을 생해서(토생금) 입추 뒤에 서늘한 금 기운으로 가을철
수확의 즐거움을 누릴 수 있다는 것이다. 이것이 바로 상극을 상생으로 연결
시켜 주는 비법이며, 이것이 바로 옛날 선현들이 삼복제를 정한 비결인 셈이
다. 삼복을 통해서 여름에서 가을로 넘어가는 원리를, 선천에서 후천으로 넘
어가는 이치로 밝힌 것이다.

그러면 삼복이 개와 무관하냐 하면 꼭 그렇지만은 않은 것 같다. 『동국세시
기』의 기록에 "『사기』에 이르기를 진덕공 2년에 처음으로 삼복 제사를 지냈는
데, 성 4대문 안에서는 개를 잡아 충재蟲災을 방지했다고 하였다."라는 내용이
있는 것을 보면, 단지 개가 보양식으로만이 아닌 다른 특별한 의미를 지닌 듯
하다.

대개 닭은 새벽을 알리고, 개는 밤을 지킨다. 모두가 인간에게 때를 알려주
고 인간을 지켜주는 벽사의 의미를 지닌 동물들이다. 개는 '개 술戌'자로 쓰는
데, 술戌은 '천간 무戊'자에 '한 일一'자가 합성된 글자이다. 무戊는 토土이고 일
은 양陽을 의미하니 즉 무토戊土 속에 따뜻한 양기를 간직했다는 뜻이다. 개의
체질을 잘 설명해주는 글자이다.

그리고 전술했듯이 화극금 상극은 토로써 상생이 이루어지니, 삼복 제사에 개를 잡아서 올렸다는 것은 이 같은 관점에서 살펴볼 때에도 일리가 있는 말이다. 그러나 여하튼 개의 입장에서 본다면 억울한 시절이 되는 셈이다.

  복伏이란 글자가 말해주듯이 개가 사람에게 엎드려 있는 것을 의미한다. 즉 사람에게 순종하며 사람을 지켜준다는 뜻이다. 그러한 동물을 무자비하게 희생시키고 있으니, 개의 억울함에 앞서 인간의 이기적이고 무지한 행동을 되돌아볼 필요가 있을 것이다. 물론 다른 동물들도 모두 식용하고 있는 판국에 개고기만 먹지 말라고 하는 것도 어불성설語不成說일 터이지만, 다만 온몸을 바쳐서 인간을 지키려는 그 충정을 한번쯤 생각해 보자는 것이다. 복중伏中에 보양을 위해서 먹으려는데 말릴 수는 없는 일이지만, 굳이 즐기지는 말았으면 한다. 정신공부를 하는 수행자들에게 있어서 개고기는 예로부터 절대 금기되어 왔기 때문이다.

  庚字

삼복三伏에 후천後天을 대비하다

택화혁괘

세시풍속으로서의 삼복의 의미를 단순하게 보자면, 여름철에 더위를 피하고 (避暑) 건강을 유지하려는 목적에서 전승된 것으로 볼 수 있을 것이다. 그러나 또 다른 의미를 부여하면, 선후천이 바뀌는 시기에 선천을 무사히 마치고 후천에 이를 수 있는 방법을 예전의 선인들이 삼복제를 통해서 은밀히 후세에 전한 것으로 봐야 할 것이다.

이에 대해 좀 더 구체적으로 알아보기로 하자. 1년의 돌아가는 이치를 나무가 생장하고 결실을 이루는 모습으로 비유할 수 있다. 하도의 원리에서 살펴보았듯이, 동방은 3・8목木이

위치한 자리요, 계절로는 봄이니, 동방은 만물이 시생始生하는 근원을 이루는 자리이다. 봄에 나무가 생해서 여름에는 화火기운으로 쑥쑥 자라고, 가을에는 금金기운으로 벌목되고, 겨울에는 수水기운으로 자취를 감추게 된다.

천간天干으로 설명하면 갑을은 동방목이다. 이 나무가 병정의 남방화로 자라고, 무기 중앙토로 성숙하게 되는 것이다. 나무라는 것이 처음 자랄 때는 하늘의 양기로 자라지만, 뿌리를 내린 뒤에는 땅의 음기로 결실을 맺게 된다. 선천은 양이 주장하고, 후천은 음이 주장한다는 말이 바로 이 때문이다.

다음에 서방의 경신금으로 벌목伐木이 되니, 즉 나무는 경금에 의해 동량棟樑으로 재목이 된다. 그리고 나무는 북방의 임계수에서 잠시 숨어 있다가 다시 봄에 소생하는 것이다.

갑목이 경금으로 벌목되는 이치를 '신新'이라는 글자로 살펴볼 수가 있다. '신新'은 '立+木+斤'의 합성어다. 입목立木은 '목木의 기운이 들어선다'는 의미로 '입목지절立木之節' 즉 입춘立春을 의미한다. 입춘의 나무가 여름의 성장을 거쳐 가을에 이르러서는 도끼(斤)로 벌목伐木되어 새롭게 태어난다는 것이다. 도끼는 쇠로 만드는 것이니, 경금을 의미한다. 또한 나무를 벤다는 것은 단순히 나무의 죽음만을 의미하지 않는다. 비록 금극목金克木으로 나무가 잘려나가긴 하지만, 재목감으로서의 용도를 다하게 된다. 즉 나무가 혁신革新되는 것이다.

가을이 되면 음기가 성하기 때문에 만물이 죽기 시작한다. 음기가 성하므로 백로白露가 서리(霜)되니, 서리는 바로 살벌함을 드러낸 것이다. 계절에 따라서 모든 동물들도 이때가 되면 살기가 등등해진다. 봄철에 순해 보이던 새나 매들이 가을 기운이 일어나면서 사나워지는 이유도 또한 이 때문이다. 천지자연의 이치를 이런 관점에서 살펴보면, 조물주는 만물을 살리기만 하는 것이 아니라 죽이기까지 한다는 것을 알 수 있다. 생살여탈권生殺與奪權을 하늘이 쥐고 있는 것이다.

옛날에는 하늘의 명을 계승해서 대신 행하는 자를 천자天子라 이름하였다. 대행代行한다는 의미로서 '하늘 천'자에 '아들 자'자를 붙였다. 또는 덕을 상징해서 왕王이라고도 불렀다. '왕王'이라는 글자는 천지인 삼재에 곤ㅣ자를 합한 것이니, 즉 삼재를 통한 자를 말한다. 하늘을 대신해서 천자의 자리에 앉은 왕자王者는 시절時節과 더불어 정사를 다스렸다. 때를 따르는 길이 곧 천도에 부합하는 것이라 여겼기 때문이다. 따라서 가을이 되면 왕자는 어진 덕으로 세상을 다스리기보다는, 병사를 모아서 불의不義를 처벌하고 기강紀綱을 엄정히 해서 백성을 편안케 했으니, 모두가 조물주의 도를 좇아서 살벌함을 드러낸 것이다.

그러나 때에 따르는 살벌한 도라는 것도 반드시 의義에 응해야만 되는 것이니, 의리에 응하는 것이 경금의 금기金氣를 순하게 하는 이치를 담고 있다. 왜 그러한가? 세상사는 천도와 인사가 반드시 톱니바퀴처럼 맞물려서 나아가는 법이다. 이 땅에 질서가 이루어지면 하늘은 아름다운 징조를 보이고, 반대로 세상이 어지러우면 하늘은 재앙으로 벌주는 법이다. 이를 소위 '천인합발天人合發' 혹은 '천인합일天人合一'이라 하는 것이다.

과거에는 세상사의 중요한 일들이 대개 왕과 관련되어 있었으므로 이 같은 표현을 했겠지만, 어찌 왕만 천도에 응하랴? '민심이 곧 천심'이란 말이 있다. 지금의 민주사회에서 세상 사람들의 마음을 읽을 수가 있다면 곧 천심을 엿볼 수 있는 것이다. 민심만이 아니다. 필부의 한 마음도 정성을 들이면 하늘이 감동한다(至誠感天) 했으니 바로 하늘과 사람이 서로 통하는 이치가 있기 때문이다.

따라서 만약 사람들이 이때를 당하여 의義로 나가지 않고 싸우기만을 좋아하고 이해利害에 집착하고 생명을 가벼이 여긴다면, 가을에 들어서 금기운은 그 성질을 잃을 것이니 금은 사람을 해치는 흉기가 될 수 있다. 하늘은 살기를 발해서 재앙으로 나타날 것이고, 세상사도 살기를 발해서 질서를 잃고 혼란에 빠질 것이다. 비유하자면 가을의 금기가 순하면 만물이 모두 성숙하고 백곡百穀이 잘 익겠지만, 만약 금기를 거스르게 되면 만물이 제대로 성숙하지 못하게 되는 이치인 것이다.

선천은 건도乾道가 주장이 되고, 후천은 곤도坤道가 주장이 된다 하였다. 선천에는 목도木道로 세상을 다스리고, 후천에는 금도金道로 세상을 다스리는 것이다. 천간天干으로 표현하자면, 목도는 갑목甲木을 말하고, 금도는 경금庚金을 가리킨다.

여름은 염천의 불(火)로 만물을 기르고 가을은 서늘한 금으로 만물이 결실을 이루는데, 하지 후부터 음기陰氣가 생기기 시작해서 입추가 지나 금기金氣로 만물이 열매를 맺게 된다. 가을철 수확의 즐거움은 금이 아니고서는 바랄 수가 없는 것이다.

그런데 금金은 자체로는 쓸 수 없다. 용광로의 뜨거운 불 속에 들어가야만 용도에 맞게 쓸 수 있다. 불 속에서 달궈져야 갑甲꼴, 을乙꼴로 임의대로 만들어 쓸 수 있는 것이다. 이와 같이 금화金火가 사귀는 것을 금화교역金火交易이라 하고, 이러한 금의 성질을 종혁從革이라고 말한다.

사계절이 모두 혁신革新의 의미를 가지지만 특히 여름에서 가을로 넘어가는 그 사이는 금화金火 상극相剋으로 대변혁의 시기에 해당한다. 이때에 염천 더위 속에서 금은 한껏 달궈져야 한다. 하지 후 삼복에 이를 때까지 금을 성급하게 사용해서는 안 된다. 한 번 숨고 또 숨고 마지막 세 번까지 인내하면서 땅 속에 숨겼다가 입추 후에 꺼내서 쓰라는 뜻이다. 그래야만 가을철 수확의 즐거움을 누릴 수 있다는 것이다. 이전 성인聖人들은 삼복의 의미를 여기에 둔 것이다.

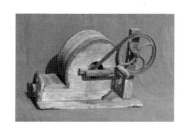

경신수야庚申守夜

옛날부터 우리나라에는 경신일에 이르러 날을 새우는 풍속이 있었다. 이러한 풍속은 주로 도가에서 전해져 내려온 것이다. 『동국통감東國通鑑』을 보면 고려 고종 6년 조에 "우리나라 풍속에 매 경신庚申일이 되면 함께 술 마시며 밤새도록 자지 않았으니, 이를 수경신守庚申이라 말한다."라고 적고 있다. 또한 『문헌비고文獻備考』에는 "이조 궁중에서도 수백 년 동안 내려오다 영조 시에 이르러 폐지되었다."라고 하였다.

경신탑 - 일본

이렇듯 과거에는 궁중에서뿐만이 아니라 민가의 많은 사람들 또한 경신일이 되면 밤을 지새우길 즐겼음을 알 수 있다. 특히 공부하는 사람에게는 더욱 그러하였다. 이 경신일은 60일마다 한 번씩 돌아오기 때문에 1년이면 6번 맞이하게 되므로 '육경신六庚申'이라 한다. 그 이유는 무엇일까?

도교의 전적典籍인 『포박자抱朴子』 권육卷六에 보면 '삼시三尸'에 대한 글이 있다. 즉 인체 중에 세 마리 벌레(三虫)가 있으니 이를 삼시三尸 혹은 삼팽三彭이라고 하는데, 이 벌레가 평소에 인간의 과실을 기록해 두고 있다가 경신일에 인간이 잠든 때를 틈타 인간의 죄과罪過를 상주上奏해서 명수命數을 감減

三尸蟲 관련부적-경남 창녕 화왕산성 출토

한다는 것이다. 때문에 도道를 공부하는 사람들은 경신일에 이르러 밤을 지새우는 풍속을 갖게 된 것이니, '수경신守庚申'이란 여기에서 유래한 것이다.

대개 옛날 사람들은 공부함에 있어서 주로 세 가지 욕심을 경계했으니, 식욕, 색욕, 수면욕이 그것이다. 이 세 가지 욕심은 자신을 해치는 마귀와도 같다고 하여 삼마三魔라 부르기도 한다. 이 중에 제일 힘들고 참기 어려운 것이 수면마다. 따라서 일 년 동안 밤을 지새울 수는 없는 노릇이고, 다만 육경신일만이라도 밤잠을 자지 않고 공부하려는 태도를 보인 것이다.

시대가 흐르면서 이러한 '수경신'을 불교에서도 수용하였다. 『사천왕경四天王經』이라든지 『약사유리광경藥師琉璃光經』 등을 보면 '경신수야庚申守夜'에 대한 설이 있다. 찬불가를 부르거나 염불로 밤을 지새운다는 것이다. 중국이나 일본에서도 민간신앙으로 성행했다고 하는데, 이 날이 되면 마을 사람들이 운집해서 경신庚申이라는 신神을 제사 지내며 철야불면 했다는 것이다.

이처럼 삼시를 신神으로 숭배한 경우도 있지만, 한편으로는 삼시를 내 몸을 해치는 도적으로 삼기도 하였다. 도가의 서적인 『태상삼시중경太上三尸中經』을 보면 삼시三尸에 대해 언급하고 있다.

"상시上尸는 이름이 팽거彭倨인데 사람의 머릿속에 있고, 중시中尸는 이름이 팽질彭質인데 사람의 뱃속에 있고, 하시下尸는 이름이 팽교彭矯인데 발안에 있다." 하였다. '삼시충' 중에, 상시는 머릿속에 있어서 사람의 눈을 흐리게 하고,

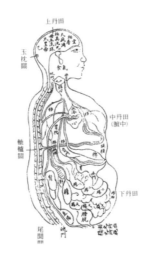

삼단전과 삼관도

머리카락을 빠지게 하며, 얼굴에 주름이 생기게 하고, 이를 빠지게 한다. 또한 중시는 뱃속에 있어서 오장을 해치고, 기운을 빠지게 하고, 무엇을 잊어버리게 하고, 나쁜 짓을 하게도 한다. 하시는 다리 부분에 있어서 정情을 어지럽게 하고 음욕을 일으키게 한다는 것이다.

또한 『청정경淸淨經』에 삼독三毒이란 말이 있다. 글 중에 "항상 그 욕심을 내보낼 수 있다면 마음은 스스로 고요해질 것이고, 마음을 맑게 하면 신神은 스스로 맑아질 것이니 자연 육욕六慾(마음이 눈·귀·코·입·몸·뜻을 통하여 출입하기 때문)이 생하지 않을 것이며 삼독三毒이 소멸할 것이다."라고 했다. 이때 삼독은 무엇을 의미하는 것일까? 일반적으로 불가佛家에서는 탐貪·진嗔·치痴를 삼독이라 말하고 있지만, 도가道家에서는 이를 삼시三尸로 설명하고 있다.

수정자水精子라는 이가 이 경문에 주해를 달았는데, 그가 말하기를, "삼독三毒은 삼시다. 사람 몸에 삼시신三尸神이 있으니 이를 삼독이라 이름한다. 상시는 이름이 팽거彭琚인데 사람에게 있는 상초上焦의 선악善惡을 주관하고, 중시는 이름이 팽질彭瓆인데 중초의 선악을 주관하며, 하시는 이름이 팽교彭矯인데 하초의 선악을 주관하고 있다. 상시는 옥침관玉枕關에 머무르고, 중시는 협척관夾脊關에 머무르고, 하시는 미려관尾閭關에 머물면서 매 경신과 갑자일에 선악을 상주한다."라고 하였다. 옥침·협척·미려는 독맥督脈 중의 삼관三關이다.

이왕 말이 나왔으니 '구고九蠱'까지 짚고 넘어가기로 하자. 인간의 몸에 아홉 구멍(九竅)이 있는데, 그 곳에는 각각 구고가 있어서 삼시와 마찬가지로 사람을 해친다는 것이다. 사람의 몸속에는 진양眞陽과 진음眞陰이 있어, 진양이 삼관三關(미려·협척·옥침)을 통해서 올라가고, 진음이 삼단전三丹田을 통해 내려와서 서로 합일이 되어야 하는데, 삼시구고가 삼관구규를 막아서 진양이 능히 올라가지 못하므로 대도大道를 이루지 못한다는 것이다. 『단경丹經』에 다음과 같은 글이 있다.

三尸九蟲在人身　삼시와 구고가 사람 몸에 있어서
阻塞黃河毒氣深　임독 양맥 가로 막으니 독기가 그윽하구나
行者打開三硐府　행자는 삼관을 두드려 열라
九蟲消滅壽長生　구충이 소멸하여 장생수 누리리라

삼시와 구충이 과연 내 몸 안에 있는지 없는지는 알 길이 없으나, 삼관을 두드려서 열고 아홉 구멍을 청정하게 하는 것이, 미생전未生前의 내 진짜 몸을 찾는 길이요, 봉래산蓬萊山을 찾아가는 길이요, 장생불사를 찾는 길이다. 단도丹道로 장생의 도를 이루는데 있어서 장애가 되는 것들을 삼시와 구고로 비유한 듯하다. 삼경신을 통과하면 삼시가 힘을 못 쓴다고 여겼고, 육경신을 통과하면 삼시를 소멸시킬 수 있다고 믿었던 것이다. 그러한 의미에서 과거에는 경신일만이라도 경건한 마음으로 잠을 자지 않고 밤을 지새우려 했다. 이렇듯 옛날에는 '수경신'을 공부의 바탕으로 삼고자 하였는데, 후대로 내려오면서 이러한 정신이 점점 사라지면서 오락적인 성격을 띠게 된 것이다.

圖關三逆順

順

心生於性意生於
意轉為情情生為妄
故靈潤禪師曰只因
一念妄現出萬般形

哉法甚深深
妙用人難識
順逆兩俱忘
空虛鎮長寂

逆

撿妄回情情返回意
攝意安心心歸性地
故伯陽真人曰金來
歸性初乃得稱還丹

순역삼관도

강태공의 사작경신四作庚申

생각건대, 경신일이 민간풍속으로 전래된 데에는 강
태공에 대한 고사와 연관이 있을 것이다. 일찍이 도가道
家에서 강태공에 관한 비결로 전해져 오는 글이 있다.

강태공

"경신년庚申年 경신월庚申月 경신일庚申日 경신시庚
申時 강태공姜太公 조작造作방아"[이능화, 조선도교사]

경신년 경신월 경신일 경신시에 강태공이 방아를 찧
는다는 뜻이다. 또한 "경신년 경신월 경신일 경신시 강태공 하마차下馬車"라는
글도 있다. 이는 경신년 경신월 경신일 경신시에 강태공이 마차에서 내려온다
는 뜻이다. 조금의 의미 차이는 있지만, 결국 같은 범주에 해당하는 말이다.

그런데 이러한 내용의 글이 전해져 내려온 데에는 그 배경이 있다. 때는 은
나라 말기 주나라 초기다. 전설에 의하면, 은나라 마지막 왕인 주紂가 폭정을
일삼았을 무렵, 서쪽에는 문왕(이름은 昌, 문왕은 시호)이 제후로 있었다. 그래서 그

강태공 조어

를 창후昌侯라고도 하고 서백西伯이라고도 불렀다.

하루는 문왕이 사냥하려고 점을 치니 "용도 아니고 이무기도 아니고, 곰도 아니고 범도 아닌데, 잡는 것은 패왕지보霸王之輔"라는 점사가 나온 것이다. 과연 위수渭水에서 낚시질을 하던 강태공(이름은 呂尙)을 만나게 된다. 문왕이 그와 몇 마디 말을 나누고는 크게 기뻐하며 말하기를 "우리 선군先君이신 태공께서 말씀하시기를 '성인聖人이 주나라에 와서 주나라가 이로 인해서 흥하리라' 하셨는데 그대가 진정 이 사람인가?" 하였다. 또한 "우리 태공太公께서 그대를 바라신(望) 지 오래되었다." 하여 호를 태공망太公望이라 하였다.

문왕이 죽고 난 뒤 강태공은 그 뒤를 이은 무왕武王을 도와 은나라를 쳐서 주를 죽이고 천하를 이룩하였다. 그러나 강태공은, 전쟁을 치르고 이룩한 천하통일이었기에 원혼들의 한恨이 구천에 떠돌 것이라고 여겨 전쟁 중에 죽은 원혼들을 달래고 그들에게 작위를 봉함으로써 혼백을 위로하게 하였다.

그들 중 충신·효자들에게는 모두 365위位를 베풀어 신神을 봉했으니, 이를 '봉신封神'이라 하였다. 봉신을 통해서 은나라와 주나라의 맺힌 원한을 풀게 하고, 땅 위에 사무쳤던 살겁殺劫을 사라지게 했으니, 이는 강태공의 은덕으로 풀어진 것이다. 이에 신명이 감동하여, 강태공의 위명威名 아래 모든 신명이 복종하게 되었다는 것이다. 그런데 하물며 잡신이 범접할 수 있겠는가? '강태공 조작방아'나 '강태공 하마차'라는 말은, 이렇듯 강태공이라는 인물의 이야기와 연관이 있는 것이다.

지금은 흔히 볼 수 없지만, 가까운 옛날만 해도 집을 짓고 상량上樑할 때, 대들보 위에 '龜 모년 모월 모일 모시 立柱上樑 應天上之三光 備人間之五福 龍'이라 쓰고, 바깥문에는 누런 종이 위에 '경신년월일시 강태공 조작'이라 써 붙였다.

상량뿐만이 아니라 집을 새로 지었을 때도 이 글을 써 붙였다. 또한 집의 허한 곳에 절구통을 얹어놓고 절구공이 위에 '경신년월일시 강태공조작방아'라 써 붙였다. 아마도 강태공 있는 곳이라면 잡귀가 얼씬하지 못하리라는 믿음 때문에서일 것이다.

또한 '경신庚申'이라는 글자 자체에도 제살制殺의 의미가 있다. 터를 닦는 날이나 주춧돌을 놓는 날, 기둥을 세우는 날, 지붕을 덮는 날 등에도 길일로 경신일을 택하기도 하니, 모두가 이의 유습일 것이다.

그런데 또 한 가지, 왜 하필 사작경신의 날이며, 하필 조작방아라고 한 것일까? 이것이 비결이다. 경신년·월·일·시에 강태공이 방아를 찧는다 했는데, 이 사작경신은 지금 사용하는 월건법月建法에 의하면 천만년이 가도 나올 수가 없다. 혹자는 말하기를, '경신庚申'은 '경진庚辰'의 잘못된 표기이며, 강태공이 경진년·월·일·시에 출생하여 훈공勳功이 높고 지모智謀가 또한 많았으며, 죽어서 또한 신神이 되자 백귀百鬼가 두려워해서 피하는 것이라는 해석을 하기도 한다. 그러나 이는 경신庚申의 의미를 제대로 이해하지 못했기 때문에 생긴 오해이다.

'사작경신'은 '갑甲'을 '경庚'으로 고치면 나올 수 있다. 갑을 경으로 고치게 되면 갑신甲申년은 경신庚申년이 된다. 그러면 갑신년의 7월 달인 경우 임신壬申월이 되는데, 갑甲을 경庚으로 고쳤으므로 경신년은 정월이 갑인甲寅월이 되고 7월은 경신庚申월이 된다. 오직 일日은 불변이므로 경신일 그대로 되고, 갑신시甲申時는 변해서 경신시가 된다. 이렇게 해서 경신庚申년·월·일·시가 되는 것이다. 말하자면 갑신년 임신월 경신일 갑신시에서, 갑을 경으로 고치게 되면, 경신년 경신월 경신일 경신시가 된다는 것이다. 이와 같은 경우는 60년에 한 번씩 올 수도 있고, 안 올 수도 있다. 또한 이러한 때가 온다고 해서 무조건 쓸 수 있는 것도 아니다. 이 같은 원리는 주역을 알아야 이해할 수 있다. 다만 갑甲을 경庚으로 고치는 이치를 설명한 괘가 있으니 손괘巽卦(☴)와 고괘蠱卦(䷑)다. 문왕의 뜻을 계승해서 주공이 중풍손重風巽괘 구오효에서 '선경삼일先庚三日 후경삼일後庚三日'의 뜻으로 경庚의 변도變度 의미를 은밀히 전하였다. 또한 공자는 산풍고山風蠱괘에 있는 '선갑삼일先甲三日 후갑삼일後甲三日'의 단사彖辭에 의거해서 갑甲이 경庚으로 되는 이치가 있음을 소개하며, 후학들에게 비결로 전하고 있다.

북송의 학자인 소강절 선생이 지은 『황극경세서』에도 이에 대한 뜻을 은밀히 밝히긴 했으나, 이 역시 주역을 알아야 이해가 가능한 일이다. 하여간 사작경신일에 강태공이 마차에서 내려와 방아 찧는다는 말은 이때에 신을 부린다는 것이며, 신도행사를 한다는 것을 의미한다.

절구통

'사작경신四作庚申'을 보면, 천간天干이 모두 '경庚'이고 지지地支가 모두 '신申'이다. 묘하게도 경庚자는 손으로 절구공이를 잡고 있는 모습이고, 신申자 역시 구臼(절구)자에 곤丨(절구공이)자를 합성하였다. 강태공의 조작방아를 연상케 할 수 있는 글자다. 방아는 도정搗精을 하기 위한 것으로, 벼를 찧어서 알갱이와 쭉정이를 구분한다. 신神이라는 글자도 신명神明을 상징하는 시示변에 신申을 합한 글자이니, '강태공의 조작방아'라는 말은 즉 강태공의 신도행사神道行事를 의미하는 것이다.

그리고 '경신庚申' 두 글자는 모두 후천을 의미한다. 갑이 선천의 시작이니, 후천의 시작은 경에서 이루어진다. 천도에서는 음양의 변화가 자오子午에서 일어나므로 오午에서 후천의 시작으로 잡지만, 인도人道는 인신寅申을 기준하므로 신申에서 후천이 시작된다. 곤괘坤卦의 곤坤이라는 글자도 신申으로써 후천의 시발을 삼은 것임을 보여주고 있다. 따라서 강태공의 '사작경신'은 후천이 오는 때를 의미하는 것으로, 강태공의 조작방아를 통해서 후천이 이루어짐을 뜻하게 된다.

실제로 강태공을 대행해서 사작경신을 쓴 사람이 있다. 그가 바로 이야산李也山 선생이다. 1944년 음7월 6일(양력 8월 24일)이 바로 간지로 갑신년 임신월 경신일 갑신시가 되는데, 이날 선생은 문경閗慶의 시궁동矢弓洞이라는 곳에서 남녀 36명과 더불어 방아를 찧는 행사도 하고, 풀무놀이도 더불어 했다고 한다.

문경閗慶이란 '경사를 듣는다'는 뜻이고, 시궁矢弓은 새를 쏘아 잡는 도구이다. 36명이라는 숫자는 갑을 경으로 고칠 경우 갑신년이 경신년으로 되니, 이로 인해 36년이 비워지게 된 것을 의미한다. 방아를 찧는다는 것은 후천이 이르렀음을 의미하며, 풀무는 주역 혁괘革卦의 상이니 선천에서 후천으로 바뀌는 이치를 말하는 것이 된다.

봉신연의

금단金丹의 도道 경금庚金

庚符印 메달

'경庚'에 대해서 많은 말을 했지만, 정작 '경'의 뜻을 설명하지 못했다. 이번에는 '경'의 의미에 대해서 살펴보고자 한다. 경을 '쇠 경'자로도 부른다. 오행으로 금이기 때문이다. 금을 『서경』「홍범구주」에서는 종혁從革이라 말하고 있다. 종혁은 '좇아서 고친다'라는 뜻이다. 쇠를 화로의 도가니에 넣어 그 틀에 따라서 갑형甲型에서 을乙과 병형丙型으로 임의적으로 개조할 수 있으므로 '종혁從革'이라 하는 것이다. 사주팔자四柱八字를 논하는 곳에서도 종혁의 경금庚金을 말하고 있다.

속담에 "팔자八字가 기구하면 칠자七字로 고쳐라"는 말이 있다. 일반적으로 말하기를, 사람의 타고난 팔자는 마치 연·월·일·시의 4개의 기둥(柱)처럼 박혀 있으므로 거기에서 빠져나오려고 해도 빠져나올 수가 없다고 한다. 그래서 팔자 안에서 인생의 모든 것을 설명하려 하는 것이다. 그러나 어찌 사람의 운세를 여덟 글자로 다 표현할 수 있으랴! 더욱이 사람의 일생은 천도와 인사가 톱니바퀴처럼 맞물려서 나아가는 법이므로 선천운이 있다면 당연히 후천운도 있어야 할 것이다. 선천운이 정해진 운이라면 후천운은 개운改運을 말한다. 따라서 비록 사주팔자를 잘못 타고 나왔다 할지라도, 덕을 쌓고 열심히 노력한다면 그 속에서 팔자를 고칠 수 있음을 알아야 한다. '팔자를 칠자로 고쳐라'라는 말은 바로 이를 두고 한 말이다.

그런데 '칠七'자는 다름 아닌 '경庚'을 뜻한다. 경庚이 천간天干 중 일곱 번째에 있기 때문이다. 즉 경금의 쇠로서 종혁하라는 것이니, 선천의 갑형甲型을 후천의 을형乙型으로 고치라는 비전秘傳의 뜻이 담겨 있는 것이다. 세상사 모든 일에는 종시終始가 있는 법, 시작이 있고 끝이 있지만 시종始終 사이에 혁신이 없이는 절대 종終을 이룰 수 없다.

비유하면, 봄이 시작이라면 겨울은 끝이라 할 수 있다. 봄과 여름은 양기로써 만물이 생장하지만, 가을과 겨울은 음기가 아니면 만물을 성숙시키고 감출 수가 없다. 양기에서 음기로 바뀌는 이치, 이것이 바로 혁신革新 즉 고쳐서 새롭게 함을 의미한다. 하루로 말하자면 오전에서 오후로 바뀌는 이치, 일 년으로 말하자면 여름에서 가을로 바뀌는 이치, 129,600년의 일원一元으로 말하자면 선천에서 후천으로 바뀌는 이치, 이 모든 것이 혁신을 통해서 하루를 이루고 일 년을 이루고 일원을 이룰 수 있다는 것이다. 이러한 원리가 있음을 옛날의 성현들은 알아냈고, 그 뜻을 글이나 풍속을 통해서 후대에 전했던 것이다.

갑에서 경으로 바뀌는 원리를 밝힌 것도 후천이 오는 시기를 전하기 위함이었다. 갑이 경으로 고쳐져서 나오지만, 시작한다는 의미에서 갑과 경을 같은 의미로 보기도 한다.

예로부터 나이가 같은 동년배同年輩를 동갑同甲생이라고 부르며, 동갑지간同甲之間을 동경생同庚生이라고도 부른다. 이는 갑甲과 경庚이 같은 의미로 사용되고 있음을 보여주고 있다. 갑과 경을 같이 보는 것은 갑은 선천의 시작을 의미하

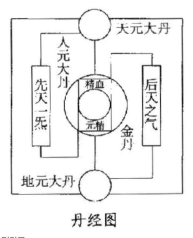

丹经图

단경도

고, 경은 후천의 시작을 의미하니, 새로 시작한다는 의미에서 갑을 경으로 사용하는 것이다. 이 역시 후천이 오는 이치를 달리 표현한 말이다.

'경금' 속에는 후천도 숨겨져 있지만, 또 다른 것도 숨겨져 있다. 불 속에 들어가 백 번을 단련해도 없어지지 않고, 흙 속에 묻혀 있어도 썩지 않는 것이 경금이다. 세상 모든 것이 타 없어져도 경금은 살아남는다. 때문에 옛날 사람들은 경금을 영생불멸의 상징으로 삼았다. 불로장생을 추구하는 선도에서는 단丹을 가리켜 금단金丹이라 하였고, 석가釋迦도 스스로를 금선金仙으로 이름 삼았다.

그렇다면 불로불사의 이 경금을 어떻게 하면 얻을 수 있을까? 말하자면 진토眞土에서 진금眞金(즉 庚金)이 나오는데, 진토는 다름 아닌 진의眞意를 말하는 것으로, 진의는 마음을 비워서(虛) 고요히(靜) 하는 속에서 나온다. 즉 토土를 마음으로 비유한 것이다.

선가仙家에서는 진토(마음)를 단련하면 연鉛(납)과 홍汞(수은)을 얻는다고 하였다. 그런데 진토에는 무토戊土와 기토己土가 있다. 따라서 무토戊土를 단련하는 자는 감월坎月의 연鉛(납)을 얻고, 기토己土를 단련하는 자는 이일離日의 홍汞(수은)을 얻을 수 있으니, 연과 홍이 돌아가게 되면 금단이 스스로 맺힌다고 하였다. 마음에서 금단을 얻는다는 것이다. 이것이 『성명규지性命圭旨』에서 말하는 내용이다. 책 제목에서 규圭는 쌍토土를 가리키니, 무토와 기토를 말한다. 이로써 금단을 이루니, 성性과 명命이 보존된다는 것이다. 모두가 마음에서 이루어지는 것이다. 선천의 금을 채취해서, 후천에 금을 쓰는 것이 정신을 하나로 모으는 데에서 이루어진다는 것이다.

『주역』에서 말하기를 "해와 달이 돌고 돌아 하루가 생기고, 한서寒暑가 돌고 돌아 한 해가 이루어진다." 했다. 이는 생生하는 원리가 음양의 상대적인 곳에서 나오는 이치를 설명한 것이다. 그러므로 한 마리의 자벌레도 앞으로 나아가기 위해서는 먼저 몸을 구부릴 줄 알고, 용이나 뱀도 봄에 활동하기 위해서는 겨울에 칩거蟄居할 줄 안다. 음陰은 양陽에서 나오고, 양은 음에서 나온다는 것이요, 유有에서 무無가 나오고 무에서 유가 나온다는 것이요, 길吉에서 흉凶이 나오고, 흉에서 길이 나온다는 것이다. 사람이라고 어찌 이 원리에 벗어날 수 있겠는가? 진실로 밝은 지혜를 구하려면 먼저 어두운 세계로 들어가야 한다. 마음을 고요히 하는 가운데에서 밝은 길을 알 수 있는 것이다.

견물생심見物生心이란 말이 있으니, 이목구비耳目口鼻를 열어 둔 상태로는 마음을 비우고 고요히 할 수가 없다. 불로장생의 저 경금을 취하기 위해서는 우선 눈과 귀와 입을 닫고 자세를 바르게 한 다음, 마음의 욕심을 비우고 고요한 상태를 유지해야 한다. 단가丹家의 선약仙藥은 산에 있는 것이 아니라, 이 마음 안에 있기 때문이다.

아마도 후천의 세계는 마냥 좋은 선경세계만은 아닐 것이다. 여름에서 가을로 넘어가는 때가 후천의 시작이라면, 삼복염천은 참으로 견디기 어려운 시절일 것이다. 그러나 불볕더위 속에서도 질병이 만연한 속에서도, '경금'은 죽지 않고 살아남을 것이니, 성인聖人께서 '경금' 속에 후천에서 살 수 있는 비결을 감추어 놓은 것이다.

허튼 육갑의 일제강점 36년

重風巽

옛날 사람들은 가끔 이러한 농담을 하곤 한다. "자네 나이가 허튼 육갑의 방축생方丑生이지?"라고. '허튼 육갑'이라는 말은 육십갑자를 흩어 놓았다는 뜻이고, '방축方丑'이라는 글자는 '庚'자를 파자한 것으로 '고칠 경'자로 말하였다. 따라서 허튼 육갑이나 방축생 모두 육십갑자의 순서를 제멋대로 흩트려 놓았다는 것을 의미한다. 다름 아닌 나이를 속였다는 뜻이다. 옛날 사람들은 농담을 하더라도 이렇게 격조 있는 언어를 구사하곤 했다.

그런데 언중유골言中有骨이라, 이 말 속에는 의미심장한 내용이 담겨 있다. 다름 아닌 경庚자에 관한 비전秘傳이다. 육십갑자의 원리에서 갑을 경으로 고치게 되면, 고치는 과정 속에서 자연히 36수가 빠지게 된다. 예를 들어, 갑신년의 갑을 경으로 고치게 되면 경신년이 되니, 갑신년과 경신년 사이에는 36년의 간격이 생기게 된다. 36년이 비워지게 됨으로써 기존의 육십갑자의 체계가 흩어져 버렸으므로 '허튼 육갑'이라 말하는 것이다. 이 모두가 갑을 경으로 고침으로 인해서 일어나는 것이다. 『청학집靑鶴集』이란 책을 보면 벽락자碧落子 라는 사람이 다음과 같이 말하고 있다.

"세운世運이 장차 쇠함에 그 기미가 동남東南에서 먼저 동하니, 동남은 왜적이 아닌가? 썩은 나무에 벌레가 생기고, 벽에 틈이 가면 바람이 생 기는 법, 난적의 무리들이 이때를 틈타 몰려올 것이다"

이는 무엇을 비유한 말인가? 동남방이란 우리나라를 중심으로 살펴보면 일 본이 위치한 곳이다. 따라서 동남의 손괘巽卦(☴)는 일본을 상징한다. '썩은 나 무'는 동방목이 부패한 것으로 우리나라를 가리키고, '벽'은 간괘艮卦(☶)에서 상 을 취한 것이니 간괘艮卦 역시 우리나라를 상징하는 것이다.

손괘는 또한 바람의 상이며 벌레로도 비유한다. '풍風'자는 '凡+虫'의 합성자 로서 바람이 불면서 벌레가 생기기 때문이다. 우리나라와 일본의 관계가 이와 같음을 고려해 보면, 우리나라가 국력이 약해지거나 분열의 조짐이 있게 되면, 항시 그 틈을 타서 들어오는 곳이 동남 손방의 일본이라는 것이다.

주역에 산풍고山風蠱괘(☶☴)가 있는데, 아마도 벽락자가 주역의 이 괘를 통해 서 당시의 지리적 상황을 말하지 않았는가 싶다. 고괘는 산이 위에 있고 바람 이 아래에 있는 형상이니, 산 아래에 바람이 들었다는 것이다. 이때에 간艮은 산으로 우리나라를 가리키고, 손巽인 바람은 일본으로 풀이할 수가 있다. 봄에 부는 바람이라면 만물을 살리겠지만, 가을에 부는 바람은 만물을 죽이는 것이 다. 지금 고괘蠱卦에서 말하는 이 바람은 만물을 죽이는 가을바람이다. 산 아 래에 바람이 들면 나무에 벌레가 생겨서 점차 병이 들고 부패해진다. 이는 우 리나라가 일본에게 침탈당하는 모습과 그대로 부합이 되는 괘라 할 수 있다.

괘명卦名인 '고蠱'자 역시 파자로 풀어 보면, 그릇(皿) 위에 '벌레 충虫'자가 셋 이 있다. 목기木器 안에 벌레 세 마리가 나무를 갉아 먹고 있는 모습이다. 그릇이 우리나라를 상징하는 것이라면 벌레 세 마리는 무엇을 가리키는 것일까? 주역의 글을 너무 단정적으로 풀이하는 것은 금물이지만, 이전의 선배들은 이를 일본과 미국, 소련으로 빗대어 풀이했다. 열강들의 각축장이 된 우리나라는 그야말로 고괘의 형상 그대로였기 때문이다.

山風蠱

이렇듯 당시 우리 민족이 망할 듯 망할 듯 한 국운이었지만, 주역에서는 고괘를 두고 형통亨通하다고 말하고 있다. 그리고 고蠱를 다스릴 방도를 제시했고, 고蠱에서 벗어날 때가 언제라는 것도 제시하고 있다. 이러한 말들이 의심스러울 수밖에 없겠으나, 이는 갑甲을 경庚으로 고치는 이치 속에서 이해될 수 있다. 갑을 경으로 고치게 되면 36년만큼의 시간이 비워지게 된다. 혹자는 일제 강점의 기간이 35년이라고 주장하기도 하지만, 음력으로 말하면 윤달까지 합해서 정확하게 432개월인 36년이 된다. 한 달의 착오도 허용하지 않았다. 옛날의 선인들은 일제의 36년을 헛된 36년으로 본 것이다. 단지 바람으로서가 아니고 천도가 그러한 것이다. 인사人事가 신도神道와 들어맞는 것이 이처럼 묘妙하다.

7장

세상과 문화

미수 허목의 〈척주동해비문〉
단황과 부여
태극의 꽃을 피울 대전
술몽쇄언遠夢瑣言
결국 무너진 숭례문
개천제를 지내며
주역사상에 기초한 고암의 예술정신

미수 허목의 〈척주동해비문〉

오래 전부터 필자는 미수眉叟 허목許穆 선생
(1595-1682)의 〈척주동해비문陟州東海碑文〉의 글을
복사본으로 보아왔을 뿐, 실물을 보지 못해 늘
아쉬움을 가지고 있었다. 척주동해비는 흔히
'퇴조비退潮碑'라고도 불린다. 전하는 말에 의하
면, 삼척 지역은 해마다 풍우로 인하여 자연
재해가 극심하였고, 주민들이 겪는 고통이 이
만저만이 아니었다 한다. 해일이 밀려올 때에
는 해안으로부터 30리가량 떨어져 있는 동헌東

허미수 선생 영정

軒 마루에까지 바닷물이 밀려들어 왔다는 것이다.

바로 이러한 때에 미수 허목 선생이 1661년(현종 2년) 삼척부사로 재임하면
서, 이를 막기 위하여 동해를 칭송하는 글인 〈동해송東海頌〉을 짓고, 바닷가에
비석을 세워서 풍랑을 진정시켰다 한다. 이 신비로운 비석이 바로 척주동해비
다.

허미수 선생은 누구인가? 그는 본관이 양천陽川이며, 태어날 때부터 손바닥에 '문文'자 무늬가 새겨져 있어, 자字를 문보文父라 하였으며, 눈썹이 눈을 덮을 정도로 길어 호를 미수眉叟라 하였다. 어머니는 정랑 임제林悌의 딸이며, 부인은 영의정인 오리梧里 이원익의 손녀이다. 당시 오리 대감이 "후일에 내 자리에 앉을 자는 반드시 이 사람일 것이다."며 큰 기대를 걸었다고 하니, 그의 인물됨을 짐작할 만하다.

어렸을 때부터 성현지학聖賢之學에 뜻을 두어 공부하였고, 퇴계의 문인인 정구鄭逑를 스승으로 섬겼다. 나이 30에 광주廣州의 우천牛川에 살면서 자봉산紫峰山에 들어가 독서(특히 서경)를 하였으며, 글씨에 전념하여 그의 독특한 전서篆書를 완성했다 한다.

그는 정묘호란 등으로 인하여 대부분 이곳저곳으로 피난 다녔으며, 부친의 임소任所를 따라 여러 지방을 전전하였다. 56세 때 비로소 정릉 참봉에 제수되었으니, 당시 그를 천거한 조목을 보면 "박학능문博學能文 고상기지高尙其志"라고 평하였다.

66세인 현종 1년에 송시열과 조대비趙大妃의 복상문제服喪問題(이를 己亥服制라 한다)로 논쟁을 벌였고, 이 일로 삼척부사로 좌천되었다가 숙종 이후, 좌참찬·이조판서를 거쳐 우의정에 제수되었다. 호가 미수眉叟였던 것과 걸맞게 88세인 미수米壽까지 장수를 누렸다. 그의 저서는 다수이나, 『미수기언眉叟記言』이 대표적이다. 그리고 우리나라 전서의 참고문헌으로 미수 선생 자필고본自筆稿本인 『허목수고본許穆手稿本』(보물 592호)이 전해지고 있다는데, 지금 내용을 볼 수 없는 것이 안타깝기만 하다.

필자가 관심 갖고 있는 〈척주동해비문〉은 『척주지陟州誌』에도 실려 있지만, 『허목수고본許穆手稿本』 안에는 고전체古篆體로 들어 있으며, 이는 바로 동해비의 저고본底稿本이 된다. 과거에 필자의 조부祖父께서 재세 시 어느 신문 기자가 척주동해비문을 가져와서 해석을 부탁한 적이 있었다. 이에 할아버지께서는 비문을 해석해 주시고, 제자들에게도 각자 비문에 담긴 뜻을 연구해보라고 하셨다. 후에 한 제자를 데리고 삼척에 가서 일대를 살피고 돌아오셨다고 한다. 많은 제자들이 비문을 암송하며 나름대로 자득하긴 했으나, 기록으로 전해지지 않다보니, 세월이 흐른 지금에 와서는 당시에 말씀하신 것을 상고해볼 길이 없었다. 필자 나름대로 해석은 해보았지만, 실물을 직접 보지 않고서 더 이상의 깊은 이해를 하기에는 무리였다.

항시 여운으로 남기고 있던 터에, 삼척에 계신 원불교 교무님(박양숙)과 영남 일보 신문기자인 전제훈 씨가 여하如何한 일로 지기지우知己之友인 겸산 임채우 교수와 필자를 초청하였다. 그야말로 불감청고소원不敢請固所願이었다. 이런 기회가 아니면 가볼 수 없을 것 같아 만사를 제쳐놓고 삼척에 가기로 결심하였다. 여행의 즐거움도 있지만, 무엇보다 척주동해비를 직접 보고 싶었다. 주변의 지형과 실물을 통해서 이해의 단서를 얻어낼 수 있지 않을까하는 기대감이 들었기 때문이다. 곧이어 겸산과 여행계획을 짜고, 그의 가족 그리고 필자의 처자식과 동행하였다.

새벽부터 촌각을 다투면서 많은 곳을 구경했으나, 지면 관계상 어찌 이를 일일이 다 기록하랴. 마음속에만 담아두고 우리 일행은 주관심사인 척주동해비가 세워져 있는 곳(삼척시 정상동)으로 향하였다. 비碑가 있는 곳에 도착하니, 때는 저녁 무렵이었다. 게다가 구름도 잔뜩 끼어 있어 주변이 더욱 어두웠다. 우리는 지체하지 않고 산정에 올랐다. 산이라기보다는 조그만 구릉에 가까웠다. 산정에 올라 바다를 바라보니 그야말로 만경창파의 검푸른 바다가 섬뜩하니 다가선 듯하였다. 구름 때문에 더욱 그렇게 보였는지도 모르겠다.

산 옆으로는 과거 오십천五十川이 흘렀다고 하는데, 지금은 오십천 물길을 바꾸어 다른 곳으로 빠져나가도록 하였고, 하구를 막아서 주변에는 농경지나 건축물이 들어서 있다. 이 오십천 물이 범람해서 피해가 극심했다 한다. 그리고 바다로 통하는 곳에 정라진 항구가 있다. 과거 삼척포 진영이 들어섰던 곳이다. 바로 이곳 어딘가에 옛날 미수 선생이 동해비를 세웠던 만리도萬里島(당시의 정라도)가 있었다고 한다. 그러나 지금은 자취를 찾아볼 길이 없다. 필자는 잠시 과거를 회상해 보았다. 오십천이 흐르는 장면과 범람했을 때의 장면을, 그리고 미수 선생이 과연 동해비를 이 근처 어느 곳에 세웠을까를…….

필자가 서있는 이 산의 이름은 육향산六香山이다. 정상에 육향정六香亭이란 정자가 세워져 있으며, 그 옆으로 척주동해비와 조금 아래로 평수토찬비平水土 贊碑가 서 있다. 육향정이란 현판의 글씨는, 3·1 운동의 민족대표 33인 중의 한 사람으로서 독립운동가이며 서예가였던 오세창吳世昌 선생의 필적이다. 그런데 언제 어떠한 연유로 산 이름을 육향산이라 한 것일까? 주위 사람들에게 물어봐도 대답이 불분명하다.

육향산 동해비문

그렇다면 내 나름대로 풀어보리라. 이곳 정상에 척주동해비가 세워져 있는 것을 보면 분명 물과 관계가 있을 것이다. 오행의 원리를 살펴보자. 고대 복희씨는 하도河圖를 보고 천지의 수가 1에서부터 10까지 이루어졌음을 발견했다고 한다. 10수 중에서 1·3·5·7·9는 하늘의 수인 양수이고, 2·4·6·8·10은 땅의 수인 음수이다. 양수와 음수가 각각 자리를 얻으니, 1·2·3·4·5는 만물을 생하는 생수가 되고 6·7·8·9·10은 만물을 이루는 성수가 된다.

이 생수와 성수가 각각 합쳐져서 1·6水, 2·7火, 3·8木, 4·9金, 5·10土의 오행五行이 이루어진 것이다. 따라서 '육향'의 육六은 물의 성수를 의미하는 것이니, 척주동해비가 이곳에 세워졌음으로 인해서, 동해의 풍랑이 진정된 것을 기념하기 위해서 '물이 향기롭다'는 의미의 '육향'으로 산 이름을 삼았을 것으로 여겨진다.

이에 덧붙여, 육향산은 홀로 솟은 독산이다. 여기에 육을 붙여 1·6水가 되니, 이곳 중심에 척주동해비가 세워져 있는 의미를 나타낸 것이다. 여하튼 육六이라는 의미는 물을 뜻하는 것으로서 척주동해비를 세운 뒤로 이를 기념하기 위해서 이름 붙였으리라 본다. 정자 모양 역시 이름에 걸맞게 지어져 있다. 육각 지붕에 여섯 기둥으로 세워져 있고, 아래 기단 역시 육각 모양으로 삼단을 이루었다. 육이라는 의미를 부각시킨 것이다.

전하는 말에 의하면, 이 동해비는 본래 정라도(만리도)에 있었던 것이다. 풍랑에 의해 부러져 바다에 잠겼던 것을 숙종 35년(1707년)에 삼척부사 홍만기가, 허목의 문생門生인 한숙이 미수 선생 생전에 써준 동해송을 소장하고 있었던 것을 구해 얻어서 이곳 육향산에 다시 세웠다 한다. 정라도에 있었던 본래의 동해비가 격침된 부분에 대해서 많은 설이 있지만, 단순히 파도에 의해서 파손되었을 리는 없을 것이고 '아마도 누군가에 의해서 파손되었을 것이다'라고 보는 것이 일반적 설이다. 여하튼 〈척주동해비문〉은 서체도 독특하려니와 글의 내용이 기이奇異해서. 필자는 비문碑文에 대해서 항상 경외敬畏하는 마음을 간직해왔었다.

영조 때의 학자인 홍양호洪良浩는 말하기를 "지금 동해비를 보니 그 문사文辭의 크기가 큰 바다와 같고, 그 소리가 노도와 같아 만약 바다에 신령이 있다면 그 글씨에 황홀해할 것이니, 허목이 아니면 누가 다시 이 글과 글씨를 썼겠는가?"라고 감탄하였다 한다.(한국민족문화대백과사전 참조)

지금의 삼척 사람들은 이 비문을 '수화불침水火不侵'의 벽사문으로 여기고 탁본한 것을 곳곳마다 소장하고 있다 한다. 그러면서도 한편으로는 항간에 떠돌아다니는 소문에 불안해하기도 한다는 것이다. 즉 전설에 의하면, 미수 선생이 동해비를 세우면서 말하기를 "작은 해일은 내가 막을 수 있지만, 앞으로 오는 큰 해일은 누구도 막을 수 없다. 그 해일이 올 때에는 두타산에 큰 불이 날 것이니, 만약 해일이 몰려오면 솥을 들고 두타산 정상으로 피해야 살 것이다."고 하였다 한다.

필자는 이 말을 듣고 곰곰이 생각해 보았다. 대자연에 의한 재해를 어느 누가 막을 수 있으랴! 그러나 간혹 이인異人의 정성이 담긴 글로서 영험한 일이 일어난 경우는 더러 있었다. '지성至誠이면 감천感天'이라는 말도 있지 않은가?

'천인합발天人合發'이라는 말이 바로 이에 부합할 것이다. 평범한 사람도 정성을 들이면 못해낼 일이 없거늘, 하물며 미수와 같은 하늘이 낸 도학자의 정성이 담긴 글을 어찌 영험하지 않다 말할 수 있으랴! 다만 길흉화복이라는 것은 각자의 정성 여하에 따라서 출입하는 것이니, 만약 사람들이 이 같은 좋은 글을 정성을 담아서 소장한다면 사기邪氣를 막아내고, 상서로운 기운이 깃들 것임은 틀림이 없을 것이다.

또한 현세는 역학적 원리로 보면 '화왕지절火旺之節'의 운세이다. 1년으로 비유하자면 염천의 여름철 더위 속에서 사는 이치와 같다. 이 같은 시대에는 화기로 오는 재해가 심할 것이다. 화火를 극兜할 수 있는 것이 수水라고 보면, 수기를 간직한 동해비문이 예방의 한 방편은 되리라 본다.

동해비문 이외에 또 한 가지 궁금한 것이 있는데, 이 비문 약간 아래에 '대한평수토찬비'가 세워져 있다. 이 비문 역시 허목이 짓고 쓴 것이라 한다. 비각의 전면에 '우전각禹篆閣'이란 제액이 걸려 있다. 안내문에 의하면, 이 서체는 중국 형산비衡山碑의 대우수전大禹手篆 77자 가운데 48자를 가려서 새긴 것으로 임금의 은총과 수령으로서의 자신의 치적을 기린 글이라 하고, 현종 원년(1661)에 목판에 새겨 읍사邑司에 보관되어 오다가, 240여 년 후인 광무 8년(1904) 칙사勅使 강홍대와 삼척군수 정운철 등이 왕명에 의해 석각해서 죽관도에 건립하였다고 한다.

평수토찬비

그러나 생각건대, 안내문에는 이 비문이 임금의 은총과 수령 자신의 치적을 기린 글이라고 평하고 있지만 부적절하다는 생각이 든다. 내용을 살펴보면 한결같이 수토水土를 평정한 우禹임금을 찬양하고 있기 때문이다. 우禹는 요순시대에 9년간이나 범람했던 홍수를 다스리고, 그 공功으로 하夏나라를 세운 사람이다. 따라서 허목은 오십천의 범람을 다스리고 동해의 풍랑을 진정시키기 위해서는 치수를 성공한 대우신大禹神의 감응感應을 빌었을 것이고, 그런 관계로 중국에 있는 '형산비문'을 본떠서 이곳에 세우려 했을 것임을 짐작할 수가 있다. 비문의 77자중 48자만을 집자한 것은 아마 〈척주동해비문〉을 감안한 수리數理였을 것이다. 〈척주동해비문〉은 192자로 새겨져 있다. 주역이 64괘 384효요 음효와 양효가 각각 192효가 되는 이치다. 〈평수토찬비〉 역시 192를 4배로 축소한 수가 48이 되니 〈척주동해비〉의 축소판으로 이해하면 될 것이다. 미수선생이 주역의 수리를 감안해서 문장을 지었을 것으로 짐작하는 것은 어렵지 않다. 주역은 건괘乾卦에서 용龍을 말하고 있다. 건괘에 육룡六龍이 있고, 건곤乾坤은 배합이 되니 도합 12마리의 용을 설명하고 있다. 용은 풍운조화를 부리는 영물이기 때문에 치수治水를 바라는 미수선생이 역리를 취했을 것임을 쉽게 짐작할 수가 있는 것이다.

이제 두 비문에 실린 글을 소개하는 것으로 매듭짓고자 하니 잘 음미하기 바란다.

平水土贊碑文

久旅忘家	오랜 여정으로 집도 잊고
翼輔承帝	보필하며 임금 받드셨네
勞心營知	마음 애쓰고 지식 구하여
袞事興制	일을 펼치고 제도를 흥기하셨다
泰華之定	오악이 안정되고
池瀆其平	강과 못이 다스려지며
虛水奔麓	고인 물 골짜기로 달아나니
魚獸發形	물고기와 짐승들이 형체를 드러냈네
而罔弗亨	참으로 형통해라
伸鬱疏塞	막힌 곳이 펴지고 소통됐구나
明門與庭	집 안팎을 밝히셨으니

永食萬國　　기리 만국을 기르시리

陟州東海碑文

瀛海[1]茫瀁은 百川朝宗[2]이니 其大無窮이라
아득한 영해는 백천의 조종이니 그 큼이 한없구나

東北沙海는 無潮無汐이라 號爲大澤이라
동북 사해는 밀물 없고 썰물 없으니 큰못이라 이름한다네

積水稽天에 浡潏汪濊[3]하니 海動有曀라
물은 모여 하늘과 맞닿음에 출렁거림이 넓고도 깊으니 바

닷물 움직임이 음산하구나

明明暘谷[4]은 太陽之門이라 羲伯司賓[5]하고
밝고도 밝은 양곡은 태양의 문이라 희백이 관장하고

析木之次는 牝牛之宮[6]이니 日本無東이라
석목의 분야는 빈우의 집이니 해는 본래 동쪽에 없느니라.

鮫人[7]之珍과 涵海百産이 汗汗漫漫이라
교인의 보배와 바닷속 온갖 산물은 한없이 많이 있고

奇物譎怪ㅣ 蜿蜿之祥이니 興德而章이라
기물이 조화 부려 꿈틀거리며 상서로움 깃드니 덕을 일으켜 빛이 나네

척주동해비문

---

1 동해 바닷가에 있다는 삼신산 중의 하나를 영주라 하니, 그 뜻으로 영해라 하지 않았나 싶다.
2 백 군데 물이 영해에 모인다는 의미로 支孫들이 선조를 섬기러 종가의 맏집으로 오는 것을 비유하였다.
3 浡潏은 물이 용솟음치는 모양이고, 汪濊는 물이 넓고도 깊은 모양을 말한다.
4 극동의 곳이니 日迎을 측량하는 곳.
5 책력을 맡아 보는 사람. 해 떠오름이 마치 손님을 모신 것과 같은 것이니 즉 돋는 해를 공경히 한다는 뜻이다.
6 석목은 星名으로서 尾宿의 별칭이라고 하다. 또한 석목을 津(은하수)라고도 하는데 이는 箕斗之間에 은하수가 있기 때문이다. 이곳은 寅方으로 正東에 좀더 가까운 곳이며, 선천의 三離火 자리로서 해와 달이 만나는 자리다.
7 물 속에 산다는 괴상한 사람이다. 『술이기』에 의하면 물고기와 살면서 계속 베를 짜는데, 울면 눈물이 모두 구슬이 된다 하였다.

蚌之胎珠는 與月盛衰하니 旁氣昇霏라

구슬을 밴 조개는 달과 함께 차고 줄어드니 서기 퍼뜨리며 오르락내리락하고

天吳九首와 怪夔一股[8]ㅣ 颸回且雨라

머리 아홉 달린 천오와 외다리 짐승 기는 폭풍과 비를 일으키니라

出日朝暾에 轇軋炫煌[9]하고 紫赤滄滄이라

해돋는 아침 햇살 멀리까지 비추고 자주빛 붉은빛 으스스하여라

三五月盈하니 水鏡圓靈하고 列宿韜光[10]이라

십오야 달 밝으니 물속에 비친 달은 신령스럽고 뭇별들은 빛을 감추네

扶桑沙華[11]와 黑齒麻羅[12]와 撮髻甫家[13]와

부상의 사화와 흑치의 마라와 머리 튼 보가와

蜒蠻之蠔[14]와 爪蛙之猴[15]와 佛齊之牛[16]라

연만의 굴조개와 조와의 원숭이와 불제족의 소라

海外雜種이 絶黨殊俗이나 同圉咸育이라

해외의 잡종들이 종류를 달리하고 풍속도 다르지만 함께 모여 다 같이 자란다네

---

8 천오는 朝陽之谷에서 사는 神인데 그 생김새가 八首八面 八足八尾라 한다. 혹은 꿩의 정기로 머리가 아홉이나 된다고도 한다. 상나라때 九首 離가 周나라 陳을 범하니 큰 바람이 일었다 한다. 怪夔는 東海의 가운데에 있는 流波山에 산다. 소 형상으로 푸른 몸에 뿔이 없으며 一足이라 한다. 이 짐승이 물속을 드나들면 반드시 풍우가 일며, 그 빛은 일월과 같으며 그 소리는 우레와 같아 황제가 얻어서 북을 만들었다 한다. 혹은 이는 공자의 별명으로 옛날 공자 사시던 때에 齊國 南門 밖에서 외다리 짐승이 춤을 추었다 한다. 商나라 때 이 짐승이 나타나 큰비가 내렸다 한다. 『산해경』
9 교알은 기운이 멀리 비춘다는 뜻이고 현황은 휜하게 비춘다는 뜻이다.
10 풍우재앙이 다 없어지고 태평한 세상이 되었다는 뜻.
11 부상은 동방에 있는 나라 이름이고 사화는 종족명이다. 『산해경』에 의하면 부상은 흑치 북쪽에 있으며 사람들이 水中에 살고 大木이 있다 하였다.
12 흑치는 일본을 말하며 마라는 종족명이다. 『산해경』
13 『삼재도회』에 의하면, 보가는 동남해에 있는 부족의 이름이라 하였다.
14 『삼재도회』에 의하면, 蜒蠻에는 魚蜒, 蠔蜒, 木蜒의 세 종족이 있는데, 어연은 낚시질을 잘하고 호연은 바다에 들어가 굴조개를 잘 잡고 목연은 나무를 베어 과일을 잘 딴다 하였다.
15 『속문헌통고』에 의하면, 爪蛙는 옛 婆娑國으로 원숭이가 많다 하였다. 爪哇라고도 한다.
16 南蠻의 별종으로 生牛의 피를 마시고, 소를 잡는 사람은 사람을 죽인 것과 같은 죄를 주었다고 한다.

古聖遠德[17]을 百蠻重譯하니 無遠不服이라

옛 성인의 멀리 미친 덕화를 모든 종족이 거듭 번역하니 멀리 복종하지 않는 이 없구나

皇哉熙哉[18]여 大治廣博[19]하니 遺風邈哉로다

황이여 희여 큰 다스림 넓고 넓으니 성인의 끼치신 풍속이 한없이 멀기만 하구나

---

17 예를 들면 단황의 천부경이나 사서삼경과 같은 것을 이른다.
18 옛 성인을 높혀 황이라 하고 희는 공경한다는 뜻.
19 하늘처럼 넓고 땅처럼 넓다는 뜻.

단황과 부여

백제 시대의 서울이었던 부여는 어떠한 곳인가? 사비 천도 이후 백제인들은 그들 조상의 정신을 계승하고자 조상들의 발상지 또는 그 부족의 이름을 따서 부여라 지명을 바꾼 것이다. 부여라는 말은, 아마도 '부옇다'는 의미에서 온 것이 아닐까 여겨진다. 먼 동이 터오기 시작하면 땅도 부옇게 밝아지기 시작한다. 그 중에도 가장 먼저 해 돋는 동쪽을 의미하는, 아마도 문명의 시원지라는 자부심에서 이름을 삼은 것이 아닐까? 본래 부여는 하늘

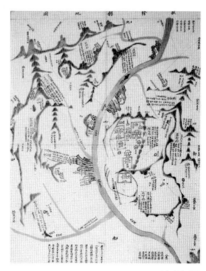

부여군지도

의 후손 해모수가 세운 나라다. 그는 옛 조선인들을 구하기 위해 부여라는 나라를 세웠고, 단군의 맥을 계승하기 위해서 부여라는 이름을 취했을 것이다.

부여라는 곳에 대해 지리적으로 살펴보자. 민족의 영산인 백두산은 본시 단군 조선의 영역이다. 우리 민족의 역사를 간직한 백두산이 대간大幹으로 한반도의 등줄기를 이루며 지리산까지 내려왔고, 다시 역룡逆龍해서 계룡산에서 혈穴을 맺었으니, 산이 태극 모양을 그리고 있다. 백두산 기운이 태극형을 그리며 이곳까지 와서 꽃을 피운 것이다.

그러나 백두산 기운은 계룡산에서 끝나지 않고, 다시 서쪽으로 뻗어 부여라는 넓은 땅을 만들었으니, '붙들 부扶' '남을 여餘'자의, 즉 '계룡산의 남은 여기餘氣를 붙든 곳'이라는 뜻의 부여라는 지명을 만든 것이다.

계룡산에서 발원한 물길도 태극형을 이루고 있다. 계룡산 신도안에서 흘러나온 물줄기가 두마천을 이루어 동쪽으로 흘러가고 다시 북쪽으로 돌아서서 갑천을 이루고 있다. 계룡산을 다시 한 바퀴 돌아 공주, 탄천을 거쳐 백마강을 이루고 이 금강의 거대한 물줄기가 부여 규암면의 부산浮山을 꼭지점으로 삼아 선회해서는 강경을 거쳐 서해로 빠져 나가는 것이다. 물길 흐르는 자리에 용맥龍脈은 끊어지는 법이니, 백두산의 정기가 부여까지 와서 그친 것이다.

망국의 한恨을 간직하면서 천여 년의 역사 속에서 버려진 천장지비天藏地秘의 부여 땅은 철저히 소외를 당하였으나, 일제日帝만은 부여에 대한 애정이 각별하였다고 한다. 백제국이 그들의 조상이 되니, 그들이 부여를 사랑함은 어쩌면 당연한 일인지도 모른다. 그들은, 일본의 고대사에 나오는 아스카(飛鳥)문화의 원류源流가 백제문화요, 그 본 고장이 부여임을 인식하고 부여에 신궁神宮을 건립하려 계획한 것이다.

그러나 당시 신궁 건립은 단순히 부모의 나라라는 이유에서 그 계획을 세운 것은 아니었다. 일제는 강점 이후 조선의 전 지역에 신사神社를 설치하여, 역대 일본 황실과 공로자들의 위패를 보관하게 하고, 철저하게 일본의 신민臣民으로서 강제로 참배하도록 하였다. 대동아공영권大同亞共榮圈이라는 이른바 일본인과 조선인은 동조동근同祖同根이라는 허울 좋은 명분으로 이를 치장하였다. 조선뿐만이 아니라 대륙의 모든 식민지 국민들을 황민화皇民化 시키는 메

카로 이용하려 했던 것
이다. 그 역사적 발상
의 중심지, 그들의 야욕
의 중심지가 바로 부여
였다.

부여 삼충사

　당시의 부여 신궁 건
설계획을 보면, 이는 일
본의 동경신궁東京神宮과
맞먹는 1급 신궁으로서, 당시 서울(京城)에 있는 남산 신궁보다도 훨씬 격이 높
았음을 알 수 있다. 1939년 7월 31일 일본천황이 라디오 방송을 통해서 부여
에 관폐대사官幣大社를 받드는 신궁을 조영造營하겠다는 사실을 공식 발표하였
다. 관폐대사라면 천황이 친히 제례祭禮에 참석해야 되는 신궁을 의미한다. 따
라서 부여신궁이 완성되었더라면, 일본천황이 처음으로 우리나라에 찾아오는
계기가 되었을 것이다.

　당시 그들은 신궁건립을 추진하면서, 신궁 터를 부소산 남쪽 등성이(현재의
三忠祠 자리)로 잡았다. 신궁건립 역사의 현장은 그야말로 삼엄했다고 한다. 국
가의 수호신을 모실 성역을 건립하는 것이니 당연한 일이었을 것이다. 부여읍
의 도시 계획은 일본의 나고야 시市를 계획했던 아오끼(青木)라는 사람이 맡았
다. 그는 황도사상皇道思想이 철저히 몸에 밴 사람으로, 새벽이면 꼭 부소산에
올라 일본천황이 있는 동쪽을 향해 절을 하고 일을 시작했다고 한다. 당시 일
본인들의 정신 무장은 이토록 철저했음을 알 수 있다.

　공사 현장에서 일하는 동안, 인부들에게는 여자와의 관계를 절대 금하였으
며, 일하다가 조금만 다쳐도 퇴장시켰고, 술과 담배도 일체 금지시켰다고 한
다. 심지어는 공사 중 침도 뱉지 못하게 했다고 한다. 그 장소에서 소변을 보
다가 경찰서에 넘겨져 구류처분을 받은 일이 자주 발생하여 '신궁 쪽으로는
오줌도 누지 말라'는 유행어가 퍼지기도 했다 한다.

신궁건물에 써야 할 목재는 대만에서 가져왔다. 본래는 백두산에서 벌목해 쓰려 했는데 대만의 목재를 사용하려 한 이유는 신궁건립에 일본의 모든 식민지가 이에 참여했다는 구실을 만들기 위해서라는 것이다. 필자가 학생 시절인 70년대만 해도 마을의 뒷동산처럼 부소산에 자주 다녔었다. 그 당시까지도 신궁건립에 사용하려 했던 목재들이 남아 방공호 안에 수북이 쌓여 있었던 것으로 기억한다.

또한 신궁공사를 진행하면서 조선총독부는 전국적으로 헌수 운동을 전개하였다. 그들은 '아름다운 나무를 부여에!'라는 표어를 내걸고, 조선뿐만 아니라 일본에까지 헌수라는 이름으로 나무를 수집한 것이다. 그들은 부여를 완전히 일인화하기 위해, 기존에 살던 부여의 많은 사람들을 만주나 북해도로 이주시키려고 하였다. 아마도 조금만 더 해방이 지연되었더라면 부여는 잠시나마 일인의 도시가 되었을지도 모른다.

논산-부여간 도로의 경우에도 15분 안에 부여에 도착할 수 있는 직선도로를 만들려 했다고 한다. 한편 강경-부여 간 강변도로도 설계하도록 명령을 내렸다 한다. 당시의 상황을 목격했던 노인들의 증언에 의하면, 광복이 조금만 더 지연이 되었어도 부여는 제2의 동경東京, 혹은 동양 최대의 관광고적도시로 변모했을 것이라는 것이다. 부여 신궁에 관한 위의 내용은 대부분 변평섭 씨가 쓴 『충남반세기실록忠南半世紀實錄』에 기초한 것이다.

그러나 일본의 망령된 야욕 그 이면에는 또 다른 뜻이 숨어 있었다. 이 이야기는 야산 선생에 관련한 것이다. 선생의 제자였던 김종덕 씨(86세, 현재 대구거주)가 부여의 지명에 대해 선생께 여쭈니, 선생께서는 "天下의 중심은 낙양이니, 그곳에 패철을 놓고 보면 간방이 백두산에 닿게 된다. 이곳 백두산에서 금강산에 이르러 일만 이천 봉우리를 낳고, 소백산으로 해서 지리산에 이르고, 다시 역룡逆龍해서 국사봉을 거쳐 계룡산에 이르니, 국사봉에서 서쪽인 부여가 후천 기운을 받는 곳이 된다. 그리고 태전太田을 왜놈들이 태太자에 점을 뺐으니, 이는 일본에도 역학자가 있어 조선에 후천지수가 오는 것을 알고 한 것이다. 왜냐하면 콩이 싹을 틔우는 데는 무극無極이어서는 안 되고, 유극有極이 되어야만 하기 때문이다. 때문에 그들도 후천기운을 쓰기 위하여 신궁을 부여에 건립하려고 한 것이다. 선천수 64,800년 중에 진시황이 선천의 윤년수인 36년을 이용했고, 후천수 64,800년 중에 왜놈이 후천의 윤년수인 36년을 뺏어 쓴 것이다." 라고 하였다.

이 이야기는 결국 일제가 자신들의 운명이 다한 것을 알았고, 그들에게도 역을 아는 학자가 있어 조선의 명수로 자신들의 명을 이으려 했다는 것이다. 당시의 신궁 건립 시에 야산 선생은 부여경찰서에 들어가 "네 놈들은 신궁의 상량식을 거행하기 전에 망할 것이다."라고 미친 척하며 호통 쳤다 하니, 이는 암울한 시대 속에서 살았던 기인의 면모이다.

이 부여 땅에 야산 선생은 '단황척강비檀皇陟降碑'를 건립하면서 단황을 봉숭하였다. 선생은 비록 유학자였으나, 민족의 뿌리인 단황에 의지하지 않고 도학道學을 편다는 것은 사상누각沙上樓閣이라 여겼기 때문이다.

천혜의 조건을 갖춘 부여 땅은, 또 다시 흐르는 세월 속에 묻혀 오늘도 황량한 기운만이 감돌고 있다. 부여 땅을 감싸고 도는 금강錦江이 본래 '쇠 금金'자를 쓴 금강金江이었다 한다. 계룡산의 용꼬리가 서쪽으로 부여까지 흘러와 마지막으로 멈춘 산을 금성산錦城山이라 부르는데, 이 역시 본래 '쇠 금金'자를 쓴 금산金山이었다 한다. 금金은 서방의 기氣로서 후천을 의미하는 글자다. 금강의 물줄기가 부여 땅에 이르게 되면 백마강白馬江이라 부르는데, 백색白色 역시 서방을 의미한다. 망국의 한을 간직한 채 천여 년 간을 외롭게 지켜온 부여! 이제 후천 시대가 열렸으니 과연 새롭게 도약할 수 있을지…….

부여 구드래 전경

태극의 꽃을 피울 대전

하늘이 있고, 땅이 있음인가? 땅의 신령함은 천도天道의 운행에서 비롯되는 것이니 지리地理의 묘함이 이와 같은 것이다. 오랜 옛날부터 우리나라는 축복받은 땅으로 일컬어져 왔다. 태초의 밝음을 연 곳! 우리 동이지역은 문명의 발상지였다. 중국인은 예로부터 우리 민족을 '주신'족 혹은 '조선'족이라 불렀다. 주신이나 조선이나 비슷한

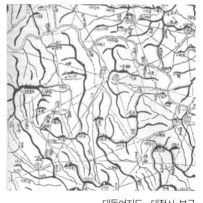

대동여지도-대전시 부근

음이며 같은 뜻이니, 이는 '하늘이 내려주신 씨앗'이라는 의미이다. 적어도 그들은 이 자리를 만물을 생하는 씨앗 심은 자리로 본 것이다.

또한 우리나라를 동쪽의 해 돋는 곳이라 해서 '부상국扶桑國'이라 불렀고, 대인이 사는 나라라 하여 '동이족東夷族'이라고 하였으며, 어진 군자들이 사는 나라라 하여 '군자국'이라 부르기도 하였다. 그들에게 항시 외경의 대상이 되어

온 이 땅은 중국에서 보면 동북 간방에 위치한다. 간방의 중심 자리가 백두산이다. 옛날에 중국은 낙양을 천하의 중심지라 여겼다. 따라서 그곳에서 패철을 놓고 보면 백두산은 동북 간방에 닿는다. 우리 민족의 영산인 백두산을 중심으로 신령한 기운이 이 땅을 덮고 있는 것이다. 주역의 문왕 팔괘를 보면 간괘艮卦가 동북방에 위치하니 우리 민족을 '동북 간방'이라 부르는 이유가 여기에 있다.

만물은 산에서 비롯되고 산에서 이룬다 했으니 산을 중심으로 살펴보자. 천하의 모든 산들이 중국에 있는 곤륜산을 조종祖宗으로 삼는다. 이 곤륜산에서 세 줄기三幹가 동쪽으로 뻗었으니 그 중 한 줄기가 백두영봉白頭靈峰을 만들었다. 산이 가는 곳에 물길도 따라 흐른다 했던가? 황하와 장강이 모두 산을 따라 동쪽으로 흘러오니 중국의 거대한 기운이 모두 발해만과 황해로 밀려들어오고 있다. 일찍이 근세에 역학자였던 야산也山 선생은 동북 간방인 우리나라가 후천에 다시 크게 발흥하리라고 예언하며 다음과 같은 시 한 수를 남겼다.

萬水東流歸處盡　　온갖 물 동쪽 흘러 모인 곳 때가 다 됐으니
太平洋上一龍江　　태평양 위에 한 마리 용이로구나

'만수동류'는 중국의 강하江河가 동쪽으로 흐른다는 것이요, '귀처'는 황해를 가리키고, '진'은 선천이 다함을 의미한다. 다음 구절은, 용 한 마리가 태평양 위에서 승천하리라는 뜻이니, 용은 우리나라를 가리킨다. 장차 우리나라가 후천시대에 크게 비약할 것임을 예견한 시다. 서해안이 기름유출사건으로 잠시 절망적이긴 했지만, 호사다마好事多魔라 생각하자. 도도히 흘러 들어오는 저 대륙의 서기는 이제 때가 되어 크게 발흥할 것이다.

우리나라에 성스러운 기운이 항시 감도는 것도 신나는 일이지만, 그 중에서도 이곳 대전大田은 어떤 곳인가? 곤륜산 정기가 결집結集된 백두산을 우리나라에서는 만산萬山의 조종으로 삼는다. 백두산으로부터 중심中心 출맥出脈해서 백

두대간白頭大幹의 등줄기를 타고 강원도로 내려와 금강산을 만들었으니, 금강산 봉우리는 11,520 봉우리로 대략으로 말하자면 12,000 봉우리다. 11,520 봉우리라 함은 주역에서 말하는 '만물지책수萬物之策數'를 뜻한다. 즉 곤륜산의 정기가 이곳 금강산에 이르러 활짝 꽃피듯 만발했다는 것이다. 백두산 정기는 여기서 그치지 않고 더 내려와서는 태백산太白山을 만들었고, 이 맥은 계속하여 소백산小白山, 속리산俗離山, 덕유산德裕山까지 내려와 지리산智異山 72 봉우리를 맺었으니 선천의 기수氣數가 맺힌 곳이다.

선천이 있으면 후천이 있다. 곤륜산의 정기는 지리산에서 끝나지 않고 회전해서 다시 북으로 역행하니 마이산馬耳山, 대둔산大屯山, 천호산天護山, 향적산香積山 국사봉을 거친다. 그리고 마지막으로 다시 솟구쳐 계룡산을 이루었다. 『대동여지도大東輿地圖』에서는 이를 "지리산으로부터 역룡칠백리(自智異山 逆龍七百里)"라 하였다. 저 중국대륙으로부터 출발한 거대한 용이 수만 리를 거쳐 태극 모양을 그리면서 계룡산까지 흘러온 것이다. 이 계룡산을 중심으로 충남 공주시와 논산시 그리고 대전광역시가 자리 잡고 있다.

산이 불끈 솟은 곳이 곧 물의 발원처가 되니, 물은 또 어떠한가? 계룡산 남쪽에서 발원한 물줄기가 신도新都안을 적시고 두계천豆溪川을 이루며, 동남쪽으로 흐르다가 동북쪽으로 역류하여 갑천甲川을 거친다. 갑천이 대전의 넓은 밭을 적시면서 부강芙江에서 금강의 원줄기와 합류하니, 부강은 대전大田의 한문捍門이 된다. 한문은 수구水口를 막은 곳이니, 대전의 모든 물줄기가 이곳을 거쳐 가는 것이다. 부강을 통과해서 계룡산 물은 역시 한 바퀴 돌면서 공주를 거치고 부여를 감싸며 강경 군산 쪽으로 빠져 나간다. 계룡산 물이 역시 커다란 태극의 모습을 보이고 있는 것이다. 그래서 계룡산은 '산태극山太極 수태극水太極'을 모두 간직한 곳이라고 말하는 것이다.

태극이란 만물을 생하는 근원적인 힘이요 세상을 움직이게 하는 원동력이다. 말하자면 씨앗의 핵심이란 뜻이다. 중국인들이 경외하고 주역에서도 찬양했던 동북간방! 천하의 간방이 바로 우리나라요, 우리나라의 중심지가 바로 계룡산이다. 계룡산의 힘이 넘쳐서인지 남은 기운은 다시 서쪽으로 흘러 부여 扶餘까지 이어졌다. 부여라는 지명이 '붙들 부扶' '남을 여餘' 즉 '계룡산의 남은 여기餘氣를 붙들었다(扶)'는 뜻이니, 부여는 태극의 웅어리진 기운이 뭉쳐있는 곳이다.

산과 물이 태극의 모양으로 이루어진 계룡산 명칭은 조선시대에 접어들면서 생겨났다. 닭과 용이라는 두 가지 동물로 이름 붙여진 것인데, 옛날 무학대사가 신도新都를 정하기 위해 이태조와 함께 신도안의 좌우 산세를 둘러보고 "이 산은 한편으로는 금계포란형金鷄抱卵形이요, 또 한편으로는 비룡승천형飛龍昇天形이니, 두 주체를 따서 계룡이라 부르는 것이 마땅하다."고 한 데서 계룡이라 불리게 되었다 한다.

산 형상이 그러해서 계룡이라 이름 붙였는지는 모르지만, '계룡'이라는 단어는 좀 더 큰 의미를 지니고 있다. 주역에 풍뢰익괘風雷益卦가 있다. 익괘의 뜻은 세상을 유익하게 한다는 것이며, 후천이 언제 오는지를 암시한 괘다. 그리고 익괘 속에는 "나라를 옮긴다(遷國)"는 내용이 있다. 다만 풍뢰익괘는 상괘上卦가 바람(風)인 손괘巽卦이고 하괘下卦가 우레(雷)인 진괘震卦로, 이 두 괘가 합쳐서 이루어진 괘이다. 그런데 바람은 닭을 상징하고, 우레는 용을 상징하니, 계룡鷄龍의 뜻이 익괘 속에 담겨 있는 것이다. 닭은 세상에 때가 왔음을 알리는 동물이니, 후천이 오는 때를 알린다는 뜻이다. 금계金鷄가 울고 후천시대가 되면 용은 승천할 것이다. 계룡 시대가 도래할 것이라는 뜻이다.

동북 간방은 태극의 정기를 간직한 곳이다. 이 땅에 태극의 기운이 태동하려는 조짐 때문인지 구한말에는 태극기가 국기로 제정되었다. 일제치하에서도 태극기는 마치 부적처럼 광복군들의 품에 숨겨져 민족혼으로 새겨졌고, 3·1운동 때에는 물론 광복일에도 태극기는 전국을 뒤덮었다. 태극기의 등장으로 곧 계룡산의 운이 도래하는 것임을 예전 사람들은 직감했던 것이다.

과거에는 대전大田을 태전太田이라 불렀음도 아마도 계룡산과 연관이 있을 것이다. 단지 '크다'는 뜻만으로 '대전'을 '태전'으로 불렀던 것이 아니라, 이곳 대전이라 하는 땅이 후천시대에 태극의 원리처럼 크게 발흥할 것임을 예견했기 때문이다. 본래 대大는 옛날 음音이 '태'였다. 예를 들면, 대학大學을 처음에는 '태학'으로 불렀으나, 후대에 주자朱子가 대大는 대인大人의 뜻이라면서 '대학'으로 읽은 뒤로부터 '태학'을 '대학'으로 읽게 된 것이다. 『주역』에서도 '대화大和'를 '태화'로 읽는 것 등이 바로 이를 반영하고 있는 것이다. 다만 군이 대大를 태太로 쓰려는 이유는 태극의 뜻을 좀 더 드러내기 위해서였을 것이다.

계룡산이 '산태극 수태극'을 간직하고 있으니 태극의 도가 펼쳐질 곳이 바로 대전임을 옛 사람들은 안 것이다. 태극에서 만물이 생하는 이치가 마치 콩의 발아하는 모습과 똑같으므로 태太를 '콩 태'라고도 부른다. 콩은 오곡五穀 중에서도 가장 먼저 나왔으므로, 예로부터 태극을 콩으로 곧잘 비유하였다. 유독 우리나라에서만 '콩 태'라 부르는 것도 동북간방의 우리나라가 문명의 시원을 이룬 곳이기 때문이다. 언젠가 어느 책에서 "대전천 주변에 콩을 많이 심었었다."는 구절을 본 적이 있는데, 이것이 사실이라면 아마도 이 같은 이유 때문이었으리라. 대전을 바라보며 태극을 연상하는 일은 어찌 보면 자연스러운 일이었을 것이다.

계룡산에서 발원한 물이 두계豆溪에서 시작된다. 두豆는 '콩 두'자이니 시작의 뜻을 지니고 있다. 두계에서 갑천甲川을 이루니 갑甲은 또한 무슨 뜻인가? 밭(田)에 콩을 심어 뿌리를 내렸으나(甲) 아직 싹을 틔우지 못한 모습이다. 『주역』에 '갑탁甲坼'이란 말이 있으니, 갑을 쪼개서 좌우로 벌리면 문門 자가 된다. 이 문을 통해서 싹을 틔우는 것이다. 신申자가 바로 이 뜻이다. 선천의 갑甲이

대전 갑천

후천에는 신申으로 싹을 틔운다는 뜻이다. 갑천의 물이 대전大田이라는 '한밭'으로 흘러들어 윤택하게 적시면서 관통하고 있으니 이 역시 신申자의 모습이 아닌가?

오랜 옛날부터 복지를 기약했던 땅

대전! 대전이라는 지명이 단순히 붙여진 것이 아니라, 이 지역의 주어진 운명이 그렇기 때문에 대전이라 이름 붙여진 것이다. 어느 누가 이름 붙였는지는 모르지만, '대전'이라는 이름에 걸맞게 대전은 천혜의 복지다. 병풍처럼 두른 산들이 풍해도 막아주고 수해도 거의 없는 참으로 살기 좋은 곳이다.

그릇이 깨끗하면 물도 깨끗해지는 법, '인걸人傑은 지령地靈'이라 했으니, 좋은 땅 위에서 서기瑞氣를 듬뿍 받고 살아가는 대전 시민의 미래는 굳이 말할 필요가 있겠는가?

술몽쇄언述夢瑣言

양력으로 한 해를 마치고 새해(2008년)가 시작되는 날 아침 새
벽, 나는 문득 꿈을 꾸었다. 무슨 일 때문인지는 모르겠으나,
내가 사형을 당하는 꿈이었다. 사형집행이 임박해 오는 순간에
어느 결인가 장모가 앞에 앉아 계셨다. 하필 장모가 내 앞에 앉

澤火革

아 있는 이유는 모르겠으나 나는 장모께 과거의 잘잘못을 말씀드리고 난 뒤,
의연하게 죽음을 맞이하리라 생각했다. 꿈속에서 자세를 반듯이 하고 눈을 감
는 중에 꿈에서 깼다. 그런데 며칠이 지난 뒤에(1월 13일 임자) 죽는 꿈을 또 꾸
었다. 이번에는 누이가 말하기를 내가 죽어야 자신이 산다며, 내 등 뒤에서 칼
을 들이대고 압박했다. 칼로 짓누르는 것을 의식하며 아픔을 느끼던 중에 깼
다.

꿈이란 때로는 영험할 수 있지만, 대개는 부질없는 것이라 여겨 온 것이 나
의 소신이다. 평소에도 간혹 꿈꾸기는 했으나 애써 연연하지 않았다. 그런데
새해 벽두부터 죽는 꿈을 두 번이나 꾸다니 예사로운 일이 아닌 것 같았다.
신명이 나에게 무엇인가를 암시하는 것만 같았다. 생각만 하고 마음속으로 덮

어두려 했지만, 한편으로는 이것도 공부처가 되겠다 싶어 기술해 본다.

올해는 무자戊子년 쥐띠 해다. 나 역시 경자庚子생 쥐띠로서 양력으로 따진 다면 내 나이는 이제 49세가 된다. 경자생 쥐띠로서는 네 번이 지나고 다섯 번째를 맞이하는 해다. 49라는 숫자가 나에게 무슨 의미가 있을까? 또한 묘하게도 두 번째 꿈 꾼 날이 13일 임자壬子일이니, 이 역시 양둔상원陽遁上元인 갑자甲子로부터 49번째의 일진日辰에 해당한다. 양력으로 13일이니 4와 9를 합해서 금金으로 종혁從革되는 이치도 된다. 49라는 숫자가 내 앞에 연달아 펼쳐지니, 49라는 숫자 속에 무슨 조화의 기틀이 있으리라는 생각이 불현듯 들었다. 신은 나에게 무엇을 알려주려는 것일까?

예로부터 49라는 숫자의 의미를 사람들은 평범하게 보지를 않았다. 결론부터 말하자면, 49는 변혁의 의미를 갖고 있다. 불가에서는 망자亡者가 이승을 하직하고 저 세상으로 다시 환생하기까지의 기간을 49일로 잡고 있다. 이 기간에 올리는 재齋를 49재라 한다. '칠칠재七七齋'라고도 말하는데, 이승의 탈을 벗어 던지고 저승으로 가는 변혁 기간을 말한다. 누에가 태어나서 뽕잎을 먹으며 고치를 짓기까지도 49일이 걸린다. 49일이 지나서야 누에가 변해서 나방이 된다. 이 외에도 주역에서 점을 칠 때, 49개의 산가지를 이용한다. 기실 50 개(大衍之數)의 산가지를 이용하지만, 하나는 태극을 상징하므로 나머지 49개로 대연수를 쓰는 것이다.

주역에 혁괘革卦가 있다. 혁革은 변혁의 뜻이다. 묵은 때를 제거한다는 뜻이다. 그런데 이 혁괘 역시 49번째에 있다. 옛날 문왕이 주역 괘의 순서를 정할 때, 49라는 수의 의미를 생각하고 안배해서 혁괘를 둔 것인지 알 수 없지만, 어쨌거나 49가 갖는 변혁의 의미는 확실히 있는 모양이다.

혁괘를 괘상으로 살펴보면, 위는 태괘兌卦(못을 상징)요, 아래는 이괘離卦(불을 상징)다. 못(澤) 속에 불(火)이 있는 모습이다. 물과 불은 상극하니 서로 변혁하는 모습이다. 태괘는 또한 오행으로는 금을 상징하고, 방위로는 서방을 가리키고, 계절로는 가을을 말한다. 이괘는 오행으로 화요, 방위로는 남방이요, 계절로는 여름이다. 문왕팔괘를 공부하면 이 뜻을 알 수 있다. 화극금火克金이 되니 금이 변혁하는 모습이요, 태양이 서쪽으로 기우는 오후의 모습이요, 여름에서 가을로 넘어가는 때다.

이를 괘卦로써 뿐만이 아니라 효爻로서도 설명할 수 있다. 『주역』은 상경上經과 하경下經으로 나누어져 있다. 상경은 천도天道 위주로 설명하고 있으므로 건곤乾坤괘부터 시작했고, 하경은 인사人事를 위주로 설명하고 있으므로 남녀가 서로 만나서 감응하고 부부가 된다는 택산함澤山咸괘를 첫 번째 괘로 삼고 있다. 함괘의 구사효에서 남녀가 "동동왕래憧憧往來(남녀의 합궁)"한 후, 열 번째 괘인 산택손山澤損괘 육삼효에서는 자식을 출산한다는(三人行 則損一人) 뜻이 담겨 있다. 이 사이가 꼭 60효이니 이는 열 달(十卦)을 지나서 자식이 나오는 이치다. 이로부터 49번째 되는 효가 택화혁澤火革괘 구사효다. 구사효사에서 말하기를, "개명改命하면 길吉하리라" 했으니 진정 변혁의 이치를 표현한 글이다.

신神이 오는 것이 방소方所가 없고, 역도易道 역시 체體가 없듯이, 주공周公이 과연 이러한 뜻에 근거해서 효사를 지었는지는 알 수 없지만 그것이 근거 없다고만 장담할 수 없지 않겠는가? 49라는 수는 7수를 다하는 7을 곱해서 이루어진 수다. 역의 원리에서 6은 괘가 6효로 이루어진 것처럼 '극수極數'의 뜻을 갖고 있고, 7은 극즉반極則反의 원리에 의해 '칠일래복七日來復' 즉 '소생蘇生'의 의미를 담고 있다. 따라서 49라는 수의 의미는 변혁의 의미요, 다른 새로운 도약의 의미로 볼 수 있다.

두 번 연이은 꿈에 한번은 음을 마주하고, 한번은 음이 뒤에 있었으니 음을 전후로 맞이한 모습이다. 내가 양에서 음으로 바뀌는 변혁의 시점에 이르렀다는 뜻이리라. 칼을 들이댄 것은 무슨 뜻일까? 양은 만물을 생하고, 음은 만물을 죽이는 이치니(陽生陰殺) 역시 마찬가지로 음도陰道로 들어간다는 뜻이다.

아! 49세의 나이는 내 인생의 전환점이라 할 수 있겠다. 어찌 보면 죽음을 준비하는 나이라 볼 수 있으니, 기쁜 일은 분명코 아니다. 그러나 꿈을 통해서 늦게나마 나 자신을 반성하는 계기로 삼을 수 있었으니, 이 얼마나 고마운 일인가? 오십을 바라보는 자리에 서서 과거를 돌이켜 볼 때, 이 나이에 이르도록 나는 과연 무엇을 하였는가? 사람이 아무리 오래 살아봤자 백 년 몸뚱이를 유지하기는 어렵다. 아무리 오래 산들 지난 일을 돌이켜보면 초로草露의 인생과 같이 덧없기만 할 것이다.

공자는 『논어』에서 "후생가외後生可畏"라 하였으니 부지런히 노력하는 후배를 두고 한 말이다. 후생後生이 지금이야 별 볼일 없지만, 앞으로 공부할 날이 많고 힘도 강하므로(年富力强) 그 세를 두려워할 만하다는 뜻이다. 그러나 40~50세가 되어도 세상에 알려짐이 없다면 그 인생은 백년, 천년을 산다 한들 큰 변화는 없을 것이다.

다시 혁괘의 구사효를 들여다보자. "구사는 뉘우침이 없으니(悔亡) 믿음을 두면(有孚) 개명改命해서 길吉하리라" 했으니, 선천을 마치고 후천에 이르는 '개명改命의 길吉'은 '뉘우칠 회悔'자 속에 있음을 밝힌 것이다. 미래의 길吉은 과거의 자취를 되돌아보고 내 삶의 자취가 어땠는지를 살펴보면 대략 짐작할 수 있다. 그러나 미래의 길흉은 정해져 있는 것이 아니다. 설령 과거의 자취가 선善하지 않다 해도, 반성하며 잘못을 뉘우친다면 여생을 길吉로 이끌 수 있는 것이다.

이번 나의 꿈은 한편으로는 서글픈 생각을 갖게도 했지만, 한편으로는 나로 하여금 과거를 뒤돌아보게 하고, 내가 나아가야 할 길을 다시 한 번 생각하게 해준 소중한 계기로 삼고자 한다.

결국 무너진 숭례문

화재 전의 숭례문 모습

예禮가 무너져서 숭례문이 무너진 것일까? 600여 년 간 역사의 중심지에서 더 험한 경우도 당했을 터인데 지금에 와서 무너지는 이유는 무엇일까? TV에 비치는 숭례문 화재 장면이 필자에게는 마치 분신자살하는 사람의 모습처럼 보였다.

혹자는 임진왜란과 병자호란도 버텨왔고 일제 36년은 물론 6·25사변 때에도 버텨왔던 숭례문崇禮門이 너무나도 허무하게 무너졌다고 경악하고, 혹자는 대한민국이 무너지는 것이라고 절망하기도 하였다. TV를 지켜보며 내내 서글픈 마음은 사라지지 않았고, 며칠이 지난 지금도 우울함을 떨쳐 버릴 수가 없다. 그러면서도 한편으로는 이런저런 생각이 꼬리를 문다.

문화재의 소중함을 모르는 나라에서 언젠가는 터져야 할 것이 지금 터졌다는 생각도 들었다. 아마도 대문에 깃든 신명이 계셨다면 아수라 같은 현대판에 더 이상 머무르고 싶은 생각이 없었을 것이다. 자포자기했던 것일까? 아니면 분신자살로 사람들에게 경각심을 일깨우려 했던 것일까? 폐허가 되어버린 숭례문을 애도하며, 숭례문의 의미를 다시 한 번 되새겨 보고자 글을 쓴다.

전해지기로는 정도전이 이름을 붙이고, 양녕 대군이 현판의 글씨를 썼다고 한다. '숭례'는 무슨 뜻인가? 아마도 『주역』의 '숭덕광업崇德廣業'의 뜻에서 취한 듯싶다. 공자는 「계사전」에서 역易의 지극함을 찬양하면서, "성인聖人이 역으로써 덕을 높이고 업을 넓히는 것"이라 설명하였다. 그리고 이어서 말하기를 "지知는 높이는 것이고, 예禮는 낮추는 것이니(知崇禮卑), 높이는 것은 하늘을 본받는 것이고(崇效天) 낮추는 것은 땅을 본받는 것이다(卑法地)" 하였다.

덕은 안에서 쌓는 것이고, 업은 밖에서 이루어지는 것. 덕을 높이는 것은 지식으로써 이루어지고, 업을 넓히는 것은 예로써 가능하다. 업業을 넓히는 것이 예이므로 과거에는 국가의 통치수단으로 예禮를 중시했다. 예禮라는 글자는 시示변에 풍豐자를 쓴다. 풍대豐大함을 이루기 위해서 반드시 필요한 것이 예이므로 가정은 물론 국가에서도 예를 강조한 것이다.

『주역』「설괘전」에 "성인聖人은 남면해서 천하의 소리를 듣는다(南面而聽天下)" 했다. 남면하는 이유는 정사政事를 밝게 펼치기 위함이다. '숭덕광업'하기를 바라는 마음에서, 그리고 자신을 낮추는 것이 세상을 다스릴 수 있는 길임을 인식했기에 조선朝鮮의 국가는 숭례崇禮라는 이름을 취했을 것이다. 궁궐터를 자좌오향의 남향으로 짓는 이유가 바로 여기에 있는 것이다.

서울에는 과거 4대문이 있었는데, 모두가 오행의 원리에 입각해서 이름을 달았다. 동방의 목木, 남방 화火, 서방 금金, 북방 수水 사방에 대해, 공자는 오행의 덕성을 붙여 인仁, 예禮, 의義, 지知로 설명했다. 서울의 4대 성문이 흥인興仁(동문), 숭례崇禮(남문), 돈의敦義(서문), 숙정肅靖(북문)으로 이름 삼게 된 것이 바로 이에 근거한 것이다. 인의예지 중에 홀로 북문만이 지知자를 넣지 않은 이유는 북쪽은 오행이 수水이므로 감춰진 모습을 의미하기 때문이다. 지덕知德은 밖으로 드러나는 것이 아니고, 안에서 간직되는 것이므로 쓰지 않은 것이다. 이러한 이치는 모두 주역에서 설명하고 있다.

짧은 지면에 4대문의 의미를 다 설명할 수는 없으나, 이 중에 동쪽의 흥인과 남쪽의 숭례는 비보적 풍수에 이용되었다 한다. 동쪽의 문은 '흥인지문興仁之門'이라 해서 다른 문보다 한 글자를 더한 4글자를 썼다. 경복궁을 중심으로 볼 때 동쪽의 청룡맥이 서쪽의 백호룡보다 허약하므로 보완하기 위해서 지之자를 더 넣은 것이니, '갈 지之'자는 '지현굴곡之玄屈曲'의 용맥을 의미하는 글자인 것이다.

그렇다면 숭례崇禮의 비보적 의미는 무엇인가? 숭례문 현판은 또한 다른 성문의 현판과는 달리 세로로 글씨를 썼다. 남방은 화火이므로 불꽃이 위로 치솟는(炎上) 모습 그대로를 표현한 것이다.

혹자는 말하기를, 경복궁에서 바라볼 때 저 멀리 남쪽의 조산朝山 격인 관악산이 마치 불꽃이 타오르는 듯한 모습이므로 화기를 누르기 위해서 세로 액자를 달았다 한다. 말하자면 이화제화以火制火라는 것이다. 하지만 이러한 설명은 합리성이 없어 보인다.

불도 덕이 있으니 불이라는 것은 잘 쓰면 세상을 밝히고 세상을 유익하게 만들 수 있다. 따라서 액자를 세로로 한 것은 불이 위로 타오르는 성질을 표현한 것이며, 덕을 높이고(崇) 예禮를 행하는 것은 바로 화덕火德의 아름다움을 취하려 함인 것이다.

불은 위로 오르려 하지만 예는 자신을 아래로 낮추려는 것이니 상반되는 것 같지만 그렇지가 않다. 세상을 밝게 비추는 것은 불이요, 세상을 아름답게 만드는 것은 예禮다. 이 둘은 둘이면서도 하나다. 예가 있는 곳이어야 문명사회가 이루어지고 예의 토대 위에서만 문화대국이 가능한 것이다.

언제부터인가 우리 사회가 도덕을 천시하고 예의를 무시하는 사회가 되어버렸으니 참으로 안타깝다. '동방예의지국'이란 수식도 이제는 입에 담을 수 없을 지경이다. 지금 우리의 모습은 마치 몸만 존재하고 넋이 나간 모습과 같다. 추모하는 속에서 전통은 계승되고 정신이 깃드는 법이다. 조상이 남긴 자취는 곳곳에 있건만 누구도 제대로 돌보지를 않았으니, 만약 신명이 있다면 과연 그곳에 머물고 싶었을까?

숭례문 현판

개천제를 지내며

금성산에서 바라본 부여전경
우측으로 보이는 浮山에서 개천제를 지내다

올해(2007년)는 단기로 4340년이다. 단황檀皇이 나라를 세운 지(開天-서기전 2333년) 4340년이 된 것이다. 거의 반만년의 역사를 이어오는 사이에 비록 국호는 여러 번 바뀌었지만, 우리나라는 단황시대의 정신을 면면히 이어온 자랑스러운 민족국가이다. 단황의 정신을 계승하기 위해서 필자가 소속한 단체에서도 매년 음력 10월 3일에 개천제를 거행하고 있다. 올해의 장소는 부여! 백마강이 유유히 흐르는 곳에 홀연히 우뚝 솟은 부산浮山 정상에서이다. 부여扶餘라는 지명의 의미를 취해서 이 장소에서 지내려는 것이다.

부여는 옛날 백제의 국호이다. 백제의 성왕이 공주에서 부여로 천도할 때, 옛 지명인 사비泗沘를 부여로 개칭한 것이다. 부여로 개칭한 연유를 지금에 와서 알 수는 없지만, 아마도 백제인의 조상이 부여족이었기 때문이었을 것이다. 부여족 또한 단황의 후예이고 보면 부여라는 지명 속에는 단황의 정신이 깃들어 있다고 보아야 할 것이다.

그러면 이곳 부산浮山은 어떤 곳인가? 부산은 옛날 조선 효종대왕 시에 '북벌계획'을 추진했던 백강白江 이경여李敬輿 선생이 태어나고 공부한 곳이다. 병자호란으로 인조대왕이 삼전도三田渡에서 치욕적인 굴욕을 당하자, 뒤를 이어 왕위에 오른 효종孝宗은 백강 선생을 중용하였다. 청나라에 대한 설욕雪辱을 위해서 그리고 부여와 고구려의 실지失地를 회복하기 위해서 백강 선생을 중용한 것이다.

부산 기슭에 강을 바라보는 방향으로 대재각大哉閣이 세워져 있다. 그 안에는 자연으로 솟아난 입석立石에 '지통재심至痛在心 일모도원日暮途遠'이라는 여덟 글자가 암각되어 있다. 이 여덟 글자는 백강 선생의 북벌론에 대한 상소에 효종대왕이 내려준 비답批答 중의 일부이다. 글 중의 '지통재심'은 병자호란의 치욕적 강화에 대한 슬픔을 이르는 것이며, '일모도원'은 이미 계획했던 북벌 계

대재각 비문

획의 적기를 놓친 것에 대한 절망적인 단안인 듯하다. 백강 선생은 이 비답批答을 받고 눈물을 흘리며, "대재大哉라 왕언王言이여."라 하였다고 한다. 그 후 송시열이 대왕의 유지를 계승하여 제 2차 북벌계획을 재론할 즈음 '지통재심 일모도원'의 여덟 글자를 대서특필大書特筆하여 백강 선생의 셋째 아들인 이민서李敏叙(대제학)에게 주었다. 이에 백강의 손자이며, 이민서의 조카인 이이명李頤命(우의정)이 이곳 부산浮山의 자연입석自然立石에 각자刻字하고 각閣을 세우니, 후에 나라에서 사액賜額하기를 '대재각大哉閣'이라 한 것이다.

백제 성왕이 만주지역 일대에서 위용을 드날렸던 단군 조상을 기리면서 개칭한 것이 부여이고, 효종대왕의 북벌계획의 중심지가 이곳 부산인 것이다. 비록 마니산의 제천단이나 태백산의 단군전은 아니지만, 부여에서 그리고 이

곳 부산에서 개천제를 지내는 것 또한 큰 의미가 있으리라.

당일 구름 끼고 비올 것이라는 일기예보와는 달리 아침의 날씨는 청명하였다. 혹 제사 준비에 소홀한 것이 없을까 마음을 졸이며 약속 장소에서 회원들을 만나, 부랴부랴 부여의 2차 집결지로 향했다. 각지에서 제사에 참석하기 위해 모인 사람들과 간단한 인사를 나누고 보니, 의외로 참석인원이 많았다. 각자 타고 온 승용차로 대열을 이루며, 부산 산정에 오르니 백마강 주변의 넓은 평야가 한 눈에 들어온다. 심안신전心安身全이라 했던가! 탁 트인 전경에 마음은 흡족하기만 했다. 올해도 역시 제수 준비는 회원 각자가 한 가지씩을 맡아서 준비해 오기로 하였다. 별도의 위패를 마련하지 못해 지방으로 '단황척강지위檀皇陟降之位'라 써 신위神位를 만들고, 그 아래에 자리를 깔고 제수祭需를 진설하였다. 제사를 올리기에 앞서 쑥 한 단을 태우면서 단황신령께 제사의 시작을 고하고, 집사執事가 헌관獻官과 축관祝官을 지명하였다. 모두가 숙연한 분위기 속에서 분향焚香, 강신降神례를 행하고, 제관 이하 모두들 참신參神으로 국궁鞠躬 사배四拜하고 독축讀祝하였다.

維檀紀四千三百四十年歲次丁亥十月三日
단기로는 4340년이요 세차로는 정해년 10월 3일

後民 ooo 敢昭告于 檀皇聖神之下 伏以
후민 아무개는 단황성신 아래에서 엎드리오며 감히 밝혀 고하나이다

皇降太白 東土有極
단황이 내려오신 태백산이라 이 땅에 유극이 생겼네

无爲神德 有建民式
무위 신덕으로 황극 세우니 백성들이 공경하였네

丕顯上天 永綏東國
위대하신 상천께서는 동국을 길이 편안하게 하셨고

陟降昭明 苾芬悶佅

오르내리심이 밝으시니 향기로운 향불에 문은 잠겨있어 그윽하도다

方此艮盛 極器革新

바야흐로 이 간방의 성한 때라 이 땅은 혁신되었고

五德鍾定 萬法歸盡

오덕의 추가 안정되니 만법이 다 귀의하네

敢薦克類 祇奉禴禋

나라 잘 다스림을 감히 찬양하옵고 삼가 간략한 제사를 받드오며

順成信事 昭格是寅

순으로 덕 이루고 신으로 일삼으니 밝게 이르심이 바로 동북 간인방이라

이 축문은 과거 야산 선생이 개천제를 지냈던 당시의 것을 현실을 감안해서 몇 글자만 고치고 대부분 취용한 것이다. 축문 중에 찬송한 글을 64자로 정하였다. 이는 과거 단황께서 천하의 땅을 구획하여 삼한三韓을 나누어 다스렸을 때, 삼한 모두 오가五家 육십사족六十四族이 있었음을 감안한 것이다.

수數에서 변화의 도가 나오며, 수數에서 귀신鬼神이 행한다고 하였다. 어느 누가 귀띔하기를, 이곳에 모인 분들이 모두 56명이라 한다. 오늘의 개천제는 과거 야산 선생이 지냈던 개천제의 맥을 이은 것이다. 51년 신묘년부터 지내왔으니 오늘이 꼭 56주년이 되는 해이다. 꼭 수를 맞추려 한 것은 아니지만, 이처럼 신묘하게 부합하니 신명이 강림하였음을 어느 누가 부정하겠는가!

날씨는 맑고도 포근하였다. 마치 신명이 강림하신 듯 우리를 축복해 주시는 듯했다. 다만 한 가지 애석한 것은 좀 더 좋은 장소에서 좀 더 성대하게 제를 올리지 못했다는 것이다. 옛날에는 평양의 숭령전과 황해도 구월산 삼성사, 강화도 마니산 참성단 등에서 국가적 의례로서 제사를 지냈다 한다. 그런데 일제가 강점하면서 숭령전과 삼성사를 헐어 버렸다. 그리고 참성단 행사 역시 단군을 부정하면서 국가적 행사가 아닌 일개 단체 행사로 축소되었다. 광복을 맞이한 후 비록 단황을 숭모하는 여러 단체에서 나름대로 제천의식을 거행하

고 있지만, 의미가 자못 퇴색된 듯한 감이 든다.

현재 우리나라에서는 단기檀紀를 쓰는 것조차 떳떳이 드러내지 못하고 있는 실정이니, 이쯤 되면 단군의 정신은 거의 끊어졌다 해도 과언은 아닐는지 ……. 우리나라는 4340년이라는 유구한 역사를 자랑하고 있는데도, 보다 의미가 있는 단기를 쓰지 않고 굳이 서기西紀 쓰기를 고집하고 있는 것을 보면, 도대체 무슨 연유인지를 알 수가 없다.

민족정신은 추모하는 가운데에서 이루어지는 법인데, 남도 아닌 우리가 스스로 단기 쓰는 것을 거부하며 교과서에도 올리지 못하고 있으니, 후손들이 어찌 이 정신을 이어갈 수 있겠는가? 이는 단황께서 상천上天에서 통탄하실 일이 아닐까? 분명 당신의 후손이 스스로 저지르고 있는 일이라 이러지도 저러지도 못하고, 멀리서 후손을 바라보며 상천의 한 모퉁이에서 읍혈연여泣血漣如하실 것이다.

그러나 언제까지 좌시할 수만은 없지 않은가? 그런 중에도 우리 민족은 조상을 위하고 하늘을 위하는 정신을 면면히 이어가고 있으며, 남달리 전통을 중시하며 보은 사상 또한 강한 민족이다. 아마 후손이 부족한 탓도 있겠지만, 때가 그러한 것인지도 모른다. 이제 후천 시대로 들어오면서 단황의 신시神市 시대가 다시 도래하고 있다. 머지않아 반드시 조그마한 하나의 계기만 주어진다면, 마치 한 번의 봄바람에 만물이 소생하듯 단황의 정신은 다시 이어질 것이다.

개천제 행사 후 회원과 함께

주역사상에 기초한 고암의 예술정신

1. 서론

천지자연의 모습은 크게 보면 천현지황天玄地
黃의 색과 천원지방天圓地方의 형상으로 모습을
드러낸 것이다. 하늘은 일월성신으로 보여주고
땅은 산천동식으로 모습을 꾸미고 있으니, 천지
자연의 모습을 형형색색으로 꾸미고 있다. 천문
天文이요 지문地文이라 하는 것이며 천지자연의
문채文彩라 말하니, 문文은 '꾸민다' '장식한다'의

고암 이응노

뜻이다. 그렇다면 인문人文은 '인간의 문화'라는 뜻인데 '사람이 꾸미는 것'이고
'사람을 꾸미는 것'이 모두 인문의 범주에 속할 것이다.

『주역』비괘賁卦에 '문명으로써 머무는 것이 인문이다〔文明以止 人文也〕' 하였
다. 즉 천지간의 문채文彩가 밝아진다는 뜻이 '문명文明'이요 문명의 주체는 사
람이니 문명한 곳에서 머무르는 것을 인문人文이라 한 것이다.

문명은 '글'로써 가능한 것이고, 인문은 '예禮'로써 이루는 것이다. 글 모르는 사람을 어찌 '문명인'이라 할 수 있으며, 예가 없는 사회를 어찌 '인문사회'라 하겠는가? 글을 사용하고 예를 행하는 것이 바로 꾸미고 장식하는 것이다. 또한 이어지는 글귀에 '인문을 살펴서 천하를 교화한다[觀乎人文 以化成天下]' 하였다. 문화文化는 인문으로 천하를 교화시킨다는 뜻이다. 사실 주역에서 말하는 인문이나 문화의 개념은 포괄적으로 말한 것이니 내면의 도리를 강조한 것이 예禮라면 외면의 모습에 좀 더 치중한 것이 음악이나 서화書畵 등의 예술藝術이라 할 것이다.

　『주역』에 '형이상을 도라 말하고 형이하를 기라 말한다[形而上者를 謂之道요 形而下者를 謂之器]' 했다. 천지자연의 보이지 않는 이치를 도道라 한다면, 도를 표현한 것이 기器가 되니 도와 기는 둘이면서도 하나가 된다. 도를 나무의 뿌리로 비유하자면 예술은 지엽과 같다. 나무의 뿌리와 지엽간의 관계는 본말本末의 차이는 있겠지만 결국 일물一物일 따름이다. 따라서 예술은 도를 떠나서는 생명력을 갖출 수가 없고, 도 역시 예술이 없이는 뿌리를 내릴 수 없는 것이다.

　논자論者는 일전에 우연히 고암선생의 주역작품전시회를 관람하게 되었다. 그전에 문자추상이나 군상에 관한 전시회도 간간이 여가를 이용해서 관람한 적은 있었지만 그저 예술가의 한 특징적인 일면이려니 여겼고 감흥이 일지는 않았었다. 그러나 주역작품전에 관련해서는 관심이 쏠렸다. 우선 안내문에 '주역'을 영어로써 'Joo Yeok'으로 표기한 것부터가 마음에 들었다. 아마도 이 표현은 유럽화단에 주역을 소개할 때도 사용한 문구이리라. 대개 외국에서는 주역을 '이칭(I Ching)'으로 알고 있다. 이는 중국식 발음인데 '이칭'으로 표현하지 않고, 당당하게 우리나라에서 사용하는 '주역'이라는 용어로 소개하고 있으니 주역의 정신을 이해하는 사람이라는 생각이 들었다. 고암에 대해 인식이 바뀌게 된 것은 이로부터다. 주역을 아는 고암이라는 생각이 미치자 그간 언뜻 스쳐 지나가기만 했던 작품들이 다시 새로운 각도로 보여지기 시작하였다. 그 중에서도 특히 문자추상이나 군상시리즈 등의 작품에 이르러서는 고암이 주역적 틀 속에서 조형되었을 것이라는 점이 적어도 논자의 눈에는 그렇게 보였다. 고암선생은 단순한 예술가가 아니라 사상가라는 표현이 걸맞을 것이라는 생각도 갖게 됐다. 논자는 주역을 배우는 사람이었기에 주역을 통해서 고암선생의 작품을 접하게 되었고, 이것이 인연이 되어 지금은 선생의 작품을 평론할 수 있는 영광을 누릴 수 있게 됐다. 참으로 선생의 작품세계를 진지하게 연구할 수 있는 좋은 기회이기는 하지만 논자는 미술계에 대해서는 문외한이므로 고암의 작품세계 속에서 우유함영優游涵泳하지 못하는 아쉬움이 있다. 단지 주역을 통해서 고암의 작품세계를 엿볼 수밖에 없는 관규지견管窺之見이기는 하지만, 혹여 선생의 내면 깊숙이 자리잡고 있는 예술세계를 좀 더 밝힐 수 있기를 바라는 마음으로 조심스럽게 서술하려 한다.

2. 고암의 주역으로의 자연스런 접근

고암에게 붙인 '파리의 동양인'이라는 별명은 참으로 걸맞는 표현인 듯싶다. 필묵으로부터 시작해서 작품 소재나 내용 등 그가 만들어낸 작품들은 대개가 동양적 모습들을 담고 있으므로 서양인의 눈으로 볼 적에는 이색적이었을 것이다. 그에 대한 동양적이라는 표현은 결국 전통의 의미를 수반한다. 몇 점밖에 보진 않았지만 논자의 눈에는 고암이 전통을 밝히고 계승하려는 노력의 흔적이 엿보인다. 대대로 이어온 한학자 집안에서 선비적 가풍이 몸에 배인 그에게 동양학에 대한 관심은 자연스러웠겠지만, 특히 그의 이름자에 '노나라 노魯'자가 들어 있는 것으로 봐서는 자신의 이름에 대해 생각을 해봤을 것이고, 그것이 그의 인생행로를 결정하는데 한 몫을 했을 것으로 짐작된다. 노나라는 어떤 나라인가? 주周나라를 세운 무왕이 자신의 동생 주공周公을 제후로 봉한 나라다. 무왕이 죽고 난 뒤 성왕이 제위에 올랐으나 성왕이 어린 관계로 주공이 섭정하였고 주나라를 튼튼한 반석 위에 올려놓았다.

주공의 사적은 『예기』에 나온다. 『예기』 명당위에 '주공이 무왕을 도와서 주紂를 벌하고, 무왕이 붕어하자 성왕이 유약함에 주공이 천자의 위를 밟아서 천하를 다스렸다. 6년에 명당明堂에서 제후를 입조入朝시키고 예절과 음악을 제작하고 도량度을 반포하니 천하가 크게 복종했다' 하였다.

주나라가 찬란한 문화의 꽃을 피울 수 있었던 것은 모두가 주공의 덕분이었다. 성왕은 주공의 은덕을 잊지 못해서 노나라에게만은 천자만이 행할 수 있는 예악禮樂을 사용하도록 특별히 허락하였다. 주나라의 예악문물이 모두 노나라에 갖춰진 것이다. 춘추전국시대에 제자백가가 일어났다 하지만 그들의 사상의 원류는 주공의 공적에서 비롯하였다.

노나라는 또한 공자가 태어난 곳이다. 유학의 종장宗匠인 공자도 주공의 도를 계승한 사람이다. 고향 땅이 노나라였기에 더욱 그러했는지도 모른다. 공자는 꿈에서라도 주공을 보고 싶어 할 정도로 그를 찬양했다(『논어』 「술이편」).

『논어』 「양화편」에서도 "만약에 나를 쓰는 자 있다면 나는 그 나라를 동주東周와 같은 나라로 만들 수 있다"라고 하며 공자는 주나라를 정치의 이상향으로 삼았다. 그의 사상의 한 중심에 주공이 자리 잡고 있었던 것이다.

이같이 노나라는 주공과 공자의 자취가 서린 곳이다. 주나라의 전통이 그대로 이어진 곳이므로 유교를 사람들은 '추로지학鄒魯之學'이라 불렀다. 그래서 '노나라' 하면 유학을 연상 시킬 수 있는 것이다. 따라서 '응노應魯'라는 이름을 갖고 있는 고암의 사고의 언저리에는 항시 유학의 바탕을 깔고 예술의 경지를 구축했을 것이라는 추측이 가능하다.

주공과 공자의 업적을 단지 정치적으로만 논하지 않는다. 주공과 공자는 주역의 저술에도 공이 있었다. 주역은 주공의 아버지 문왕이 저술했다고 했지만 문왕은 단지 64괘를 해설한 괘사卦辭: 彖辭]를 지은 사람이다. 이를 주공이 384 효사爻辭를 지어서 경문을 완성하였고, 공자 또한 십익으로 찬역贊易하여 주역의 가치를 드높인 것이다. 고암이 자신의 이름자를 통해서 주공과 공자를 생각했다면, 고암이 남들과는 달리 작품세계를 주역까지 연결시킬 수 있음은 자연한 귀결이라 하지 않을 수 없다.

3. 고암의 시련과 주역의 정신

고암이 주역에 관심을 갖게 된 계기를 또 한 가지 생각할 수 있다. 주역의 저자는 문왕인 바, 문왕이 주역을 저술한 곳은 바로 유리옥羑里獄이라는 감옥 안이다. 고암의 인생여정이 당시의 험난했던 시대적 상황과 맞물린 관계로 그의 미술작품이 대부분 시련과 고난을 통해서 빚어진 결과물이었겠지만 그 중에서도 특히 감옥살이 체험은 그의 사상의 중대한 전환점이 되었을 것이다. 고암은 옥중의 자신의 모습이 유리옥 속에서 주역을 저술했던 문왕의 처지와 비슷했을 것이라고 생각했을지 모른다.

공자는 문왕이 옥중에서 몸을 보전하고 역도易道를 다시 일으킨 일에 대하여 다음과 같이 표현하고 있다.

"역의 흥함이 그 중고에 있었네! 역을 지은 자 근심이 있었구나![易之興也l 其 於中古乎인져 作易者l 其有憂患乎인제]"

중고中古는 문왕의 시대를 말한다. 작역자는 문왕을 가리킨 것이며, 우환이란 문왕이 유리옥에 갇힌 상황 속에서 역도가 끊어질 것을 근심했다는 뜻이다. 그런 가운데 역도가 다시 흥하게 된 것임을 공자는 설명하고 있다. 주나라는 본래 은나라에 속한 제후국이었다. 당시에 주紂는 폭정을 일삼았던 은나라 천자였고, 문왕은 천자를 보필하는 삼공三公 중의 한 사람이었다. 그러나 주변의 참소로 인하여 문왕은 유리옥에 갇히게 되었고, 유리옥 속에서 끊어진 도를 다시 잇기 위하여 문왕은 주역을 저술한 것이다.

주역의 요지要旨는 무엇일까? 양이 극하면 음이 생하고 음이 극하면 양이 생하는 원리, 다시 말하면 음에서 양이 생하고 양에서 음이 생하는 원리, 길吉 속에서 흉凶이 나오고 흉 속에서 길이 나오므로 주역은 좋은 괘에 대해서는 경계사를 붙였고, 나쁜 괘에 대해서도 형통한 뜻을 반드시 붙였다. 모든 것이 변화의 도리요 태극의 이치를 벗어나지 않으니 이것이 바로 주역의 요지다. 한번 음陰하면 한 번 양陽하는 것이 도道이므로 고암은 암담했던 옥중 생활 속에서도 희망의 끈을 놓지 않았을 것이다. 주역을 접한 그였기에 더욱 그러했을 것이다.

「계사하전」 11장에 역도易道에 대해서 표현한 글이 있다.

"역의 흥함이 그 은나라의 말세와 주나라의 성한 덕에 해당하도다. 문왕과 주왕의 일에 해당하도다. 이러한 고로 그 말이 위태로와서 조심하고 삼가는 자를 평안케 하고 소홀이 여기는 자를 기울어지게 하니 그 도가 심히 커서 만물을 다 살리려 하는 것이지만, 마침과 시작을 조심함으로써 일관한다면 구하는 것이 허물이 없을 것이니 이를 역의 도라 말하는 것이다.[易之興也] 其當殷之末世周之盛德邪인져 當文王與紂之事邪인져 是故로 其辭] 危하야 危者를 使平하고 易者를 使傾하니 其道] 甚大하야 百物을 不廢하나 懼以終始면 其要] 无咎리니 此之謂易之道也라]"

시련 속에서도 주역을 저술했던 문왕, 주역의 도로써 감옥을 벗어났을 뿐만 아니라 주역의 도를 통해서 세상을 구제해야겠다는 문왕의 의지는 주역을 읽다보면 거듭 느낄 수 있다. 고암 역시 대소大小와 천심淺深의 차이가 있을지는 모르지만 자신의 작품 속에 주역의 정신을 담아서 좀 더 원숙한 내면의 경지에 이르려고 노력했을 것이고, 더 나아가서는 당시의 암울했던 시대 속에서 주역의 도로 세상을 밝혀야겠다는 예술인으로서의 시대적 소명감도 갖고 있었을 것이다. 마치 자신의 처지를 빗댄 것만 같은 문왕의 이야기를 고암이 간과하지는 않았을 것이다.

4. 주역사상에 바탕한 문자추상과 군상

고암에 관련한 몇 개의 논문집을 살펴보면, 선생은 1967년 동백림 사건으로 2년 여 간의 옥고를 치르고 파리에 가서 창작활동의 전기를 마련했다. 프랑스 진출 이후 70년대에는 대부분이 문자추상화였으며, 80년대에는 군상 시리즈 등을 출품하였다 한다. 그리고 이같이 조형물에 생명력을 불어넣던 시기인 74년에 '주역64괘차서도'를 제작하였다 한다. 그런데 우리는 고암이 출감 이후 문자나 인간 등을 소재로 작품세계에 몰두하고 있음을 주목할 필요가 있다. 왜냐하면 문자는 주역을 근원한 것이며, 인간을 중시하는 사상 역시 유학적 사고, 특히 주역사상의 핵심처가 되기 때문이다. 고암이 주역을 보지 않았다면 굳이 말할 필요가 없지만 전게前揭한 바와 같이 고암이 주역을 보았다면 주역 속에서 문자나 군상 등에 관한 작품 구상은 얼마든지 도출해 낼 수 있는 것이다.

고암 이응노의 주역64괘차서도

『주역』「계사하전」 2장에 문자가 괘에 연유해서 만들어졌음을 보여주는 글이 있다.

"상고에 결승結繩으로 세상을 다스렸더니 후세 성인이 서계(書契: 글)로 바꾸어서 백관이 글로써 다스리며 만민이 글로써 살폈다 하니 대개 쾌괘에서 취하였다."

쾌괘는 마지막 음효(--) 하나를 남겨 놓은 모습이다. 마지막 남은 음효 하나를 제거하는 뜻을 군자가 소인을 척결하는 것으로 비유하여 괘 이름을 '쾌夬'라 한 것이다. 문자가 사용되기 이전에는 결승結繩으로 세상을 다스렸는데 결승만으로서는 약속했던 바를 충분히 확인할 수 없으므로 성인이 글(문자)을 만들었다 하니, 문자가 있음으로 해서 백관이 세상을 다스릴 수 있었고 만민 역시 세상을 밝게 살필 수 있게 되었다 한다. 하나 남은 음효를 제거하면 중천건괘重天乾卦가 된다. 문자의 발명이 바로 문명사회로 가는 길임을 설명한 것이다. 문명사회를 만드는 것은 바로 문자요 문자의 발명이 괘의 뜻을 취해서 이루어진 것임을 보여주고 있다.

허신의 『설문해자』에 있는 서문에도, 『주역』 쾌괘夬卦에 나오는 단사彖辭를 인용해서 '글文'을 해석하고 있다. 그는 뜻을 설명하기를 "'쾌夬는 왕정에 드날리는 것이다揚于王庭' 하였으니 글文이라는 것은 왕자王者의 조정朝廷에서 가르침을 베풀고宣敎, 교화를 밝히는 것明化이다." 하였다. 공자가 쾌괘에서 글을 만들었다는 점을 감안해서 허신도 이같이 풀이한 것이다.

허신許愼에 의하면, "창힐이 처음 글을 지었을 때 대개 같은 종류에 따라서 상형하였으므로 그것을 '文'이라 말하였고, 그 뒤에 형성이 서로 증익增益한 즉 그것을 '字'라 말하니 '문'은 물상의 근본이요 '자'는 번식해서 점차 많아진 것임을 말한 것이다" 하였다.

상형象形이란 『주역』의 '하늘에서는 상을 이루고在天成象 땅에서는 형체를 이룬다在地成形'는 구절에서 인용한 것이다. 즉 천지간의 모습을 말한다. 천지간의 모습을 표현한 것이 아마 상형문자로써 최초의 문자 형태였을 것이다. 요컨대, 문文은 사물의 원형한 모습인 단체單體로 이루어진 것이고, 자字는 문文이 합쳐져서 이루어진 복체複體를 의미한다. 그런데 문文은 '머리 두亠'자와 음양이 섞여있음乂을 보여주는 글자다. 세상사는 즉 음양이 교차하는 모습으로 설명할 수 있으니, 문文이나 주역 속의 효爻자는 같은 의미다. 그리고 문자를 인간적인 형태로 표현하려 하는 것도 이들 양자 사이에는 서로 공통할 수 있는 의미가 담겨 있기 때문이다. 문자의 '자字'자 속에 '아들자子'자가 들어 있듯이 문자의 파생과 인류의 번식을 옛 사람들은 같은 맥락에서 파악하고 있다. 비록 허신이 직접 설명한 것은 아니지만 문자라는 용어 자체가 주역적 표현이 될 수 있음을 말한 것이다.

사실 문자文字라는 용어도 주역에서 나온다. 『주역』 곤괘坤卦를 보면 문장文章이라는 용어가 들어 있다.[1] 곤괘는 음양의 짝으로 이루어진 괘이므로 문장의 뜻을 담고 있는 것이다. 자字라는 글자는 둔괘屯卦에 있다. 둔괘屯卦는 건곤乾坤괘 다음에 있는 괘이기 때문에 천지가 사귄 뒤에 만물이 시생始生하는 의미를 담고 있다. 즉 둔괘屯卦 육이효에 '여자가 곧아서 시집가지 않다가 십년이 되어서야 시집간다女子 貞하야 不字라가 十年에야 乃字로다' 하니 여자가 시집가서 자식을 낳는 뜻으로 설명하고 있다. 이에 대해 공자는 말하기를 '십년이 되어서야 시집간다는 것은 상도로 되돌아가는 것이다十年乃字는 反常' 했다.

즉 자字는 시집가서 자식을 낳는다는 뜻만이 아니라 문자의 뜻도 되니 문자를 통해서 상도常道에 되돌아가는 뜻으로 설명할 수 있는 것이다. 주역의 글이 심오하고도 다양하므로 여러 가지 의미로 해석할 수 있으나 다만 문자적 측면에서 살펴본다면 뜻이 이렇다는 것이다. 곤괘와 둔괘에서 문자라는 글자를 쓰고 있으니 곤괘는 하늘과 짝하는 땅인 모체로써 비유한다면 둔괘는 부모 사이에서 만물이 출생하는 뜻이라 할 수 있다. 즉 문자는 만물을 추상한 것이요 만물을 대표한 것이 인간이니 문자추상을 인간의 모습으로 표현한 것은 학역인學易人이라면 이들 간의 관련성을 쉽게 연상하고 이해할 수 있는 것이다. 문자 속에서 인간을 그리고, 군상을 제작하는 등 문자의 체계와 인간의 모습을 경계없이 자유스럽게 넘나들 수 있었던 것은 분명 주역을 이해하는 예술가로서의 고암이었기에 충분히 가능할 수 있었던 것이다.

---

1 黃裳元吉 文在也(六五爻象傳). 六三 含章可貞….

70년대 문자추상이 80년대에 들어와서는 대부분 인간을 대상으로 하는 군상화였다 한다. 마지막 인생 여정기에 그의 예술세계는 또 한 번 변모한 것이다. 그는 1980년 광주 민중 항쟁이 있고 나서부터 화면에 군중의 움직임을 그려 넣었다 한다. 처음에는 항쟁의 의미로 군상을 제작했겠지만 고암의 인간시리즈는 이후로 작고할 때까지 군상화, 군무화, 통일무화, 민중시리즈 등의 다양한 의미를 담고 군상을 조형하거나 화폭 속에 인간의 생동하는 모습을 그렸다 한다.[2] 하여간 인간을 소재로 한 작품으로써 고암예술의 마지막을 장식한 것이다. 그런데 논자는 군상을 감상하면서 이 속에서도 주역적 사고를 느낄 수 있었다. 꼭 주역을 접한 사람이 아니더라도 군상을 출품할 수도 있는 부분이기는 하지만, 고암의 이름이 그렇고 유학 사상이나 주역을 접한 고암이었다는 생각이 들었기에 더더욱 그렇게 느낄 수 있었던 것이다.

주지하다시피 공자는 철저히 인간위주의 사상을 펼친 사람이다. 괴력난신怪力亂神은 말하지 않았고, 천명은 거의 말하지 않았으며, 세상을 위해서 주유철환周遊轍環하였다. 많은 사람들에게 수모를 받고 고생하면서도 적극적으로 세상 속으로 뛰어든 사람이다.

아름다운 마음이 가슴 속에 충만하고 아름다운 사람들이 모이는 것을 공자는 '가회嘉會'라 하였다. 그리고 이를 위해 예禮라는 덕목을 강조하였다. 예禮는 다름 아닌 질서를 의미한다. 질서를 통해 아름다운 사회를 만들기를 공자는 염원한 것이다. 온 세상이 하나가 되기를 바라는 사상, 그것은 바로 공자의 대동사상大同思想이며, 공자는 주역 속에 그러한 사상을 담은 것이다. 이것이 바로 유학사상이요 주역사상이다. 음양이 이리저리 섞여서 혼잡한 듯하면서도 균형과 조화를 이룬 사회, 어쩌면 고암은 군상을 통해서 질서를 이룬 사회의 모습을 표현하려고 노력했을 것이다. 혈통으로 전해져온 고암의 유학사상, 자

---

2 안영길,『한국의 근대미술과 이응노의 회화세계』 참조.

신의 이름자에 담겨 있는 주공과 공자의 사상을 항상 가슴 속에 품고 예술세계에 몰두했을 고암, 다른 어느 경서보다도 주역은 인간의 질서를 강조하고 있기에 고암의 마음 저변에는 항상 주역사상이 자리를 잡고 있었을 것이다.

5. 『설문해자』에서 취한 〈주역64괘차서도〉의 정신

고암의 〈주역64괘차서도〉는 독창적인 것은 아니고 『설문해자』의 소전小篆체를 모방한 것으로 약간의 변형만 가했을 뿐이다. 아래의 그림은 『설문해자』에 있는 주역 64괘명의 자형을 고암의 〈64괘차서도〉와 비교하기 위해서 편집한 것이다.

고암64괘 문자비교표 그림

괘명	돈	대장	진	명이	가인	규	건	해
설문 소전								
고암괘 명자형								
고암괘 명조형								

괘명	손	익	쾌	구	취	승	곤	정
설문 소전								

고암괘 명자형								
고암괘 명조형								
괘명	혁	정	진	간	점	귀매	풍	려
설문 소전								
고암괘 명자형								
고암괘 명조형								
괘명	손	태	환	절	중부	소과	기제	미제
설문 소전								
고암괘 명자형								
고암괘 명조형								

고암의 〈64괘차서도〉는 비록 『설문해자』의 소전小篆체를 모방한 것에 불과하지만 그러한 사실보다는 고암이 설문해자의 자형을 선호한 이유와 자형을

통해서 그가 추구하고자한 바가 무엇인지를 살펴볼 필요가 있다.

『설문해자說文解字』는 문文을 설명하고 자字를 풀이한 책이다. 글자의 본의本義를 바탕해서 '육서六書'로 글자의 내력을 설명하고, 자형字形의 해석에는 소전小篆을 바탕해서 공자의 구택에서 발견된 고문古文과 서주西周의 선왕宣王 때의 주문籀文으로 보충 설명을 하고 있는 책이다. 현재 사용하고 있는 한자 이전의 서체이므로 고암이 허신의 설문해자에 관심을 갖게 된 것은 우연이 아니다. 그런데 설문해자 또한 주역과 연결해서 살필 수 있다. 허신은 주역에 정통한 사람이다. '오경무쌍허숙중五經無雙許叔重'이라는 당시 사람들의 평이 있었듯이, 그가 문자를 정리하고 개념정의를 할 때 대부분 주역의 원리를 도입하였다. 허신은 문자를 해석할 때, 여섯 가지의 원리(六書 : 상형, 지사, 회의, 형성, 전주, 가차)로 분석하고, 부수部首를 540자로 분류하여 정리하고 있다. 이 또한 막연한 숫자가 아니다. 육서의 분류라는 것은, 주역이 일괘一卦 육효六爻로 이루어진 숫자에 근거한 것이며, 540자 부수에서도 주역적 사고를 읽을 수 있다. 9는 양효를 표시한 것이고, 6은 음효를 표시한 것이다. 9와 6을 곱하면 54가 되고, 이것에 땅의 성수인 10을 곱하여 540이라는 숫자가 이루어진다. 540이란 숫자도 역시 음양수인 9와 6을 넓힌 수에 불과한 것이다. 허신의 이와 같은 분류는 문자가 주역에 근거한다는 인식이 그의 심중에 깔려있기 때문이다. 역학에 정통한 허신이 막연한 숫자를 내세우지 않았을 것이다.

문자와 주역이 서로 연관성이 있기 때문에 허신은 주역의 글로『설문해자』에 담겨 있는 문자를 해설하고, 주역의 원리를 통해서 개념정의를 내린 것이며, 주역에 친숙한 고암 역시 허신의 『설문해자』의 자형을 통해서 글자가 갖는 근원적인 의미를 밝히려 노력하였을 것이다.

그리고 고암의 글자체를 바라보면 다양한 인간의 형상을 지닌 모습들로 구성하고 있다. 고암이 문자를 통해서 인간의 다양한 모습을 담아내려 노력한 흔적이 역력하다. 예를 들면, 비괘比卦는 '사람인人'자와 반대되는 글자의 형태를 지닌 '비比'자를 병렬한 글자인데 고암이 '살아 있는 사람'의 뜻으로 인人자로 조형한 점이다. 그리고 주역에는 '큰대大'자를 쓴 곳이 여러 군데 있다. 대유大有, 대축大畜, 대과大過, 대장大壯 등의 괘인데 점 하나를 더 찍거나 획劃에 약간 변형을 가함으로써 괘의 상징하는 의미를 담고 있다. 가령 대유괘는 고암이 자형에서는 대大자에 '점'을 찍었고, 조형에서는 양 팔을 늘어뜨린 모습을 그렸다. 대축은 자형에서는 양 팔을 늘어 뜨렸지만 조형에서는 양팔이 엇갈린 모습이다. 대과는 자형과 조형 모두 양팔이 엇갈린 모습이고, 대장은 자형에서는 양팔을 아래로 내렸지만 조형에서는 양 팔 모두 위로 든 모습이다. 대大는 본래 사람을 형상한 글자다. 양팔을 아래로 내린 모습은 가만히 앉아 있음을 표현한 것이고, 양팔을 위로 든 모습은 사람이 일을 하는 뜻이고, 양팔을 엇갈린 모습은 사람이 걸어가는 뜻을 나타낸 것이다. 이런 측면에서 살펴보면, 대유는 '크게 소유하다'는 뜻이니 자형의 '대'자에 점 하나를 더 찍은 것은 '대를 중첩한' '아주 크다'는 뜻으로 표현한 것이고, 조형에서는 단지 '소유하는' 뜻만을 드러낸 것이다. 대축은 '크게 쌓는다'는 뜻이다. 주역에 소축小畜과 대축大畜이 있으니 소축은 안으로 덕德을 쌓는다는 뜻이고, 대축은 밖으로 업業을 쌓는다는 뜻이다. 대축괘에서는 안팎의 뜻이 모두 들어 있으므로 자형에서는 안으로 덕을 쌓는 모습을 표현했고, 조형에서는 밖으로 업을 이루는 뜻으로 세상에 나가는 모습을 표현했다. 대과는 '크게 지나다' '크게 과실하다'는 뜻이므로 움직이는 모습을 표현한 것이다. 대장은 '크게 씩씩하다'는 뜻이니 즉 예를 갖추는 내용을 담고 있다. 예는 사양지심辭讓之心의 발단이므로 움직이지 않는 뜻으로 표현할 수 있지만 한편으로 예는 세상에 나가기 위한 수단이므로 자형에서는 양 팔을 늘어뜨린 모습으로, 조형에서는 두 팔을 든 모습으로 표현한 것이다. 주역을 접한 고암이라고 생각했기에 이렇게 유추해본 것이지만 괘명卦名의 뜻이 그러한 형상과 부합하고 있다. 모든 대상을 인간을 중심으로 매듭지은 고암, 70년대 후반부터 타계하기 직전까지 고암은 주로 인간군상을 소재로 작품을 다뤘다 한다. 만사는 곧 인사에 귀착하는 것이며, 인간이 조화를 이루는 길은 결국 주역의 도를 완성하는 것이므로 고암은 주역 속에서도 항시 인간을 생각했던 것이다.

6. 결론

고암은 잠시도 쉬지 않고 평생 그림을 그린 것 같다.

> "… 땅 위에 벽에 눈 위에 … 손가락이나 나뭇가지 또는 돌을 가지고 서…."

항상 그림을 그리는 일로 행복을 삼았겠지만, 그의 인생의 자취를 더듬어 보면, 그의 작품은 시련과 역경 속에서 피어난 것들이다. 고암의 말대로 그림 속에 생명력을 불어넣을 수 있었던 것은 시련이 있었기 때문에 가능하였다. 그러나 단지 글자를 쓰고, 사람을 그리기만 했었다면 고암의 명성은 오늘 날 전해지지 않았을 것이다.

고암이 옥중생활을 회고한 글이 있다.

> "나에게 그림을 그릴 수 없다는 것은 죽음을 의미한다. 형무소의 마당 에서 못을 주워 알루미늄의 세면기랑 식기에 힘껏 구멍을 내어 마음속 에서부터 끓어오르는 피의 관철을 조각하기도 했다. 그림은 벽에 거는 장식으로 끝나는 것은 되지 않아야 한다. 그래서 그림에 생명을 불어 넣는 것이라고 생각한다. 나의 그림이 변하여 가는 과정 속에서 옥중 체험은 한 번 더 나에 대해서 눈을 뜨게 했다."

고암이 '옥중 체험은 한 번 더 나에 대해서 눈을 뜨게 했다'는 말과 '그림에 생명을 불어 넣는 것'이라 한 것은 역경 속에서 자신의 예술세계를 구축한 경지를 시사한 면이 있기도 하겠지만 아마도 고암이 유교에 대해서 다시 한 번 생각하게 된 계기와 주역을 염두해 두고서 한 말이 아닐까 생각된다. 고암의 작품을 살펴보면, 대개가 동양의 전통적인 사상에서 세상을 바라보고 자신의 내면을 추구하고 있는 것들이다. 그것이 출감 이후 문자나 군상 등의 작품으로 집약되고 있는 바, 모두가 주역적 사고의 틀 속에서 연상해서 나올 수 있는 것들이기 때문이다. 논자는 그런 측면에서 '고암은 주역으로 작품을 구축한 사람이다'고 평하고 싶다.

그리고 보니 우연히 부합되는 것이 있다. 전하기를 '공자가 늙어서 주역을 좋아하여 가죽으로 엮은 책이 세 번 끊어질 정도로 읽었다[晩而喜易 韋篇三絶]' 하니 이때 공자의 나이가 70이라 한다. 그런데 고암이 마침 70에 〈주역64괘차서도〉를 그렸다 하니 비록 우연이겠지만 생각이 깊다 보면 기운이 서로 응하는 것인지도 모르겠다.

문득 고암의 작품을 바라보면서 떠오르는 글귀가 생각난다. 자하가 공자에게 물었다. "'교묘한 웃음이 입매가 어여쁘며 아름다운 눈동자 선명하구나. 바탕으로써 채색을 삼는다[巧笑倩兮 美目盼兮 素以爲絢兮]' 하니 이는 무슨 뜻입니까?" 공자가 말하기를 "그림 그리는 일이 바탕을 이루는 것보다 뒤에 하는 것이다[繪事後素]."하였다. 사람이 아름다운 재질을 둔 연후에 문식을 가해야 한다는 뜻이다. 고암의 작품이 겉으로 화려한 장식을 추구하지 않고 서화書畵로써 바탕에 충실하고 천지자연의 도에 부합하려 노력했던 모습이 논자에게는 아름다운 모습으로 비쳐지기만 한다.

고암 화백의 문자추상암각화

8장

후천과 야산

야산 선생의 생애와 사상
야산 선생, 문경에서 방아 찧는 행사를
〈법성도〉의 근원, 보문산 석굴암
부여와 야산의 단황檀皇봉숭
이신전화以薪傳火의 길을 찾아

야산 선생의 생애와 사상

1. 서론

이 글을 쓰기 전, 필자는 야산선생의 사상을 한 마 디로 표현할 수 있는 것이 무엇일까를 생각해 보았다. 가장 먼저 떠오르는 것이 '경庚'이란 한 글자였다. 경원 력의 '경'이요, 후천시대를 여는 '경금'의 의미, 선천의 갑甲을 후천에 고친다는 뜻에서 '고칠경'이라고도 부른 다. 어쩌면 경의 글자 속에 야산선생의 사상과 공력이 담겨 있지 않을까 생각해보았다. 그리고 조금 더 풀자

야산 이달 선생

면 '선천의 지나온 역사를 바로잡고 후천시대에 이르기 위한 가교적 역활'을 하신 분이라는 생각도 해보았다. 이 외에도 야산선생에 관련한 여러 가지의 표현들이 더 있지만 잠시 접어두고, 이런 생각을 바탕으로 글을 전개하고자 한다.

2. 본론

야산선생은 우리민족을 위해 평생을 헌신한 분이다. 선생이 태어난 때는 구한말이었고, 동서양이 바야흐로 교통왕래하는 시기였고, 크게는 129,600년의 선후천이 교차하려는 시점이었다. 민족의 미래가 풍전등화처럼 절대위기였던 시절! 야산선생은 '바람막이'였었고, 선후천의 교차로에서 한 치 앞도 내다볼 수 없었던 시기에 '민족의 등불'이었다고 평가할 수 있겠다. 영원한 스승이라는 표현도 알맞은 말이겠다.

선생의 생애와 사상을 한정된 지면과 시간 속에서 충분히 밝힐 수 없는 아쉬움이 있지만 선생의 자취를 더듬어보면서 그의 사상을 조명해 보려 한다.

선생의 일대기를 몇 단계로 나누어서 정리해 볼 수 있다. 어릴 때에는 집안의 숙부에게서 수학하였고, 15세에 결혼, 짐작컨대 18,9세에는 삼도봉(석기봉)에서 수도하였다. 삼도봉에서 출산 후 '이주역'이라는 별명을 얻으며 세상을 주유하였다. 당시는 일제강점기였으므로 주로 세상을 다니면서 구도의 기간으로 삼았겠지만 광복 전까지는 대략 새로운 세상을 맞이하기 위한 준비기간으로 보아야 할 것 같다.

이 기간 동안에 많은 곳에서 자취의 흔적이 나타나고 있다. 그 중에서 몇 가지를 열거하면, 철원을 중심으로한 공동생활(41세. 5년간), 대구를 중심한 미두사업(48세), 이리에서의 은둔생활(52세. 5년간), 기타 금광채굴(15개 지역) 등을 들 수 있다. 이리에서 양광佯狂하며 숨어 지내는 동안에 선생은 경원력庚元曆을 창제했다. 후천시대에 쓰일 수 있는 달력이다. 역曆을 역歷이라 표현한 것은 혁괘革卦 상전象傳의 '치력명시治歷明時'에 근거한다. 경원력으로 때를 밝혀서 후천시대가 이미 목전에 다가왔음을 알리려는 것이다. 세상사는 천도와 인사가 맞물려서 이루어지기 때문에 굳이 책력을 만들어 알리려 한 것이다.

광복이 된 후부터 선생의 행적은 구체적으로 드러난다. 광복이 되던 해 2월, 선생은 장차 우리나라에 서기瑞氣가 도래함을 예견하며 인재양성의 시급함을 느꼈고, 인재양성의 장소로 택한 곳이 논산에 있는 대둔산大屯山 석천암石泉庵이다. 대둔산은 역학적으로 중요한 의미를 지닌다. 대둔의 둔屯은 건곤괘乾坤卦 다음에 오는 3번째 괘다. 건곤이 사귀어서 만물이 시생始生하는 뜻이다.

선생이 대둔산을 택한 이유는 몇 가지일 것으로 짐작된다. 첫째는 광복 후의 경륜經綸[둔괘 상전]을 생각하였을 것이다. 새로운 세상을 위한 준비를 해야되기 때문이다. 그러나 둔괘의 뜻과 같이 광복은 맞이하겠지만 무정부 상태의 극도의 혼란이 있을 것이므로 국가의 운명을 반석 위에 올려놓기 위해서는 우선 먼저 '건후建侯[정부수립]'와 '계몽啓蒙'이 중요하다 본 것이다. 참으로 어려운 상황 속에서 재건의 움직임을 갖는 것이 둔괘屯卦의 설명이고, 교육을 장려하는 것이 둔괘와 짝을 이루는 몽괘蒙卦다. 즉 둔괘에서는 후侯를 세우는 '인군의 도'로 말했고 몽괘에서는 인재를 양성하는 '스승의 도'로 설명하고 있다.

둘째, 삼도합일三道合一을 이루려 했다. 일반적으로 삼도는 선불유仙佛儒를 말한다. 표현만 선불유라 했을 뿐이지 천지인天地人 삼재三才의 뜻으로 나눈 것이니 즉 모든 종파宗派의 합일을 의미한다. 일一과 이二가 합해서 삼三이 되고, 일월日月이 합해서 명明자가 되고 부모父母가 합해서 내가 나오듯이 선생은 둔屯의 의미를 살려 대둔산을 삼도합일의 장소로 택한 것이다. 선생이 삼도를 합일하려는 목적은 당시는 선천에서 후천으로 넘어가려는 과도기였기 때문이다. 상경上經의 대과괘大過卦에서 하경下經의 함괘咸卦로 넘어가는 사이에 당시를 감리坎離의 중궁中宮 속에 처한 시기로 본 것이다. 후천의 함괘는 산택통기山澤通氣로 이루어지므로 선천先天의 모든 기氣를 취해서 후천後天에 이르려는 것이다. 자신은 유학자였지만 선불仙佛의 도움 없이는 후천에 이를 수 없다고 생각했기 때문이다. 그리고 내일의 싹을 틔우려 했다. 작게는 광복 후의 경륜을 생각했고, 크게는 후천시대의 이상세계를 도모하기 위해서였다.

강학의 장소로 택한 석천암은 석정암石井庵이라 개명했다. 수풍정괘水風井卦의 뜻이다. 우물은 아무리 퍼도 마르지 않는 법이므로[无喪无得] '양이불궁養而不窮'의 덕을 베풀려 한 것이다. 비록 작은 암자의 우물[井]이지만 이 물로 온 세상을 기르려는 포부를 갖고, 제자를 양성하고 구제창생救濟蒼生의 길로 나선 것이다.

이곳에서 선생은 유불선 관련의 경서經書를 가르치는 것 이외에 주로 관법觀法으로 제자를 양성했다. 풍지관괘風地觀卦에 '관천지신도이사시불특觀天之神道而四時不忒하니 성인聖人이 이신도설교以神道設敎 이천하복의而天下服矣리라' 했다. 신도神道로 설교設敎함이 하늘의 도요 성인의 가르침이기 때문에 관법으로 제자를 가르친 것이다.

이괘頤卦에 '천지양만물天地養萬物하고 성인聖人이 양현養賢하야 이급만민以及萬民하니 이지시대의재頤之時大矣哉라' 하니 3년간 둔산屯山의 석정石井에서 제자양성한 결과가 108제자를 배출하고 홍역학회洪易學會를 창립함에 이르렀다. 홍역은 『서경』의 '홍범구주洪範九疇'와 '주역周易'의 첫 글자를 취한 것이다. 홍범은 인사의 도리를 오행학적으로 풀이한 것이요, 주역은 천지자연의 이치를 음양학적으로 풀이한 것이니 인류역사상 가장 근원이 깊고도 오래된 서적이요 사상이라 할 수 있다. 홍역으로 다가오는 후천시대를 선도하자는 것이다. 근원이 약한 물은 아무리 좋아도 작은 장애를 만나면 가다가 막히지만 근원이 깊은 물일수록 세가 강하기 때문에 장애를 헤치고 도도하게 흐를 수 있기 때문이다. 홍역학창립취지를 담은 글이 '부문敷文'이다. 333자다. 우리 학회 회원들은 모두 외고 있는 경문이다. 이 글은 명문장으로 제자는 물론 외부사람들도 애송했다. 심지어 글을 모르는 부녀자들도 주문처럼 외웠다 한다.

홍역사상을 제자들이 전하고 전해서 전국으로 퍼져 나갔다. 그 결과 12,000명의 회원이 가입하였다. 제자들이 12,000명의 회원명단을 일일이 기록하였는데 선생이 명단을 대둔산 상봉에 묻었다 한다. 후천시대에 좋은 싹으로 자라기를 바라는 마음에서이다.

단기로 4280년(정해년. 서기 1947)을 선생은 129,600 중의 반인 선천을 마치는 해로 보았다. 이는 선생의 독견獨見이 아니고 이미 선성들이 은밀히 전한 것을 밝힌 것뿐이다. 단군의 윷, 요임금의 바둑, 강태공의 사작경신四作庚申, 공자의 춘추도수에 선천을 마치는 수리가 담겨 있음을 선생은 밝힌 것이다. 후천개벽에 대해서는 최수운, 김일부, 강증산, 소태산 등 많은 분들이 말씀하셨지만 학술적으로 정확하고 구체적으로 밝힌 사람은 아마 야산선생일 것이다.

대둔산에서 선천의 기수를 다 마치고 후천시대를 향한 큰 발걸음은 계룡산에서 시작됐다. 후천의 운기는 계룡산으로 이어진다고 본 것이다. 선생은 대둔산 맥이 손좌건향으로 계룡산으로 이어졌다 하였다. 손방에서 선천을 마치고 건방에서 후천을 열겠다는 것이다. 손문은 선천을 마치는 곳이고 건문은 후천을 여는 곳이기 때문이다.

대둔산과 계룡산 사이에 연산連山이 있으니 산과 산을 이은 곳이고, 그곳에 개태사開泰寺가 있다. '후천의 태를 연다'는 뜻이다. 선생은 대둔산문을 닫고 계룡산을 가는 도중에 개태사를 들렀다. 개태사에는 미륵삼불이 모셔져 있고 단군이 봉안되어 있다. 미륵彌勒은 후천시대가 오면 용화수龍華樹 아래서 성도成道하여 모든 중생을 구제한다는 분이다. 개태開泰의 뜻과 부합된다. 그 옆에 단군전이 있었으니 단군전은 야산선생이 시주해서 건립된 것이다. 각명閣名을 '창운創運'이라 하였다. '후천의 운을 개창한다'는 뜻이다. 그동안 양성했던 108제자를 9명씩 12부대를 만들어서 오동나무 지게에 뽕나무 작대기를 들게 하고 개태사를 거쳤다 가게 하였다 한다. 필자가 짐짓 구체적으로 숫자를 표현한 것은 야산역학의 한 단면을 보이기 위해서다. 선생의 행적을 살펴보면 모두가 상과 수에 근거함을 알 수 있으니 야산의 독특한 면모라 할 수 있다.

한편 대둔산에서 폐문하기 전, 선생은 장차 전쟁이 일어날 것임을 예견하고 가족은 물론 사람들로 하여금 피난하도록 명했다. 피난지는 안민도安民島였다. 본래 안면安眠인데 선생은 안민安民이라 불렀다. 소문은 퍼져나갔고, 사람들은 '비산비야이야산非山非野李也山'이라 하면서 선생의 뜻에 따랐다. 전국각지에서 피난에 합류한 행렬이 묘하게도 300가구였다. 300의 수는 천수송괘天水訟卦의 '구이九二는 불극송不克訟이니 귀이포歸而逋하야 기읍인其邑人이 삼백호三百戶면 무생无眚하리라'에 나오는 말이다. 즉 전쟁[訟事]은 피할 수 없고 피난해야겠는데

300은 숨길 수 있는 최대의 수를 의미한 것이다. 이때가 전쟁 일어나기 3년 전의 일이다. 사람들이 피난할 때, 선생과 몇몇 제자들은 계룡산 국사봉國師峰에 있는 용학사龍鶴寺에 거처를 정했다. 지금은 자취가 없어졌지만 과거 김일부 선생이 머물렀던 장소 위에 용학사가 위치하였다. 세상을 기르기 위해서 이 나라의 국사로서 자임한 것이 계룡산 국사봉을 택한 이유다. 모두가 욕심을 갖고 상제봉上帝峰 아래 신도新都안을 택했음에 반해 선생은 국사봉을 택한 것이다.

후천기운이 서린 계룡산 터전에서 선생은 '태극지하종교연합회'를 결성하였다. 태극 아래에서 모든 종교가 합심하자는 것이다. 신도들이 모여들고 그 세는 대단했다.

이승만 대통령이 초빙했지만 선생은 거절했고, 김구 선생이 합작의사를 밝혔지만 역시 거절하면서 경계의 일구一句를 건네주기도 했다.

염계 선생의 태극도를 개작하고, 태극도가 그려진 수기手旗를 제작해서 제자들에게 나누어 주었다. 세가 점점 커지자 본부를 대전으로 옮겼다. 대전을 한때 '태전'이라고도 하였는데 이는 계룡산의 태극의 꽃을 피울 곳이 대전이라고 생각했기 때문이다. '연합회' 아래에서 영친왕 환국운동이 논의되고 '정의군正義軍' 창설문제를 정부에 신청하였다. 비록 미묘한 입장차이 때문에 오해를 받기도 하였지만 그 뜻은 실로 숭고한 것이었다.

결국 전쟁은 일어났고, 삼천리강토가 불바다가 됐지만 안만도 광천 등지에 흩어져 피난했던 삼백가구는 무사히 화를 면했다. 서울이 다시 수복되고 압록강까지 올라갔으나 중공군 개입으로 전국은 다시 전란 속에 빠져들었다. 그러나 선생은 "중공군 발자취는 오산과 평택 이남에는 남지 않을 것이다" 하면서 신묘년(1951년)에 예정대로 부여 은산으로 왔다.

'성인이면 한 번 머물러 가는 자리'라는 성주봉聖住峰 아래에 '삼일학원三一學院'을 건립하고 '단황척강지위檀皇陟降之位'라는 단壇을 만들었다. 단황을 봉숭하자는 뜻이다. 뿌리 있는 나무가 무성한 법, 이제까지는 삼도의 도움으로 후천을 넘어왔으니 앞으로는 국조 단군의 기초 위에 삼도의 결실을 이루자는 것이다. '삼일三一'이 바로 이런 뜻이다. 천부경天符經을 외게 하고, 진단구변도震檀九變圖를 그리게 하고, 신지비사神誌秘詞로 풀이한 오덕부인五德符印을 벽에 걸어두었다. 지금 동방문화진흥회를 상징하는 부호가 바로 이것이며 홍역사상을 담고 있다.

안동 사람이 와서 단군檀君이 내리신 글이라 하며 '서남득붕西南得朋 동북상붕東北喪朋' 여덟 글자를 전하였다. '팔자천명八字天命'이라고도 하는데 중지곤괘重地坤卦에 나온다. 약설略說하자면 후천시대에 동북 간방, 즉 우리나라로 서기가 들어오고, 단황의 시대가 다시 도래한다는 것이다. 이를 야산이 전하라는 뜻이다. 이듬해 임진년(1952년) 단군이 비란飛鸞으로 이 뜻을 밝혔다. 7언 55구로 이뤄진 장문長文이다. 이후로 선생은 그해 10월 3일을 기해 매년 개천제開天祭를 거행했고 3월 15일에는 어천제御天祭를 지냈다. 이곳에서 또 다시 64명의 제자가 배출되고 여자 6명이 공부하였다. 이때가 야산선생 64세다.

은산에서 3년 넘게 보내고 계사년(1953)에 부여扶餘 읍내로 이사했다. 선생을 따라 들어온 많은 사람들이 역시 부여로 이사했다. 외부 사람들은 야산선생을 '주역교주'라 불렀고 그 문인門人들을 '주역패'라 불렀다. 백마강변에 땅콩落花生]을 심어 궁색한 식량을 다소나마 해결하였다.

선생의 집은 용미봉龍尾峰 아래에 위치하였다. 말하자면, 계룡산 용 꼬리가 흘러와 이곳에서 그쳤다는 것이다. 본래 이 집은 읍사무소 터였는데, 선생이 거처하게 된 것이다. 집 마당 한가운데에 오덕지五德地를 상징하는 단을 만들고 역시 강학의 장소로 삼았다.

이곳 부여扶餘는 어떤 곳인가! 계룡산의 용기龍氣가 이곳까지 흘러온 곳이니 즉 '남은 기운을 붙든 곳'이다. 그리고 부여는 백제의 수도이며 국호이기도 하다. 백제의 연원은 부여를 조상으로 삼고 있고, 부여 또한 단군조선에 뿌리를 두고 있다. 야산선생은 대둔산에서 안민도로 이주할 당시 이미 부여에 정착해서 단황을 봉숭할 것임을 안배했던 것이다.

갑오년(1954)에 고지무지鼓之舞之로써 신도神道를 행하고 선천사先天事의 얽히고설킨 매듭을 풀었다. 이후로 종명終命을 이루기까지 신도神道로 행사하였다. 오덕지를 고치고 경원력을 고치고 어려서부터 의문을 품었던 '대학착간'을 고정 완료하였다.

무술년(1958) 8월 3일에 작고하셨다. 선생은 작고하기 한 달 전, 마지막 여행길을 나섰다. 대전에서 반 달 정도를 머무르며 모인 사람들에게 '복벽復辟문제'와 단황을 봉숭하라는 유지를 내리고, 예천의 자봉리紫鳳里에 있는 비룡산 연화사를 향했다. '자봉추화紫鳳秋話'는 선생이 이곳에서 지은 마지막 시다. 아픈 몸인데도 불구하고 제자 등에 업혀 올라갔다. 산을 조망하면서 "이 산으로 영남과 기호가 둘로 나뉘었으니 아직도 백제百濟가 이 뜻을 풀지 못하였다"하였다. 후일의 그 누가 이를 풀라는 뜻이다. 이때의 백제는 삼국시대의 백제만을 의미하는 것이 아니다. 과거에 영남 72주라 했으니 이 산을 주산으로 영남 일대가 들어서 있다.

연화사에서 병세는 더욱 악화되어 역시 제자 등에 업혀 산을 내려왔다. 줄곧 제자들이 등에 업고 부여까지 모셔왔다. 그리고 유종하였다.

태어나기를 봉황꿈으로 태어났고, 운명 직전에도 봉황이 깃든 곳에 가서 봉황을 노래하며 고종하신 이유는 무엇일까? 이것이 바로 필자의 화두처話頭處다.

3. 결론

야산선생을 상징하는 봉황으로 결론을 맺었지만 이대로 끝내기는 아쉬워 몇마디 덧붙여서 마칠까 한다. 대부분 사람들은 야산선생을 '역학자 아무개' '주역에 달통한 사람'정도로 여긴다. 야산선생에 대한 이야기는 많은 사람들에게 회자되고 있지만 지금 세상에 떠도는 이야기는 단지 광복이나 전쟁을 예견하고 호랑이 등을 타고 다녔다는 신비한 도인 정도로 이해하고 있지 이 분의 진정한 학문적 가치를 제대로 이해하는 것 같지 않다. 또한 필자가 보는 바로는 선생은 구도자라기보다는 실천가라는 표현이 더 어울릴 듯싶다. 그저 주역의 경문을 해석하는 학자가 아니라 주역의 도를 몸소 실천한 경륜가로서 평가를 내려야 할 것이다. 물론 이 분은 양자를 다 겸한 분이다. 학문도 유불선 삼도를 섭렵했다. 그래서인지 휘자 역시 달자. 필자는 어려서부터 야산선생에 대한 전설을 듣고 싶어서 여기저기 제자들을 찾아다닌 적이 있었다. 그때는 재미가 있었다. 그러나 주역을 배우면서 주역 속에서 야산선생을 대하면서 '아이 어른이 큰 족적을 남기셨구나'라는 것을 느꼈다. 필자가 그동안 자취를 찾아보고 느낀 바에 의하면 선생은 학문적으로도 역대 학자들이 미처 말하지 못했던 중요한 학문적 가치도 많다. 그리고 한편으로는 경세가로서 선생은 많은 일들을 하셨고 많은 숙제를 남겨 놓았다. 필자의 지나친 생각일지는 모르지만 '야산선생에 대한 학문적 연구의 범주와 깊이는 무궁하다'라고 말하고 싶다.

야산 선생, 문경에서 방아 찧는 행사를

문경새재

　야산 선생은 후천의 시작이 무자년, 즉 단기로는 4281년이요 서기로는 1948년부터라고 말씀하셨다. 또한 후천을 맞이하는 첫 자리를 동북 간방인 우리나라로 보았다.

　대저 선후천을 말하고 후천이 오는 시기를 주역을 통해서 전한 분이 공자이신데, 공자의 뜻을 계승해서 이를 전한 분이 송대의 소강절 선생이시고, 현금의 야산 선생이라 말할 수 있다. 소강절 선생의 저서인『황극경세서』에 그 뜻이 담겨 있고, 야산 선생의 글인 〈선후천고정설〉에 그 내용이 담겨 있다. 다만 후천이 시작되는 시점을 논함에 있어 두 분의 설이 다르기는 하지만, 소강절 선생은 천도를 근거삼아 설명한 것이고, 야산 선생은 인사를 주장해서 설명한 것으로 생각된다. 천도는 법수대로 흘러가지만, 인사에는 과불급이 있기 때문이다.

　소강절 선생의 말대로라면 아직도 후천은 요원하다. 하지만 야산 선생은 소강절 선생이 말한 연도보다 1236년을 앞당겨 잡았다. 선후천에 대한 자세한 설명은 지면의 한계상 어렵다. 『야산선생문집』에 있는 〈선후천고정설〉을 참조하기 바란다.

후천의 시작점을 야산 선생 홀로 안 것이 아니다. 이미 이전의 성인들이 밝혀 놓은 것이다. 요임금의 바둑판과 단황의 윷판, 강태공의 사작경신과 공자의 춘추연대가 이를 증명하는 것들이다.

선후천이 이루어지는 시기에 즈음해서, 선생은 사람들의 이목을 피하기 위해서 이리裡里하고도 묵동墨洞이라는 지명을 택해서 들어갔다. '속 리裡'자나 '검을 묵墨'자 모두가 숨는다는 뜻이다. 아마 신명도 속이려 했을 것이다. 신사년 (1941) 태평양전쟁이 발발하기 일 년 전의 일이다. 거짓 미친(佯狂)척 세상을 속이면서도 선생은 광복의 그 날을 손꼽아 기다려 왔다. 고향인 김천 재실 한쪽 칸에 서까래를 좌우로 7개씩 만들고, 가운데에 태극문양을 그려 넣었다. 음력 7월 7일 칠석 다음날이 광복일이기 때문이다. 그러나 광복에만 집착하지는 않았다. 선생은 이보다 더 큰 포부를 간직하고 있었다. 선천의 마지막 자리에 서서 후천을 잇는 가교 역할을 자임하신 것이다. 아마도 '명을 받았다(受命)'라고 표현해야 옳을 것이다. 일제 강점 시에는 방랑객처럼 전국을 떠돌아 다녔다. 선생은 주로 문경에 머물면서 광산을 경영하며 이곳 지역을 탐색하였다. 그러기를 몇 년 후, 선생은 후천에 이르는 길목으로 문경을 택했으니, 그 역사적 현장이 바로 문경새재다. 왜 하필 문경을 택했을까에 대해서는 좀 더 많은 생각을 해야 되겠지만, 아마도 선생은 경사慶事를 듣기 위해서 문경에 갔을 것이고, 경사를 이루기 위해서 문경에서 행사했을 것이다. 선천에서 후천으로 건너는 일이 참으로 험난했던 모양이다. 그래서 후천에 이르는 것을 경사로 여긴 것인지 모른다.

때는 단기4277년(1944년)이니 양력 8월 24일이요, 음력으로는 7월 6일이다. 일진으로는 갑신년 임신월 경신일 갑신시다. 지지地支 '신申'자만 네 글자 들어 있다. 신申자는 절구(臼)와 공이(丨)의 합자合字니 방아 찧는 모습이다. 선생은 문경새재(鳥嶺)에서 백일기도를 마치고, 기약하지 않고 모인 남녀 36명과 더불어 시궁동矢弓洞에서 방아 찧는 행사를 시작했다. 아울러 풀무놀이도 했다 한다.

이는 한 판의 바둑이 끝나고 한 판의 윷놀이가 끝나는 시점(정해년, 서기 1947년)을 기준으로 해서 3년 전의 일이다. 갑을 경으로 고치면 경신년·월·일·시가 되어 강태공이 방아를 찧는 시점이다. 또한 공자 작고 후 춘추도수에 근거한 2420년(신사년, 서기1941년)에서 3년을 더한 시점이다.

천도에 의해 인사가 오는지, 아니면 인사로서 천도가 이르는 것인지를 알 수는 없지만, 이때는 일제가 우리나라를 36년간 침탈했던 기간 중 광복을 1년 앞둔 시점이었다.

주역으로 설명하자면, 이 시점은 산풍고山風蠱괘에 해당하니 산 아래에 바람이 드는 모습이다. 간은 산이 되고 손은 바람이 되니, 동북 간방 우리나라에 가을의 후천 바람이 부는 때다. 손방은 동남방으로 일본을 가리키니, 간방인 우리나라에 일제가 침략한 모습이기도 하다.

선천에서 후천으로 변혁하는 시기에 일제가 우리나라를 침략했으니, 마치 고괘의 상과 흡사하다. 고蠱자를 파자하면 그릇(皿) 위에 벌레(虫) 세 마리가 있는 상으로, 그릇(皿)은 간괘를 상징한다. 야산 선생은 그릇 위의 세 마리 벌레를 일본과 미국, 소련이라 말씀하셨다. 나무를 갉아 먹는 세 마리 벌레를 제거하고, 부패된 나무그릇을 새 그릇으로 만들어 보자는 것이 야산 선생의 뜻이었을 것이다.

고괘를 잘 다스리려면, 부패된 그릇을 새 그릇으로 만들려면 "선갑삼일先甲三日하고 후갑삼일後甲三日" 해야 한다고 『주역』에서 말하고 있다. 고괘의 단사에 나오는 말이다. '선갑삼일'은 신辛을 뜻하고 '후갑삼일'은 정丁을 가리키니, '사작경신'의 해인 갑신甲申(1944)년을 기준으로 하면 신사辛巳(1941)년이 선갑삼일이 되고, 정해丁亥(1947)년은 후갑삼일이 된다. 따라서 신사년에서부터 정해년까지의 7년은 말하자면 칠일래복七日來復의 도가 되니, 선생은 이 기간에 걸쳐 고

蠱를 다스리고 후천에 이르려 한 것이다.

이 고蠱를 다스리라는 비결의 핵심이 갑신년의 사작경신일이며, 핵심의 내용이 남녀 36명과 함께한 방아놀이와 풀무놀이다.

세월이 흐른 지금에 와서 행사한 곳의 자취를 더듬기란 참으로 어렵다. 문경새재란 말만 들었지 어느 곳에서 백일기도를 하셨는지, 시궁동 또한 현재 지명에는 나와 있지 않다. 생각건대, 시궁동은 가칭일 수도 있다. 선후천을 넘나드는 자리에서 그동안 선천에서 어긋나고 맺혔던 모든 것들을 풀고 넘어가야 되는 자리이기에 활과 화살로써 풀려한 것이다.

해괘解卦 상효에 "공이 높은 담 위에서 새매를 쏘아서 사로잡으니 이롭지 않음이 없다(公 射隼于高墉之上 獲之 无不利)." 했다. 새를 쏘아서 잡는 도구는 궁시弓矢다. 새는 이괘離卦의 상이다. 이離는 남방괘이니, 선천에서 후천으로 넘어가는 자리에 이괘가 있는 것이다. 아래의 시는 선생께서 〈견입용유감見立春有感〉이란 제하題下에 작시한 것이다. 문경에서 사작경신일에 방아 찧는 모습을 보고 느낀 바가 있어서 지은 것으로 짐작된다.

四作庚申獨見春　연월일시 경신일을 홀로 절구에서 보노라
太公當日依形容　강태공이 당일에 의지해서 나타났네
遺音飛鳥觀過處　소리 내며 나는 새 지나간 곳 보아라
誰識乾坤造化功　그 누가 건곤조화 자취를 알겠는가

'유음비조'는 뇌산소과雷山小過괘 단사에 나오는 말이다. 대상으로 보면 감괘坎卦의 상이다. 이괘離卦가 모습을 드러낸 새라면, 전변全變한 감괘는 모습을 감춘 새다. 모습은 보이지 않은 채 소리만 남겼다고 말한 것이다.

또한 『계사전』에서는 소과괘를 절구의 상으로 보고 표현하였다. "나무를 끊어 공이를 만들고(☶) 땅을 파서 절구를 만들어서(☶) 절구와 공이의 이로움으로 만민을 구제하였다(斷木爲杵 掘地爲臼 臼杵之利 萬民以濟)." 간방의 땅위에서 절구질을 하는 것이 또한 소과의 상이다. 선생께서 문경 중에서도 '새 조鳥'자가 들어있는 '새재(鳥嶺)'라는 곳을 택해서 백일기도를 하며, 후천을 맞이하려 함도 바로 소과의 뜻을 취하려 함이었을 것이다.

남녀 36명과 더불어 조작방아 행사를 한 이유는 무엇일까? 강태공이 조작하리라는 때가 왔으니, 방아 찧는 놀이를 하였을 것이고, 36수는 갑甲을 경庚으로 고치는 속에서 자연히 나오는 것이다. 복희팔괘가 36수 안에서 이루어지고, 문왕의 64괘 또한 착종해서 36괘로 순환이 된다. 하루와 한 달과 일 년이 모두 36수의 범위 안에서 돌고 도는 순환의 법칙이 있으니, 소강절 선생이 말한 '삼십육궁도시춘三十六宮都是春'이 바로 이 뜻이다.

이 행사 후 일 년 뒤, 일제가 정확히 36년(432개월)을 강점하고 물러난 것을 보면 신묘하다는 생각이 든다.

방아놀이 이외에 풀무놀이까지 한 이유는 무엇일까? 괘상을 잘 살펴보면, 택화혁澤火革괘의 상이 풀무의 모습이다. 풀무는 바람을 불어넣는 도구이니 바람을 통해서 불을 일으킨다. 불은 밝은 상이다. 선천에서 후천으로 넘어가는 변혁기에 후천이 오는 시기를 밝힌다는 의미이다.

그러므로 혁괘 상전에 "역을 다스려서 때를 밝힌다(治歷明時)."고 한 것이다. 이 해의 사작경신일을 선생이 경원력庚元歷의 기원으로 삼은 것도 이 때문이다. 경원력상으로는 대장주大壯周 대장역大壯易에 해당한다.

역사는 천도와 인사가 톱니바퀴처럼 맞물려서 돌아가는 것이다. 후천이 오는 시기를 밝혀야만 사람들이 믿을 수 있고, 사람들의 믿음을 통해서만 후천에 이를 수 있다. 혁괘의 '유부有孚'라는 글자가 이 뜻을 지니고 있다. 경원력을 만든 목적이 바로 이 때문이다.

선생이 행사를 마치고 떠날 적에 많은 사람들이 전송하려고 모여들었다. 좌담 중에 한 사람이 시국을 한탄하며 "일본의 홍세가 중국의 한구漢口를 함락시키고, 낙양에 입성하는 데까지 이르렀으니 마침내는 동양을 제패하겠습니다." 선생이 말하기를 "그들의 망함이 멀지 않을 것이다(其亡不遠)." "그때가 언제입니까?" "을유년 닭이 울 때 도적이 물러가리라." 하였다. 모두가 반신반의하였지만, 과연 을유년 닭이 우는 해에 광복이 된 것이다. 선생은 문경에서 세상 사람들에게 후천이 오리라는 기쁜 소식을 전하려 했던 것이다.

작게는 일제로부터 광복을 이루는 시기에, 크게는 선후천이 변화하는 격동의 시기에, 세상이 아무도 모르는 가운데 문경새재라는 외진 곳에서 선생이 남긴 자취는 우리 홍역학인들에게는 커다란 의미를 갖는다. 뿐이겠는가? 세상이 알든 모르든 문경에서의 신명행사는 우리 민족은 물론 세계 인류사적인 측면에서도 결코 잊어서는 안 될 중요한 행사이다. 참으로 역사적인 순간이요, 감동적인 장면이었을 텐데, 구전으로만 전해들을 수밖에 없어 필자로서는 아쉽기만 하다.

문경 주흘산 전경

〈법성도〉의 근원, 보문산 석굴암

보문산 석굴암 - 현재 군사보호시설

대전을 지탱해주는 보문산! 전설에 의하면 이곳에 보물이 묻혀 있는 곳이라 해서 '보물산'으로 불리다가, '보문산'으로 바뀌었다 한다. 하지만 보문은 좀 더 다른 관점에서 의미를 찾아야 할 듯싶다. 나말여초에 보문산 기슭에 '보문사普門寺'가 있었다 하니 '보문普門'이라는 한자어가 맞지 않을까 싶다. 이는 '보현보살'을 가리킨 글자일 수 있다. 하여간 보문산 아래 큰 절이 있었다 해서 '대사동'이라는 동 이름이 있는 것을 보면 보문산은 불교의 색채가 짙은 장소였을 것으로 추정할 수 있다.

과거 우암 선생이 보문산을 지나칠 때마다 부채나 책으로 얼굴을 가리고 지나갔다 하니, 과연 보문산이 여인이 누워있는 형국이어서인지 알 길이 없다. 아니면 보문산이 이같이 불교에 연원을 두었기 때문인지도 모른다. 유학에 철저한 우암 선생으로서는 충분히 그랬을 가능성이 있다.

사실 필자의 이같은 주장은 보문산 중턱 아래에 있었던 석굴암을 염두해 두고 하는 말이다. 필자가 전해 듣기로는 일제시대에 방공호를 파기 위해서 이곳에 굴을 뚫었다는 것이다.

그러나 광복이 된 후에 이곳은 한동안 방치되었다. 때마침 대전에 잠시 거주하고 있었던 야산 선생이 석굴 안에 부처를 조성해서 안치하고 봉숭한 적이 있었다. 야산 선생은 이 석굴암에 남다른 뜻을 두고, 당시 계룡산 불암사佛岩寺의 주지로 있던 남궁규南宮圭로 하여금 석굴암을 보수토록 하였다. 굴을 특별하게 '소 축丑'자 형태로 파도록 하였다. 세 곳으로 통하는 구멍을 내게 한 것이다. '소 축丑'자의 의미를 염두에 두었음인지, 이 굴을 보수토록 한 해가 바로 기축己丑년인 1949년이었다. 6·25전쟁이 일어나기 1년 전의 일이다.

'소 축丑'자의 의미는 무엇일까? 말은 하늘의 정기로 태어났으므로 강건한 성질을 지녔고, 소는 땅의 정기로 태어났으므로 유순하다. 말은 천도인 건괘乾卦의 상이고, 소는 지도인 곤괘坤卦의 상이다. 즉 선천은 천도로서 양이 주장하고 후천은 음이 주장하므로, 소는 후천시대를 의미하는 동물이다.

'하늘은 자시에 열리고(天開於子) 땅은 축시에 열린다(地闢於丑)'하니 축丑은 후천을 의미한다. 『주역』에서도 소에 대한 이야기가 나온다. 상경 마지막 괘인 이괘離卦에서 "암소(牝牛)를 기르면 길하리라." 하였다.

이괘離卦는 상경과 하경을 연결하는 괘로서 선천에서 후천으로 넘어갈 수 있는 상징으로 소를 말한 것이다. 빈우牝牛를 간지로 말하자면 기르는 음토陰土로써 기축己丑이 되니, 기축년에 석굴암을 조성한 또 하나의 이유가 된다.

굴 안은 물이 고여 있어서 배를 타고 들어가도록 하였다 한다. 굴 안이 습하고 암반수가 흘러 자연히 물이 고일 수밖에 없었겠지만, 이 또한 불교에서 지향하는 바와 부합이 된다. 미혹의 세계가 차안此岸이라면, 깨달음의 세계는 피안彼岸이다. 저 깨달음의 세계를 배를 타고 건너자는 것이다. 불상을 뱃길인 수로水路 양 옆에 드믄드믄 조성하였으며, 불상은 황금색으로 칠해져 있었다 한다. 황금색은 오행의 금으로 후천을 상징하는 색이다.

선생은 이곳을 가리키며 말하기를 "앞으로 후천시대에 법성도法性圖의 근원이 될 것이라."고 하였다. 법성도는 바로 신라시대의 의상조사가 그린 〈화엄법계도華嚴法界圖〉를 말한다. 이 법계도 안에 글이 있으니, 이를 〈법성게法性偈〉라 한다. 210자로 쓰여져 있다.

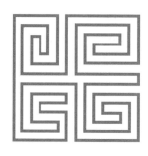

法性偈

法性圓融無二相[1]　　법과 성은 원융하여 두 모습 없으니

---

[1] 法性은 '법성게'라는 명칭에서도 짐작할 수 있듯이 〈법계도〉의 골자를 이루는 말이다. 그 뜻은 '진리의 원만함과 절대적인 것'을 가리킨다. 法이란 '겉으로 드러난 일체현상'이요, 性이란 '현상 이면의 본성'이라는 뜻이다. 그러나 法과 性을 두 가지 相으로 해석함은 무리가 있다. 실은 한가지 相일 따름이니 이를 비유하여 一圓相(○)이라 표현한다. 이 외에도 법성의 뜻을 여러 가지 용어로 표현하고 있다. 우주의 일체현상은 실체가 있으나 불변의 본성이 있으므로 眞如法性, 實相, 法本 등으로 부르며, 혹은 중생이 본래 갖추고 있는 佛性 등으로 표현하기도 한다. 諸法은 법성에서 비롯되어 각각의 상으로 이루어지며 각각의 분별된 상은 결국에는 다시 법성의 근원으로 모두 돌아가기 때문에 현상 이전의 상, 즉 諸法의 實相을 空이라 부른다. 一切差別의 相은 그 진여자성이 공이 되며 모든 것이 다 동일하기 때문에 無二 혹은 不二라 한 것이다. 이처럼 법성은 여러 가지로 표현되고 있지만 의미는 한가지로 동일하다.
圓融은 圓滿融通하여 障碍됨이 없음을 가리킨 말이다. 매월당 김시습은 원융에 대해 해석하기를 '일체의 법이 곧 일체의 성이며 일체의 성이 곧 일체의 법이니, 즉 지금의 靑山綠水와 本來性이 원래 一個의 항시 깨끗한 바탕이므로 본래 둘이 아니다'라고 하였다. 조금도 어떤 모순이나 상호 隔離없이 각자 이루어지는 것을 말한다.

諸法不動本來寂[2]	제법이 부동이라 본래 고요하니라
無名無相絶一切[3]	이름 없고 상도 없어 일체를 여읜 곳
證智所知非餘境	깨달아 아는 바요 다른 경지 아니라네
眞性甚深極微妙[4]	진성은 깊고 깊어 지극히 미묘한데
不守自性隨緣成	자성을 안 지켜도 인연따라 이루누나
一中一切多中一[5]	一 가운데 一切 있고 多 가운데 一 있으니
一卽一切多卽一	一은 곧 一切요 多는 곧 一이니
一微塵中含十方[6]	한 작은 티끌 속에 시방을 포함하고
一切塵中亦如是	일체의 티끌 속도 또한 이와 같으니
無量遠劫卽一念[7]	무량한 원겁이 곧 일념이요
一念卽是無量劫	일념이 곧 무량겁이라네
九世十世互相卽[8]	구세와 십세가 서로 도우며 나아가고

---

2 '諸法'이란 앞의 法을 가리키고 '不動'은 앞의 性을 가리키며 '本來寂'은 앞의 無二相을 가리킨 말이다. 法과 性은 다같이 空에서 나와 결국 空으로 돌아가므로 '本來寂'이라 한 것이다.
3 이 句節은 글 끝부분에 있는 '窮坐'의 境地를 표현한 것으로,「法記」에서는, 모든 것을 여읜(絶一切) 까닭에 '無相'이라 했다. 무상이기 때문에 '無名'이라고 했으니 마음자리를 밝힌 글이라 하겠다.
4 眞性은 앞의 性을 가리킨 말이다. 보조국사 지눌이 말하길 "중생의 본유 眞性은 圓明淸淨하여 더러움에 있어도 때묻지 않고 닦아도 때묻지 않는 것이다. 번뇌가 덮으면 숨고 지혜로 깨달으면 나타나는 것으로써 生因이 내는 것이 아니라 오직 了因의 깨닫는 바이다. 만일 사람이 自心의 청정한 覺性을 반조하여 妄念이 다하고 마음이 맑아지면, 萬像이 한꺼번에 나타나는 것이 마치 海水가 맑아지면 모든 형상이 그대로 나타나는 것과 같다."고 하였다.
5 이는 뒤에 나오는 海印三昧에서 비롯되는 一切法界의 顯現한 모습을 표현한 말이다. 또 비유하자면, 마음 안에 일체가 있다는 것이요 일체 속에 그 한마음이 들어 있다는 뜻이다.
6 '일중일체다중일'을 공간적으로 설명한 것이다.
7 '일중일체다중일'을 시간적으로 설명한 것이다.
8 華嚴敎義에서는 과거, 현재, 미래 三世에 각각 三世를 합하여 구세라 한다. 이 구세의 相이 나아가고 들어오는 것이 모두 一念 속에서 일어나므로, 일념까지 합하여 十世라 한 것이다. 주역에서는 하도의 10수와 낙서의 9수를 각각 체와 용으로써 설명하고 있으니 이 뜻과 부합한다.
　祖師의 제자 중에 智通이 있었다. 그가 太白山 彌理岩窟에서 화엄관을 닦고 있을 때 하루는 문득 큰 돼지가 굴의 입구를 지나가는 것을 보았다 한다. 지통은 평상시와 같이 木刻尊像에게 정성을 다해 禮하였더니 존상이 말하였다. "굴 앞을 지나간 돼지는 너의 과거 몸이고 나는 곧 너의

仍不雜亂隔別成	뒤섞임 없이 간격 두고 따로 이루어지네
初發心時便正覺	처음 발심할 때가 바른 깨달음이니
生死涅槃常共和	생사와 열반이 항상 함께 한다네
理事冥然無分別[9]	理와 事가 명연하여 分別이 없으니
十佛普賢大人境[10]	十佛 속의 普賢이 大人의 경계로다
能仁海印三昧中[11]	부처의 海印三昧 속에서
繁出如意不思議[12]	뜻한 대로 나타남이 불가사의하구나

미래과로서의 佛이다." 지통이 이 말을 듣고 곧 三世가 一際라는 법문을 깨달았다 하며 후에 의상대덕에게 나아가 이를 말하였다. 의상은 그의 그릇이 완성되었음을 알고 法界圖印을 주었다 한다. 이 설화는 九世, 十世의 뜻과 뒤에 나오는 初發心의 뜻을 이해하는데 적절한 내용이다.

9 理는 법계지성 즉 본성을 가리킨다. 事는 이 理가 인연따라 顯現해서 이루어지는 모든 世間之相 즉 一切의 現像을 말한다. 「法記」에서는 生死와 涅槃의 性 없음이 '理'고, 性 없는 生死와 涅槃이 '事'라고 말하고 있다. 그리고 '이'와 '사'는 둘이 아니기에 '無分別'이라 한 것이다.

10 화엄경에서는 三佛을 一體로 보고 十佛의 分化를 圓融無碍한 것으로 보기 때문에, 佛을 三佛로도 十佛로도 통칭해서 설명하고 있다. 「眞記」에서는 '理'는 부처의 內向心으로 '十佛'이 곧 이에 해당하고, '事'는 부처의 外向心으로 '普賢의 境界'가 곧 이것이라고 했다. 따라서 '十佛'이 부처의 깨달은 지혜의 상징이라면 '普賢'은 부처의 자비로운 行의 상징으로 보아야 할 것이다. 십불 속에서 보현을 특별히 거론한 것을 보면, 〈법성게〉가 實踐修行을 근본으로 삼고 있음을 짐작할 수 있다. 평생을 求道와 教化로 일관하신 義湘祖師의 면모를 엿볼 수 있는 대목이라 하겠다. 십불에 대해서는 여러 가지 설로 설명하고 있다. 일반적으로 淸淨法身毘盧遮那佛, 圓滿報身盧舍那佛, 千百億化身釋迦牟尼佛, 當來下生彌勒尊佛, 西方無量壽佛, 十方三世一切諸佛, 大聖文殊師利菩薩, 大乘普賢菩薩, 大悲觀世音菩薩, 大智勢至菩薩 등이 그것이다. 그 중 보현은 석가여래의 협시보살로서 좌측의 문수보살과 함께 부처의 중생을 위한 교화를 돕고 있다. 일반적으로 문수보살은 사자등에 탄 모습을 하고 智, 慧, 證의 덕을 나타내는데 반하여, 보현보살은 흰 코끼리를 탄 모습을 하고 부처의 理, 定, 行의 덕을 나타내므로 일반적으로 大智문수보살, 大行보현보살이라 부른다.

11 印은 진실, 불변의 뜻이 있다. 도장으로 비유한 이유는, 大海가 지극히 깊되 밝고 깨끗하면 밑바닥까지 다 드러나 보여서 삼라만상이 물속에 비춰지는 모습이 마치 도장에 文字가 나타나는 것과 같으므로 海印이라고 이름하였다 한다. 따라서 부처(能仁)가 이미 法性을 證悟하시고 삼매속에서 三種世間에 여러 가지 모습으로 나타나서서 법을 설하시고 구제하시니 이것이 바로 해인삼매속에서 일어나는 일들이며, 해인삼매의 힘에 의한 것이라고 밝힌 것이다. 그러므로 법성게의 7언 30句로 이루어진 詩는 결국 해인삼매라 하는 토대 위에서 이루어진 것이다. 〈법계도〉를 〈해인도〉라고도 부르고 있다. 能仁, 能仁은 부처를 존칭하는 이름이다. 다른 본에는 能入, 能人 등으로 표기된 곳도 있으나 의미상 결국은 같은 뜻이다.

12 「法記」에서 말하기를, '如意에는 두 가지 뜻이 있다'고 하는데 하나는 부처의 뜻에 맞기 때문이며,

雨寶益生滿虛空	중생 돕는 비 보배 허공에 가득하니
衆生隨器得利益[13]	중생이 그릇 따라 이익을 얻노라
是故行者還本際	그러므로 行者가 本性에 돌아갈 때
叵息妄想必不得[14]	망상을 아니 쉬면 반드시 얻질 못한다네
無緣善巧捉如意	無緣의 善巧方便 뜻대로 잡아 쥐고
歸家隨分得資量[15]	歸家함에 分數 따라 資糧껏 얻노라
以陀羅尼無盡寶[16]	다라니의 다함없는 보배로서
莊嚴法界實寶殿[17]	法界 장엄하니 진실로 보배궁전이로다
窮坐實際中道床[18]	實際의 中道床에 窮坐로 앉으니

또 하나는 중생의 뜻에 맞기 때문에 如意라고 한 것이다. 不思議, 생각이나 말로써 이를 수 없는 경계를 말한다. 주로 諸佛菩薩의 깨달은 境地와 智慧, 神通力의 오묘함을 형용한 것이다.

13 法界圖印에서 54角이 大角에서는 大曲하고 小角에서는 小曲하면서 글자를 따라 굴곡하는 것처럼, 중생이 근기에 따라 각각 이익을 얻는 것이라고 설명하고 있다. 주역에서도 마찬가지로 天地의 數를 55로 설명하고 있는데, 이는 하도수 1에서 10까지의 수를 합한 것이다. 그렇다면 법계도에서 54각으로 굴곡진 것은 곧 54각으로서 중생의 근기를 들어 설명한 것이다. 衆生의 경계는 다름아닌 如來의 경계이므로 〈법성게〉에서는 중생의 근기에 따라 十佛로써 화엄세계를 밝히고 있다. 특히 위에서 설명한 것처럼 부처께서 해인삼매 속에서 十方三世에 나타나시는 것처럼, 부처의 行의 상징인 普賢佛 속에서 중생의 모습을 54각으로 하여 화엄법계를 설명하고 있는 것이다. 또한 〈법성게〉에 나오는 數의 총합이 55수이며 굴곡진 角이 54각인 점을 고려해 보면, 1은 本體요 54는 用數이다. 이는 주역에서 말하는 大衍數 50에 用數 49를 쓰는 것과 같은 이치이다. 법성게의 10세속에서 9세를 설명하는 것과 같은 이치이다. 그러므로 普賢佛과 54角을 합쳐 55수를 설명할 수 있으니, 이 數속에 조사의 은근한 뜻이 담겨 있지 않나 싶다.

14 叵는 부정하는 말로써 '不可'의 뜻을 나타낸다.

15 歸家는 '法性家'에 돌아간다는 뜻으로 뒷 글의 '中道床'을 가리키는 말이니, 곧 本性을 證得한 것이다.

16 陀羅尼란 梵語로서 '總持'라고 번역하는데 呪文과 같은 뜻이다. 일반적으로 長句로 되어 있는 것을 '다라니'라 하고 短句로 되어 있는 것은 '眞言'이라 한다. 따라서 다라니는 이 글 자체인 〈법성게〉를 가리킨다.

17 이 句節에서 法界는 『화엄경』에 나오는 '華藏法界'로서 法身毘盧遮那佛이 있는 곳이다. 이 세계는 연꽃으로 되어 있고 그 가운데 온갖 국토와 물건들이 간직되어 있으므로, '蓮華藏世界'라고도 한다. '實寶殿'은 '法性處', 곧 染汚를 떠난 마음자리를 가리킨 말이다.

18 坐란 편안히 앉아 있는 것을 말한다. 모든 이치는 窮하지 않고서는 通할 수 없으며 窮한 자리에서 通하는 법이므로, '窮坐'라 한 것이다. 實際란 虛妄한 것을 떠난 涅槃의 경지를 말하며 또한 眞如의 本體를 가리킨다. 中道란 일체의 집착이나 분별을 떠난 경계로서 곧 法界의 實相을 뜻한

舊來不動名爲佛[19]　옛날부터 不動이라 부처라 이름하네

그림에서 보는 바와 같이 법성도法性圖는 전체가 54각角으로 굴곡되어 있다. 글자의 첫 시작이 그림 가운데의 법法자에서 시작하여, 붉은 줄을 따라 구불구 불 돌면서 읽어 나가다 보면 끝 구절의 '구래부동명위불'의 불佛자에서 끝난다. 그리고 돌아나가는 모습이 대각大角에서는 대곡大曲하고, 소각小角에서는 소곡小 曲하면서 글자를 따라 굴곡하고 있으니, 즉 중생이 근기에 따라 각각 이익을 얻도록 하였다. 말하자면 중생의 근기에 따라 차안에서 피안으로 건너가는 것 이다.

그런데 이 법성게의 54각은 주역에서 말하는 천지의 수인 55수와 부합한다. 천지의 수는 하도에서 그려진 1에서 10까지의 수를 합한 것이며, 이 수는 태 극 속에서 발현한 것이다. 마찬가지로 법성도의 54각은 중생의 근기를 들어 설명한 것이다. 생각건대, 중생의 경계는 다름 아닌 여래如來의 경계이므로, 법 성게에서는 중생의 근기에 따라 십불十佛로써 화엄세계를 밝히고 있다.

특히 위에서 설명한 것처럼 부처께서 해인삼매 가운데 시방삼세에 나타나 시는 것처럼, 부처의 행行의 상징인 보현불普賢佛로 중생의 모습을 54각으로 하 여 화엄법계를 설명하고 있는 것이다. 석굴암의 십불은 바로 법성도의 장엄법 계를 표현한 것이며 그 속에서 천지의 수 55수를 나타낸 것이다.

55수를 54각으로 표현한 것은, 1은 본체요 54는 용수로서, 이는 주역에서

다. 앞 글에서 말하는 法・性, 一・一切, 塵・十方, 一念・劫, 生死・涅槃, 理・事, 十佛・普賢 등이 모두 不二 無分別하여 원융함을 주장하지만 이 모두는 內證인 中道를 중심으로 하고 있다.
19 梅月堂은 〈총수록〉에 담겨있는 비유를 들어 말하였다. "어떤 사람이 침상에서 잠이 들어 꿈에 30 여 驛을 돌아다니다가 깨고 나니 비로소 움직이지 아니한 채 침상에 있었음을 아는 것과 같이, 본래의 法性으로부터 30句를 거쳐 다시 법성에 이르기까지 단지 하나로써 움직이지 아니하였으 므로 舊來不動佛이라". 의상조사는 이 구절을 두고 行行本處(가고 가도 본래 자리요) 至至發處 (이르고 이르러도 떠났던 자리라)라 하였다. 법성게 처음의 法字에서 끝의 佛字에 이르기까지 일 처이기 때문이다.

말하는 대연수 50에 용수 49를 쓰는 것과 같은 이치이다. 법성게의 10세 속에서 9세를 설명하는 것과 같은 이치다. 이와 같이 법성도의 54각과 법성게의 55수

보문산 석굴암 - 대전일보사

가 그대로 부합하는 것을 보면, 유자儒子와 불자佛子의 길이 서로 다른 것처럼 보이지만, 실상은 같은 길임을 알 수 있다.

전쟁이 끝난 뒤 1956년 야산 선생은 후천 달력이라는 '경원력庚元曆'을 개정하고, 『대학』이 착간된 것을 바로 잡았다. 그리고 이를 기념하기 위해서 이곳 석굴암에 모셨던 10불 외에 2불을 더 안치해서 12불을 조성하도록 하였다. 선생은 이를 기념한 시 한 수를 지었으니 소개하면 다음과 같다.

贈示諸子

一貫道中行實地　　유도 속에서 실지를 행하고

二弓巖下問諸天　　부처 바위 아래에서 제천에 묻네

이 시를 통해 선생은 보문산 석굴암에 부처를 모시고, 후천시대에 태극을 꽃피울 곳임을 예언하였다. 그러나 실제 일을 행하는 것은 유도儒道일 것임을 밝힌 것이 아닐까?

선생의 시는 뜻이 심오하여 온전히 이해하기가 어렵지만, 많은 것을 생각하게 한다. 이 시는 선생이, 1956년에 대학을 정정하기 시작하여 1957년 음 7월 6일에 고정 완료함을 기념하여 쓴 것이다. 특히 '이궁암하문제천'은 같은 해 7월 그믐에 대전 보문산에 있는 석굴암에 십이불을 조성한 일과 관련한 구절이다.

일관一貫은 『논어』에 나오는 '一以貫之'의 줄임말로 유도儒道를 뜻한다. 일관의

뜻이 하나(一)로써 꿰므로 십+을 의미하니, 경문 일장에 전문傳文 십장으로 구성된 『대학』을 가리킨 것이다. 일관은 10인 천간天干으로 양변陽變을 의미하고, 이궁二弓은 불佛의 파자破字로 불佛을 뜻하며, 불도佛道는 땅의 자비를 지향한다. 따라서 기존의 10불에 2불을 더 안치해서 12불을 모셨으니, 십이는 지지地支로 음화陰化를 의미하는 것이다.

종합하면, 태극 속에서 발현한 수가 10이니, 선생이 10불을 조성한 이유다. 10은 곧 천지생성의 수요, 55수로 변화를 이루고 귀신이 행하니, 천지의 수가 분화한 것이다. 또한 하도수 10과 낙서수 9가 역시 태극 속에서 호용互用하니, 의상조사의 법성게가 바로 이 뜻을 담고 있는 것이다.

이때는 후천시대로서 대한민국 정부가 들어선 이듬해인 1949년이다. 후천은 곤도坤道가 주장이 되는 시대다. 불도 역시 땅의 자비를 상징하니, 야산 선생은 후천시대에 부처의 가피력을 염원한 것이다.

특히 보문산은 대전에 위치하고 있고, 대전은 계룡의 정기를 받은 곳이다. 후천의 기수를 간직하고 태극의 꽃이 피는 '태전太田'이라는 곳, 그 중에서도 석굴암은 보문산의 핵심이 되는 곳이다. 야산 선생은 석굴암을 가리켜 법성도의 근원이 될 것이라는 점을 지적하였다.

이곳 대전은 후천 태극의 꽃을 피울 곳이다. 야산 선사는 장차 이곳 대전이 후천 태극의 기운을 받는 중심지가 될 곳임을 예견하고, 태전太田에서 '태극지하종교연합회'를 결성하였다. 또한 주렴계의 태극도를 고정했으며, 태극도를 그린 수기手旗를 제작해서 제자들에게 나누어 주기도 하였다. 주로 태극에 관련한 행사를 통하여 이곳이 태극 꽃을 피울 곳임을 암시한 것이다. 뿐만 아니라 연합회를 중심으로 이미 홍역회원으로 모인 12,000명과 더불어 후천시대를 위한 여러 가지 사업을 도모했던 것이다.

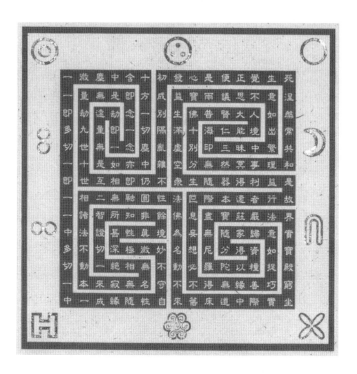

부여와 야산의 단황檀皇봉숭

1. 서설

태곳적부터 역사를 간직하며 부여를 지켜왔던 백마강, 백제 멸망의 현장을 똑똑히 지켜봤을 저 푸르른 강물이 무심한 듯 오늘도 변함없이 흐르고 있다. 망국의 슬픔을 간직한 채 1300여년의 세월이 흐르고 있지만 아직도 부여는 부흥의 기회를 맞지 못한 듯하다. 적막감이 감도는 이 부여 땅을 선조들은 과연 무슨 생각으로 천도(遷都)하였을까?

부여 백마강

논자論者는 부여인이다. 어려서부터 부여의 모습을 지켜보며 남다른 애정을 간직해왔던 논자로서는 부여를 들를 적마다 침체된 듯한 분위기를 느꼈고, 더불어 씁쓸한 느낌이 들지 않을 수 없었다. 그러면서도 한편으로는 아직도 부여에는 무엇인가가 숨어 있을 것만 같은 예감을 받곤 했다. 마치 한 마리의 거대한 용이 지금도 땅 속에서 꿈틀거리고 있다는 느낌이 들었다. 아마도 옛날에 이 땅의 조상들도 그러한 생각을 품었으리라. 무엇인가가 분명히 있었기에 백제인들은 이곳을 나라의 수도로 정했을 것이라는 생각이 들었다. 백제인의 수도, 부여라는 지명, 일제의 신궁 건립계획 등등 범상치 않은 역사적 자취들을 통해 부여는 단순한 곳이 아니라는 생각을 갖게 되었고, 더욱이 야산선사와 그의 제자들의 부여 이주 등을 통해 부여는 무엇인가 특별한 것이 서려있을 것이라는 기대를 갖게 되었다.

무엇보다도 선사는 이 부여 땅에 단황檀皇을 모시려 했다. 부여라는 지명의 뜻이 다른 특별한 이유도 있겠지만 선사는 이곳이야말로 단황의 정신을 담을 수 있는 곳이라 여겼기 때문일 것이다.

논자는 부여가 과거 백제국의 수도였기에 중요하다는 것보다도 이 부여 땅이 왜 중요한가를 지리적 관점에서 접근하려 한다. 그리고 부여에는 무슨 정신을 담아야 하는지를 설명하려는 것이다. 뿌리를 북돋우면 지엽은 자연히 무성해 지듯이 일의 근원을 알면 귀결처 역시 자연히 알 수 있는 것이다.

백제의 연원은 저 만주벌판을 달렸던 부여를 조상으로 삼고 있고 부여는 또한 단군조선에 뿌리를 두고 있다. 백제국 성왕이 사비 땅으로 천도하면서 이름을 부여라 개명한 것은 근원을 생각해서였던 것이다. 근원을 안다면 이 부여 땅에 과연 무엇을 채워야 할 것인지를 알 수 있을 것이다.

2. 우리민족의 시원

오랜 옛날부터 우리나라는 축복받은 땅으로 일컬어왔다. 태초의 밝음을 연 곳! 우리가 사는 이곳은 문명의 발상지였다. 중국인은 예로부터 우리 민족을 '주신'족 혹은 '조선'족이라 불렀다. 주신이나 조선이나 비슷한 음이며 같은 뜻이니 '하늘이 내려주신 씨앗'이라는 의미다. 적어도 글들은 이 자리를 만물을 생하는 씨앗 심은 자리로 본 것이다. 동쪽에 해 돋는 곳이라 해서 '부상국扶桑國'이라 불렀고, 대인大人이 사는 나라라 하여 '동이족東夷族'이라 하였고, 어진 군자들이 사는 나라라 하여 '군자국君子國'이라 부르기도 하였다. 그들에게 항시 외경이 대상이 되어온 이 땅은 중국에서 보면 동북 간방에 위치한다. 간방의 중심 자리가 백두산이다. 옛날에 중국은 낙양洛陽을 천하의 중심지라 여겼다. 그곳에서 패철을 놓으면 백두산은 동북 간방에 닿는다. 우리민족의 영산靈山인 백두산을 중심으로 신령한 기운이 이 땅을 덮고 있는 것이다. 주역의 문왕팔괘를 보면 간괘艮卦가 동북방에 위치하니 우리 민족을 '동북 간방'이라 부르는 이유가 여기에 있다.

동북간방의 이 땅 위에는 매우 오래 전부터 나라가 있었다. 물론 이전에도 존재했었겠지만 우리민족의 시원은 단군조선으로부터 역사를 열고 있다. 단군은 서기전으로 2333년 무진년戊辰年에 나라를 세웠다. 매년 10월 3일을 기해 개천제를 지냄은 바로 이 날을 기념하기 위함이다. 단군조선 이후로 우리민족은 기자조선으로 이어졌고 고조선의 마지막 왕 준왕準王이 축출되고 새로운 지배세력으로 군림한 것이 위만조선衛滿朝鮮이다. 즉 연왕燕王에 책봉되었던 노관盧官이 한漢나라의 오해를 사고 흉노로 망명한 사건이 발생한 것이다.(서기전 195) 당시 연나라 장수였던 위만衛滿은 혼란기를 틈타 준왕을 내쫓고 토착세력과 연맹하여 국호를 여전히 조선으로 하고 발전시켰다.

그러나 한나라에 들어와서는 위만조선이 한나라와 토착 사회와의 무역을 방해할 뿐만이 아니라 요동군을 위협함에 불만을 품고 서기전 109년 위만조선을 공격하여 서기전 108년에 멸망시켰다. 이로써 소위 고조선이라는 나라는 역사 속에서 사라지게 된 것이다. 그러나 고조선의 맥을 이은 나라가 바로 부여다. 물론 당시에 한반도 북부와 만주일대에는 부여만 있는 것이 아니었고 여러 나라들이 병립했지만 그 중에 가장 힘이 센 나라가 부여였다.

그래서 부여를 고조선에서 고구려로 이어지는 다리 역할을 한 것으로 보고 있는 것이다.

정사에 뚜렷한 근거가 없어 밝히기 어렵지만『삼국유사』를 보면 부여를 북
부여와 동부여로 나누어 설명하고 있다. 즉 북부여는 해모수解慕漱가 세운 나
라이며 아들을 낳아 부루夫婁라 하고 해解로 씨氏를 삼았으며 그리고 해부루 왕
이 뒤에 상제의 명을 따라서 동부여에 도읍을 옮겼다 한다. 부여가 위치한 곳
에 대해서는 설이 구구하나 근래 학계에서는 북부여는 송화강 상류에 근거지
를 두었던 초기의 부여로, 동부여는 간도 일대에 근거지를 두었던 후기의 부
여로 보는 것이 타당하다는 결론을 내렸다.(이이화씨의 저서인『한국사 이야기』) 여
하튼 부여족은 모두 단군조선의 맥을 이은 나라가 된다. 고구려 건국의 시조
인 동명성왕(즉 주몽)도 해모수의 아들이 된다.『삼국유사』에서 고구려는 졸본
부여라 했다. 즉 주몽은 하백의 딸 유화柳花부인의 몸에서 태어나 동부여에서
자랐지만 후에 성장하여 졸본주(卒本州 : 요동 방면의 현토군 경계)에 이르러 국호
를 고구려高句麗라 하고, 이로 인해서 고高로서 씨氏를 삼았다 한다. 이 고구려
에 관해서『후한서』에서 말하기를, 고구려가 요동의 동쪽 천리 되는 곳에 있
는데, 남쪽은 조선 예맥에, 동쪽은 옥저에, 북쪽은 부여와 연접했으니 땅 넓이
가 2천리라 했다.[1] 고구려도 부여족의 한 갈래가 되는 셈이며 모두 단군조선
의 맥을 이은 나라가 되는 것이다.

3. 부여의 한 갈래인 백제국의 이동경로

백제의 시조는 온조溫祚다. 그에게는 어머니 소서노召西弩가 있었다. 그녀는
고구려의 태조인 주몽(동명왕)과 합력하여 고구려를 창업한 유공자이기도 한

---

1 高句麗在遼東之東千里南與朝鮮濊貊東與沃沮北與扶餘接地方二千里多大山深谷

데 뜻하지 않았던 주몽의 본부인 예씨禮氏가 적자인 유리를 데리고 동명왕 앞에 나타나 유리가 동명왕의 태자가 됨으로 인해서 그의 아들인 비류와 온조 형제의 의사에 따라 고구려를 떠나 낙랑국을 거쳐 마한 땅에 들어가 마한왕에게 공물을 바치고 미추홀(인천) 하북 위례홀(慰禮忽 : 한양) 등 서북변 백리의 땅을 분여分與받아서 따로 나라를 세우니 국호를 백제라 하였다. 이때가 고구려 태조 동명왕 8년이었다.

삼한은 모두가 한족韓族으로 사회가 발전함에 따라 삼한三韓으로 나뉘어진 것이다. 후에 기자조선의 마지막 준왕準王이 위만에게 밀려 이곳에 정착한 것이다. 처음 정착한 곳을 익산. 금마로 가리키고 있다. 혹자는 웅천(지금의 공주) 으로 보기도 하나 이 자리에서 설명할 상황이 아니므로 생략하기로 하겠다. 중국은 북쪽의 예족과 맥족, 그리고 남쪽의 한족을 합해서 동이족이라 불렀다. 삼한三韓은 모두 78개의 소국으로 나뉘어져 있었다 하는데, 그 가운데 가장 큰 세력이 마한이었고 마한은 54개국으로서 대체적으로 10만 여호가 되었다 한다. 마한은 이들 중 하나였을 것으로 추측하고 있다. 지금으로서는 자세히 알 수 없지만 그러나 조선조 명종明宗 때의 학자 한백겸韓百謙의『동국지리지東國地理志』에 "호서湖西・호남湖南은 합쳐서 마한馬韓이 되고 영남嶺南 1도道는 갈라져서 진辰・변弁 이한二韓이 된다" 하고 또 "마한이 백제百濟가 되고 진한이 신라新羅가 되고 변한이 신라에 합쳐졌다" 하였다.

후에 온조는 마한을 병합하여 강국으로 부상한 것이다.

그러나 백제는 제 21대 개로왕 시대에 이르러 고구려 장수왕과의 싸움에서 전사하였고, 그의 아들 문주왕文周王 원년(475) 10월에 북쪽 고구려의 세력에 밀려 웅진熊津으로 천도하였으나 천재지변과 국력이 침체되고 발전을 하지 못하였다. 웅진에서의 도읍 기간이 5대 64년 동안이다.

제 26대 성왕聖王 16년(538) 봄에 웅진을 떠나 백제 중흥의 큰 뜻을 품고 사비泗沘 로 천도하였다. 그리고 나라 이름을 남부여南夫餘라 하였는데 백제는 고구려와 마찬가지로 근원을 북부여에 두고 천도 이후에 조상들의 발상지 또는 부족의 이름을 따서 부여로 개칭한 것이다.

이후 부여는 성왕 이후 위덕왕威德王·혜왕惠王·법왕法王·무왕武王·의자왕義慈王 등 6대 123년 동안 부여라는 이곳에서 국력을 기르고 찬란한 문화의 꽃을 피운 것이다.

4. 부여의 지리적 고찰

부여라는 지명은 백제의 성왕이 천도하면서 붙인 것이다. 성왕이 천도하기 전 부여의 옛 이름은 소부리所夫里 혹은 사비泗沘였다. 일반적으로 소부리는 서벌徐伐, 서라벌徐羅伐과 같이 '서울'을 의미하는 뜻으로 쓰기도 하고, 부리夫里라는 말은 '불(화)'의 의미와 통하는 말로서 '밝다' '붉다'에서 유래한 것으로 보기도 한다. 이는 한자가 들어오기 이전의 우리말을 한자를 빌어서 가차假借한 것이다. 그렇다면 '부여' 역시 '부옇다'는 의미에서 온 것이 아닐까 여겨진다. 먼 동이 터오기 시작하면 땅도 부옇게 밝아지기 시작한다. 그 중에도 가장 먼저 해 돋는 동쪽을 의미하는, 단순히 밝다는 의미로서가 아니고, 문명의 시원지라는 자부심에서 이름을 삼았을 것이라는 생각이 든다.

그런데 '부여'는 한자로 표기함에 있어 어느 때는 부여夫餘로 표기하고, 어느 때는 부여扶餘로 표기하고 있다. 역사서를 살펴보면 부여夫餘는 북만주 지역의 송화강 유역에서 활동하였던 나라 이름이었다. 『삼국지·위서』'동이전'을 보면, 부여夫餘로 나온다. 반면에 부여扶餘는 성왕이 사비로 천도한 이후로 쓰여진 지명이다. 쓰임을 달리한 것이다. 그렇다면 부여扶餘와 부여夫餘의 쓰임을 달리한 까닭은 무엇일까?

논자는 이에 대해서 두 가지로 추론해 보았다.

첫째, 성왕은 웅진에서 사비로 천도하면서 조상의 맥을 계승하기 위해서 옛날에 조상이 사용했던 지명을 그대로 취했을 것이다. 다만 부여夫餘는 이미 과거의 나라였기 때문에 그대로 취하기는 어려웠을 것이다. 그래서 다시 '재방扌' 변을 붙여 '과거 조상의 땅을 다시 붙잡는다'는 뜻으로 부여扶餘라 하였을 것이다.

둘째, 아마 지리적 관계를 고려했을 것이다.

이곳 부여는 계룡산에서 흘러와서 혈이 맺힌 곳이다. 부여라는 지명地名이 '붙들부扶' '남을여餘'자이니 즉 '계룡산의 남은 여기餘를 붙들었다扶'는 것이다. 성왕 당시 계룡산은 웅진을 지켜주는 진산鎭山으로서의 역할을 하였고, 영산靈山으로서 추앙을 받은 곳이다. 따라서 성왕은 계룡산 줄기가 서쪽으로 흘러 맺힌 사비 땅을 천도遷都하면서 부여扶餘라 했을 가능성이 있다. 글자 그대로 '계룡산의 남은 여기餘를 붙잡은扶 곳'이라는 뜻이다. 당시에는 한자문화권이었으므로 충분히 그랬을 가능성이 있다. 이를 근거로 부여 지역의 지명들을 살펴보면 자연 답이 나온다. 금성산錦城山을 옛날에는 금산金山으로 표기 했으니 금金은 오행으로 서방西方을 의미한다. 즉 계룡산으로부터 서쪽으로 흘러 들어온 산이라는 뜻이다. 금성산의 중심맥이 뻗어서 남영공원을 지나 '김유신평제송비'가 세워져 있는 곳까지 흘러가니 예전 사람들은 이 봉우리를 용미봉龍尾峰이라 했다. 용이란 계룡산을 가리킨다. 즉 계룡산의 용꼬리가 이곳까지 이어졌다는 뜻으로 그리 부른 것이다. 백마강 역시 백제가 멸망하기 이전에도 백강白江이라 불렸으니 백白은 오행의 원리로 서방 백색白色을 의미한다. 마찬가지로 계룡산의 물줄기가 서쪽인 이곳까지 흘러온 것이다. 부여 지명이 대부분 계룡산에 근거를 두고 붙여진 것들이다.

생각건대 성왕은 아마도 이 두 가지 사항을 고려해서 이름 삼았을 가능성이 크다 할 수 있겠다. 협소한 공주보다는 드넓은 부여 땅을 기반으로 백제국의 발전을 도모하였을 것이다.

그렇다면 계룡산은 어떤 산이기에 성왕은 중시했을까? 문헌이 없으니 과연 성왕이 계룡산을 중시했는지 알 수는 없다. 그러나 역사적으로 살펴보면, 역대 왕조 모두 계룡산을 중시했음을 알 수 있다. 계룡산에 대한 가장 오래된 기록인 중국 당대唐代에 나온 『한원翰苑·괄지지括地志』이라는 책 부분에 '백제국 동쪽에 계람산이 있다國東有鷄藍山'라든가 혹은 '계산鷄山' 등으로 중국책에서 소개될 정도인 것을 보면 계룡산의 중요성을 짐작할 수 있고, 통일신라 때에도 계룡산을 서악西岳으로서 제사를 지냈었고, 고려조와 조선조에서도 계룡산은 영산으로서 숭상해왔던 것이다. 성왕 이전에 백제국 개로왕이 죽고 아들인 문주왕이 한강유역에서 웅진(熊津: 현재 공주)으로 천도한 것도 계룡산을 염두해두었기 때문일 것이다.

계룡산이 왜 영산靈山인지를 지리적으로 살펴볼 필요가 있다. 산에는 맥脈이 있으니 끝나는 자리가 있다면 반드시 처음 시작하는 자리가 있는 법이다.

만물은 산에서 비롯되고 산에서 이룬다 했으니 산을 중심으로 살펴보자. 천하의 모든 산들이 중국에 있는 곤륜崑崙산을 조종祖宗으로 삼는다. 이 곤륜산에서 세 줄기三幹가 동쪽으로 뻗었으니 그 중 한 줄기가 백두영산白頭靈山을 만들었다.

『택리지擇里志』의 저자 이중환(1690~1756)도 백두산의 원맥이 곤륜에 있음을 설명하였다. 그는 팔도총론에서 '곤륜산의 한 지맥이 대사막大沙漠(타클라마칸 사막을 지칭한 듯함)의 남동쪽으로 달려서 의무려산(醫巫閭山: 만주 요령성 서쪽 陰山山脈의 한 줄기)이 되고 이곳으로부터 크게 산맥이 끊어져서 요동평야가 되는데 평야를 건너서 다시 일어선 것이 백두산이 되니 『산해경山海經』에서 말하는 부함산不咸山이 곧 이 산이다. 산의 정기가 북으로 천리를 달리고 두 강을 사이에 끼고 남쪽으로 향한 것이 영고탑(寧固塔: 만주 길림성 영안현으로 淸朝의 발상지)이 되고 등 뒤쪽으로 한 맥이 뻗은 한 맥이 조선 산맥의 머리가 되었다'고 하였다. 이것은 백두산이 곤륜산에서 흘러왔으며 백두산은 또한 조선과 청나라 모두의 조상산이 됨을 표현한 것이다.

곤륜산은 72봉우리로 이루어져 있다 한다. 곤륜산이 과연 72 봉우리로 이루어져 있는지 알 수 없지만 아마 옛날 사람들은 곤륜산이 지니고 있는 의미를 생각하고 붙였을 것이다. 요임금이 만들었다는 바둑판에 담긴 72수리數理,

공자의 제자 72인, 1년 72후候 등 모두가 72라는 수의 의미를 강조한 것이다. 여하튼 곤륜산 정기가 결집結集된 백두산으로부터 중심中心출맥出脈해서 백두대간白頭大幹의 등줄기를 타고 강원도로 내려와 금강산을 만들었으니 금강산 봉우리는 구체적으로 말하자면 11,520 봉우리요 대략으로 말하자면 12,000 봉우리다. 11,520 봉우리라 함은 주역에서 말하는 '만물지책수萬物之策數'를 뜻한다. 즉 곤륜산의 정기가 이곳 금강산에 이르러 꽃피듯 만발했다는 것이다. 백두산 정기는 여기서 그치지 않고 더 내려와서는 태백산太白山을 만들었고 이 맥은 계속하여 소백산小白山, 속리산俗離山, 덕유산德裕山까지 내려왔다. 그리고 지리산智異山 72 봉우리를 맺었다 한다. 말하자면 곤륜산 정기가 지리산까지 이어졌다는 것이다. 따라서 선현들은 지리산의 72 봉우리가 '선천의 기수氣數가 맺힌 곳이다'고 말하고 있다.

오전이 있으면 오후가 있듯이 선천이 있으면 후천이 있다. 곤륜산의 정기는 지리산에서 끝나지 않고 회전해서 다시 북으로 역행逆行하니 마이산馬耳山, 대둔산大屯山, 천호산天護山, 향적산香積山 국사봉을 거친다. 그리고 마지막으로 다시 솟구쳐 계룡산鷄龍山을 이뤘으니 대동여지도大東輿地圖에서는 '지리산으로부터 역룡칠백리自智異山 逆龍七百里'라 하였다. 저 중국대륙의 서북쪽에서부터 출발한 거대한 용이 수만리를 거쳐 백두산에 닿았고 백두산에서 휘어져 태극 모양을 그리면서 계룡산까지 흘러온 것이다. 민족의 성산인 백두산은 과거 단군 조선의 중심 영역이었고, 부여족의 활동무대였었다. 그들의 정기가 계룡산까지 이어진 것이다.

산만이 아니라 물도 태극 모양이다. 계룡산 남쪽에서 발원한 물줄기가 신도新都안을 적시고 두계천豆溪川을 이루며 동남쪽으로 흐르다가 동북쪽으로 역류하여 갑천甲川을 거친다. 갑천이 대전의 넓은 밭을 적시면서 부강芙江에서 금강의 원줄기와 합류한다. 부강을 통과해서 계룡산 물은 역시 한 바퀴 돌면서 공주를 거치고 부여를 감싸며 강경 군산 쪽으로 빠져 나간다. 계룡산 물이 역시 커다란 태극의 모습을 보이고 있는 것이다. 중국인들이 경외하고 주역에서도 찬양했던 동북간방! 천하의 간방이 바로 우리나라요 우리나라의 중심지가 바로 계룡산이다.

　이 계룡산을 중심으로 충남 공주시와 논산시, 대전광역시가 위치해 있고 서쪽으로 더 흘러 부여 땅이 자리 잡고 있는 것이다. 이들 지역 모두가 계룡산 정기를 이어받고 있는 것이다.

5. 일본의 신궁건립

　천혜의 조건을 갖춘 이들 중에서도 부여 땅을 과거 일본은 그토록 숭배했다.

　백제국이 그들의 조상이 되니 그들이 부여를 사랑함은 어쩌면 당연한 일인

부여삼충사 - 과거 신궁터

지도 모른다. 그들은, 일본의 고대사에 나오는 아스카飛鳥 문화의 원류源流가 백제문화요 그 본 고장이 부여임을 인식하고 부여에 신궁神宮을 건립하려 계획한 것이다.

그러나 당시 신궁 건립은 단순히 부모의 나라라는 이유에서 그 계획을 세운 것은 아니었다. 일제는 조선 병탄 이후 조선의 전 지역에 신사神社를 설치하여 역대 일본 황실과 공로자들의 위패를 보관하고 철저하게 일본의 신민臣民으로서 강제로 참배하도록 하였다. 대동아공영권大東亞共榮圈이라는, 이른바 일본인과 조선인은 동조동근同祖同根이라는 허울 좋은 명분으로 이를 치장하고, 조선뿐만이 아니라 대륙의 모든 식민지 국민들을 황민화皇民化시키는 메카로 이용하려 했던 것이다. 그 역사적 발상의 중심지, 그들이 야욕을 부리려는 대상의 중심지가 바로 부여였다.

당시의 부여 신궁 건설계획을 보면, 이는 일본의 동경신궁東京神宮과 맞먹는 1급 신궁으로서, 당시 서울京城에 있는 남산 신궁보다도 훨씬 격이 높았음을 알 수 있다. 1939년 7월 31일 일본천황이 라디오 방송을 통해서 부여에 관폐대사官幣大社를 받드는 신궁을 조영造營하겠다는 사실을 공식 발표하였다. 관폐대사라면 천황이 친히 제례祭禮에 참석해야 되는 신궁을 의미한다.

당시 그들은 신궁 터를 부소산 남쪽 등성이(현재의 三忠祠 자리)로 잡았다. 신궁건립 역사의 현장은 그야말로 삼엄했다고 한다. 국가의 수호신을 모실 성역을 건립하는 것이니 당연한 일이었을 것이다.

공사 현장에서 일하는 동안 인부들에게는 여자와의 관계를 절대 금하였으며, 일하다가 조금만 다쳐도 퇴장시켰고, 술과 담배도 일체 금지시켰다고 한다. 심지어는 공사 중 침도 뱉지 못하게 했다고 한다. 그 장소에서 소변을 보다가 경찰서에 넘겨져 구류처분을 받은 일이 자주 발생하여 '신궁 쪽으로는 오줌도 누지 말라'는 유행어가 퍼지기도 했다는 것이다.

신궁건물에 써야 할 목재는 대만에서 가져왔다. 본래는 백두산에서 벌목해 쓰려 했는데 대만의 목재를 사용하려는 이유는, 신궁건립에 일본의 모든 식민지가 이에 참여했다는 의의를 만들기 위해서라는 것이다. 논자가 학생 시절인 70년대만 해도, 마을의 뒷동산처럼 부소산에 자주 다녔었다. 그 당시만 해도 신궁건립에 사용하려 했던 목재들이 방공호 안에 수북이 쌓여 있었던 것으로 기억한다.

또한 신궁공사를 진행하면서 조선총독부는 전국적으로 헌수 운동을 전개하였다. 그들은 '아름다운 나무를 부여에!'라는 표어를 내걸고 조선뿐 아니라 일본에까지 헌수라는 이름으로 나무를 수집한 것이다. 부여 부소산에 당시에 심었던 벚꽃나무가 지금도 간간히 심어져 있음을 볼 수 있다. 그들은 부여를 완전히 일인화하기 위해, 기존에 살던 부여의 많은 사람들을 만주나 북해도로 이주시키려고 하였다. 아마도 조금만 더 해방이 지연되었더라면 부여는 잠시나마 일인의 도시가 되었을지도 모른다.

논산-부여간 도로의 경우에도 15분 안에 부여에 도착할 수 있는 직선도로를 만들려 했다고 한다. 한편 강경-부여 간 강변도로도 설계하도록 명령을 내렸다 하니 당시의 상황을 목격했던 노인들의 증언에 의하면, 광복이 조금만 더 지연이 되었어도 부여는 제2의 동경東京, 혹은 동양 최대의 관광고적도시觀光古蹟都市로 성장했을 것이라는 것이다. 부여 신궁에 관한 위의 내용은 대부분 변평섭 씨가 쓴『충남반세기실록忠南半世紀實錄』에 기초한 것이다.

그러나 일본의 망령된 야욕 그 이면에는 또 다른 뜻이 숨어 있었다. 이 이야기는 야산 선사에 관련한 이야기다. 선사의 제자인 김종덕 씨(86세. 현재 대구 거주)라는 사람이 부여의 지명에 대해 선사께 여쭈었다 한다. 그의 말을 대략 기술하면 다음과 같다.

"천하天下의 중심은 낙양이니 그곳에 패철을 놓고 보면 간방이 백두산에 닿게 된다. 이곳 백두산에서 금강산에 이르러 일만이천 봉우리를 낳고 소백산으로 해서 지리산에 이르고 다시 역룡逆龍해서 국사봉을 거처 계룡산에 이르니 국사봉에서 서쪽인 부여가 후천 기운을 받는 곳이 된다. 그리고 태전太田을 왜놈들이 태자太字에 점을 뺐으니, 이는 일본에도 역학자가 있어 조선에 후천지

백제왕신사·枚方市 西之町中宮 사진

수가 오는 것을 알고 한 것이다. 왜냐하면 콩이 싹을 틔우는 데는 무극無極이어서는 안 되고 유극有極이 되어야만 하기 때문이다. 때문에 그들도 후천기운을 쓰기 위하여 신궁을 부여에 건립하려고 한 것이다. 선천 수 64,800년 중에 진시황이 선천의 윤년수인 36년을 이용했고, 후천 수 64,800년 중에 왜놈이 후천의 윤년수인 36년을 뺏어 쓴 것이다."

이 이야기는 결국 일제가 자신들의 운명이 다한 것을 알았고, 그들에게도 역을 아는 학자가 있어 조선의 명수로 자신들의 명을 이으려 했다는 것이다. 당시의 신궁 건립 시에 야산 선사는 부여경찰서에 들어가 "네 놈들은 신궁의 상량식을 거행하기 전에 망할 것이다"라고 미친 척하며 호통 쳤다 하니, 이는 암울한 시대 속에서 살았던 기인의 한 면모였던 것이다.

6. 야산선사의 단황봉숭

전술한 바와 같이 부여는 단군의 맥을 계승한 나라이므로 백제국 또한 뿌리를 단군에 두고 있다. 한반도 모든 지역이 단군을 조상으로 섬기며 역사를 이어왔지만 그 중에서도 특히 부여라는 지명은 단군의 정기를 받은 곳임을 강조해서 이름 삼은 것이다.

이 부여 땅에 야산 선생은 '단황척강비檀皇陟降碑'를 건립하면서 단황을 봉숭하였다. 선생은 비록 유학자였으나, 민족의 뿌리인 단황에 의지하지 않고 도학道學을 편다는 것은 사상누각沙上樓閣이라 여겼기 때문이다. 생각건대 단황을 봉숭하려는 생각은 부여에 오기 전에 이미 대둔산 석정암에 거주했을 적부터 있었다고 보아야 할 것이다. 선사는 안면도로 피난할 즈음에 이미 최종 목적지를 부여로 정한 바 있었다.

선생은 난리가 날 것을 예견하시고 그 피난처를 안면도로 결정한 뒤 제자들에게 말하기를 "안면도로 이사 가야겠다. 삼백호면 족할 것이다. 안면도의 면자는 '잠잘면'자이지만 우리는 그곳에 가서 자지 말고 백성을 편안히 하기 위해서 공부를 해야 한다." 그러면서 '安過眠期何處是 一片餘地中原地'라 하며 안면도를 잠시 머무른 뒤에 최종목적지가 부여 땅임을 제자들에게 내비쳤다. 제자들은 그 후로 안면도를 '눈목'자로 빼고서 안민도라 불렀다.

대둔산에서부터 안면도를 거쳐 최종 정착지로 부여를 정한 이유는 단지 부여가 좋아서라기보다는 단군을 모시기 위해서 부여에 정착하려는 것으로 보아야 할 것이다. 부여라는 지명이 갖는 의미가 전술한 바와 같이 단황의 정신을 계승하고 펼쳐야 할 곳이라고 여겼기 때문이다.

선사는 대둔산에서 후천이 오는 시기를 여러 방면에서 말한 것이 있는데 그중의 한 가지가 바로 단군이 전했다는 윷판이었다.

선사가 전한 '척사판도擲柶版圖'를 보면 그 뜻을 엿볼 수 있다.

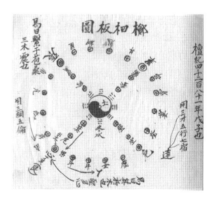

척사는 윷을 가리킨 말이다. 이 윷놀이 판은 단군께서 후천이 오는 시기를 놀이기구 속에 은밀히 담아 전승시킨 것이다.

그림을 살펴보면 윷판은 모두 29점으로 이루어져 있다. 가운데 한 점은

척사판도

북극성을 상징하고 사방 28점은 28수宿를 의미한다. 그림은 춘목春木을 동방칠수東方七宿에 배당하고 하화夏火를 남방칠수南方七宿에 배당하고, 추금秋金은 서방칠수西方七宿에 배당하고, 동수冬水는 북방칠수北方七宿에 배당하였다. 행마법이 첫 밭인 두성斗星에서 들어가는入 바, 이는 태양이 1년을 일주하는 이치로 말한 것이다. 따라서 말이 어느 방향으로 가던 끝 밭인 심성心星에서 네 개의 말을 빼는 것이다.

『주역・비괘否卦』에 '더부룩한 뽕나무에 붙들어맨다繫于苞桑' 했다. 뽕나무 상桑자는 '또우又'자 셋에 나무목木을 합한 글자이다. 즉 삼목三木이니 삼목三木은 동방 진방震方으로 단환이 세상에 나온 뜻이며, 뽕나무에 나라의 운명을 붙들어 맨 것이다. 이 뽕나무는 우리나라를 가리킨다. 중국인들은 동방의 이 땅을 '부상扶桑국'이라 불렀다. 그리고 동방칠수東方七宿 중 심성心星을 간방艮方에 위치하게 하였다. 역에서 감괘坎卦를 말하기를 '기어목야其於木也 위견다심爲堅多心'이라 했으니 감괘는 나무 속에 심지가 박혀 있는 단단한 나무를 말한다. 아마도 나무의 곤궁함을 뜻하는 말일 것이다. 여하튼 말을 빼는 방법이 어떻든지 동방칠수를 거치지 않을 수 없고, 그 중에 특히 간방이 위치한 심성心星을 거쳐야만 하는 것이다.

사시 사계절을 움직이는 것이 토土이니 토가 즉 사통팔달한 것이다. 따라서 달達이 바로 그러한 뜻이니 달은 '삼오칠달'의 뜻으로써 삼재오행칠수를 쓴다는 것이다. 이중 삼재 오행은 즉 삼강오륜으로써 삼강오륜으로 선천을 마친다는 뜻인다.

그런데 정해년에 출出한다는 말은 무슨 뜻일까? 28수를 윷판에서는 밭이라 한다. 밭이므로 땅의 성수成數인 십十을 쓰니 28 × 10 = 280이 되고, 윷말을 '동'이라 말하니 묶음 단위로 '한 접'이 100이 되듯이 '한 동'은 1000이 되니 네 동은 4천이 되는 것이다. 따라서 윷판 속에서 4,280의 수가 나온다. 이 4280의 수는 야산선사가 말한 것이다.

무진년戊辰年인 서기전 2333년은 단군왕검檀君王儉께서 개천開天하신 해다. 개천이란 새 나라를 연다는 것이니 이로부터 국호를 조선朝鮮이라 이름한 것이다. 반만년 역사란 바로 이 해를 기원해서 나온 말이다. 따라서 윷판에서 첫 밭을 출발하여 끝밭까지 4280수를 다함으로써 한 판을 마치는 것으로 비유해서, 개천한 해로부터 4280년이 되는 때까지를 조선숙명의 한 판의 역사로 보는 것이다. 개천 후 4280년이 되는 해는 서기로 1947년(정해년)이다. 윷판으로 말하면, 끝 밭에 서있는 자리다. 그리고 1948년(무자년)은 새로운 역사가 시작되는 것이다. 주역적인 용어로 말하자면 선천先天을 마치고 후천後天이 시작된다는 것이다. 국조이신 단군께서는 바로 이 해를 바라보신 것이다. 우리민족이 선천을 마치고 후천에 이를 것임을 예견한 것이다. 그리고 그 뜻을 윷판 속에 비결로써 은밀히 담아 전한 것이다. 이 해에 우리나라에서는 대한민국 정부가 들어섰다. 군주제에서 민주제로 탈바꿈한 것이다. 주역적으로 말하자면 천지비괘에서 지천태괘가 된 것이다. 그렇지만 대한미국 정부 역시 단군조선의 정신을 계승한 국가다. 대한大韓의 한韓이라는 글자가 그 증거다.

선사는 제자들에게 윷판의 내용을 가르치고는 '마전장馬田章'이라는 제목으로 다음과 같은 시를 썼다.

五極三才槿火熟　　오극삼재 무궁화꽃 활짝 피었는데
誰人試手對相觀　　어느 누가 윷을 던져 상대해 보겠는가?

'오극'은 서경 오황극의 뜻이고 '삼재'는 천지인 삼재를 가리킨 말이다. 도.개.걸.윷.모로 노는 윷판의 놀이가 무궁화의 꽃술 하나에 다섯 꽃받힘 모양과 비슷한데 꽃술은 태극을 상징하고 다섯 꽃잎은 오극을 비유한 것이다. 무궁화는 삼복염천에 피는 꽃인데 무궁화 꽃이 피었다는 말은 이미 후천이 되었음을 이르는 말이다. 무궁화꽃 역시 윷판과 더불어 단황이 전한 것이다.

단기로 4280년(서기 1947), 선사는 선천을 마치는 마지막 날(12월 25일) 대둔산 산문을 닫고, 대둔산 산 아래 고운사에서 하루를 유숙한 다음, 다음 날(12월 26

일) 대둔산에서 주역을 통강한 108명의 제자와 더불어 이곳 개태사에서 후천을 열기 위한 행사를 거행했다.

1) 개태사의 창운각創運閣 건립

충남 논산군 연산면에 개태사開泰寺가 있고, 그곳에 단군을 봉안한 창운각創運閣이 있는데 처음 건립할 때 이 자금은 야산선사가 시주한 것이다. 본래 개태사開泰寺는 고려조 태조 왕건이 명명한 사찰 이름이다.

최근까지 '삼천일지개태사三天一地開泰寺'란 현판이 개태사 경내에 들어서는 일주문 위에 걸려 있었는데, '삼천일지'란 글에 대해서 선사의 제자들은 이곳 지명을 두고 격치格致하였다. 즉 개태사 뒷산이 천호산天護山이고, 천호산 중에 가장 높은 봉우리가 천호봉이 되며 그 줄기를 타고 내려와 형성된 부락이 천호리가 된다는 것이다. 이로써 삼천三天이 되고, 그 땅 위에 한 절이 들어섰으니 '일지一地'가 된다.

'삼천일지' 위에 개태사가 세워져 있으니 태泰는 주역에서 말하는 '지천태괘'로 설명할 수 있다. 주역에서는 천지가 정위定位한 괘를 비괘否卦라 하고 천지가 뒤집어진 괘를 태괘泰卦라 한다. 즉 비괘에서는 선천을 의미하고 태괘는 후

개태사

개태사 창운각 단군영정

천을 의미하니 '삼천일지개태사'란 '삼천일지의 땅 위에서 후천의 태평함을 여는 곳'이란 뜻으로 설명할 수 있는 것이다. 아마도 선사는 개태사라는 절 이름이 갖는 의미를 취해서 이곳에서 후천을 여는 상징적인 장소로 택했을 것이다. 그와 더불어서 '창운각'이란 이름으로 단군도 봉안했을 것이다.

세월이 흐른 지금에 와서 모든 자취가 불분명할 수밖에 없지만 일주문 위에 붙어 있었던 현액이나 창운각 등 곳곳에 담겨 있는 흔적들 속에서 야산선사의 자취의 일면을 엿볼 수 있다. 개태사 행사 후 선사는 후천의 기수를 간직하고 있는 계룡산 국사봉國師峰으로 거처를 정하였다. 이제 후천의 좋은 기운이 열렸으니 이 나라의 국사로서 인재를 양성할 것임을 자임自任한 것이다. 당시 함께 거처한 제자가 12명이다. 생각건대 '창운각'이란 이름도 '후천의 운을 개창하실 분이 모셔져 있는 집'이란 뜻일 것이다. 바로 후천이 시작되는 시점에서 선사는 국조를 생각한 것이다.

2) 부여 은산의 국조 단황 봉숭

선사의 단황 봉숭은 부여 은산으로 들어오면서 본격적으로 시작되었다. 안민도에서 300호와 더불어 3년간 피난하고, 9.28 수복후인 이듬 해(서기 1951년) 정월, 선사는 제자들과 함께 부여로 이주하였다. 거처를 정한 곳이 부여군 은산면 옥가실玉佳室이다. 이 마을의 유지였던 유치돈씨가 선사에게 거처할 자리를 마련해 주었다. 유씨집에 거처를 정하신 후 선생과 제자들이 함께할

부여 은산 옥가실

시간이 있었는데, 그 자리에서 선생이 말하길 "계룡산에 닭이 울 때 뭐라 하는지 아느냐?" 그러자 여러 사람이 선생의 뜻을 짐작하고는 기다렸다는 듯이 "옥끼오玉敎!" 하며 닭이 우는 소리를 흉내 냈다. 선생은 웃으며 "그래, 맞다."면서 "내가 삼도봉에서 흘러 이곳에 오게 되었구나. 이곳은 성인이 머물렀다 가는 자리聖住山이며 야자형也字形으로 되어 있다"고 하였다. 선사의 호가 야산也山이니 자신이 머물 자리임을 빗댄 말이다.

선생이 머문 바로 뒷산이 성주산이 된다. 성인이 머물렀던 자리라는 뜻인지 아니면 성인이 머무는 자리라는 뜻인지 무슨 연유로 성주라는 산명이 붙었는지는 알 수 없으나 선생이 거처하기 이전부터 마을 사람들은 그렇게 불러왔던 것이다.

계룡산은 '닭계'자를 쓰니 닭은 새벽을 알리는 동물이다. 때는 바야흐로 선천을 지나 후천이 열린 시점이니 후천이 개벽되었음을 알리는 계룡산의 닭이 '옥계오玉敎'하며 홰를 쳤다는 것이다. 물론 이는 격물格物해서 치지致知하려는 바에서일 것이다. 그러나 또 한편으로는 이곳 은산에서 동쪽을 바라보면 계룡산이 바라보이니 이 같이 말함도 일리가 있는 듯하다. 삼도봉은 야산선생이 어려서 공부했던 곳이다. 세월이 흘러 청장년기에 전국을 유랑했고, 이제 노인이 되어 성주봉 아래 머물게 되었으니 감회가 서렸을 것이다.

7. 삼일학원 건립

선사는 성주산 기슭의 양지바른 곳에 삼일학원三一學院을 건립하였다.

이주한 지 잠시 숨 돌릴 여유도 없이 서둘러 집을 지었다. 한두 달 만에 집은 완성되었다. 이름하여 삼일학원! 붕우강습하는 강학講學의 도장으로 삼은 것이다. 원액院額은 삼교三敎요 사기일관士氣一貫이라 하였다.

다음의 시 2수는 선생이 집을 짓고 난 뒤에 '삼일三一'이란 이름으로 현판을 게시하고 '관감'이란 제하에 작시한 것이다.

觀感二首
草堂生色水山明　초당에 풀빛 나고 산수 밝았어라
不治墻垣不限城　담을 쌓지 아니하고 성으로 경계치 아니했네
叢雀淵漁驅逐地　참새 깃들고 고기 뛰노는 구축한 땅에
小吾三一最可名　작은 우리 삼일학원 가장 좋은 이름이라.

其二
自昏昏去自明明　어둠 점차 물러가고 밝음 서서히 찾아오니
口可守瓶意可城　입조심하고 뜻을 삼가라
喜見堂巢受母鷰　즐거이 바라보니 집 둥지의 어미제비 은혜입어
飛飛翏日果其名　날개짓하며 연습하면 후일 그 이름 이루리라.

첫 번째 시 중에 전구轉句는 집 지은 곳이 이택麗澤의 붕우강습朋友講習하는 곳임을 말한 것이고, 결구結句는 학원 이름이 삼일三一임을 밝힌 것이다.

삼일三一이란 이름을 두고 회포를 풀려니 미진한 감이 있었던 모양이다. 명明, 성城, 명名을 압운押韻으로 해서 재첩再疊하니, 기구起句는 당시는 1951년의 난중亂中이기는 하지만 장차 종식될 것임을 암시한 것이고, 승구承句는 하지만 난중이므로 입 조심하기를 병마개 닫듯이 하라는 것이다. 승구는 주자의 경재잠敬齋箴에 『수구여병守口如瓶, 방의여성防意如城』하라는 글에서 인용한 것이다. 전구轉句의 어미제비와 새끼제비는 사제간師弟間의 정으로 표현한 것이고, 결구結句는 배움의 공은 습習에서 나오는 것이니 논어 첫 구절에 나오는 학이시습學而時習의 습習자의 뜻이니 선생이 제자들에게 훈계하는 뜻이다.

8. 삼일의 의미

선사는 삼일학원에서 64명의 제자를 양성하였다. 여학생도 6명을 가르쳤다. 6명은 육효六爻를 의미한다. 64괘가 괘의 체體라면 6효는 괘의 용用이기 때문이다. 후천은 곤도가 주장이 되므로 여학생을 가르치겠다는 것이다. 그런데 선사가 원명院名을 삼일三一로 한 이유는 무엇일까?

선사는 묘하게도 삼일정신과 깊은 관련을 맺어왔다. 20세 미만의 어린 시절, 삼도봉에서 공부했으니 삼도봉은 충청. 전라. 경상도의 경계를 접한 곳이다. 아마 이곳에서 삼도합일의 정신을 습득하지 않았나 싶다.

그리고 대둔산에서도 유학의 경문만을 가르치지 않고 유불선儒佛仙 삼도三道를 표방하였다. 단지 글만이 아니다. 선사의 자취를 보면 유불선에 경계를 두지 않고 자유로이 넘나들었다. 항상 선천의 저 험한 대천을 건너 후천에 이르기 위해서는 삼도三道가 합일合一해야 한다고 가르쳤다. 이 삼도를 바탕으로 선사는 세상에 홍역洪易사상을 전한 것이다.

계룡산에 거주할 때에도 '태극지하종교연합회太極之下宗敎聯合會'를 주창하였다. 태극 아래에서 모든 종교가 연합하자는 것이다. 이 또한 삼도합일의 정신에 다름이 아니다.

이제 야산선사는 이곳 부여에서 삼도를 하나로 꿰서 결실을 맺으려 하였을 것이다. 다만 논자는 생각건대 대둔산에서 표방한 삼일의 의미와 이곳 부여 은산에서 내세운 삼일의 정신은 약간 의미 차이는 있다고 생각한다. 대둔산에서 표방한 삼일은 유불선 삼도의 합일을 의미한 것이고, 이곳 부여에서 내세운 삼일정신은 단황사상과 관련을 둔 것이다.

단황의 사상을 분석해 보면 대체적으로 삼三이라는 숫자를 쓰고 있다. 천부인 3개, 3천 무리, 환인桓仁, 환웅桓雄, 단군檀君으로 이어지는 천지인天地人 삼위일체三位一體, 즉 삼계일치三界一致 사상으로 전하고 있다.

『한단고기 · 삼신오제본기』에서도 '주체는 즉 일신이 되고 작용은 즉 삼신

이 된다主體則爲一神 ··· 作用則爲三神'하였다. 그리고 삼신을 '천일天一, 지일地一, 태
일太一'이라 말하고, '천일은 조화造化를 주관하고 지일은 교화敎化를 주관하고
태일은 치화治化를 주관한다' 하였다.

삼일의 의미는 작게는 정기신精氣神 삼보三寶를 하나로 합치는 것을 의미하
고 크게는 선불유 삼도를 하나로 합일시킴을 의미한다.

선사는 아마도 부여 은산에서 단황의 삼일정신을 생각하였을 것이다.

어렸을 적 삼도봉에서의 공부는 삼도를 세울 입지였을 것이고, 광복이 되고
대둔산에서 전한 삼도는 선천을 무사히 건너기 위한 방편이었을 것이고, 이제
선천을 지나 후천에 이르러서는 민족정신을 주체로 삼고 그 위에 삼도를 하나
로 합하려 하였을 것이다. 또한 내면으로는 이제껏 공부했던 것을, 마치 옥을
깎아 그릇을 만들듯 마치 그 동안 밭을 일구고 씨 뿌린 것을 수확하려는 것처
럼 노력의 결실을 이루려 했을 것이고, 표면적으로는 유불선 삼도를 단황을
중심으로 합일해서 관통貫通하려 했을 것이다.

9. 단황척강비 건립

삼일학원을 짓고 난 뒤 선생은 뒷마당 한 쪽에 삼일단三一壇을 세웠다. 삼일
단은 단황을 모신 곳이다. 선사는 삼일단에 세울 비석을 손수 정으로 쪼며 글
을 새겼다 한다. 그 비석 한 면에 단황척강지위檀皇陟降之位 6자 비문이 새겨진
것인데, 비문을 새기는 중에 선생이 "여러 제자들도 비석을 세우는데 합심合心
하라." 말하자 제자들이 앞 다투어 선생과 같
은 비문을 새기니, 그 비석에는 제자들 손길이
안 닿은 데가 없었다 한다.

삼일단

'단황척강지위'란 '단황께서 오르고 내리시는

곳'이란 뜻이다.

　선사는 지대적을 삼단으로 쌓은 뒤에 비석을 세우고, 그 위에 청수淸水를 올리고, 이어서 고유제를 지냈다.

　삼일단고유문과 삼문고사의 내용을 보면 다음과 같다.

　　삼일단고유문三一壇告由文
　　維皇檀聖 曰若國祖 無爲至化 萬世永賴 泰建壇堁 奉薦精禋 降斯陟斯
　　終始艮盛 恭竢 天地助佑 群神補翼
　　황이신 단성이시여 국조라 말하네 무위로 지극히 교화하시니 만세토록 기리 편안하리라. 단지
　　(壇堁)를 크게 건립하여 정성어린 제사로 받들어 천신하오니 이곳에 내리시고 이곳서 오르소
　　서. 만물을 마치고 만물을 시작하는 성대한 간방의 땅에 천지께서 보우하시고 여러 신령께서
　　보익하시기를 공경히 바라나이다.

　　삼문고사三文告辭
　　上天之載 其何有極 檀聖在上 肇建皇極 錫我五福 威我六極 崇斯觀斯
　　會極歸極 (始告文)
　　하늘에 실렸으니 유극이 어디있나 단성이 위에 계서 비로소 황극 세우셨네 나에게 오복으로
　　복주시고 나에게 육극으로 위엄 보이시니 이에 높이고 이에 살펴서 극으로 모이고 극으로 돌
　　아가세
　　震命配達 泰運回天 神我化我 (常祝文)
　　단황의 명에 내가 짝하였네 태평한 운이 하늘을 도니 나를 신명이 밝혀주시고 나를 조화로 인
　　도하여 주소서
　　神靈在上 天視天聽 萬萬歲降衷 (終頌文)
　　신령이 위에 계시네 하늘이 보고 하늘이 들으시니 영원토록 복을 베풀어 주옵소서

　다음의 시는 신묘년(서기 1951년) 5월 삼일단 위에 단황척강비를 세운 뒤에

지은 것으로 추측하고 있다. 내용은 다음과 같다.

地中敬致[2]

靜言攸思不能飛　고요한 말 깊은 생각 능히 날 수 없구나

有極當年各有歸　유극 세운 당년에 각자가 귀의하리

西山邈矣文何在　서산은 먼데 문왕은 어디 있나

故我檀皇建所依　고로 우리 단황께서 의지할 곳 세웠노라

시제詩題를 '지중경치'라 했으니 이는 『서경·요전』에 근거한 글로써 '하지의 정오[地中]에 제사하고 날을 맞이한다[敬致]'는 뜻이다. 아마 신묘년의 이때에 작시한 것인지는 모르겠다.

시의 내용을 좀 더 평하자면, 기구起句는 말이나 생각만으로서는 일을 도모할 수 없다는 뜻일 것이고, 승구承句에서 유극有極은 국조를 가리킨 뜻이고, 전구轉句에서 서산西山은 문왕이 거처했던 곳이니 즉 주역으로 세상에 도를 펼쳤지만 우리의 뿌리는 아니라는 것이고, 결구結句에서는 그러므로 단황에 의지해서 앞으로 나가야할 바임을 천명한 것이다.

글 속의 표현처럼 단군을 선사는 단황檀皇이라 불렀다. 어느 누가 단황으로 부르는 이유에 대해서 문자 선사는 "과거에는 우리나라가 속국이었으므로 군君으로 불러야 했겠지만 이제 우리나라가 독립이 되었으니 단군으로 부를 이유가 없다. 따라서 단황으로 호칭한 것이다"하였다.

단황은 즉 주체를 의미하니 주체를 떠나서 어찌 객체를 상대하겠는가? 논어에 '근본이 서야 도가 생한다本立而道生'는 말처럼 근본을 세우지 않고 도를 이루려는 것은 마치 그릇을 만들지 않고 물을 담으려는 노력과 똑같다는 말이

---

2 書經·堯典注 '敬致 周禮所谓謂冬夏致日' 蓋以夏至之日中 祠日而識其景 如所謂日至之景尺有五寸 謂之地中'者也

다.

삼일三一에서 '三'은 유불선 삼교三敎를 지칭했겠지만 유불선은 천지인 삼도三道로서 모든 종파를 의미한다고 볼 수 있다. 그리고 '일一'은 단황을 봉숭하는 일을 의미하지 않나 하는 생각이다. 이곳 부여에서 선사는 줄 곳 단황을 봉숭했기 때문이다.

마침 때는 민족상잔의 6·25 동란 중이었으므로 세상은 피폐되었고, 민심은 이반되었다.

주역에 이 같은 내용의 글이 있으니 풍수환괘風水渙卦 대상전大象傳에 '바람이 물위를 행함이 흩어진다는 환의 상이니 선왕이 이를 본받아서 상제에게 제사를 지내고 사당을 세운다(風行水上이 渙이니 先王이 以하야 享于帝하며 立廟한다)' 했다. 상제에게 제사를 지내고 국조를 모시고 사당을 세움으로서 민족정신을 하나로 모으고 험한 대천을 건너려利涉大川 한 것이다.

삼일단三一壇을 세운 뒤로 선사는 그 위에 매일 청수를 올리게 하였다. 이후로 매년 10월 3일陰에 대제大祭를 거행하였으니 전국에서 소문을 듣고 찾아온 이들로 문전성시門前成市을 이루었다 한다.

10. 진단구변도

이 글은 신묘년에 그린 것으로 천부경을 설명하신 후 제자들로 하여금 각자 그리게 하신 것이다.

정동방인 진괘에서부터 출出하여 간방에서 종시하는 이치를 역괘로서 표현한 것인데 문왕괘에 근거한 것이다.

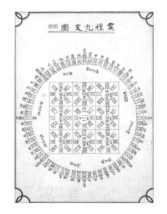

진단구변도

공자께서 예기에 말씀하시기를 '제출호진帝出乎震'의 제帝는 복희를 가리킨다
고 하셨다.

다음의 시는 국조 단황을 봉안奉安한 후에 작시한 것으로 추측한다.

庚元吟

木王元德統先天	목왕의 원덕이 선천을 거느리고
乾道革時損益年[3]	건도가 바뀌는 때에 손익년이 따르네
百里驚雷君紀否[4]	백리를 놀라게 하는 우레 그대는 기록하라
九陵七日妙眞傳[5]	구릉칠일에 묘한 진전이 있으리라.

기구起句에서 목왕木王은 목기木氣가 왕성한 춘분의 절기를 의미하니 지지地支
로는 묘卯에 해당한다. 때는 마침 신묘년이고 또한 단황 역시 신묘년생이니
'목왕원덕'은 주역에서 말하는 '상제가 동방인 진방에서 나왔다帝出乎震'는 뜻으
로써 단황이 이 땅에 나오신 것으로 표현한 듯 하다. 즉 단황이 선천을 다스
렸다는 의미다. 승구承句에서는 때는 바야흐로 후천으로 바뀌어졌음을 의미한
다. 전轉과 결結의 구절 역시 주역에서 나온 말인데 이는 모두가 비밀스런 말
이라 논자 역시 달리 표현할 길이 없다. 다만 '백리진경'은 때는 전쟁 중임을
표현한 글이고, '구릉칠일'은 동북 간방의 우리나라를 의미하니 즉 이 전쟁이
끝난 뒤에 우리나라에 묘한 진전眞傳이 있을 것임을 암시한 글이다.

---

3 [乾卦.文言];『或躍在淵은 乾道乃革이오』
4 [震卦.象辭];『震驚百里에 不喪匕鬯하나니라』
5 [震卦.六二爻];『六二는 震來厲라. 億喪貝하야 躋于九陵이니 勿逐하면 七日得하리라.』

11. 신지비사

오랜 옛날부터 신지의 비사로서 전해져 오던 글이『고려사』「김위제전」에 '신지비사'라는 이름으로 소개하고 있으니 다음과 같다.

如秤錘極器 秤幹扶疎樑 錘者五德地 極器百牙岡 朝降七十國
賴德護神精 首尾均平位 興邦保太平 若廢三諭地 王業有衰傾
[고려사 권제122, 2장 뒤쪽, 열전 35 김위제] [出典 : 高麗史列傳 方技편(肅宗元年 : 1096년) 金謂磾傳]

[고려사・김위제전]에 소개하고 있는 신지비사는 전체 50 글자로 이루어져 있다.

신지비사의 글은 여러 곳에서 소개되고 있다. 『한단고기의 소도경전본훈』에 의하면 신지비사는 단군달문檀君達門 때의 신지발리神誌發理가 지은 것으로 본시 삼신께 올리는 옛 제사의 서원문誓願文이라 하는데 50 글자는 아니지만 신지비사의 내용을 소개하고 있고, 권근은 응제시주應製詩註에도 인용하고 있으

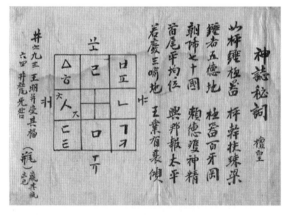

신지비사

며, 단재 신채호의 『조선상고사』에서도 [고려사]에 나와 있는 글을 풀이하고 있다.

선사 역시 이를 풀이한 것이 있으니 다음과 같다.(문집에 실려 있음)

神誌秘辭解

(가) 如秤錘極器：如枰은 卽 판(局)「윷말(柶) 바둑碁」及고뇌(坤位) 박(博)「장기(博) 새암고뇌(井坤位) 참고뇌(眞坤位)」等等 그 어느 것이 모두 左三圖의 井田中에서 나오지 않음이 없으니 판(枰)이요 錘者는 五十交叉點이오 極器는 中央口中加十則四口中·大字成器라는 뜻

(나) 秤幹扶疎梁：枰幹은 새암우리니 정字加우리(幹)이라 四方(∥＝)等을 連接함이 疎梁을 扶함과 如하다는 뜻.

(다) 錘者五德地：上云五十交叉點卽(五十土 土爰稼穡) 德之地也니 如木德王 火德王等의 뜻

(라) 極器百牙岡：極器는 上云함과 如하고 白牙는 卽四方(卄)을 十乘十得數爲百이니 其形이 如牙, 其象이 如岡의 뜻.

(마) 朝降七十國：朝는 朝鮮의 朝(韓은 井垣이니 大韓의 名이니 自然의 符合이 亦同義)요 降七十國은 德地五十에 加十干(井內加十爲六. 外加口爲四) 及十二支(井九宮並田兪三宮)(又如前二本用圖參照) 都合七十二而七十云者는 擧成數而爲言이오 七十二數者는 四時寄旺土用之數也의 뜻

(바) 賴德護神精：賴德은 上記土德이요 護神精은 聖人이 以神道設敎而天下l服矣라는 뜻

(사) 首尾均平位：首尾는 上下를 云함이요 均平은 左右를 合하야 云함이요 位는 곤뇌(坤位)를 稱함이니 均齊方平에 無一毫差異라는

뜻

(아) 興邦報太平 : 興邦은 皇이 建其有極이니 즉 곤뇌(坤位)皇極正大
之體也요 報太平은 會其有極ㅎ야 歸其有極이니 卽德被萬方이
皇의 用의 뜻

(자) 若廢三喩地 : 三兪地는 口中加十而爲口則一口字兪加三口의 뜻

(차) 王業有所傾 : 王業은 口中加十이 字得王이오 有所傾은 四方如一
作王字故로 傾한 바가 無ㅎ다는 뜻

위 글에서 경문 만을 발췌하면 다음과 같다. 해석은 논자가 편의상 나름대
로 붙인 것이다.

如秤錘極器(여평추극기)   마치 우물과 오십교차점과 극기와 같으니

秤幹扶疎梁(평간부소량)   우물 난간은 성근 기둥을 붙들고

錘者五德地(추자오덕지)   추는 오덕지이고

極器百牙岡(극기백아강)   극기는 온갖 산하일세

朝降七十國(조항칠십국)   조선에 72국이 조공 바치는 것은

賴德護神精(뢰덕호신정)   토덕에 의지해서 신정을 보호하기 때문이라

首尾均平位(수미균평위)   상하좌우 정중한 위에서

興邦報太平(흥방보태평)   나라를 일으키니 태평으로 보답하네

若廢三喩地(약폐삼유지)   만약 세 입 더한 땅을 폐한다면

王業有所傾(왕업유소경)   왕업이 기울어지는 바가 있으리라

선사의 경문을 보면 [고려사]와는 두 곳의 다른 글자가 있다. 고려사에서는
'유諭'자를 쓰고 있음에 선사는 '유喩'자로 고친 점, 끝 구절에서 고려사에서는
'쇠衰'자를 쓰고 있음에 선사는 '所'자로 고친 것이다. 내용적인 면에 있어서도
다른 점이 많다. 그러나 여기에서 논의할 형편은 아닌 것 같고 다만 아래에

실려 있는 '오덕인五德印' 그림을 자세히 살펴보면 그림 속에서 경문 모두를 설명하고 있다.

추측건대 상고시대의 글자 이전에 이 오덕인의 그림이 있었을 지도 모른다. 우리 민족이 태초부터 간직하였던 상징부호인지도 모른다. 어쩌면 우리들이 찾고자 했던 천부인天符印일지도 모른다. 그러나 지금 이 자리에서는 논할 수 없고 언제인가는 밝혀볼 생각이다.

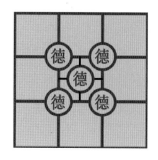

현재 동방문화진흥회에서 사용하고 있는 상징 부호는 본래의 오덕인과 조금 다르다. 이 차이를 두 그림을 비교하면서 설명하겠다. 인명(印名)은 논자가 편의상 붙인 것이다.

12. 오덕인

오덕인五德印은 정전도井田圖에 기초한 것이다. 정전의 이치는 낙서洛書의 원리를 설명한 것인데, 본래 단황시대의 정전제로서 우禹에게 전해져 만세萬歲의 법전法典이 된 것이며 『서경·홍범구주』의 연원이 된다. 우물井과 그 안에 '열십+'자를 그어 밭田을 합한 모습이고, '열십+'자로 교차되는 지점에 덕德자 다섯 글자를 써 놓았으므로 오덕지五德地라고도 부른다. 오덕은 목덕木德, 화덕火德 하듯이 오행의 덕을 말한다. 오행의 덕으로 세상을 다스린다는 뜻이다. 마치 바둑판처럼, 마치 저울대처럼 오덕지는 상하좌우로 균형을 유지하고 있다. 그림 속의 흑색은 옥토沃土를 상징한 것이고, 누런색의 선은 황토黃土를 표현한 것이다. 샘물井은 만물을 윤택潤澤하게 적셔서 기르니 세상田을 윤택하게 만드는 덕이 있다.

이 오덕지는 야산선사가 신묘년(1951년)인 부여 은산에서 단황을 봉숭한 뒤에 신지비사神誌秘詞를 그림 형식으로 표현한 것이다. 신지비사가 본래 글만 전해지고 그림은 없었는데 야산선사가 오덕지로 신지비사의 내용을 밝힌 것이다. 내용의 요지를 말하자면 '우리 국민이 일등 나라가 되려면 오덕五德에 의지해서 신정神精을 보호해야 한다'는 것이다. 논자는 생각건대 이 그림이 바로 천부인天符印을 뜻하지 않을까 조심스럽게 추측해본다. 혹자는 칼이니 거울이니 주장하기도 하지만 그러한 것들이 어찌 천부인이 될 수 있겠는가?

13. 정곤인井困印

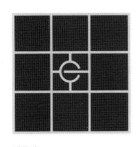

정곤인

그림의 명칭이 본래 주어진 것이 없으므로 논자가 편의상 '정곤인'으로 이름 삼았다. 정곤인井困印은 오덕지를 야산선사가 1954(갑오년)년에 개정한 것이다. 마치 부적같기도 하고 도장같기도한 천부인天符印같은 정곤인은 『주역』의 정괘井卦와 곤괘困卦의 이름을 따서 붙인 것이다. 곤困은 나무(木 : 동방의 木道로 우리나라를 뜻함)가 물이 없어 곤궁한 모습이고 '큰 입구口' 안에 목木을 화禾로 쓴 것은 벼이삭이 패여 고개를 숙인 모습이다. 정井은 우물이요 전田은 밭으로 세상을 뜻하는데 우물물은 만물을 기르는 덕이 있으므로 우물에 있는 샘물로 세상을 윤택하게 만들자는 것이다. 가운데의 동그라미는 물을 담는 병(甁 : 두레박) 모양이며 병목이 서쪽으로 좁게 열려 있다. 좁게 열린 병목을 통해서 선線이 안으로 들어오는 모습이니 서방의 기운이 동방으로 들어오는 것山澤通氣을 병(두레박) 속에 가득 담으려는 것이다. 따라서 우물물을 두레박으로 퍼 올려서 시든 나무(우리나라)를 살리고 결실을 이루려는 것이다. 주역 정괘井卦에 이러한 내용이 다 실려 있다. 이때 병목을 좁게 만든 것은, 서방의 기운이 들어올 때에는 쉽게 들어올 수 있지만 나갈 때는 잘 빠져 나가지 않도록 하기 위함이다. 즉 동서東西가 서로 만나는 시대에 서양의 물질문명을 받아 들여서 동양의 정신문화를 윤택하게 하자는 것이다.

14. 서남득붕西南得朋 동북상붕東北喪朋

신묘년辛卯年(1951년) 여름 때의 일이다.

안동 사람인 권욱연權頊淵(號 素谷)이라는 사람이 선사를 찾아왔다 한다.

문인들의 전하는 바에 의하면, 그는 방문해서 강당에 앉아 있는 선사를 한참 바라보고는 옆방에 가서 '서남득붕西南得朋 동북상붕東北喪朋' 8자를 쓴 후, 선사께 큰절을 하고는 "단군檀君께서 내려주신 것을 이제서야 가져오게 되었습니다."라고 말하더란다. 선사는 아무 말 없이 받고 두 사람 사이에 몇 마디 말이 오고간 뒤에 권씨가 방에 나왔다. 이 광경을 지켜보던 제자들이 궁금해서 권씨에게 자초지종을 물으니 권씨의 말인 즉 '경진년庚辰年(1940년)에 관觀하던 중 태백산 어느 곳을 갔는데 단군을 위시하여 8분이 탁자에 앉아계셨다. 권씨가 부복하고 있으려니 단군께서 가까이 오라 하면서 '서남득붕西南得朋 동북상붕東北喪朋' 8자字를 써 주며 '저쪽 끝에 앉아계신 분에게 드리라'고 말씀하셨다 한다. 그런데 가다가 그만 깨는 바람에 글자를 전하지 못하였고 권씨는 이 글자를 전하기 위하여 12년동안(庚辰~辛卯) 방방곡곡을 헤맸다는 것이다.

이듬해인 임진년(1952년) 2월 11일의 일이다.

문인인 정철수(鄭喆洙: 호 法山)이란 자가 어린 소년을 데리고 선사를 찾아왔다. 그는 「도덕초기회道德礎基會」에 관계하고 있었다. 선사가 강당에서 임시불단臨時佛壇을 마련하고 구도求道를 하니 아래와 같은 단군의 천서天書가 내렸다 한다.

檀君到壇

半萬年間國變全	반만년간에 나라는 변했으되 온전히 전해졌고
檀君神市又到現	단군의 神市가 또다시 이르러 化現 했노라
南山有杞北山李	남산에 산버들이 있고 북산에 오얏나무가 있어
德被四表眞理然	덕이 천하를 덮으니 진리가 밝아졌노라
大道一占吾明鑑	대도를 한번 점해서 내가 밝게 살펴보니
母子離別六萬年	어미와 자식 이별한지 육만년이라
七佛治世三佛收	칠불은 치세하고 삼불은 거두니
現今三期莫退前	지금 현재는 백양기라 물러나지 말고 나아가야 하리
心傳授心性理法	마음에서 마음으로 전수한 것은 성리의 법이니
古聖先賢皆通傳	옛 성인과 이전 현인이 모두 깨달아 전한 거라네
各自有綠生三期	각자가 인연있어 백양기에 태어났으니
旣得大道修行全	이미 대도를 얻었으니 수행을 온전히 하게나
吾勸各自要淸口	내 권하노니 각자는 청구하고
今是吾明各實行	지금 내가 밝힌 것을 각자 실행해야 하네
迷昧衆生不期三	미매한 중생은 삼기에도 기약하지 못하지만
道理化大三千世	도리는 삼천대천세계를 교화한다네
天命之性惟一點	천명으로 받은 성품이 오직 한 점에 있으니
出不由戶是玄關	문으로 나가는 것이 아니고 바로 현관으로 나간다네
一點玄關無價寶	한점 현관은 값할 수 없는 보배라
萬貫千金不能買	만냥 천금이라도 능히 살 수 없노라
眞是尊貴是一着	진실로 존귀한 것은 바로 일착에 있으니
黃中通理君子然	황중통리가 군자의 모습이라
否極泰來理定然	비가 극하면 태가 오는 것은 이치가 정하여진 것이니
富貴功名循環理	부귀공명도 순환하는 이치라네
一苦永憩萬萬年	한번 태어나 괴로움 받고 죽어 영원히 만만년을 쉬는데

大學之道化大天　대학의 도는 대천을 교화하노라

道成天上現此場　도는 하늘 위에서 이루어지건만 이 장소에 나타났으니

各要明理行功前　각자는 도리를 밝히고 공을 행하여 앞으로 나아가라

降龍伏虎輪流行　용호를 항복시키며 법륜은 흘러 가건만

大千世界戀塵囂　대천세계는 연진으로 시끄럽구나

大道求衆濟蒼生　대도로 중생을 구원하고 창생을 제도하며

香檀設壇化萬人　향단으로 단 만들어 만인을 교화하게나

孔子周流列國時　공자가 여러 나라를 주유할 적에

吃苦極度餓七日　괴로움 감수를 극도로하며 7일을 굶었노라

削踐伐檀憂多苦　주유시나 강단에서 곤액 당해 근심과 괴로움도 많았지만

是故現時芳名流　이런 때문에 오늘날까지 그 이름이 알려졌노라

揚世美名無不知　세상에 아름다운 이름 드날려 모두가 다 아니

今日圓滿相談言　금일에 두루 가득 서로 얘기하고 있네

難盡各事眞言全　각각의 일과 진언을 모두 말하기 어려우나

心修性鍊道家言　마음 닦고 성품 단련하란 말은 도가의 말이로다

上德執德是非德　상덕과 집덕은 곧 덕이 아니니

上士聞道勤而行　상사는 도를 들으면 근면해서 행할 것이요

中士聞道若存亡　중사를 도를 들으면 마음에 두었다 없앴다 할 것이요

下士聞道大笑然　하사는 도를 들으면 크게 비웃으리라

德大不高是眞賢　덕이 커도 높이지 않으니 진실한 현인이요

大智若愚眞英聖　대지자는 어리석은 듯하니 참으로 뛰어난 성인이로다

天命本來有分判　천명은 본래 분별됨이 있으니

先天天命後天命　선천도 천명이이요 후천도 천명이로다

吾掌後天東方命　내가 후천의 동방명을 관장했으니

前者吾傳也山傳　전자에 내가 전했고 야산이 또한 전하리로다

八字天命爾明參　팔자천명을 그대는 밝게 참여하게

先天之命在中土　선천의 명은 토 가운데 있으니

今時來到東方艮　이제 동쪽 간방에 되돌아 왔네

此地期會勿錯傳　이곳에 기약하여 모였으니 어그러지게 전하지 말게나

今日檀君不多言　오늘 단군은 많은 말 하지 않겠노라

　전체가 7언 55구로써 385자가 된다. 내용을 모두 설명할 수는 없고, 다만
밑줄 친 끝 부분 중에 '전자에는 내가 전했으니 야산이 전하라前著吾傳也山傳'는
내용과 다음 구절 중에서 '팔자천명八字天命'은 다름 아닌 지난해에 안동인 권씨
가 선생에게 전한 '서남득붕 동북상붕'인 바로 그 팔자八字였던 것이다.
　선사는 이에 '득상도'를 그려서 글자의 뜻을 설명해 주었다.

15. 득상도 그림

　득상이란 말은 주역 곤괘坤卦에 나오는 '서남득붕 동북상붕'에서 나온 말이
다. 문왕팔괘원도로 살펴볼 적에, 서남방에는 곤괘坤卦가 있고 동북방에 간괘艮

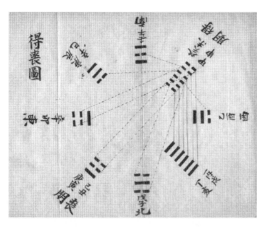

득상도

卦가 있다. 서남방에는 어미
인 곤괘를 중심으로 해서
삼녀가 한 방에 거주하는
모습(득붕)이고, 동북방에는
소남인 간괘를 중심으로 해
서 아비인 건괘와 나머지
장남 중남괘가 같이 거주하
는 모습이다. 따라서 선천
에는 여자가 시집가기 전의
시기이므로 어미와 함께 있

기 때문에 득붕得朋이 되는 것이고, 후천은 여자가 시집가면서부터 이루어지므로(산택통기) 삼녀가 어미 곁을 떠나 각기 정해진 배필을 따라 가기 때문에 곤괘 입장에서는 상붕喪朋이 되는 것이다.

이는 단군이 선생에게 '서남득붕 동북상붕' 여덟 글자를 전해준 연유를 그림으로 보여준 것이다. 서남 곤방은 중국을 의미하고 동북 간방은 우리나라를 뜻하는 것으로서 장차 서남의 선천운기가 후천에 가서는 동북 간방으로 옮겨갈 것임을 밝힌 것이다.

팔괘에 손괘巽卦를 시점始點해서 경진년부터 순서대로 돌아 신묘년에 한바퀴를 이루니 문왕괘는 후천괘이므로 지지地支를 배합한 것이다. 손巽은 들어가는 入 뜻이고, 진震은 나오는 出 뜻이니 이는 글을 전해준 사람이 12년이 걸렸음을 의미한 것이며 신묘년에 이르러서 '제출호진'하는 단황의 도가 펼쳐짐을 의미한 것이다.

그림에서 중지곤괘를 기준해서 각 삼녀괘와 한 줄로 표시한 것은 곤괘가 삼녀괘의 음효 하나씩을 얻어서(득붕) 중지곤괘로 이루어지는 것을 뜻하고, 삼남인 양괘와 두 줄로 표시한 것은 중지곤괘의 육효六爻가 두 효씩 각각의 삼남괘에 모두 다 빼앗기는(상붕) 뜻을 의미한 것이다.

여덟 글자는 문왕의 말인데, 한마디로 표현하기는 어렵지만 비유하자면, 선천에는 곤방에서 소축의 시대가 열리지만 후천에 이르게 되면 동북 간방에서 대축의 시대가 도래할 것임을 암시한 것이다. 당시의 시대적 배경을 통해서 설명하자면, 주나라는 서남방에 위치해서 은나라에 뒤이어 천하를 통일했지만 기자箕子가 동래함으로써 도운이 이곳 간방으로 옮겨오는 이치를 말한 것이다. 그러므로 명이괘明夷卦 오효五爻에 '기자의 명이箕子之明夷'라 한 것이다.

생각건대 오덕지는 신묘년 이후부터 그려진 것으로 추측된다. 선사가 사용한 오덕지판은 선생이 천서를 받을 당시에 사용하던 판으로 부여로 이사오시면서도 계속 벽위에 걸어놓으셨으며 부여의 집 앞마당에는 오덕지를 그려 그

위에 청수를 떠놓고 고천행사도 하였다.

오덕지는 크기 가로 세로 六寸으로 만들었으며 그 안에 정전의 모양을 그리고 열십자 교차되는 지점에 德자 5자를 써 논 것이다.

그리고 이 오덕지를 개작하신 것은 갑오년 9월 전후로 추측한다. 왜냐하면, 개작한 오덕지는 중앙이 병 모양을 상징하고 있으며 정전곤의인 책을 보면 개작한 오덕인이 찍혀 있는 것으로 보아 추정할 수 있기 때문이다.

16. 글을 마치며

선사의 최종정착지는 부여였다. 고향은 김천이지만 그의 발 길이 닿지 않은 곳이 없었다. 일제시대에는 이주역李周易이란 별명으로 미친 척하며 세상을 떠돌아 다녔고, 광복 후에는 이 나라의 국사國師로 자임하면서 대둔산에서 인재양성에 전념하였다. 6·25 동란에 즈음해서는 세상을 구하기 위해 동분서주하다가 전쟁이 발발하자 안민도에 300가구와 더불어 피난하였고, 9·28 수복후인 이듬해에 비로소 부여에 왔다. 평생을 유랑하다가 드디어 부여에 정착한 것이다. 선천의 마지막 길목에서 후천시대로 가는 길목을 잇기 위해 수명자로서 헌신하였고, 후천시대의 문이 열리면서는 단황을 봉숭하였다. 뿌리를 북돋아야 지엽이 무성해지기 때문이리라.

백제국은 부여에 수도를 정하고 의지하려 했으나 부여에서 최후를 맞이했다. 일제 역시 대동아의 정신적 메카로서 부여에 신궁을 건립하고 저들의 명을 이르려 했으나 결국 패전하였다. 논자는 생각건대 이는 이치에 부합한다고 여겨진다. 부여는 후천의 명을 받을 수 있는 곳이기 때문이다. 선사는 후천의 명을 받을 수 있는 곳, 단황의 주체를 세울 수 있는 곳으로 부여를 생각한 것이고 후천시대에 잘 살 수 있는 길지吉地로 부여를 택한 것이다.

우리는 흔히 부여를 생각하기를 단순히 백제국으로서의 부여라는 것만 인식하고 있지 부여 지명 속에 담겨 있는 정신이 무엇인지를 알려하지 않고 있다.

그릇은 저마다 용도가 있다. 용도가 있으므로 그에 맞는 내용물을 채워야 하는 것이다. 부여라는 지명의 그릇이 있다면 그 그릇 모양에 맞게 내용물을 채워야 할 것이다. 밥그릇을 술잔으로 사용할 수는 없지 않은가?

이 때문에 우리는 부여를 알려는 것이다. 왜 부여라 했는지 이 안에 담겨 있는 내용물은 무엇인지 과거에 부여인들은 이 땅에 무엇을 담으려 했는지 우리는 알 필요가 있는 것이다. 그래야만 용도에 맞게 그릇을 사용할 수 있는 것이다.

오늘 야산선사의 서거 50주년을 추모하면서 부여 땅에 서린 선사의 자취와 업적을 살피고, 아울러 부여인으로서 주장으로 삼아야 할 바가 무엇인지를 밝히기 위해서 이 자리에 서게 된 것이다.

이신전화以薪傳火의 길을 찾아

대산大山 선생님[1]의 팔순 여정(2007년)을 그냥 지나칠 수가 없어 우리 학인들은 선생님의 '주역인생 60년'이란 제하에 축하연을 펼치기로 하였다. 선생님의 학역學易 기간은 홍역학회 창립주기와 궤를 같이 한다. 그 동안의 지나오신 자취를 돌이켜 보고(視履考祥), 홍역학의 미래를 제시할 수 있는 자리인 만큼 그야말로 큰 경사스런 일이 아니겠는가? 이에 우리 제자들은 대산 선생님께서 야산 선사를 따라 홍역학을 배우고 홍역의 도를 실천하셨던 지역을 탐방하기로 계획하였고, 선발대로서 답사단을 구성하였다.

대산 김석진 선생

필자는 답사하기에 앞서 어떤 목적을 두고 답사에 임해야 할까를 생각해 보

---

1 야산 선생의 제자. 현재 동방문화진흥회 명예회장.

았다. 대산 선생님은 19세에 선사의 문하로 들어가 세족지제洗足之弟로 종사하신 지 어느덧 61주년을 맞이하였다. 누구도 돌아보지 않았던 홍역의 외길을 평생토록 걸어오셨고, 이제 80노구의 황혼 길에서 홍역의 미래를 바라보고 계신 것이다.

'이신전화以薪傳火'라 했던가? 야산 선사께서 높이 치켜드셨던 홍역의 횃불을 대산 선생님이 계승하셨다면, 선생님이 잡고 계신 이 횃불을 우리 후학들이 받들어서 이어가야 한다. 상경의 마지막 괘인 이괘離卦에 '불고부이가不鼓缶而歌면 즉대질지차則大耋之嗟'라는 글이 있다. 우리 제자들이 잘 받들어서 홍역의 도를 계승할 수만 있다면 축하연은 '대질지차大耋之嗟'가 아니라 '대질지희大耋之喜'가 될 것이다. 비록 답사의 목적이 향후 있을 '학역지 탐방'에 관한 일정계획을 잡기 위한 것이기는 하지만, 이러한 맥락 속에서 필자는 사전답사 노정기를 쓴다.

1. 비룡봉

비록 궂은 날씨지만 여름철 답사에 적합한 날씨였다. 대전역에서 답사팀과 만나기로 약속이 되어 있어서 마중 나갔다. 삼헌 주세영님과 석계 전우성님 그리고 은산 정무희님과 동행하기로 하였다. 오랜만의 만남이었지만, 일정이 바쁜 관계로 회포는 뒤로 미루고 첫 일정지인 비룡봉飛龍峰(신선봉이라고도 함)으로 향했다.

몇 번이고 가본 곳이었지만, 필자에게는 늘 새롭게 느껴지는

비룡봉

호신발

곳이었다. 이곳에서 주위를 바라보면 대청호수가 바로 옆에 있고, 경부선 도로가 주변을 관통하고 있다. 소재지는 대전시 대청동 비룡리다. 길옆에 주차하고 산길을 오르니, 진한 풀내음이 코끝을 스친다. 때는 마침 장마철이라 무성한 풀잎은 비탈길을 오르는 우리를 가로 막았다. 풀숲을 헤치며 목적지에 이르니, 산 정상의 신선바위가 우리를 반기듯 했다. 신선 바위는 마치 집과 같이 묘하게 생겼다. 가운데에는 마치 칼로 자른 듯이 바위가 갈라져 있으며, 틈새 앞뒤로 서로 통하였는데, 겨우 한 사람이 드나들 정도다.

신선바위에는 흘림체로 '호신발虖神發'이라는 글씨가 있고, 그 옆에 '성성주인옹惺惺主人翁 황황상제위皇皇上帝位'이라는 글자가 해서체로 쓰여져 있다. 이곳은 필자의 외조부인 송대오재宋大悟齋 선생께서 사셨던 곳이다. 비룡봉을 포함해서 주변이 대오재 선생 집안(은진 송씨 문중)의 소유지이다. 대오재께서 바로 이 마을에서 사셨던 관계로 야산 선사는 이곳에 '호신발'이라는 글자를 각인刻印할 수 있었던 것이다.

언제부터인지는 모르지만, 오래 전부터 마을 사람들은 이 바위를 신선바위라 불렀다. 그리고 바위의 영험함 때문에 사람들은 기자祈子나 구복求福을 목적으로 이곳에 기도를 올렸다 한다. 학계에서는 이곳을 신선봉이라 명하며 백제시대 때 제천의식을 행했던 곳이라고 말하기도 한다. 그러나 바위에 새겨진 글자에 대해서는 조선 시대의 글자로 종교성이 담겨 있다고만 소개할 뿐, 다른 내용은 언급하지 않고 있다.

은산은 짐을 내려놓자마자 영상물로 보존하기 위해 이곳저곳을 돌아가며 사진을 찍기에 여념이 없었다. 나도 은산을 거들어 주면서 잠시 생각해 보았다.

이 산은 신선봉이란 이름 이외에 비룡봉飛龍峰이라고도 불린다. 무슨 연유로 언제부터 산 이름을 비룡봉이라 했는지 알 길은 없다. 그러나 비룡이란 용이 하늘을 난다는 것으로 조화를 부린다는 뜻이니, 신선바위에 서린 영험한 기운이 사람들을 숙연하게 만든다고 하여 비룡이란 이름이 붙은 것은 아닐까? 한편으로는 대오재 선생이나 야산 선사께서 붙이지 않았나 싶기도 하다. 그 분들의 학식으로 미루어 보건대 충분히 가능한 일이다.

전하는 말에 의하면, 바위에 새겨진 글은 대오재 선생이 제안하고 야산 선사께서 새겼다 한다. 대오재 선생에 대해 잠시 언급하면, 대오재 선생은 은진 송씨恩津宋氏며 휘諱 '을乙자 규奎'이다. 구한말 지리산 청학동에 거주하였던 문도사의 수제자로서 심성이기心性理氣를 통한 사람이라고 한다. 필자가 마을 사람들에게 전해들은 바로는 선생께서는 이곳에서 매일 지리산을 왕래하셨다는 것이다. '성성주인옹'은 바로 대오재 선생의 별호다. 성성주인옹 옆에 '황황상제위'라 쓴 글은 무슨 의미인지 지금에 와서 알 길이 없다. 다만 당시에 대오재 선생의 집 앞 현판에 '성성주인옹 황황상제위'라는 글이 걸려 있었다고 하니, 이는 대오재 선생을 일컫는 말이 아닌가 싶다.

그렇다면 '호신발'은 언제 새긴 것일까? 필자는 이 글을 야산 선사께서 새겼다는 말만 들었을 뿐, 이에 대한 자세한 설명을 전해들은 바가 없으므로, 무어라 단정하기 어렵다. 다만 야산 선사의 문집을 보면 호신발에 관련한 시가 두 편 있는데 모두가 이 바위에 새겨진 '호신발'과 관련이 있지 않나 싶다. 그 중 한 편의 시를 소개하면 다음과 같다.

井田付食水盆

一簣石井作崑崙　한 삼태기 돌 우물에 곤륜산을 지었는데

天遺黃河水滿盆　하늘이 보낸 황하수 동이에 가득하네

若待飛龍神號發　만약 용이 날아 신을 불러 발하기를 기다린다면

爲雲爲雨入仙門　구름 되고 비가 되어 선문에 들어가리

이 시는 6·25 사변(음5월 10일)이 일어나기 한 달 전(음4월 8일)에 지은 시다.

선사는 안면도 개락금開洛金이라는 곳의 집 앞 우물 안에 동이와 그 속에 촛불을 켜놓고 고천告天한 일이 있었는데, 이를 기념하기 위해서 작시하신 것이라 한다.

생각건대, 정전井田이란 오덕지五德地를 말한 것이니, 5 · 10의 의미가 있다. 음력 5월 10일은 전쟁이 일어난 날이니, 첫 구절의 돌우물(石井)은 전쟁이 일어날 것임을 예견한 것이고, 둘째 구절의 동이에 물이 가득 찼다는 것은 세상을 살려야 될 때가 무르익었다는 뜻이다. 셋째 구절은 전쟁기간을 잘 참고 때오기를 기다리라는 내용 같고, 넷째 구절은 후천선경의 태평시대가 되리라는 뜻이리라. 뜻이 이러하다면 이 시에서 나오는 '신호발'은 전쟁과 관련해서 지으신 것 같다. 다른 시에 나오는 '호신일발號神一發'도 전쟁 중에 지은 것이다.

혹시 이 시에서 '비룡'은 비룡산을 가리키고 '신호발'은 바위에 새긴 호신발을 가리켜서 말한 것이 아닐까? 그렇다면 신선바위의 '호신발'은 6 · 25동란 즈음에 새기신 것이 아닐까? 그리고 '호신발' 속에 동란을 무사히 넘길 수 있는 비책을 담지는 않았을까?

이외에도 '호신발' 세 글자 속에는 무궁한 뜻이 담겨 있을 것이라는 짐작만 할 뿐, 선사의 깊은 의중을 알 수는 없다. 단지 선사의 평소 행적을 통해서 신도세계神道世界를 상상으로 그려볼 뿐이다.

은산은 계속 사진을 찍는 등 영상을 담기에 바쁘다. 아쉽지만 하산하자고 독촉했다. 부족한 부분은 다음 기회로 미루기로 하고 우리는 개태사를 향했다.

2. 개태사開泰寺

개태사는 천호산天護山 아래에 위치하고 있다. 그러니까 논산에서 대전 방향으로 통하는 국도변에 있으며 개태사역 앞에 위치하고 있다. '개태開泰'라는 말은 '태泰를 여는 곳'이라는 뜻이다.
사찰경내로 들어가는 입구에 '삼
천일지개태사三天一地開泰寺'라는 현
판이 불과 몇 년 전까지도 있었는
데, 지금은 없어졌다. '삼천'은, 뒷
산이 '천호산'이요 그 중에 가장
높은 봉우리가 '천호봉'이며 천호

개태사 전경

봉 맥으로 내려와 형성된 마을이 '천호리'이기 때문이다. 그래서 삼천三天이라
한 것이고, 그 지역에 절이 들어서 있으니 일지一地다. 그리고 천지가 사귀었
으니 '지천태地天泰'인 것이다.

천호산은 본래 이름이 황산黃山이었다. 그 아래 지역이 황산벌이다. 백제의
계백장군이 바로 이곳 황산벌 전투에서 패했고, 후백제 역시 이곳 전투에서
패망하였다. 그리고 보면 백제는 이곳 황산과는 인연이 없는 모양이다. 여하
튼 태조 왕건은 황산 아래에서 진훤의 아들 신검을 격파하고 고려를 개국하였
다. 그리고 이를 기념하기 위해서 황산을 '하늘이 보호하신 곳'이라는 뜻으로
천호산이라 고쳐 불렀고, '만세태평의 운運을 개벽開闢한다'는 뜻에서 절 이름
을 '개태'라 한 것이다.

이 개태사 안에는 미륵 3불이 모셔져 있다. 아마도 미륵불은 왕건 당시에
조성되었을 것이다. 후천을 열었다는 뜻으로 왕건은 개태사를 세웠다. 과거불
은 아미타요 현재불은 석가모니요 미래불은 미륵이니, 장차 다가올 후천 시대
에 미륵께서 하생下生하셔서 이 세상을 구원하시길 바라기 위함인지, 아니면
미륵불을 신앙해서 도솔천에 상생上生하기 위함인지, 여하튼 불심에 지극한 태
조 왕건은 이 같은 원력으로 미륵불을 조성하고 개태사를 세웠다.

과거의 전성시대를 증명이라도 하듯 개태사에는 큰 철확鐵鑊이 안치되어 있
다. 과거의 영광을 묻어두고 지금은 많이 쇠락한 모습이다.

경내로 들어서면 좌측으로는 미륵삼존불을 모신 용화대보궁龍華大寶宮이 있

개태사 창운각 현판

고, 앞 정면으로 단황檀皇을 모신 창운각創運閣이 보이며, 우측으로는 산山자 모양의 요사채가 있다. 본래 창운각은 김대성화여사공덕비金大成華女史功德碑가 세워져 있는 곳에 있었으며, 야산 선사의 시주로 지어졌다. 어찌된 연유인지 이후 헐리게 되었고, 단황 영정을 현재 위치로 이전하였다.

요사채를 '산山'자 모양으로 지은 것도 의도적이었을 것이다. 산은 동북간방의 우리나라를 상징함이니, 부처님을 모시는 사찰에서 단황도 봉숭奉崇한 것을 보면 역시 호국 불교로서의 명맥을 이으려는 노력이 엿보인다. 필자는 개태사를 자주 가보았지만, 올 적마다 선사와 개태사 간에 얽힌 여러 가지 일들이 늘 새로운 느낌으로 그려지곤 한다.

야산 선사께서는 '개태'의 뜻을 취해서 제자들과 더불어 개태사에서 신명행사를 하셨다. 이때 기약하지도 않았는데 모인 제자가 108명이었다고 한다. 대둔산에서 선천기수를 마치고, 석정암石井庵 문을 닫던 날, 야산 선사께서는 108제자를 모아 12금부金部로 아홉 명씩 무리를 지어 가도록 하셨다. 12금은 납음納音으로 60갑자 중에 있는 금金을 말한다. 그리고 그들에게는 경자庚字를 쓴 종이에 선사께서 평소에 지니고 계셨던 통천보인通天寶印을 찍은 호신부護身符를 나누어 주었다. 각각 괘호卦號를 그린 수기手旗를 집게 하셨으며, 뽕나무 작대기에 오동나무 지게를 짊어지게 하셨다.

석정암 문을 닫기 하루 전, 선사는 고운사에서 일숙一宿하시면서, 그날 저녁에 해인경海印經을 읊으며 비통하게 흐느끼셨다 한다. 후천에 이르는 과정이지만 장차 다가올 겁난에 많은 인명이 살상될 것임을 어찌할 수 없었기 때문이다. 선사께서 읊으신 해인경의 내용은 다음과 같다.

聖夢化領 賢氙梵光 敎道天師 玖妙亦暎

至心歸命禮

十方三世 帝網刹海 無盡海會 常住一切 佛陀耶衆 達摩耶衆 僧加耶衆

惟願三寶 大慈大悲 受我頂禮 冥薰加被力 願共法界諸衆生 同入彌陀大

願海

성인의 꿈이 화해서 세상 거느리니 어진 기운이요 하늘 빛이로다. 교와 도로 천사되시니 옥도

장이 묘하면서 또한 빛나는구나.

지심으로 귀명례를 올리나이다.

시방삼세 천제의 그물이 온 세상 덮으시고 한량없는 무리 이뤄 일체를 상주하시니, 부처무리

시여! 달마무리시여! 승가무리시여!

오직 삼보의 대자대비를 바라오며 이 내 정례를 받으시옵고, 그윽한 가피력에 감화를 받아서

법계의 제중생과 함께 미타의 서원하신 그곳에 들어갈 수 있기를 바라나이다.

출산出山일이 아마도 정해년(1947년) 섣달 26일일 것이다. 그날따라 유독 눈
이 많이 왔다 하는데, 선사와 108제자는 무릎까지 빠지는 눈 위를 걸어서 상
벌上伐, 중벌中伐, 하벌下伐의 삼벌三伐을 거치고 한삼천汗三川을 지나서 황룡黃龍
재를 넘어 개태사에 이르렀다. 때는 저녁 무렵이었다. 일행은 단황 영전을 봉
안한 창운각創運閣에 들어가 참배하고 난 후 행사를 마쳤다.

이 행사는 무엇을 의미하는 것일까? 64,800년의 선천을 보내고, 후천을 새
로 맞이하는 속에서 장차 닥쳐올 금화교역金火交易에 대비하기 위한 행사인 것
이다. 금은 불에 타도 결국 남는 것이므로, 단야鍛冶를 잘해서 좋은 물건을 만
들려는 뜻에서이다. 108명이 9명씩 12부대의 열을 이루었다 하니, 9는 낙서洛
書의 수數요, 경금庚金을 의미한다고 볼 수 있다. 모두가 후천을 상징한다. 12
역시 60갑자 중에서 12금을 취한 것이니, 중천中天의 기토己土 속에 장금藏金의
뜻을 담고 있는 것이다.

대산 선생님은 108수에 대해 말씀하시기를 "건괘乾卦의 책수는 216이다

(36×6=216). 또 주역을 36괘로 볼 때 이 36괘의 효수爻數 합이 216이니, 양효가 108이고 음효가 108이다. 초복·중복·말복의 삼복 동안에 각기 36금씩 총 108금을 감추었다가, 선후천이 바뀔 때 금기운 즉 숙살지기肅殺之氣를 발하여 후천을 이루는 것이다. 따라서 주역에 통한 사람 108을 감추어 두었다가 후천을 대비한다는 뜻이 있다."고 하셨다.

구체적인 행사 내용에 대해서는 60년 세월이 흐른 지금 알 길이 없으나, 이곳에는 단군이 모셔져 있고, 6·25 전쟁이 일어나기 전의 일이니, 아마도 단황의 가피력으로 이 난리가 무사히 지나갈 수 있기를 염원하셨을 것이다. 그리고 이곳에는 미륵삼존이 모셔져 있었으니, 미륵불의 도움으로 후천에 이르기를 축원하셨을 것이다.

행사를 마치고 나자 화주부인이 어찌 알았는지 불전佛前에 봉안한 108개의 바가지에 108명분의 밥을 담아 먹였다 한다. 이 108바가지에 대해서도 재미있는 일화가 전해져 오고 있다.

전라도 옥구에 사는 한 더벅머리 청년이 지게에 바가지를 짊어지고 개태사에 와서 말하기를, 자기 어머니는 안씨安氏라는 성을 가진 분이며 부처님의 현몽으로 바가지를 가져왔다는 것이다. 그 내력인 즉, 안씨부인이 박씨를 심었는데, 박나무가 온 들녘을 다 덮었으며 360개의 박이 열렸다 한다. 안씨 부인은 참으로 이상하게 여기며 정성스럽게 키웠다. 이 박을 쪼개 720개를 만든 후에 복자福字를 새겨서 동네 사람들에게 나누어 주었는데, 대부분 가져가고 남은 것이 꼭 108개였다 한다. 그런데 그날 밤 부처님이 현몽하시기를 "그 바가지는 이름이 '달바가지(達瓢)'니 연산連山 개태사開泰寺에 갖다 주면 바가지를 쓸 사람이 있느니라."고 하여 자신이 가지고 왔다는 것이다.(臨堂 김순학씨 증언)

108바가지 외에도 개태사에는 또 한 가지 보물이 있으니 해인海印이다. 이 해인에 대해서는 홍역학인이라면 대산 선생님으로부터 누구이 들었을 것이므로 생략하기로 하겠다. 단황이 봉안되어 있고, 미륵불이 계신 이곳 개태사에서 선사는 선천을 마치고 후천을 시작하는 서막의 장을 연 것이다. 좀 더 오랜 시간을 앉아서 당시를 회상하고 싶었으나, 바쁜 답사 일정이 회고시간을 허락하지 않았다. 아쉬움을 뒤로한 채 우리는 대둔산 석천암으로 향했다.

3. 석천암

황룡재를 넘어 벌곡면 소재지를 지나 한삼천을 거슬러 수락리에 이르렀다. 그러니까 과거 선사께서 108제자들과 함께 대둔산에서 개태사로 걸어가신 길을 반대로 거슬러 간 셈이다. 비탈진 도로를 달려가노라니, 짙푸른 녹음이 마음을 상쾌하게 만들고, 차창 밖으로 스치는 바람이 시원하기만 했다. 도시 속에서 오염된 마음이 깨끗이 씻어지는 듯한 느낌이다. 구름은 잔뜩 끼었지만 여름철 답사에는 오히려 좋은 날씨였다.

시원한 바람을 맞으며 달려 가다보니, 어느덧 대둔산 아래 수락水落리 마을이다. 이곳에서 두 분을 만나기로 미리 약속하였다. 덕곡리德谷里에 사시는 임용택林龍澤님과 하벌에 사시는 김경배金慶培님이신데, 두 분 모두 어릴 때 선사께 글을 배웠다 한다. 우리는 두 분을 모시고 마을 앞에 있는 식당에 자리를 잡고서 당시의 일을 회상하였다.

선사께서는 광복을 맞이하던 1945년(을유년) 2월에 수락리로 들어오셨다. 그리고 8월에 가족 및 제자이신 강화姜和씨 일족을 불러들여 함께 거주 하였다. '광복 전에 대둔산을 가야 한다'는 선사의 말씀이 무슨 의미인지는 정확히 알 길은 없다. 대둔大屯의 둔屯은 천지가 사귄 뒤에 만물이 시생한다는 뜻이다. 겨울을 지나 봄은 맞이했으나, 아직은 초목이 어리고 연약한

대둔산 석천암 – 한겨레신문

(草昧) 초창기인 만큼 당시의 시대적 상황을 간둔艱屯의 때로서 보셨을 것이다. 한편으로 둔은 사람을 기르는 시초가 되는 자리다. 선천과 후천이 교차하는 이 시점에서 후천 운이 시작되는 동북간방의 이 자리에서, 선사께서는 세상을 기르는 일이 급선무라 여겨서 국사國師로서 자처하신 것이다.

식사를 하시면서 두 분은 앞서거니 뒤서거니 하면서, 당시에 보고 배웠던 일들을 풀어 놓으셨다. 선사께서 이 마을에 오신 후 동네 어귀에 학당을 차렸는데, 학당 위치가 바로 주차장 한복판이라는 것이다. 이곳에서 주로 제자인 강화씨가 학생들에게 『천자문』이나 『동몽선습』등 기초 글을 가르쳤다. 조금 나은 학생들은 고운사孤雲寺에 가서 『소학』과 『대학』 등을 배웠으며, 이듬해 (1946년) 봄에는 석천사石泉寺로 자리를 옮겼는데 그곳에서는 주로 『주역』을 배웠다는 것이다.

그러고 보니 이해가 간다. 선사께서 일찍이 수락리에 이사 와서 대문에 '특약特躍'이라 내걸고 당호堂號로 '관광觀光'이라 해서 어린 학동들을 가르쳤다고 한다. 또한 고운사를 수리해서 그 대문에 '조두刁斗'라 내걸고, 당호를 '관화觀化'라 해서 도를 아는 자로 하여금 거처하게 하였다. 또한 석천사에 이르러서는 대문에 '석정石井'이라 하고, 당호도 '관생觀生'이라 해서 준예俊乂한 자를 택해서 거처하게 했다는 것이다. 이 이야기는 『대둔산유관기大屯山遊觀記』에 나온다. '관광'이니 '관화'니 '관생'등의 용어는 『주역』 관괘觀卦에서 나오는 단어이

대둔산 마천대

다. 선사께서는 관신觀神으로 설교設教하고, 관민觀民으로 세상을 기르려 하셨던 것이다.

두 분과 더불어 여러 가지 얘기를 나누는 중에 문득 천제天祭 얘기도 나왔다. 필자는 문득 『야산선생문집』에 나와 있는 축문의 내용과 연결되지 않을까

생각하면서 당시의 정황을 여쭈었다.

　그러자 임선생님께서 기억을 더듬으며 말씀하시기를, 병술년(1946년) 늦봄 무렵인데 천제를 지낸 장소가 대둔산 정상인 마천대였다 한다. 수십 명의 사람들이 산정에 올라 주변의 돌을 모아서 단을 만들고 주변을 청소한 다음, 삼각형 깃발 모양의 한지에 28수의 이름을 각각 써서 신아대에 매달아 놓고, 28명의 사람들로 하여금 대를 붙잡고서 주변으로 빙 둘러서도록 했다 한다. 엄숙한 분위기 속에서 초헌은 선생이 하시고, 아헌은 소산 강화, 종헌은 송병천이 하고, 독축은 정헌명이 맡아, 남쪽을 향해서 지냈다는 것이다. 그리고 단 위에 백반을 올렸던 기억이 난다는 것이다. 이야기를 들으면서 필자는 문집 속의 축문내용이 바로 이 행사 내용과 유사하다는 느낌을 받았다. 문집에 실려 있는 축문祝文 내용을 소개하면 다음과 같다.

云云 唯三道後生身 ○○○ 敢昭告于 天皇太乙 配地皇后土 人皇聖神之下
伏以今此居屯濟屯之日 恭奉觀神觀民之道
履信思順 欲以尙賢 易曰自天祐之 薦此禴類 昭明感應

삼도후생신인 아무개는 천황태을과 짝하신 지황후토와 인황성신지하에서 감히 밝혀 고하나이다. 부복하옵고 지금 둔屯에 거해서 둔屯을 구제하려는 날로서 신을 관하고 민을 관하는 도를 삼가 받들고자 하옵니다. 신信을 밟고 순順을 생각하며 어진 이를 숭상하고자 함을 역에서는 '자천우지'라 하니 이 간략한 제사들을 올림으로써 소명감응하고자 하나이다.

唯三道後生身 ○○○ 歷告于 二十八宿之神
伏以今此居屯濟屯之日 敬敎觀神觀民之敎
奉行天道 列宿感應 无作神羞 令我化仙 受此禴禋

삼도후생신 아무개는 28수 신명께 역력히 고하나이다. 부복하옵고 지금 둔에 거해서 둔을 구제하려는 날로서 신을 관하고 민을 관하는 교를 경건히 가르치고자 하옵니다. 천도를 봉행하고 열수가 감응하야 신께 부끄러움을 짓지 않겠사오니 저를 선인되게 하옵시고 이 간략한 제사를 받으소서.

維三道後生身 ○○○ 敢昭告于
白頭金剛地方山神靈之下
伏以今此居屯濟屯之日 敬伸觀生觀化之理 神其保佑 俾无后大難
受此 禴望

삼도후생신 아무개는 백두 금강 지방 산신령지하에 감히 밝혀 고하나이다. 부복하옵고 지금 이
둔에 거해서 둔을 구제하려는 날로서 관생 관화의 이치를 삼가 펴려 하오니 신께서는 도와 주시
옵고, 후에 대난이 없게 해 주소서. 이 간략한 제사를 받으시길 앙망하나이다.

축문에 담긴 내용을 보건대, 삼도후생신은 야산 선사를 지칭한 말일 것이
다. 천지를 합하고 강유를 합하고 좌우를 합할 수 있는 이 대둔산에서 선사는
삼도합일三道合一을 통해 후천에 이르려 하신 것이다. 여러 가지 말씀을 들었지
만, 한정된 지면 위에 다 담을 수 없다. 식사를 마친 후 우리는 두 분을 모시
고 옛날 학당이 있었던 자리와 선사의 가족이 거주했던 자리 등과 고운사 터
를 답사하였다.

두 분의 말씀을 들으면서 좀 더 과거 속에 젖어들고 싶었으나, 일정이 허락
하지 않았다. 마음은 좀 더 여기에 머물고 싶었지만, 시간은 성큼성큼 저만치
앞서가고 있었다. 본래는 석천암까지 오르려 하였으나, 금일 대산 선생님 생
가터인 함적골과 글방으로 삼았던 보름티와 도산에서 약방을 차렸던 곳을 거
쳐 안면도까지 가야만 하겠기에 부득불 생략하지 않을 수 없었다. 아쉽지만
임선생님과는 그곳에서 작별인사를 하고, 주변 지리에 밝으신 김선생님을 모
시고 도산과 보름티의 유허지를 경유하였다.

4. 도산과 보름티

몇 년 전에도 와본 곳이지만, 도산의 터에는 사람 자취는 간데없고 무성한

풀만이 우리를 반겼다. 금산 쪽으로 가는 반대 길로 구불구불 고갯길을 넘어 찾아간 보름티도 한적한 정취만을 풍길 따름이었다.

　그런데 다행히 두 곳에서 옛날부터 사셨다는 할머니들을 만날 수 있었다. 이분들께 과거 대산 선생님의 자취를 물어보니, 함자도 정확히 아시고 최근의 명성도 전해 듣고 있으신 모양이다. 이곳저곳을 둘러보는 사이에 은산은 사진 촬영하기에 여념이 없었고, 석계 또한 전문성을 발휘해서 핸드폰으로 사진을 찍으며 분주하였다. 반대편 길로 나오니 과거에 우리가 찾아들었던 그 길이다. 김선생님을 집까지 모셔 드리고, 부랴부랴 대산 선생님이 태어나신 함적 골로 향했다.

5. 함적咸積골

　때는 오후 3시를 훌쩍 넘겼다. 짙었던 구름은 어느새 걷히고 염천炎天의 태양볕 아래 차 안은 후텁지근해지기 시작했다. 앞좌석의 삼헌은 기사를 즐겁게 해줘야 하는 임무를 잊은 채 숙면을 취하였고, 뒤의 두 분도 다른 나라에 가셨는지 말이 없으시다. 오수午睡의 즐거움을 그리워하며 졸듯

함적골 대산 선생 생가 터

말듯하다, 겨우 함적골에 도착했다. '함적'이라 바위에 새겨져 있는 이정표가 마을 앞 어귀에 서 있었다. 삼헌은 "함적咸積의 함咸이 느낀다는 뜻이니, 기운을 느끼고 들어가자." 하였고, 한쪽에서는 "소남과 소녀와의 느낌이 함咸이지만, 기울어져가는 나이에서도 한번 느껴보자."며 더위에 지친 몸을 농담으로 달랬다.

이곳에서는 마을의 전경이 다 보인다. 대산 선생님께서 사셨던 곳을 중심으로 뒷산이 구명봉이고, 우측으로 충신봉, 효자봉이 열 지어 서 있으며 좌측으로는 맹글리재가 높이 솟아 있다. 과거 선생님이 주역을 배우러 대둔산을 가실 때에 맹글리재를 거쳐 가셨다 한다. 맹글리재 너머로 '인내'가 있고 인내를 지나 또다시 '무수재'를 넘어 석천암에 갈 수 있다.

몇 년 전 우리가 이곳에 왔을 때 선생님께서 이곳 지형을 말씀하신 내용이 기억난다. 그 중 옛 비결에 실린 '구명지하救命之下 만인가활지지萬人可活之地'라는 비결문도 말씀하셨는데, 이 구명이 바로 그 구명과 연관되는 듯하다. 그러나 지명이라는 것은 우연히 지어지는 것이 아닌 만큼, 이곳 지형으로 보건대 만인이 들어와 살만한 곳은 아닌 것 같고, 그렇다면 이곳은 만인萬人을 살릴 수 있는 도학군자가 나올 곳이라는 뜻일까? 그렇게 생각해서인지 몰라도 문득 저 멀리 동남방에 외연히 솟아 있는 문필봉이 범상치 않아 보인다.

우리는 대산 선생님의 조부이신 청하淸下 선생의 묘소도 찾아 뵙고, 마을의 이곳저곳을 돌아보며 한동안 감상에 젖었다.

6. 야산선사강역사적비

오늘 일정으로 안면도 가는 일만 남았다. 도중에 청고와 합류하기로 되어 있어 전화를 하니 우리 일행과는 얼마 되지 않는 거리에서 달려오고 있는 중이라 한다. 안면도를 가려면 부여를 거쳐 가도록 되어 있다. 청고와 야산선사강역사적비에서 만나기로 약속하였다. 먼저 도착하고 보니 비석 주변은 몰라볼 정도로 변해 있었다. 큰 도로 위에 다리가 놓여있고, 주변이 말끔하게 정비되어 있었다. 변한 모습에 모두들 어찌 이렇게 변할 수가 있냐며 감탄사를 연발한다. 잠시 후 청고와 일행인 정원, 현정이 도착했다. 우리는 사적비 앞에서 간단한 의식으로 선사를 추모했다.

이 비석은 98년 9월에 세워졌다. 이 비석은 홍역학 회원들의 성금에 의해서 세워진 것이다. 당시의 회장님은 서영훈씨였으며, 야산 선사의 손자인 이응수씨가 땅을 기증하였고, 더도 덜도 할 것 없이 회원 144명의 후원금으로 빗돌이 세워진 것이다.

야산선사강역사적비

간좌곤향艮坐坤向으로 탁 트인 곳을 향하고 있는 이 영귀靈龜는 멀리 휘감고 흐르는 백마강을 바라보면서 무슨 생각을 하고 있는지, 비신碑身을 짊어진 채 의연히 엎드려 있다.

이곳은 어디인가? 부여 금성산 기슭에 맺힌 자리다. 부여는 계룡산의 여기餘氣가 이곳까지 흘러와 국을 이룬 곳이다. 부여는 즉 '붙들 부'자에 '남을 여'자니 '계룡산의 여기餘氣를 붙들었다'는 뜻이다. 무릇 꽃은 가지 끝에서 피는 법, 계룡산이 산태극 수태극을 이룬 형국으로서 후천의 기수를 간직한 곳이라면, 이곳 부여는 후천시대에 꽃을 피울 수 있는 곳이다.

다리 건너에 있는 서쪽으로 흘러가서 맺힌 평퍼짐한 봉우리를, 부여 사람들은 '용미봉龍尾峰'이라 불렀다. 계룡산 용꼬리가 여기까지 흘러온 것이다. 그 꼬리의 맺힌 곳이 야산 선사가 거처하셨던 곳이다. 용의 힘은 꼬리에서 나오는 것이니만큼, 선사께서는 이곳에서 비룡飛龍의 조화를 부리려 하신 것이 아니었을까.

과거에 일본이 패망하기 몇 년 전, 일인들은 부여에 신궁을 건립하려 했었다. 그들에게도 역을 아는 학자가 있어서 일본은 머지않아 패망할 것이며, 후천의 운이 조선에게 이어지니만큼 조선을 통해서 자기들의 명을 이으려는 목적이었다 한다. 이 말은 야산 선사의 말씀을 제자들이 전한 것이다. '강태공이 감춰둔 72둔을 진시황이 선천수로 36년을 이용했고, 왜놈이 후천수로 36년을 뺏어 쓴 것이다'는 말도 선사의 말씀이다. 36년을 훔친 것도 부족해서, 그들은 부여를 통해서 또다시 천명을 속이려 한 것이다.

기록에 의하면, 당시의 일제는 일본인과 조선인은 동조동근同祖同根이라는 허울 좋은 명분을 내걸고, 저들의 역사적 발상지에다 신궁을 건설하려 한 것이다. 조선뿐만이 아니라 대륙의 모든 식민지 국민들을 황민화皇民化시키는 메카로 이용하려 한 것이 이른바 대동아공영권인 것이다. 당시의 부여 신궁 건설계획은 일본의 동경신궁과 맞먹는 1급 신궁으로서 서울에 있는 남산 신궁보다도 훨씬 격이 높았다는 것이다. 용미봉을 끊은 것도 그들이었다. 조선의 용이 승천하지 못하도록 하기 위함이었는지는 모르지만, 이후 그들은 곧 후회했고 다시 이으려 했다.

그러나 광복이 되면서 그들의 계획은 물거품이 되었고, 세월이 흐른 지금에 와서 우연히 다시 이어지게 된 것이다. 묘하게도 이 다리는 선사의 강역사적 비가 세워진 후에 놓여진 것이다. 끊었다 해서 끊어지는 것이 아니고, 이었다 해서 이어지는 것이 아니지만, 여하튼 상징적으로 용꼬리는 다시 이어진 것이다. 때가 되어서 이어진 것인지 아니면 선사의 신명으로 이어진 것인지, 혹 홍역인의 정성으로 다시 이어진 것인지 알 수는 없지만, 여하튼 신용神龍의 조화로서 후천시대의 좋은 세상이 이루어지기를 우리는 사적비 앞에서 축원하고 또 축원했다.

선사께서 부여를 최종 목적지로 정하신 데는 또 다른 이유가 있다. 부여의 본래 지명은 사비泗沘였다. 그러나 백제 성왕이 공주에서 부여로 천도하였고, 부여로 이름을 바꿨다. 부여족은 단군의 후예족으로 백제인들은 조상의 정신을 이어 받으려 했던 것이다. 무릇 그릇이 있으면 모양에 맞게 물이 채워지는 법, 이름이 정해지면 이름에 맞는 정신이 깃드는 법이다. 망국의 한을 간직한 채 부여는 철저히 파괴되었지만, 그러나 아직까지 부여라는 이름으로 남아 있다.

생각건대, 선사께서는 이 점을 염두에 두고 대둔산에서 안면도로 피난계획을 세우실 때 이미 부여를 종착지로 삼으신 듯하다. 안면도에서 잠시 피난한 뒤에 부여 은산에 와서는 삼일학원을 세웠다. 뒷마당에는 단황척강비檀皇陟降碑

를 세웠으며, 매년 10월 3일에 개천제를 지내셨다. 대둔산에서는 유불선 삼도 三道로써 후천에 이르려 하였고, 이곳 부여에서는 단황의 도로써 유불선 삼도 를 합일하고자 하신 것이다. '서남득붕西南得朋 동북상붕東北喪朋'이란 여덟 글자 로서 단황의 명을 받았으며, '천부경天符經'을 설하고, '진단구변도震檀九變圖'를 그리게 하였다. 또한 '신지비사神誌秘詞'를 설하며 '36괘 파자破字'를 통해 단황의 정신을 밝히려 하셨다. 우리 학회가 사용하고 있는 상징부호도 신지비사를 설 명한 것으로 단황의 정신이 깃든 것이다.

선사께서는 본래 신궁터에 단황의 정신을 기리기 위해 81층으로 된 원형의 단을 조성하려는 계획을 두셨다 한다. 불운不運인지 미운未運인지 그 자리에는 '삼충사三忠祠'가 들어서게 되었고, 계획은 무산되었다. 그러나 이제 용꼬리는 다시 이어졌고 부여에 후천 기운이 들어오기 시작했다. 선사의 바람이 어쩌면 뒷 세대를 위한 배려인지도 모르겠다. 언젠가는 이 땅 위에 단황의 정신이 되 살아나리라 필자는 확신한다.

벌써 해는 서녘으로 기울었다. 안면도를 향해서 차량 두 대가 질주하기 시 작했다. 저녁 무렵의 자동차 여행은 그런대로 괜찮았다. 차창 밖으로 보이는 석양의 노을이 아름다웠으나, 그보다 더욱 좋은 것은 차안에서의 대화였다. 석계형의 횡설과 삼헌형의 수설로 대화의 꽃을 피우다보니 어느덧 안면읍에 도착하였다.

7. 안면도

안면도에는 선사의 제자이신 양덕근 선생님이 계셨다. 며칠 전에 그 분과 통화해서 뵙기로 하였는데, 몇 시간 전부터 전화를 해도 계속 불통이다. 할 수 없이 그 분이 거주하시는 창기리라는 마을로 찾아가기로 했다. 사람들에게 묻 고 물어 찾아가니 마을 앞 공터에서 사람들이 모여 있었다. 그 중 말쑥하게 차려입은 분이 눈에 띄었다. '이분이구나!' 생각하고 가까이 다가가서 인사를 드리니, 역시 그분이었다. 양선생님을 모시고 읍내에 가서 그분이 잘 아는 곳으로 식당을 정하였다. 양선생님과는 초면이었지만, 5,60년 전의 세월을 넘어서 그 분을 뵈니 참으로 반가웠고, 그 분 역시 우리를 대하니 감개무량하신 듯했다. 앉으시면서부터 선생님 말씀이 이어졌다. 음식을 잊은 듯 말씀을 계속하셨다. 양선생님은 무진戊辰생으로 대산 선생님과 동갑이시다. 막역한 사이였지만, 세월이 흐르다 보니 수십 년간 서로 만나지 못하신 것이다.

다시 대둔산 시절로 거슬러 가면, 선사께서는 정해년인 1947년부터 전쟁이 일어날 줄 미리 아시고 안면도로 피난계획을 세우셨다. 지도 한 장을 내놓고 "안과면기하처시安過眠期何處是 일편여지중원지一片餘地中原地"라 하며 제자들에게 "안면도에 잠시 피난한 후에 부여에 정착한다." 하셨다. 이리해서 선사를 따라간 사람들이 300가구가 되었다는 것인데, 이때 주로 신세를 진 곳이 바로 양선생님 댁이다. 그리고 선사는 안면도安眠島를 목변目邊을 빼서 안민도安民島라 부르셨다. 백성들이 잠자기 위한 곳이 아니라, 백성들을 편히 하는 곳이라는 것이다. 전하는 말에 의하면, 선사는 "이곳 안민도는 봉우리가 12,000봉이요, 골목마다 3,000리라."는 말씀을 하셨다고 한다. 이 말은 퍼져 나가 사람들 사이에 가요처럼 불렸으나, 앞뒤의 내용은 지금에 와서 기억할 수가 없다는 것이다.

양선생님 댁은 당시에 안민도 유지였다. 그런데 선사를 위시해서 많은 제자들이 안민도 광천 일대로 처음 들어왔을 때, 대부분이 보따리 짐만 싸들고 피난 왔으니, 그들의 생활이 얼마나 궁핍했을까? 이들은 삼백가구의 생계를 유지하기 위해서 여러 사업을 운영하였다고 한다. 그중에 정동한, 강위창 씨 등은 당시 철공소를 운영하고 있던 박판복朴判卜 씨의 집에서 성냥공장(太極揚火공장)을 운영하였고, 강세원, 김병옥, 남태석南泰錫 씨는 배(大達丸)를 운행하여 자금을 전달하였다. 이외에도 김정기 씨는 잡화상을 운영하였고, 서광식 씨는 엿공장을 차리는 등 많은 사람들의 헌신적인 노력으로 피난 온 사람들은 굶주

림을 어느 정도 모면할 수 있었다.

전쟁이 일어나기 직전에는 광목공장에서 나온 실(破絲)을 이어 팔기도 하였다. 전쟁발발 후 생계가 더욱 곤란해지자, 임상하 씨 같은 이는 고무신 장사로 돈을 모았으며, 최성경, 여주동 씨 등은 돈을 가져와 그 돈으로 보리를 팔아 안면도 광천에 흩어져 있는 일행들에게 나누어 주었다 하니, 이와 같은 분들의 노고를 어찌 글로 다 표현할 수 있겠는가? 이러한 증언은 필자가 여러 제자 분들을 찾아다니면서 수록한 것들이다.

그런 중에 안면도인들, 특히 양선생님 집안은 궁핍한 피난민들에게 식량을 대주기까지 하였다 한다. 양선생님 위로 형인 세근世根 씨가 있고, 사촌인 우근禹根 씨가 있었는데, 이들 모두가 피난 온 사람들을 따뜻하게 맞이하였다. 심지어 형제분은 논밭을 팔아 부여에까지 따라갔다는 것이다. 그러나 부여에서는 참으로 극심한 고생을 하셨던 모양이다. 우리 일행을 만나 맨 처음 하신 말씀이 고생담이었다. 지난 과거를 회상하기조차 싫다는 표정으로, 부여에서 엿장사를 해가며 근근이 연명하신 이야기부터 이러저러한 말씀을 늘어 놓으셨다.

양선생님 말씀을 듣던 중에 필자는 문득 안면도 피난 시절에 야산 선사의 제자들에게 행패를 부렸던 안면도 불량배에 관한 내용이 궁금해졌다. '박모씨'라는 것만 알 뿐이어서, 그 분은 과연 어떤 사람인지 싶어 양선생님께 물었다. 그러자 "아! 그 사람" 하면서 그에 대해 소상히 말씀하셨다. 성명은 박황진이고 선사와 비슷한 연배이며 힘깨나 쓰는 사람이었지만, 불우한 사람이 있으면 도와줄 줄 아는 의인義人이었다고 한다.

아마도 알지도 못하는 낯선 사람들이 떼로 몰려와 궁핍한 생활을 하면서 주역을 공부한다고 몰려다니는 것이 원주민 입장에서는 얄밉게 보여 텃세를 부리며 우세를 과시하고자 하였을 것이다. 제자들이 야산 선사를 모신 자리에까지 멋대로 들어와 행패를 부리려 할 때, 선사가 보인 도력道力에 굴복하여 감화된 이후에는 그런 행패가 없어졌으며, 더욱 의로운 일을 하였다고 한다.

양선생님 말씀을 눈과 귀로 가슴에 새기랴 입으로는 음식물을 넘기랴, 그런 와중에 시간이 많이 흘렀다. 좀 더 자리를 같이하고 싶었지만, 내일 있을 일정을 감안해서 우리는 양선생님이 정해 주신 민박집으로 갔다. 이때가 아마도 밤10~11시 정도 되었을 것이다. 칠흑 같은 밤이라 숙소 주위로는 지척도 분간하기 어려웠다. 그런데 바로 앞이 해변가라 한다. 바닷가라 그런지 시원한 미풍이 좋았고, 하늘에 총총히 박혀 있는 별빛이 내 마음을 사로잡았다. 다들 흥겨웠던 모양이다.

내일 일정에는 아랑곳하지 않고 소주 몇 병과 간단한 안주로 모기에 뜯겨가면서까지 마당에서 이야기꽃을 피웠다. 역시 술이란 사람 마음을 술술 풀어내는 묘약인 모양이다. 평소에는 자물쇠처럼 입을 열 줄 모르던 석계형이 주변의 분위기 때문인지 술 때문인지 몰라도 이야기가 끝이 없다. 여기 오기 전 며칠 밤을 지새웠다던 삼헌형도 분위기에 취해 피곤해 할 줄을 모르신다. 대화의 장소를 해변가로 옮겼다가 다시 방안으로 들어와서도 이야기는 계속 이어졌다. 이번 답사의 목적과 성과, 그리고 일정에 관한 계획 등에서부터 학회 전반에 관한 얘기이며 기타 등등에 대해서 많은 대화를 하였다. 새벽 3~4시 정도였을까? 청고와 은산이 먼저 누웠고, 나도 피곤함을 못 이겨 누웠다 일어났다 하며 설화說花를 감상하다가 어렴풋이 잠들었다.

문득 깨어보니 7시다. 양선생님과의 약속시간을 맞추기 위해서 부랴부랴 짐을 챙겼다. 시간이 되자 양선생님이 오토바이를 타고 오셨다. 그리고 읍내에 일이 있어서 오토바이를 끌고 가야 한다며 민박집에서 식당까지 굳이 오토바이를 타고 우리를 안내하셨다. 80 노구에도 오토바이를 타고 앞서 달리시는 모습을 보고, 우리는 차 안에서 대단한 분이라고 감탄했다.

아침식사를 마치고 우리는 야산 선사께서 거처하신 독쟁이골을 찾아갔다. 독개는 배를 대는 곳을 말한다. 광천으로 드나드는 배가 출입한 곳인데, 지금은 사용하지 않고 있다. 그러니까 대둔산에서 안면도로 피난올 때, 야산 선사 가족과 대산 선생님 가족, 최성경 선생과 강화 선생 가족 등 22명은 '달達'이라고 이름한 배(大達丸)를 타고 왔다고 한다. 강경에서 출발해서 군산, 서천, 비인, 대천 앞바다를 거쳐 이곳으로 온 것이다. 잠시 선사의 시 한수를 음미해보자.

法蓮太乙一仙舟　법련태을 한 신선배가
纔渡廣川是泰洲　겨우 광천을 건너니 태평한 섬이로다
始覺春眠歸棹晚　이제 막 봄잠 깨어 느즈막이 노저으며 돌아왔네
只証風浴此中游　다만 때 기다리며 이 속에서 놀자구나

시에서 보는 바와 같이 선사는 대달환이라는 배를 법련태을法蓮太乙이라 부르셨다. 선사의 휘 '달達'자와 태을太乙의 발음이 비슷한 것을 보면 아마도 연관해서 말씀하신 듯하다. 배타고 안면도에 정착하심을 선천을 건너서 후천에 이르는 과정으로 보신 것이다. 이곳 생활을 안면安眠만 하지 말고 안민安民하는 자세로 생활하라는 당부의 말씀 같다는 생각도 들었다.

선사께서 거처하셨던 곳을 찾기가 쉬운 일이 아니었다. 필자가 불과 몇 년 전에 찾아가 확인했던 장소인데도, 몇 년 사이에 지세가 확 바뀐 것이다. 이곳은 바다 건너 멀리 오서산烏棲山이 바라다 보이는 삼태기처럼 생긴 포구 안이다. 본래 김병옥씨 집이었는데, 선사께서 이곳으로 오시자 김씨는 자신이 거처하던 집을 선사께 내준 것이다. 선사는 이곳을 개락금開洛金이라 명하시며 후천의 금기金氣를 여는 곳으로 정하셨다. 금화교역金火交易으로 장차 일어나는 후천시대는 결국 금金으로 열리는 바 이곳에서 후천의 시작을 맞이하신 것이다.

선사가 거처하셨던 자리는 자취가 없고 단지 그 터에 큰 살구나무 한 그루만 심어져 있을 뿐이다. 집 앞에 우물이 있었다 한다. 밀물 때면 잠겼다가 썰물 때에 이용할 수 있는 우물이었다는 것이다. 상기한 〈정전부식수분〉이란 시가 이 우물과 관련한 것이다. 지금은 포구를 막아서 옛날의 정취를 찾아볼 길이 없다. 당시 밀물 때면 집 앞까지 바닷물이 들어왔었다 한다. 현재 우물터

개락금 야산 유허지

는 논으로 이용되고 있지만, 물줄기는 계속 나와 둠벙을 이루고 있다.

선사가 거처하신 곳을 중심으로 포구는 간방艮方과 손방巽方 사이에 있다. 좌측 간방에는 병풍바위가 펼쳐져 있어 하지 때는 이곳으로 해가 솟았을 것이고, 동지 때는 손방으로 해를 맞이했을 것이다. 아마도 선사께서는 이곳에서 떠오르는 태양을 바라보시며 국운이 무궁하기를 염원하셨을 것이다.

이곳을 찾으려고 주변 사람들에게 묻다 보니 의외로 소득도 있었다. 봉제공장의 터를 발견한 것이다. 당시 일행들이 봉제공장도 운영했던 것이다.

선사께서 벌인 사업들을 살펴보면 모두가 의미가 있는 것들로, 시대적인 상황과 부합이 된다. 태극에서 음양으로 발화하는 성냥공장(太極揚火공장)을 운영한 일, 끊어진 실을 다시 이어 내다 파신 일, 당신의 휘자를 붙인 이름(大達丸)을 달고 배를 운영한 일, 지태地太의 땅콩(落花生)을 이곳 안민도에 심으신 일 등 모두가 시대적 상황과 무관하지 않은 일들이다.

개락금에서 이곳저곳을 답사하다 보니 시간은 흘러 어느덧 11시를 넘어섰다. 역시 아쉬움을 뒤로 한 채 정당리를 향해 달렸다. 구부구불 몇 구비를 넘어 찾아간 곳은 김위환金位煥 선생님댁, 그러나 댁에는 아무도 없었다. 마을회관을 찾아가니 그곳에 계셨다. 양선생님 소개하에 인사를 드리고, 그 분의 말씀을 녹취했다.

김선생님 역시 선친을 따라 부여까지 왔던 분으로 여러 가지 새로운 사실들을 증언하셨다. 정당리 마을에서 학생들을 모아서 한문은 물론 역사도 가르치고 영어도 가르쳤다 한다. 또한 부여 은산에는 독립군이었던 이범석씨와 서재필 박사도 다녀갔다는 것이다. 이 같은 일들은 필자에게는 전혀 새로운 증언담이었기에 좀 더 정확한 사실여부를 가릴 필요가 있겠다는 생각이 들었다. 왜냐하면 오랜 세월이 흘렀으므로, 혹 대상을 잘못 보지 않았을까 하는 기우 때문이다. 여하튼 필자에게는 소중한 증언담이었다.

다음 일정지인 삼봉 용굴로 향했다. 용굴은 삼봉해수욕장 안에 위치해 있다. 때마침 휴가철 1~2주일 전이므로 다행히 붐비지 않았다. 작렬하는 태양볕을 받으며 해수욕장 안으로 들어가니 시야가 탁 트였다. 봉우리를 세어 보니 과연 삼봉이었다. 당시는 썰물 때였으므로 양선생님의 안내를 받으며 용굴 앞에 도착했다. 위용을 자랑하듯 우뚝 솟은 절벽 아래 움푹 파여진 용굴이 엿보였다.

양선생님이 이곳 지형을 둘러보며 말씀하시기를 "이 용굴은 옛날에 용이 나온 구멍이라 해서 용혈이라고도 불렀다. 혹 마을 사람들은 '용이 난 구녕'이라 부르기도 했다. 그러니까 전쟁이 일어나기 1년 전인 초겨울 즈음에 야산 선생님께서 이 용혈이 있는 쪽을 향해서 천제를 지내신 것이다. 제사는 밤에 이루어졌으므로 밥을 해 이고 와서 촛불을 켜고 천제를 지냈다. 20여 명이 참석했고, 강화씨가 독축하였다." 하였다.

선생님의 말씀을 들으며 필자는 곰곰이 생각해 보았다. 천제를 지내신 이유가 뭘까? 필자가 생각건대, 장차 닥쳐올 재앙을 무사히 넘기기 위해서 상천上天에 축원하셨을 것이다. 전쟁은 피할 수 없는 법, 무고한 많은 생명이 희생될 것을 염려해서 천지신명의 가호加護가 있기를 빌며 호소하셨을 것이다. 모두들 숙연한 분위기 속에서, 청고가 문득 이대

안면도 삼봉

로 가면 섭섭하니 부문을 한번 읽고 가자고 했다. 이에 우리는 모두가 정립한 가운데 부문과 기타 여러 가지 글을 합창하면서 선사의 덕을 추모했다.

마지막 일정지는 선사의 묘소로 정했다. 도중에 부여 은산의 옥가실에 있는 삼일학원터를 답사하려 하였으나, 시간이 허용되지 않아 다음 기회로 미루기로 했다. 장마철이라 묘소 주변의 풀들이 기세등등하다. 며칠 전에 필자의 형님이 벌초했다고는 하지만, 온전히 단장된 모습이 아니다. 가까이에 있어도 자주 성묘하지 못해 늘 죄스런 심정이다.

그러니까 선사께서는 은산에서 햇수로 3년을 머무른 뒤 1953년 3월에 부여읍내로 이주하셨다. 그리고 이곳에서 고종명考終命하셨다. 묘소의 뒷산이 청마산青馬山이다. 백마강白馬江이 유유히 감싸고 있는 부여에서 많은 일들을 하셨는데, 대체적으로 그동안 벌여 놓았던 일들을 매듭짓는 일들이었다. 갑오년(1954년)부터 시작한 신명행사 등을 통해서 신도神道로 선천의 얽힌 일들을 푸셨으며(以解悖), 뒷 세대의 일은 미제未濟의 과제로 남겨두시고 청마산 아래에서 영면하신 것이다.

참배를 마친 후, 묘소에서 내려오면서 필자는 허전한 기분이 들었다. 답사 안내라는 마음속의 짐을 덜어내서일까? 아니면 아쉬움이 남아서일까? 그러나 한편으론 보람도 느꼈다. 1박 2일 동안의 답사일정을 회고해 보건대, 생각했던 만큼의 답사성과를 이루지 못해서 비록 아쉬움은 남았지만, 우리 답사 일행은 많은 것을 보며 많은 것을 느꼈다. 또한 답사지를 영상물로 남기기 위해 일일이 기록해가며 자취를 더듬은 것이기에 이번 답사에 대한 의의가 있다 할 것이다. 필자에게는 더없이 소중한 답사추억으로 남을 것이다.

이전(利田) 이응국(李應國)

1960년 부여 출생

어려서부터 고향에서 한학을 접했으며, 이산 정동한선생과 대산 김석진선생에게 주역을 수학
하다.

충남대학교 경제학과를 졸업하고 은행에 다년간 근무.

1999년 논산과 목포에서 주역강의를 시작하여 원광대학교 동양학대학원에 출강하였고, 현재
대전, 서울, 목포의 동방문화진흥회와 충청남도 남부평생학습관에서 주역을 비롯한 사서삼경
강의를 하고 있다.

대전시청의 잇츠대전 ≪월간지≫에 '주역이야기' 연재 중.

현재 (사)동방문화진흥회 부설 홍역사상연구소장.

주역의 정신과 문화

2012년 8월 15일   초판인쇄
2012년 8월 24일   초판발행

지은이 이 응 국
펴낸이 한 신 규
편 집 김 영 이
펴낸곳 도서출판 **문현**
주 소 138-210 서울특별시 송파구 문정동 99-10 장지빌딩 303호
전 화 Tel.02-443-0211   Fax.02-443-0212
E-mail mun2009@naver.com
등 록 2009년 2월 24일(제2009-14호)

ISBN 978-89-94131-74-0 93140   정가 28,000원